U0902247

自我与世界
以问题为中心的现象学运动研究

陈立胜◎著

Ego and the World: a Question-Focused Investigation of the Phenomenological Movement

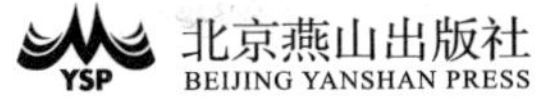

图书在版编目（CIP）数据

自我与世界：以问题为中心的现象学运动研究/陈立胜著. －北京：北京燕山出版社，2017.9

ISBN 978-7-5402-4431-6

Ⅰ.①自… Ⅱ.①陈… Ⅲ.①现象学－研究 Ⅳ.①B089

中国版本图书馆 CIP 数据核字（2017）第 250342 号

书　　名：自我与世界：以问题为中心的现象学运动研究

作　　者：陈立胜

责任编辑：满　懿

出版发行：北京燕山出版社

地　　址：北京市西城区陶然亭路 53 号　邮编：100054

网　　址：http：//www. bjyspress. com

电　　话：总编室（010）65240430

电子信箱：bjyspress@ 126. com

印　　刷：北京旭丰源印刷技术有限公司

经　　销：新华书店

规　　格：145 毫米×210 毫米　32 开本　12. 375 印张　278 千字

版　　次：2017 年 12 月第 1 版　　2017 年 12 月第 1 次印刷

定　　价：86. 00 元

我先写下一句："太初有言！"
译不下去了！谁来帮助我一番？
我不能把言语估记得这样高，
如果真受到神灵开导，
我定要把它译成另一个字。
我要这样写着："太初有思。"
这第一行要仔细考虑，
落笔不要这样草率仓猝！
光靠思想就能创造一切？
应该把它译成："太初有力！"
可是，我刚写下这一行，
我已被提醒，这还不够恰当。
神灵相助！我突然之间领会，
满怀自信地写道："太初有为！"

——歌德《浮士德》，第一部，第三场
钱春绮 译

绪　言

什么是现象学？从字面上看，“现象学”（phenomenology）即有关现象的学问。但大千世界，现象纷纭。有物理现象如万有引力，有天文现象如流星雨，有化学现象如化合与分解，有生理现象如消化不良，有心理现象如单相思、白日梦，有社会现象如贪污腐败，甚至也有超自然现象如通灵术……每个现象领域都有自己领域的研究专家，于是而有物理学家、天文学家、化学家、生理学家、心理学家、社会学家、通灵学家等等。那么现象学家研究哪门子现象？除了自然现象、社会现象、心理现象、超自然现象外，难道还有一门专供现象学家研究的秘而不宣的现象？“秘而不宣的现象”一词本身就有语病，现象之义即宣示出来的东西，说秘而不宣的现象就等于说不宣之宣，自相矛盾，昭然若揭。

仿佛只剩下了一条出路：现象学家研究的是现象总体即世界。哲学不就是世界观吗？现象学不就是一种哲学吗？现象学就是一种世界观，而且研究世界现象。这似乎是顺理成章的结论。然而现象学运动中两个举足轻重的人物——胡塞尔与海德格尔——都明确反对所谓的作为世界观的哲学。时下将哲学等同于世界观已成“常识”，据说，世界观即是对世界之总的“看法”，是对自然科学、社会科学、思维科学的最新成果的“概括”与“总结”。自然科学的成果、社会科学的成果、思维科学的成果都是“理论成果”，对理论的“概括”与“总结”则是理论的理论，而且通常是最蹩脚的理论。理论已与现象隔了一层，理论的理论与现象则是隔了双层。将现象学与世界观画等号差不多等于从石头里取水，两不相干。

“现象”之为“现象”，即是显现出来的东西。依海德格尔的考究，“现象”一语出自希腊词 φαινόμενον，该词由动词 φαίφεόθαι 派生而来，而后者的意思就是“显示自身”（显现）。因此 φαινόμενον 等于说：显示着自身的东西。而“学”之为“学”就是“让人来看”。“学”一语出自希腊词 λóros，原义即是“让人看某种东西”“让人看言谈所及的东西”。现象学于是便是“让人从显现的东西本身那里，如它从其本身所显现的那样来看它”。

于是，现象学成了一门“看”的学问。“看”就有个“看法”问题，现象学被作为一种方法即是“看的方法”，这个“看法”很简单即“如实看”“如如”。20 世纪初的哲坛充斥着“回到康德去!”（新康德主义）、“回到黑格尔去!”（新黑格尔主义）、“回到托马斯去!”（新托马斯主义）之类原教旨主义式的口号，唯独胡塞尔一声“回到实事本身去!”之大音（Back To Things Themselves）至今仍然有所回荡。回到实事本身去，即是如实看。然而如实看知之甚易，行之艰难。人们不是往往在声称如实看的时候，恰恰看到的只是他的一偏之见，只是一些理论，只是一些个人的利益与兴趣吗？一叶障目与盲人摸象的人往往也是那些把如实看挂在嘴头叫得最响的人。于是便有一个如何如实看，如何回到实事本身去的问题。在胡塞尔便有了一套如何如实看的方法论训练，如现象学悬搁、本质还原、先验还原等。然而它既然是一套“方法论”，便仍不免是一种“理论”而非现象，因而也不免被掌握着“如实看”法宝的其他现象学家所“悬搁”“还原”。现象学的“如实看”遂变成了一种“如是我看”。

因“我”之不同，“如是我看”的东西也因之不同。在“回到实事本身”的总看法下，产生了不同的“亚看法”。在胡塞尔那里，回到实事本身，即“诸原则之原则”，那就是：“每一种源始所予的直观都是知识合法性（Rechtsquelle）的源泉，在源始形式的（好似在其机体的实在中）‘直观’中直呈自身的东西，只应该如其给出自身的那样，并且只是在它直呈自身的限度内被接受。”① 于是，对胡塞尔而言，回到实事本身便是回到源始直观、回到明证性、回到纯粹意识；然而，同样打着回到实事本身大旗的海德格尔却根本不买胡塞尔的直观的账，“直观”是“远离源头的衍生物”“连现象学的‘本质直观’也植根于生存论的领会”“只有存在与存在结构才能够成为现象学意义上的现象，而只有当我们获得了存在与存在结构的鲜明概念之后，本质直观这种看的方式才能决定下来”。②

---

① Husserl, *Ideas*: *General Introduction to Pure Phenomenology*, trans. Boyce Gibson, London & New York, 1931, P02。（以下该书简称 *Ideas* Ⅰ）参见李幼蒸译《纯粹现象学通论》，商务印书馆 1992 年版，第 84 页。

② 海德格尔著，陈嘉映、王庆节译：《存在与时间》，三联书店 1987 年版，第 180 页。

而胡塞尔“如实看”的还原法也由回到 Noesis-Noematic 的意向结构变成了由“存在者转向其存在”。① 回到实事本身在海德格尔这里便成了回到存在本身。而在梅洛－庞蒂的哲学中，“回到实事本身，就是回到先于知识、知识一直在谈论的世界”，② 于是回到实事本身在梅洛－庞蒂这里便成了回到知觉、肉身化的知觉。他一方面声称“现象学只有通过现象学方法才能通达”，③ 另一方面又断然宣布，胡塞尔现象学还原法“给我们的最大教训是彻底还原是不可能的。”④ 因此，在某种意义上，我们可以说，回到实事本身这句口号颇具讽刺意味，在不同的现象学家那里，对实事的理解竟是如此之不同，我们甚至可以说回到实事本身差不多成了回到每个现象学家的理论的代名词。

胡塞尔藉其回到实事本身的“如实看”而发现了先验意识之领地，他曾以发现“应许之地”的摩西自命，也一度希望后继者会进入这片应许之地有所耕耘与收获。然而，他的哥廷根的弟子们一古脑地忙于“对象”这一“实事”的描述，而与他本人的进一步的期待拉开了距离，他曾一度寄予厚望的约书亚——海德格尔则在“实存”的“实事”中越走越远。他不无伤感地感慨道：“作为科学、作为严密的、必

① Heidegger, *The Basic Problem of Phenomenology*, trans. Hofstadter, Revised Edition, Indiana University Press, 1982, P21.

② Merleau-Ponty, *Phenomenology of Perception*, trans. Colin Smith, Routledge & Kegan Paul, 1962, Pix.

③ ibid. Pviii.

④ ibid. Pxiv.

然真实地严密的科学的哲学——这一梦想结束了。"① 他在致Welch的信中黯然写道，统一的现象学运动并不存在，所谓的"现象学运动"对现象学的"如实看"方法（还原法）茫然无察。②

没有一个统一的现象学运动，这不只是胡塞尔一个人的看法，海德格尔在《现象学基本问题》一书中明确告诉我们："在现象学研究内部，对现象学的性质及其任务有着不同的界定。但是，即便这些在界定现象学性质中的差异能找到一个相同点，这个如此获得的现象学概念——一种平均化的概念——能否将我们引向有待选择的具体问题是值得怀疑的。"③ 梅洛－庞蒂不仅认为在诸现象学家中难以找到一个共同的对于现象学的认识，即便对胡塞尔本人的现象学也很难找到一个唯一的标准："什么是现象学？在胡塞尔第一部著作发表后的半个世纪后依然问这个问题看来有些奇怪。事实上，这个问题至今仍未解决。现象学是本质的研究，依照此，一切问题都等于去发现本质的界定：例如知觉的本质、或意识的本质；但现象学也是将本质置还于实存之中的一门哲学，它并不期望在'实际性'（facticity）之外出发获得对人与世界的理解。它是将自然态度下产生的主张悬置以便更好地理解它们的先验哲学；但它

① Husserl，*The Crisis of European Sciences and Transcendental Phenomenology*，trans. David Carr，Northwestern University Press，1970，P389.（以下该书简称 *Crisis*）

② Letter of Husserl to Welch，载 H · Spiegelberg，*The Context of the Phenomenological Movement*，Martinus Nijhoff，the Hague，1981，PP181～182.

③ Heidegger，*The Basic Problem of Phenomenology*，P2.

也是在反思开始之前，世界作为不可剥夺的在场总是‘早已在那儿’的哲学，它的一切努力都围绕着重新达到与世界的直接与源始的接触并赋予该接触以哲学的地位。它旨在探究成为‘严密科学’的哲学；但它也提供对作为我们‘生活’于其中的空间、时间及世界的叙述。它试图如其所是地直接描述我们的体验，而不考虑其心理学的起源以及科学家、历史学家或社会学家可能提供的叙述；但胡塞尔在其最后的著作中却提出一门‘生成现象学’（genetic phenomenology），甚至提出一门‘建构的现象学’（constructive phenomenology）……”① 而利科则干脆表示：“整个现象学并不只是胡塞尔，但他多少是其中心”“现象学就是胡塞尔的工作以及由之而产生出来的异端之总体”。②

如果在现象学家中，对于现象学本身是什么无法达成一致，那么，谈论现象学运动还有什么意义？而且，谈论现象学运动的合法性又是什么呢？施皮格伯格在其经典性的《现象学运动》中给出了两条界定现象学运动范围的标准，其中最主要的一条是“方法的采用”，自称是现象学家的人必须是明确或不明确地使用以下两种方法：“①作为一切知识的来源和最后检验标准的直接直观（其意义尚待阐明），对这种直观应尽可能如实地给以文字的描述；②对于本质结构的洞察，这是哲学

① Merleau-Ponty，*Phenomenology of Perception*，Pvii。梅洛－庞蒂在对现象学本身的看法中，也彻底贯彻了他的“暧昧哲学”的精神。

② Ricoeur，Husserl：*Analysis of His Phenomenolgy*，trans. Ballard and Embree，Northwestern University Press，Evanston，1967，P4.

知识的真正可能性和需要。”① 由方法上去界定现象学在某种程度上也可以说是符合现象学运动这一实事，海德格尔在《现象学基本问题》一书的“导论”中也明确主张，“现象学一语”乃是“一般科学的哲学的方法之名称”，② 又说，“正确地看，现象学是一个方法的概念”。③ 利科也曾说过，现象学“与其说是一种学说还不如说是一种方法，这种方法可以得到多样实现，而胡塞尔不过是运用了其中的几种”。④ 将现象学运动界定为围绕某种方法而展开的哲学运动，对于厘清现象学运动的范围无疑是一种严谨而有效的做法。施皮格伯格以此为标准确定下具体的现象学人选后，依国家或地区以及人头一一对不同的现象学家的思想加以考察，并在最后一编中以“现象学方法的要点”为题对整个现象学运动中所使用的方法进行了概括，算是为现象学运动找出一个“最小公分母”。这种做法，从思想史的角度来看，不失是好的做法，甚至是一种几近完美的做法。但从哲学史的角度去看，又不能不说有很大的缺

① 施皮格伯格著，王炳文、张金言译：《现象学运动》，商务印书馆，1995 年，第 40 ~ 41 页。他提出的另一条标准是“自觉地坚持（虽然有保留）运动本身，充分意识到这些方法的原则”。他运用这两条标准区分出四种现象学的范围：第一，最广意义上的现象学概念，即包括一切符合客观标准但主观上没有参加现象学运动的人。第二，广义的现象学概念，即在 1913 年《哲学与现象学研究年鉴》上的集体声明中所陈述的那种现象学。第三，严格意义上的现象学，它除去寻求直观体验和本质直观之外，还注意显现问题。第四，最严格意义上的现象学即胡塞尔本人的现象学，它在上边严格意义的现象学之上，又使用了被称作“现象学还原”的特殊方法，并且在这种方法的基础上特别注意事物的显现在意识中并且由意识构成的那种方式。

② Heidegger，*The Basie Problem of Phenomenology*，P3.

③ ibid. P20.

④ Ricoeur，*Husserl：An Analysis of His Phenomenology*，P4.

憾。因为方法毕竟是达到目的的一种手段。每一个现象学家之所以都愿意将现象学视为一种方法，无非是因为它可以为我所用，用来解决自己关心的问题。而且目的（或者说问题）本身对方法有一限定的作用，你总不可能用研究木头的方法去研究白日梦。因此现象学家之所以共同选择了现象学的方法，也说明，他们要处理的问题有某种相近性或相关性（当然是在一非常宽泛的意义上讲）。如果单纯以方法为中心去研究现象学运动，那么，对于这场运动所要处理的问题、[①] 在处理问题的过程中所形成一种思想上的相互激荡以及由此而造成的一种真正现象学意义的“精神空间”——现象学运动本身正是在这个精神空间中展开，并不断地扩展着这个空间的范围——便无从得到应有的重视。至于在这一精神空间开展的现象学运动过程中发生的“对话”（有声与无声的对话），以及在种种“对话”中所形成的“合声”（或者说趋势、潮流）更是难得一显了。

有鉴于此，本书尝试以问题为中心，展开对现象学运动的研究，我把描述现象学运动的“精神空间”定作自己的研究目标。当然具体写起来，难免犯下“眼高手低”的毛病，而且，由于学力与时间之不逮，很多重要的问题（如时间性问题等）、很多重要的人物（如舍勒等）都没得到讨论，即便讨论到的人物与问题，其探讨之力度与深度也难免有火候欠佳之嫌。我把它抛出来，更多地是希望得到学界同仁的批评与赐教。

是为绪言。

---

① 尽管，可能找不到“最小公分母”的问题，但毕竟存在一些“家族类似式”的问题，如 A 问题由胡塞尔、海德格尔研究过，但萨特未研究过，而 B 问题由海德格尔、萨特研究过，但胡塞尔未研究过，C 问题胡塞尔、海德格尔、萨特都研究过，但梅洛－庞蒂未研究过……

第一章　意向性

由意向性入手展开对现象学运动中一些基本问题的评述，并不只是随机挑出的一个起点。

意向性问题在胡塞尔整个现象学理论体系中的位置是"奠基性的"："意向性是囊括整个现象学范围的问题名称。它确实表达了意识的根本属性；包括质料问题在内的所有现象学问题，都在其中占有相应的位置。是故现象学是从意向性问题开始的……"① 著名的现象学家古尔维奇（Gurwitsch）也明确指出："意向性理论在胡塞尔的所有著作中（《算术哲学》除外）占有主要的地位。"② 在胡塞尔之后的现象学运动中，意向性问题依然是一个举足轻重的问题。萨特的《存在与虚无》以及早先的《自我的超越性》都是从意向性的分析入手进而展

① Husserl, *Ideas* Ⅰ, P404.

② Aron Gurwitsch, *Husserl's Theory of the Intentionality of Consciousness*, 载 Dreyfus 编 *Husserl, Intentionality and Cognitive Science*, 1982, P59。

开自己的现象学之路的。以“存在”标榜自己哲学旨趣的海德格尔，尽管在其《存在与时间》中绝口不提胡塞尔意向性问题，但他的在世结构（being-in-the-world）的分析，很难不让人联想到胡塞尔对意向结构（being-in-the-cousciousness）的分析。他的亲传弟子伽达默尔曾坦承：“海德格尔把他的工作建立在胡塞尔现象学的意向性研究基础上，因为这种意向性研究意味着一次决定性的突破……”① 至于梅洛－庞蒂的《知觉现象学》则直接由胡塞尔的“身体意向性”入手开展出一条新的现象学的路子来。可以说，撇开意向性分析这一至关重要的环节，就很难窥透现象学运动中一些基本理论的传承、演化与转变的内在脉落与线索。

第一节　布伦塔诺与意向性

意向性（intentionality）一词源于“intentio”，其动词为“intendere”，本与箭术有关，指将箭指向其靶子的行动，因而含有“指向性”（directedness）的意思。“intentio”进入哲学的词汇表是从中世纪经院哲学家将阿维森那（Avicenna 又叫 Ibn Sina）的阿拉伯著作译成拉丁语开始的。阿维森那以“ma-na”和“maqul”指存在于思维主体中的无质料的形式，译者遂用“intentio”一词译之。

显然“无质料的形式”来自于亚里士多德，所以西方的一些学者将现象学的意向性理论追溯到亚里士多德的知觉理

① 伽达默尔著，洪汉鼎译：《真理与方法》，上海译文出版社 1992 年版，第 313 页。

论。亚里士多德认为，在知觉中，心灵接收到的是被知觉对象的形式（form）而不是质料（matter），就像印章压在蜡块上，蜡块接收的是印章的图纹而不是质料一样。依此，当我看到一棵树时，我心灵接收到的是树之形式而非树之实体（substance）。由此可区分出两种存在方式：作为“形式”的树意向地（intentionally）存在于心灵中；作为质料与形式联结的树则实在地（really）存在于外在世界中。这种区分可以说是亚里士多德知觉理论的应有之义，但明确的区分与表达则出现在中世纪的经院哲学中。

例如，在阿奎那的认识论中，认识就是把形式以一定的非质料的方式接受于心灵之中。形式在知觉与理智中是意向地存在的。当我看到落日的红色时，红色就意向地存在于我的视觉中，当我思想到太阳之圆时，圆就意向地存在于我的理智之中。形式的存在离开了它在实在中与之结合的质料而被主体所接受，毕竟我看见红色的太阳时，并不是太阳本身进入了我的眼睛中，即便是我的眼睛比太阳还大，情形也不应是这样。知识（information）说到底是个赋以形式（inform）。[①] 怀疑论者会发出质疑：什么是知觉的真实对象：是外在世界中的对象还是知者心中的形式？怀疑论者如近代之休谟干脆断言心灵永远超不出自身，人只能直接认识自己的观念而无法达及外在世界的对象。观念是确定知识的唯一合法对象，任何越出此范围的知识只不过是一些不确定的推论

① 参阅肯尼著，黄勇译：《阿奎那》，中国社会科学出版社 1987 年版，第 3 章《心灵》，第 104 ~ 139 页。

或猜测而已。[①] 胡塞尔在《现象学的观念》中苦苦以求的"认识如何能够超越自身，它如何能够切中在意识框架内无法找到的存在?"[②] 其历史背景当与此有关。

意向性问题重新在现代哲学中占有一席之地，首功当推布伦塔诺，这位被胡塞尔本人称为"我哲学上唯一的老师"一生致力于"描述心理学"(Descriptive Psychology) 的建立。描述心理学以澄清心理现象的一些基本概念、阐明心理现象的一般特征与结构为己任，而与通行的研究心理现象发生的因果条件的"发生心理学"(Genetic Psychology) 迥异其趣。在布伦塔诺看来，在心理现象的基本概念、特征这些最基本的东西未得到阐明之前，任何对心理现象所进行的因果条件的探究都还是盲目的、无根基的。发生心理学必须建立在描述心理学的基础上。那么，使得心理现象得以成立的根本条件是什么？换言之，使得心理现象有别于非心理现象(即物理现象) 的根本特

---

① 对胡塞尔之前的意向性理论的考查，可参阅 Sajama 与 Amppinen 合著的 *A Historical Introduction To Phenemenology* (1987)，该书对中世纪的意向性理论、近代哲学（以 Hume 与 Reid 为代表）中的意向性问题以及布伦塔诺及其后学 Hofler、Twardowski、Meinong 的理论都有历史的考察。Smith 与 Mcintyre 合著的 *Husserl and Intentionality* (D. Reidel Publishing Company, 1982) 一书的第二章"Some Classical Approaches to the Problems of Intentionality and Intensionality"亦对此有所涉及。另外，spiegelberg 在"Intention and Intentionality in the Scholastics, Brentano & Husserl"一文中就意向与意向性两词在经院哲学及布伦塔诺与胡塞尔哲学文本中的具体含义有较详尽的考察，该文载于 Spiegelberg, *The Context of the Phenomenological Movement* (Martinus Nijhoff, The Hague, 1981), PP3 ~ 26. 本章第 1 节主要据以上文献撰写。

② 胡塞尔著，倪梁康译：《现象学的观念》，上海译文出版社 1986 年版，第 9 页。

质是什么?“意向性”一词正是在此背景下被引入的。

“每一种心理现象都是以中世纪经院哲学家所称的对象意向(或心理)内存在为特质，我们或应称之为(虽然这并非完全清楚明白)关涉一内容、指向一对象(在此不应理解为一个东西)或内在的对象性。每一个心理现象都在自身内包含某种东西作为对象，尽管它们不是以同一种方式进行的。在表象中，某种对象被表象；在判断中，某个对象被肯定或否定；在爱中，某个对象被爱；在恨中，某个对象被恨；在愿望中，某个对象被意愿，如此等等。意向的这种内存在性是心理现象的独有特质。任何物理现象都没有表现出类似之特质。因此我们可给心理现象以如此之界定，即心理现象乃是那种在自身内以意向的方式关涉到对象的现象。”①

此段引文清楚表明，意向性的根本特征在于每一种意识都是关于某个对象的意识，这个被指向的对象之所以被称为“内在的”，原因在于意向的对象是依赖于心灵的东西，或者说，它是在心灵中存在的。这就意味着，我们在意识中指向的对象完全可以是实际中不存在的东西，我完全可以在脑海想像一匹带翅膀的马，尽管世间中就根本没有这种动物的存在。因此，意向的对象与现实中存在的对象是根本有别的。意向的对象不管在现实中实有其物(如马)还是在现实中根本子虚乌有(如带翅膀的马)，都是在心灵中存在的，意向性指向的对象是内在的对象，就是指这个意思。

另外，心理现象的另一个特质是它们只能在“内意识”

---

① Brentano, *Psychology from an Empirical Standpoint*, trans, Rancurello, Terrell & Mcalister, Routledge & Kegan Paul, 1973, P88.

(inner consciousness)中被体验到，是内知觉的对象。音乐的声响是一种物理现象，听到音乐的声响则是一种心理现象，在这一心理现象中，音乐的声响作为“对象”而传入我的耳中，在这同时我也意识到我听到了这个声响。但是如果我的意识与声响作为对象传入我耳中的活动做如此区分的话，不免会导致一无限的逆推：我意识到我意识到我听到了这个声响，我意识到我意识到我意识到我听到了这个声响……布伦塔诺以“首发的对象”(Primary object)与“继发的对象”(Secondary object)的区分杜绝了这种恶的无限逆推：我以某物(声响)作为对象乃首发之对象，我意识到我以某物(声响)作为对象乃继发之对象，这两个对象乃属同一心理现象，一个活动的继发对象是无法在首发对象被注意的方式下被予以注意的，对一个有意识活动的意识乃是透明的(transparent)，换言之，它包含着自我意识。

心理现象的特质已明，在此基础上，便可展开对心理现象进行类型学的描述了。在林林总总的意向体验中，布伦塔诺划分出三种基本的心理现象：①表象；②判断；③情感现象。这种划分的最大特点是将传统中混而称之的理性现象一分为二，即表象与判断，而将传统分而称之的意志行为与感情现象合二为一，即情感现象。当然这并不是出自随意的分分合合，之所以要独标出表象乃是要突出表象的基础地位。在布伦塔诺的三分法中表象是最基本的心理现象，它好比是一个心理“原子”，每一种心理现象都包含着表象这一心理原子。在表象中，我们与对象只是单一的关系。而在判断与情感现象中，则是双重的关系：在判断中，呈现在意识中的对象首先是表象的对象，其次也是被肯定为真或否定为假的对象；在情感现象中，对象亦是首先作为被表象者，其次是作为被评价为好或坏的对象。换言之，在判断与情感现象中，被表象者经历了肯定或拒绝、喜欢（爱）与厌恶（恨）二元对立式的断定或评价。而在单纯的表象中是根本不存在上述的二元对立因素的，因而也不具有真假、好坏的性质。对“上帝”的表象作为一单纯的表象，既不真，也不假，既不好，也不坏；而“上帝存在”的判断、“我爱上帝”的情感，除了在单纯的上帝表象之外又增加了新东西，即对于上帝的肯定（承认），此属认知的态度，对于上帝的爱（喜欢），此属情感的态度。因此，表象可以说是心理现象的中性前提，绝不应将之归属于理性现象或情感现象。

如果说一切心理现象都奠基于表象，而表象的根本特征即在于其对象的意向的内存在（the intentional inexistence of the object），那么，随之而来的问题是，例如，当我看到马时，被表象的马并不就是马本身而不过是我心里的某些影像（image），这样在外界的实在的马之外，又设定了马之影像的内存在。这不仅没有必要地增加了存在的项目而且也让人不可理喻。后期的布伦塔诺遂挥起奥卡姆式剃刀将自己早先设定的一切不必要的实体通盘剪除。本体论的承诺只有一种，即具体的个体、事物。抽象的实体如共相、意向对象、迈农式的对象等等被剥夺了存在的资格，这种种的“非物体”（non-things）不过是对我们碰巧拥有的语言形式的多样性的误解造成的，这些虚构的实体完全可以运用逻辑重建的技巧而予以消解。如“有A的存在”与“有A的非存在”皆可相应转换为“A存在”“A并不存在”。意向性所指涉的对象不是通常个体之外的某种实体，说某人在思考一个东西并不等于说存在某个被某人思考的东西，因为思考者本人完全可以否认有这样一个东西。因此，意向关系并不是通常意义上两个现成存在物之间的关系，它只是一种“准关系”而已。

第二节　胡塞尔与布伦塔诺

胡塞尔与布伦塔诺之间的私人关系，这里存而不论。[①]

在意向性问题上，胡塞尔对布伦塔诺的承继与批判是本节关注之焦点，毕竟胡塞尔的意向分析是在布伦塔诺奠定的基础上进行的。胡塞尔的几本主要论著《逻辑研究》《观念》《现象学的心理学》和《危机》[②] 都涉及他本人对布伦塔诺意向性理论的批评，我们依次进行一一检讨。

在《逻辑研究》第五研究“论意向经验及其‘内容’”的第二章“作为意向经验的意识”中，胡塞尔在肯定布伦塔诺心理现象与物理现象二分法在描述心理学中的突出贡献的同时，马上指出在可能的心理学界定下的所有心理现象并非是布伦塔诺意义上的心理现象，另一方面，很多真正的“心理现象”却在布伦塔诺的框架中成了“物理现象”。这种混乱现象使得胡塞尔觉得有必要进一步“挖掘到布伦塔诺现象类型的划界本质”。在布伦塔诺提出的心理现象与物理现象的六点区别

① 有兴趣的读者可参阅 H · Spiegelberg 在 *The Context of the Phenomenological Movement*（Martinus Nijhoff，1981）中的详尽考察，见该书 PP119 ~ 143。

② 早在《算术哲学》中，胡塞尔就明确使用了“心理现象”“意向中的存在”等概念，此时的胡塞尔对布伦塔诺的意向性理论尚处在“全盘接受”阶段。

中，胡塞尔认为只有两点是值得讨论的，其余的都是模糊的、令人误解的。

在这两点区别中，第一点区别直接揭示了心理现象的本质。在知觉中，某物被知觉。在想像中，某物被想像。在陈述中，某物被陈述。在爱中，某物被爱……意识即是指向一个相关的对象。第二点区别在于心理现象或者是表象或者是奠基于表象之上的。对于这两点，胡塞尔认为布伦塔诺的表述仍然是容易招致误解的，因此必须首先加以术语上的澄清。

关于第一点。“心理现象”本身的说法就很成问题。说被感知的东西、被想像的东西、被断定的东西或被意欲的东西“进入到意识中”，或者反过来说，这些东西“被纳入意识中”，或者说，意向经验“将某物作为对象纳入自身中”。如此这般的表述招致了以下双重误解。

其一，我们好像在处理发生“意识（‘自我’）与意识到的东西之间”一个实在的事件或一个实在的关系。对此，胡塞尔明确指出这种表述使人们认为“自我”是这个关系的中心，仿佛一切意识都是从自我中发出来的。但是，真实的情形是，当我们“生活”于意识行动中时，例如阅读一个故事是或者进行一个数学证明时，恰恰是忘我的。从自然反思的立场看，毫无疑问，在每个行为中，自我都意向地指向某个对象。该自我只不过是“意识统一体”或经验“束”而已。由此，固然可以说“自我向自身表象一个对象”“自我在表象中指向一个对象”，但在实际进行的经验中并未拥有“自我表象”（ego-presentation）作为自己的一部分。只是在反思的行为中，自我才作为自身与其行为对象相关者而显现出来。然而此时“源始的行为已不再存在在那儿了。我们不再生存于其中了，而是我们注意到它并对之进行判断了。"① 因此，不应把与自我的关联看作是意向经验自身的本质。

其二，我们好像在处理两种东西间的关系，这两种东西以同等实在的方式存在于意识中，一个是行为，另一个是意向对象，仿佛意向对象似一个小匣子装在另一个匣子中一样被置入意识行为之中了。尤其是"内在的对象性"（immanent objectivity）、"对象的心理内存在"（mental inexistence of an object），更是让人觉得意向结构好似一种匣式结构（box-within-box structure）。对此误解，胡塞尔强调，在这里并不是存在两件东西，"我们并不是经验到一个对象，并在此之外又经验到指向这个对象的一个意向经验"，布伦塔诺所说的"内在对象性""对象的心理内存在"与实在的东西根本不属同一存在范畴。意向的对象是"意向地"呈现着的，是被"意味着的"（meant）。所谓的"内在内容"不过是意味"被意向"而已。在严格意义上，它绝不是"内在的"，而应是"超越的"，它超越具体的意向行为。例如，作为被表象的朱庇特（Jupiter）神，固然可以说"内在地呈现"于我的意识行为中，但朱庇特的"内在性"、朱庇特作为"心理对象"，绝不是经验本身的一个"实在部分"，它绝不是实在地内在的。当然这也并不就意味着它是在心理之外存在的。朱庇特根本就不存在，被意向的对象存在与否于现象学实无关紧要："被表象而给予意识的对象是存在的还是虚构的，抑或是完全荒谬的，这都没有本

---

① Husserl，*Logical Investigation*，trans. Findlay，Routledge & Kegan Paul，1970，P562。应该指出，胡塞尔在后来的《观念》中放弃了此处对"自我"批判的立场，详细情形请参阅本书第二章《自我》有关内容。（以下该书简称 *LI*）

质的区别。”① 对现象学来讲，本质的区别在于必须在意向行为真正的内在内容与意向行为的意向对象之间做出明确的区分。真正“内在的内容”不是意向对象而是意向经验的实在构成。在意向行为中，真正内在的内容本身并未被意向到，它只是使得相关的意向成为可能的一个要素而已，“我看到的是有颜色的东西而不是颜色感觉，我听到的是歌者的歌声而不是声音感觉，如此等等。”② 布伦塔诺所谓的纯粹感觉（Sensations），只是无意向的单纯与料，只有藉意向行为“诠释”或“统觉”，它们才能被体验到。作为纯粹感觉，“**它们从不作为对象而显现**：它们在任何意义上都从未被看到、听到或知觉到。”③

胡塞尔在意识的内在内容与意识的意向对象之间所做的区分，乃是对布伦塔诺意向性学说的一个根本性改造，以致于有论者将胡塞尔与布伦塔诺看作是意向性理论的两个不同派别的代表。布伦塔诺代表的是“对象理论派”，而胡塞尔代表的是“内容理论”派，两者泾渭分明。

鉴于布伦塔诺诸如“心理内存在”等术语所造成的误解与混淆，胡塞尔完全摒弃了布伦塔诺“心理现象”一词，而代之以“意向经验”，并提出一套新的术语去描述意向经验的结构，我们在下一节会有所接触。

关于第二点。对于布伦塔诺将表象视为最基本的心理现象，其他心理现象皆奠基于表象基础上，胡塞尔有所保留地给

---

① ibid. P559.

② ibid. P569.

③ ibid. P567.

予了肯定。以情感现象为例，依布伦塔诺的看法，任何情感现象都以某种表象为基础，作为奠基性的意向（表象）给我们以“被表象的对象”(the presented object)，而作为被奠基的意向则给我们以“被感触的对象”(the felt object)，前者可以离开后者而独存，而后者则与前者不可分离。胡塞尔认为布伦塔诺的这种区分是可取的，但胡塞尔马上指出：“我们并不是单纯拥有一个表象，再加上联想地依附其上的情感，而非内在地关联与它。［相反，］高兴或厌恶将自身指向被表象的对象，无此指向就根本不能存在。”[①] 而且“表象”一词有相当的含糊性，必须认真予以厘清。依胡塞尔的分析，表象至少有五种含义：①作为行为质料（act-material）或材料（matter）的表象；②作为“单纯表象”的表象，它不涉及任何断定或评价，是任何信念形式的“质的变形”，对表象内容不采取任何认知或情感的态度；③作为“称谓行为”（nomial act）的表象，例如，作为一断定行为的主语的表象；④作为“对象化行为”(objectifying act）的表象，这种质的根基类型囊括了信念行为(无论是称谓的还是命题的，因而上述第二、三种表象也包括在其中)；⑤与单纯思维（概念）相对立的表象（直观）。[②] 所以说布伦塔诺的“每一意向体验或者本身即是一单纯表象，或者是建基于如此之表象”的说法只具有“虚假的自明性”，这句话的前半句中单纯表象实际上是一种“行为”，而后半句中的“如此之表象”实际上是单纯的“行为之质料”。[③]

---

① ibid. P570.

② 在第五研究的四十四节中，胡塞尔共分析出十三种表象含义。

③ Husserl，*LI*，P621.

在《观念》第一卷中，胡塞尔指出布伦塔诺将心理现象从物理现象中分离出来，这是“特别重要的”，“因为它是现象学发展的先导”，但他又马上批评布伦塔诺仍然远离“现象学的根基”，他尚未发现意向性中“质料因素”（the material phase）的概念。[①]

在《现象学的心理学》中，对布伦塔诺的意向性学说评述又一次成为胡塞尔展开自己现象学理论的起点。他认为，意向性虽然早见于经院哲学中，实际存在的对象（自在存在的东西）与单纯的意向对象（在经验中被经验的、在判断中被判断的、在意指中被意指的对象）之间的区别亦在中世纪经院哲学中做出了，但是因此而说布伦塔诺只是“重新发现了”古老的经院哲学，这是“根本错误的”。布伦塔诺的“伟大发现与其真正独创性”在于，他对物理现象与心理现象做出的区分，并“首次建立起意向性是心理现象独有之特质”。在表面上看来，这实在是经院哲学意向性学说的一个“微乎其微的变化”，但如此微乎其微的变化却“创造了历史并决定着科学的命运”。正是由于这个变化，心理学才首次作为“一门纯粹的心理生活的描述科学”“一门作为意向性的描述科学”而得以面世。在布伦塔诺之后，“再也无人能忽略意向性是心理生活的根本特征这一事实了，这一事实先于所有理论而当下给予内在经验的明证性”。[②] 但是布伦塔诺的学说“充满着最大的困难与模糊性”：意向分析如何进行，在这一领域中何种普遍性

---

① Husserl，*Ideas* I，P249.

② Husserl，*Phenenomenological Psychology*，trans. J · Scanlon，The Hague，1977，P24.（以下该书简称 *PP*）

是可能的、应追求的，由此出发心理学如何作为一门心理物理地实在的心理生活的事实科学得到奠基，所有这一切都还“暧昧不清”。而且，布伦塔诺实际上从未超出对意向经验进行外在的分类学的描述思考的范围，“他从未认识到也未承担起从作为意识尤其是认知认识的可能对象的对象之基本范畴向后回溯的任务”，意识生活的多样性及其相应的综合活动尚未进入布伦塔诺的视野中。从根本上讲布伦塔诺仍然局限于“自然主义的取向”（naturalistically oriented），自然主义者总是要把心理生活还原到基本要素的结合、还原到因果法则上，但是意识的综合毕竟完全不同于“自然要素的外在结合”，意识乃是由动机交织成的综合体，“布伦塔诺仍然是一个自然主义者”。①最后，每一种区域与范畴的对象都有其相应的意向关联，都是意向生活的成果，不同的意向样式构成不同的意义类型，意向分析最终必然是“先天性的”本质科学，但是“现象学的先天性的心理学从未曾有过实际的开端，甚至连其可能性的意图都未曾有过，布伦塔诺也不例外”。②

在最后的一部著作《危机》的第六十八节“意识本身的纯粹解释的任务：意向性的普遍问题”中，胡塞尔在指出必须毫无偏见地将意识视为意识来研究后，不失时机地回忆起布伦塔诺“对我们的异乎寻常的帮助”，是他尝试改革心理学，将心理现象视为异于物理现象的有着自己独特特质的领域，而意向性即是其中的一个特质。但是，胡塞尔仍然忘不了批评他的老师：“遗憾的是，在最关键的问题上，他仍然受限于传统自

① ibid. P26.

② ibid. P28.

然主义的偏见”，只要“心灵与料”（data of Soul）被简单地理解为拥有意向性这一明显特征的与料而不是被理解为可感者（外在或内在的感觉）。换言之，“如果二元论、心理物理的因果性仍被接受为有效的”，那么这些偏见就至今尚未被克服。对于布伦塔诺的“描述的自然科学”的设想，胡塞尔也提出了同样的批评：“他完全在旧的传统的描述的与解释的自然科学的精神下设定对心理现象进行分类与描述性地分析之任务”，“如果布伦塔诺能更深入到作为意向的意识生活的探究任务的真正意义”，这一切本来是可以避免的。然而，事实上，“布伦塔诺只是在形式上创立了意向性的心理学，却又毫无办法从事它。”① 更让胡塞尔耿耿于怀的是，整个布伦塔诺学派，像布伦塔诺一样，始终拒不接受《逻辑研究》中“决定性的新东西”：“《逻辑研究》中的新东西根本不在于单纯的本体论研究，……而是在于主体取向的研究（首先是在1901年第二卷中的第五与第六研究），在这里，我思作为我思（the cogitata qua cogitata）、作为在真正内在经验中给出的每一意识经验的本质要素，首次得到了应得到的对待，并立刻支配了整个意向分析的方法。”② 在《维也纳演讲》（该演讲被收入英译本《危机》的附录一）中，胡塞尔又一次指责布伦塔诺“尚未克服客观主义与心理学的自然主义”。③

总结胡塞尔一生对布伦塔诺的批评，可基本上归纳为一点：布伦塔诺的意向性理论带有浓厚的心理主义和自然主义取

① Husserl, *Crisis*, P234.

② ibid. P234.

③ ibid. P298.

向，尚未进入到先验现象学的层面。正由于这种取向，使得布伦塔诺不可能在意向的相关与心理的相关之间进行区分，也使他最终驻留于意向性的对象理论中而未进入内容理论。

第三节 胡塞尔的意向分析

胡塞尔的意向性理论有一个发展过程。Smith 与 McIntyre 在《胡塞尔与意向性》（*Husserl and Intentionality*）一书中，将胡塞尔的意向性理论划分为两个时期，一个是早期《逻辑研究》中的“现象学的内容”（Phenomenological content）之分析，另一个是“成熟期”《观念》中的 Noesis 与 Noema 分析，利科在其《胡塞尔：对其现象学的一个分析》（*Husserl: An Analysis of His Phenomenology*）一书中区分出三种意向性概念：一是心理学的意向性，它与接受性（receptivity）是同义的；二是《观念》第一卷中 noema-noesis 相关的意向性，这种意向性很难说是接受性的或创造性的；三是真正构成的意向性，它是创造性的（creative）、生产性的（productive）。这种三分法与利科将胡塞尔现象学发展分为三个阶段大致相对应：第一种意向性对应于描述的现象学阶段（如《逻辑研究》），第二种意向性对应于先验现象学阶段（如《观念》第一卷），第三种意向性对应于发生现象学（Genetic phenomenology）阶段（如《笛卡尔沉思》《危机》）。而 Sokolowski 在《胡塞尔构成概念之形成》（*The Formation of Husserl's Concept of Constitution*）一书中则将胡塞尔的意向分析划分成两种，一种是静态的结构分析（Static analysis）（《逻辑研究》《观念》第一卷），另一种是动态的生成分析（Genetic analysis）（《笛卡尔沉思》《先验的与形式的逻辑》)。这种阶段性的区分固然有助于把握胡塞尔思想发展的脉落，但也难免有削足适履之嫌。因为《逻辑研究》中的范畴构成分析，显然已是动态之分析，有别于静态的结构描述。[①] 在《经验与判断》的第十六节，胡塞尔本人明确指出《逻辑研究》已构成了“生成现象学之核”了。[②] 有鉴于此，本节不想对胡塞尔的意向性思想发展进行阶段性的划分，而是结合胡塞尔的几本主要著作就意向性的结构、要素及生成进行诠释。

一、意向性结构

（一）“性质”与“质料”

在《逻辑研究》中，胡塞尔指出，每一个意识行为都具有两个方面：性质（quality）与质料（matter）。我们把某体验称为判断，那么该体验必有一“内在特性”使它区别于意欲、希望或者别的什么行为，这个特性是所有判断行为所共有的，这就叫做行为的性质，而将这个判断与其他所有别的判断区别开来的首先便是行为的质料。性质把行为“印记”（stamp）为如表象或判断，而质料则使行为指向一个对象，如它使这个表象只显示这个对象而不是别的。“1 + 1 = 2”和“胡塞尔是一个犹太人”具有相同的行为“性质”（即“判断”），但行为的质料完全不同。而“胡塞尔是一个犹太人”和“胡塞尔是一

---

① Skolowski 对此有所辩解：《逻辑研究》的过程分析从总体上仍“完全属于他的把握与感觉与料的结构图式的”。（见 Sokolowski，*The Formation of Husserl's Concept of Constitution*，The Hague，1970，P71）

② Husserl，*Experience and Judgment*，ed. Landgrebe，trans. Churchill and Ameriks，Routledge & Kegan Paul，London，1973，P75.（以下简称 *EJ*）

个犹太人吗?”则具有相同的行为“质料”,但行为的性质不同。很显然,同一内容(质料)可以拥有不同的“性质”,如“火星上有智能动物”这一质料可以在不同的行为“性质”中出现:“火星上存在智能动物”“火星上存在智能动物吗?”“但愿火星上存在智能动物!”等。同样,同一性质的行为可以拥有不同的质料。性质与质料是同一意向行为之不可分的两面,离开质料就无法设想性质,谁也无法设想没有任何内容的判断;同样,离开性质也无法设想质料,一个不是表象、不是判断,不是……不是任何性质的质料是不可设想的。总之“性质只决定在某种方式下早已得到呈现的东西在意向中是作为被希望、被疑问还是作为被断定在判断等等中给出。而质料则必须是行为中给予其对象指向性的要素,这一指向是完全确定的,它不仅确立了一般方式下的被意味的对象,而且也确立了对象之被意味的准确方式。说得更清楚一点,质料乃是一行为的现象学内容的特殊方面,这一方面不仅确定着行为所把握的对象而且也确定着对象之被把握的方式、属性、关系、范畴形式……”①

(二)意向行为的实在内容与意向内容

行为的实在内容是指该行为的具体的或抽象的(即无法独立自存的)部分之总体,是实际组成该行为每部分体验的总体。它是在体验中实在地给出来的,是实在地发生于意识之中的东西,它属于描述心理学的研究领域。例如,对于说话的声音,我们可进行纯粹描述活动:声音之调子、节奏、高低等等,至于这声音究竟是由什么器官发出、如何发出及如何传递

① Husserl, *LI*, P589.

与接收等，则不属于描述心理学之范围，而由解释的心理学负责。而关于这话音的意义，我们则既不能把它归结为产生该话音的生理器官，也不能归结为某种声音的纯粹音响振动，它属于完全不同的一个领域，即行为的意向内容领域。行为的意向内容尽管也可以说在意识中，但这个在之中（in），绝不是实在地在之中（really in），而是观念地在之中（ideally in）。

行为的实在内容作为该行为的一部分而内在于其中，是时间性的、个体性的心理事件，行为的意向内容作为观念（ideal）是非时间性的、普遍的，两者分属不同层面。“2 + 2 = 4”这个简单的算术命题可以在不同的意识行为中给出：一个幼儿会扳着两个手指头再扳着两个指头得出，另一个幼儿会用两个布娃娃再加上两个布娃娃得出……得出 2 + 2 = 4 的具体的心理计数活动是个体性的，但其意向内容（2 + 2 = 4）却是相同的。意向内容与实在行为的关系是共性与个性的关系，前者在后者中得到“例示”“实现”（realization）。

（三）Noesis，Hyle 与 Noema

Noesis 与 Noema 这对范畴是在《观念》第一卷中提出来的。《逻辑研究》中的行为的实在内容现在被称为 noesis 与质素（hyle），其意向相关亦即非实在的意向内容则被称为 noema。noesis 乃希腊文中的理解、理智，是从“noein”（意即思维、感知）而来，后者则源自“nous”（努斯）一词，nous 是希腊哲学中的一个重要术语，一般译为“心灵”（mind）。胡塞尔用 noesis 一词专指意识行为的实在内容中的那些“自身拥有意向性特征的心理过程的要素”，而不包括非意向的质素。

noesis 具有两个方面：

（1）意识行为的特性，这一特性使得意识行为属于某类行为。如知觉行为、记忆行为、想象行为等等，这与《逻辑研究》中的“性质”是一致的。当然，意识行为的分类可以从不同角度进行，如实显的行为与潜在的行为的区分，实显的（actual）行为即是自我生存于其中的行为，在这种行为中我思以其“心理目光”直接指向其相关的对象，明确的指向性、朝向性是实显性行为的特征，而潜在的行为则是围绕在实显性行为的周围体验。我看到桌子上的茶杯，看到茶杯的知觉行为即属实显性行为，但茶杯周围的书、笔记本、墨水瓶等无疑也在某“直观场”中被知觉为在那儿，只不过我未曾将注意的目光指向它们而已，因此每一个实显的意识都被潜在的意识、隐含的意识所缠绕，都有自己的视界（Horizon）。

（2）授义的特性（meaning-conferring）。noesis 的授义功能决定了行为的内容，这与《逻辑研究》中的“质料”大致相当。之所以说“大致相当”，是因为在《逻辑研究》中行为的实在内容是行为的意向本质的“例示”，而在《观念》中，noesis 授义于意向体验，所授之意义（Sinn）不再只是得到例示的本质，而是意义结构（noema）。①

意向体验的实在内容除了 noesis 外，尚有 hyle（质素），即《逻辑研究》中的感觉材料，质素本身不具有意向性，是无意义的，因此与意向行为的本质无关，是“无形式的材料”（formless stuff）。与此相对，noesis 则是“无材料的形式”

① 这种区分是 Smith 与 McIntyre 在 *Husserl and Intentionality* 中做出的，见该书第三章第二节有关内容。

(stuffless form)。在知觉行为中，noesis 通过授义活动而使此无形式的材料（质素）被“激活”。未被激活的、未被授义（未被诠释）的质素、“感觉束”“感觉流”，这些东西本身是无意义的，它们也不能在任何“混合体”中产生意义，这一点是在《观念》第八十六节明确得到强调的。在该书的第三十六节及九十七节，胡塞尔用人对白纸及树之颜色的体验两例，说明质素不具意向性：在对白纸的知觉体验中，通过现象学反思，可以发现“某种不可分地属于该具体知觉的本质的东西”，而且是作为一种“实在的具体内在组成成分”即白色感觉；一棵树的颜色（“自然人”看到的颜色）并不属于作为“实在的组成成分的知觉体验”，但在其中可发现某种“类似于颜色的东西”即“颜色感觉”。无论是对白纸体验中的白色感觉还是对树体验中的颜色感觉，它们本身都是“质素因素”，都不是“对某物的一种意识”，“自我不是转向它们，而是转向对象”，通过 noesis 的“统握”(apprehensions)、“授义”而成为“显现着的颜色”。因此，质素只有与相应的 noesis 结合才能最终指向一个对象，质素的作用仅在于为 noesis 的指向性提供一直观的明证性资源（直观充实）。

noema 是 noesis 的相关者，是意向体验的观念（ideal）成分。与 noesis 的两个方面相对应，noema 也具有两个方面：①与意向行为特性相对应的观念成分；②与授义活动相对应的“含义”(noematic Sinn)，含义乃 noema 的根本成分，它决定了意向性的根本特征：指向性即指向某个对象，不仅如此，含义也确定着对象之被如此这般意向的方式。因此，含义在意向性中起着至关重要的作用：其一，它是一个可确定的 X（a determinable X)，这个 X 决定着哪一个对象是被意向的；其二，它是诸属性的聚合体，它是上述 X 的具体内容。

noesis 与 noema 是每一意向体验中不可分的两面，是意向行为中的意识本身与意识相关者，没有 noema 的 noesis 和没有 noesis 的 noema 都是不可设想的，两者之间乃是平行相关地联系在一起，“不存在任何一个没有相关的 noematic 要素的 noetic 要素”①。noesis 与 noema 关系大致包含以下几个方面：①每一 noesis 都有其自己的 noema；②不同的意向行为可拥有同一个 noema；③每一个 noetic 要素都有其相应的 noematic 要素。

那么，noema 与意识对象又有什么关系呢？

二、关于 Noema

“Noema”这个词很难翻译，问题主要还不是因为难于找到相对应的词汇，而是在于对这个词本身的含义的理解，在现象学界一直存在着较大的争论。欧洲的现象学家 Guido Küng 教授在其《作为 Noema 与作为所指的世界》一文中认为 Noema “是一个难懂的理论，但它起着如此关键性的作用，如果对它没有很好的把握，那么对现象学正确的理解看来是不可能的”。② 美国现象学家 Mohanty 教授更是明确指出，“只是有了 Noema，我们才进入到了意向性概念的真正核心”。③ 因此，很有必要认真考察一下围绕 Noema 问题所发生的争论。

第一种是实在论解释。这种解释把 Noema 直接与实在对象

① Husserl, *Ideas* Ⅰ, P271.

② Guido Küng, The World as Noema and as Referent, 载 *The Journal of the British Soceity for Phenomenlogy*, 1972, P20。

③ J. N. Mohanty, Husserl's Concept of Intentionahty, 载 ed. Tymieniecka, *Analecta Husserliana*, Vol. Ⅲ, Dordrecht-Holland, 1974, P108。

划等号，认为胡塞尔藉其 Noema 理论使得主体挣脱了内在性枷锁而指向了实在世界。这种解释从胡塞尔《逻辑研究》第二卷中的一段话中找到了依据："我们只需承认，一个表象的意向对象与它的实际对象是相同的，并且有时与其外部对象也是一致的，因而对它们的区别没有意义。"这种实在论的解释遭到了德布尔（de Boer）的强有力的驳斥，他在《胡塞尔思想的发展》一书中明确指出，被用来支持实在论解释的上述胡塞尔的那段话并不是直接针对布伦塔诺的，因为胡塞尔对布伦塔诺关于意向对象与"实在"对象的区分并无异议。胡塞尔真正针对的是中世纪经院哲学的意向性观念及受此影响的瓦道夫斯基（Twardowski）的观点。后者认为当某人形成关于某对象的表象时，他同时形成了一个与该对象有关的内容的表象，这个被呈现的对象，即表象活动自身指向的对象，是表象的原初对象；而那个赖以指向该对象的内容则是表象活动的二级对象。例如，一个画家画出一幅风景画，从实在论意义上看，画中被画出的东西乃是被描绘出的风景，这里风景相当于原初对象；但我们也可以说这画本身即是被画出的图画，图画相当于二级对象。胡塞尔上面那段引起争议的话就是针对此类看法而发的。当胡塞尔说意向对象和实在对象之间不存在区别时，他的意思无非是意向对象就是意向的实在对象，知觉中不存在两个对象，不存在指向两个方向的表象活动，意向对象就是知觉的直接的和唯一的对象。①

第二种解释以古尔维奇为代表。他在《胡塞尔的意识的意

① 德布尔著，李河译：《胡塞尔思想的发展》，三联书店 1995 年版，第 187～190 页。

向性理论》这一颇有影响的论文中指出，Noema 必须与被知觉物（the thing perceived）区别开来，后者可以从不同角度被看到——从前面、从后面、从侧面、从上面、从下面等，而 Noema 则只是意指着这些诸方面中的一个方面呈现自身的被知觉物。因此，必须在“被意向的对象”（object which is intended）与“如是被意向的对象”（the object as it is intended）进行区分，后者才是 Noema 的含义。知觉之 noema（perceptual noema）就是“从某一边、从某一面、从某一方向——概言之，从一侧显的方式下（in a one-sided manner of adumbrational presentation）显现着的被知觉物。关键之处在于尽管其显像是单侧的，但它却是呈现自身的物自身（the thing itself that presents itself），是处在我们意识前、我们与之相接触的物自身”。① 对于胡塞尔《观念》第一卷中那段著名的树可烧但树的 Noema 不可烧的话，② 古尔维奇的解释是房子（这里古尔维奇用房子的例子代替了树的例子）可以被毁灭，但相关的 noemata 却不受影响，原因在于在房子毁灭以后仍会被人记住，仍会被记住房子曾在如此这般的侧显方式下给出过自身。此时的 Noema 不再是知觉的，而是记忆的了（a noema of memory）。古尔维奇身为胡塞尔的弟子，他的解释又完全可以在胡塞尔的著作中找到依据，如《观念》第一卷中的第一百二十八至一百二十九节，胡塞尔称行为的意义即是“如是被意向者”（intended as

① Aron Gurwitsch, Husserl's Theory of the Intentionality of Consciousness, 载 Dreyfus 编，*Husserl, Intentionality and Cognitive Science*, Cambridge, 1984, P67。

② 这段话确实对将 Noema 解释为侧显的物自身的 Gurwitsch 有些不利，持第三种解释的 Smith 即用此段话反驳 Gurwitsch（见下）。

such），在第一百三十节，更是直接称之为“如是被意向的意向对象”（intended objective just as it is intended）。因此古尔维奇的这种解释在现象学界颇有影响。例如德布尔在《胡塞尔思想的发展》中即持类似的看法。德布尔把 Noema 看作是“如是被意向物”（the intended as such）、“作为思想对象的所思之物”（Cogitatum qua cogitatum），但他强调指出 Noema 必须在现象学还原的背景下得到理解：“所谓 noema 就是在我们将超越对象之存在排除在考虑之外后剩余的东西。它不是某种神秘的对象，而是意向性的对象。它是在‘纯粹内在的’意义上的内在之物。”①

第三种解释以史密斯（D·Smith）与麦金太尔（R. McIntyre）为代表，他们深受挪威哲学家弗莱施达尔（D. Fllesdal）《胡塞尔的 Noema 理论》（Husserl's Notion of Noema，载于 *Journal of Philosophy*，66 < 1969 >）中将胡塞尔的 Noema 与弗雷格的含义（Sinn）理论相等同的看法的影响，在两人合著的《胡塞尔与意向性》一书中对以古尔维奇为代表的第二种解释进行了彻底的反驳。他们坚持认为胡塞尔的意向理论是一种“内容理论”（Content Theory）即意向行为通过 noema 而指向其对象，以图示之：

行为（noesis）→noema（Sinn）→［对象］（object）

怀有（entertains）　指定（prescribe）

意向（intends）

noema 乃是弗雷格哲学中的 Sinn，是意义（meaning），而不是意识的对象。他们指出古尔维奇的解释使胡塞尔面临某些

① 德布尔：《胡塞尔思想的发展》，第 311 ~ 312 页。

内在的概念上的困难。仍以胡塞尔那段树可烧而树的意义不可烧的例子来讲，如果意义是被意向对象的一部分，意义又如何能够是对象？这个所谓作为显现给感知者的物的一个方面如何能在这个物本身已不存在的情况下仍然存在？对象本身（如一棵可以被烧掉的具体的树）如何能够与意义（Sinn），与一套noemata一致？如果一个意义（Sinn）不能被烧掉，为何一套意义（对象本身）却可以被烧掉？古尔维奇的解释的根本问题在于，他的解释与胡塞尔本人将noema视作行为的观念内容（ideal content）不相容。而且胡塞尔一直把noema视作抽象的、观念的意义，而明显地属于博尔查诺（Bolzano）与弗雷格的传统。但是古尔维奇将noema解释成一种意向对象，就使胡塞尔的意向理论在本质上成了一种对象理论（an object-theory），而完全偏离上述内容理论（a content-theoty）传统。另外，现象学在其最基本的意义上，是对主体所拥有的体验的研究，行为的现象学内容只包括“内在”于行为、处于意识中的东西，noema、观念的内容本身在此意义上亦是内在的：尽管它不是行为的一部分，但它是行为的观念结构（ideal structure），是在体验中得到充实的。而意向对象乃是行为的“超越者”，它在行为及现象学内容之外。

鉴于以上理由，史密斯与麦金太尔拒绝接受古尔维奇的解释，而力主noema只是行为的观念内容（ideal content），通过此内容，对象得以如此这般被意向。那么，这又如何处理胡塞尔本人在《观念》第一卷第八十八、九十、一百二十八、一百二十九、一百三十等节中将noema与意向对象联系在一起的那些文本呢？如在该书第八十八节，胡塞尔明确表示：“例如，知觉拥有其noema，在其根基上即其知觉的意义（perceptual meaning)，也就是如是被知觉者（the perceived as such）。”①，在第九十节开头胡塞尔更是直接了当地指出：“像知觉一样，每一意向体验——这一点的确是一切意向性的根本特征——都拥有其‘意向对象’（intentional object），即其对象的意义。”②在《逻辑研究》第五研究第十七节中，胡塞尔一度将意向内容与对象划等号：“意向内容被作为行为的对象，与此相关，我们必须在如是被意向的对象与被意向的对象（本身）之间做出区分。”③ 针对如此之多明显支持古尔维奇而不利于史密斯与麦金太尔的文本，史密斯与麦金太尔指出，胡塞尔本人有的表述是不明确的（如上面所引的《逻辑研究》第五研究的第十七节），因为就在同一节末尾，胡塞尔也表示“这样的谈论是非常含糊的”，而且在第二十节中，胡塞尔把“内容”分成性质与质料，而质料正是他在《观念》第一卷中的 noematic Sinn，它恰恰不是对象亦不是如是被意向的对象。对于古尔维奇将胡塞尔的知觉 noema 等同于显像（appearance），史密斯与麦金太尔援引《逻辑研究》第五研究的第二节的一段文本予以反驳：“在现象学上，说知觉中的意识内容与在其中被知觉的（或在知觉中被意向的）外界对象之间的差别是单纯的思考方式上的差别，同一显像在一时是从一主观的联系（与相关于自我的显像的联系）中得到思考，在另一时从客观的联系（与物自身的联系）中得到思考，这是错误的。……物的显现（经验）并不是显现的物（似自身立于我们面前）。作为隶属

① Husserl，*Ideas* Ⅰ，P258.

② ibid. P261.

③ Husserl，*LI*，P578.

于意识的联系，物之显现被我们体验到，而作为隶属于现象世界，物在我们面前显现。物之显现本身并不向我们显现，我们生存于其中。”① 此段文本中的作为内容的显像（appearance as content）与古尔维奇的解释显然拉开了距离。至于《观念》第一卷中的“如是被知觉者”（the perceived as such），史密斯与麦金太尔指出从这类术语出现的上下文看，它并不就是对象本身，也不是作为在某种方式下呈现的对象。如果对象作为一棵树、一棵开花的树等被意向，那么对其 noernatic Sinn（如是被知觉的树）的描述将会使用“树”“在开花的”之类的字眼。胡塞尔之所以在树、在开花的术语上加上了引号，旨在对该类词语的意义进行彻底限制，在对之进行 noematic 描述时，加上引号的词不再指谓被意向对象的“实在的”属性，而是指谓意义的观念的要素（ideal components of the Sinn）。这样，在胡塞尔文本中凡是加上引号的“如是被知觉者”（the “perceived as such”）之类的表达式都不是关于对象的描述，而是对意义的描述，意义指定了对象及其如是这般的被意向。

史密斯与麦金太尔（当然更早的应溯至弗莱斯达尔）的这种对胡塞尔的 Noema 理论所进行的弗雷格传统的诠释，在现象学界颇有代表性，如印度裔的美国现象学家莫汉蒂也明确指出“非实在之 noema”（irreal noema）乃是介于实在的意向行为与实在的（或观念的）被意向对象之间，“noesis 与 noema 的关系不同于意识与其对象的关系”，因为，意识指涉其对象之所以可能乃是通过：①相关；②noematic“核”（noema 藉此

① ibid. P538.

核而指涉该对象)；③noematic 意向性。[①]

关于 noema 的三种诠释都可以在胡塞尔的文本中找到支持性的文字，但如果我们坚持胡塞尔现象学的立场即现象学还原的立场，如果我们考虑到胡塞尔是在接受了弗雷格对其《算术哲学》中心理主义的批评而转向了反心理主义的立场这一事实，第三种诠释似更能让人接受。毕竟随着对自然态度的悬搁，自然态度下的对象也相应被搁置了起来，就此而言，noema 与此类自然态度下的对象是不同的，而且，在自然的态度下，人们根本不可能意识到 noema，人们意识到只能是其所从事的对象而非其意义。只有在现象学反思下，noema 本身才成为反思的“对象”，但这是一种特殊的对象，它不是原来行为的对象了。换言之，noema 并不存在于自然中，但这并不就意味着 noema 存在于“心”中（心理主义意义上的心），noema 不是意识心的实在成分。因此，将 noema 视为意向行为（先验心）与意向对象的中介似是顺理成章的结论。在《观念》第一卷第一百二十九节胡塞尔明确指出：“每一个 noema 都拥有一个‘内容’，亦即其‘意义’，并藉此而相关于‘其’对象”。[②] 据此，将胡塞尔的 noema 理论归属于指称论（Referential）的意义理论传统亦有其无可辩驳的理由，毕竟，它与观

---

① Mohanty, Husserl's Concept of Intentionality. 载 *Analecta Husserliana*, Vol. Ⅲ, ed. Tymieniecka, Dordrecht-Holland, 1974, P109。但在 *Transendental Phenomenology* 一书中，莫汉蒂对从弗雷格的传统解释意向内容的做法提出了批评，他指出弗雷格式的诠释只是有助于开始进入意向内容，但却不能真正达到可靠的意向内容理论。莫汉蒂的具体批评见 Mohanty, *Transcendental Phenomenology*, Basil Blackwell, 1989, PP73～93。

② Husserl, *Ideas* Ⅰ, P361.

念论的（Ideational）、行为论的（Behavioural）意义理论迥然有别。[①] 利科将胡塞尔现象学的旨趣归结为“意义本体论”（ontology of sense）亦确实切中胡塞尔现象学之实事。但是，这里面仍然有两个问题有待解决。

第一个问题是 noema 的来源及其存在地位问题。依胡塞尔的交待，noema 乃出自 noesis 的授义活动，而 noesis 是与质素有别的东西，无质素的 noesis 是完全可能的（实际上，质素只见于知觉行为中），如此，noema 的产生是与质素无关的。那么，noesis 的授义之依据在何处呢？noesis 将此授义为“桌子”、将彼授义为“杯子”等是完全随意的行为还是有所凭借？如属纯粹随意之行为，则 noema 之来源犹如空穴来风，无中生有。如有所凭借，那么它是凭借自身还是凭借他处？如果是凭借自身，则说明作为意义结构的 noema 实际上完全蕴藏在 noesis 中，如同柏拉图之“相”（理念）早已蕴藏灵魂中一样，只不过是蕴而未发或发而未察而已，但在柏拉图的回忆说自有其形而上的神话作依据（灵魂在堕世前曾遍游相界），在胡塞尔处，其合法性在何处呢？换言之 noesis 凭借自身即可授义何

---

① 观念论的意义理论代表人物当推洛克，其基本观点是语词之意义即在于其代表的“观念”：“字眼的功能就在于能明显地标记出各种观念，而且它们的固有的、直接的意义，就在于它们所标记的那些观念。”（洛克著，关文运译：《人类理解论》，下册，商务印书馆 1959 年版，第 386 页）行为论的意义理论则主张表达式的意义在于它在某种特定环境下从听话人那里引起的相应反应（包括那些外人可能觉察不到的、身体内部细微的反应在内）。在现代哲学中，意义理论成了一个关注的焦点，在上述理论之外，尚有用法论（如斯特劳逊对罗素指称论之批判）、意义与真理相统一的理论（如戴维森将意义视为一个命题为真时的条件）、反实在论的意义论（如达米特）等。

以可能？如果说，它是凭借他处，这个他处又是什么呢？胡塞尔只把质素看作是充实意向的材料，而与产生意向毫无瓜葛。意向体验除了 noesis、noema 与质素三要素再无其他，难道 noesis 有所凭借的他处竟在这三者之外？

noema 的最终来源说不清楚，它的存在地位也还就处在不明朗状态之中。尽管在《现象学的心理学》第十六节中胡塞尔也曾明确交待："意义并非处在表达它的质料之侧，毋宁说，两者是一同具体地被体验到的"，[①]"意义是质料实在（material reality）的一种特殊的非实在层（a peculiar irreal layer），通过它（指质料实在——引者），它在现实世界中获得了一个位置、一种时间的绵延、一种空间的限制，甚至某种空间广延的东西"。[②] 由此亦显见 noema 究其根源既不存在于自然物事中，也不存在于心理物事中，只是实现于（realized in）意向体验中。那么，在"实现""例示"之先，它又存在于何处呢？对于这个问题，胡塞尔自然可以效仿奥古斯丁对上帝在创世之前在何处问题的回答模式：noema 本非时空之实在物，因此"之先""何处"之时空问题乃与 noema 毫不相干之问题，乃无意义之"伪问题"。这种反驳方式可以使任何发问者的发问显得问非所问，但却不能让每一个发问者接受此种答非所答。至少海德格尔就不愿接受：意义"不是一种什么属性，依俯于存在者，躲在存在者后面，或者作为中间领域飘游在什么地方"，要问的是"应该怎样从存在论上把握观念上的存在

① Husserl, *PP*, P84.
② ibid. P89.

者和实在的现成存在者之间的关系"[①]，要问的是意义的"处所"何在。海德格尔的发问显然是有所指向的。

第二个问题是noema何以可以指向一个对象，这个被指向的对象的存在地位究竟如何。

noema何以可以指向一个对象，当然可以从noema本身的意义结构寻找答案。胡塞尔Noematic Sinn之结构分成两要素，一是可确定的X，另一个是述谓意义（predicate-sense）。通过X，每一个noematic Sinn相关于一特定的对象，通过述谓意义，该Sinn将种种属性归于该特定对象并因此确定着之被如是这般地被意向。比如说，我看到一棵开花的苹果树……，这一知觉行为的noema结构即是：我看到一个对象X，这个X是一棵苹果树，而且这个X在开花……胡塞尔之所以要把"X"与"述谓意义"区分开来，依《观念》第一卷第一百三十一节的交待，无非是要强调X乃是所有相关属性的"载体"（bearer），是诸述谓的统一体之"中心点"（nodal point）："虽然它不应与之相并列也不应与之相分离，但它必须与这些（述谓）区别开来，反过来说，它们本身就是它的述谓：没有它是不可设想的，但可以与它相区别。"[②] 而且，同一对象可以在不同行为中给出，这些不同行为的意义使之作为拥有不同属性的东西给出着。

问题是，指向对象的这个纯粹X自身是一还是多，撇开述谓的X自身在所有noema中是不是同一个X呢？这个X是否如罗素之逻辑专名"这"呢？如果它只起到一个逻辑专名的

---

① 海德格尔：《存在与时间》，第185、261页。

② Husserl, *Ideas* Ⅰ, P365.

作用，那么没有场境、语境、生活形式的它本身何以可以指向一个对象？这也意味着意向性的指向性本身何以可能尚未明朗，后来海德格尔就是从此方向上用功开出自己的现象学理论的。

三、生成分析

无论是在《逻辑研究》还是在《观念》（第一卷）中，胡塞尔意向分析的框架都是一致的，这个框架被 Sokolowski 称为“质料—形式图式”（Schema of matter-form）。在《逻辑研究》中，是质料意向给予感觉与料（sense data/sensation）以形式、意义。此即所谓的“诠释”（interpretation/Deutung）、“统觉”（apperception）、统握（apprehension/Auffassung）。在《观念》中，是 noesis 给予质素（hyle/hyletic data）以意义。这种结构的分析无论多么细致入微，都还仍停留在“形式的分析”层面上。尽管胡塞尔对区域本体论（regional ontology）、质料本体论（material ontology）亦有所开展，但“意义”的终极来源一直未有清楚的交待。noesis 只不过将现成的意义给予接受意义的相关者，在此意义上，意向性主体并未创造意义，更未创造对象，而是让意义及对象出场。对此，Sokolowski 曾有精辟的评断：主体只是意义与对象开显的“条件”（condition）而非“原因”（cause），“没有主体，实在世界就不能获得其意义；但主体性并不是世界意义之充足原因。如同芬克（Fink）所主张的，它既不‘形成’亦不‘创造’意义及世界所拥有的客体，而是使该意义得以出现而‘给’世界以其意义”。①

① Sokolowski, *The Formation of Husserl's Concept of Constitution*, P197.

与此相关的是，尽管胡塞尔在《逻辑研究》及《观念》（第一卷）中一直坚持感觉与料（质素）在意向性中的地位，但却一直未澄清质素在意义构成中究竟起什么作用。在《观念》第八十六节他甚至提出过“纯粹质素学”的设想，而且强调“它具有一门自足学科的特性”，因而有其“本质的价值”。在蜻蜓点水式地提及此后，他马上笔锋一转：素质问题远在“noesis的和功能的现象学”之下，问题便如此而轻易给荡开了。于是，质素是否只是单向地接受 noesis 的“激活”，它对 noesis 的授义有无制约作用，以及质料—形式图式本身何以可能，这一系列的问题在《逻辑研究》及《观念》中便始终讳莫如深。

所有这一切使得胡塞尔的意向性分析带有浓厚的静态的结构分析之特点。这种静态结构分析是与该时期胡塞尔的整个理论框架相关的。第一，时间性（Temporality）主题尚未在框架中展开，《观念》第一卷的第八十一至八十二节只“稍稍触及到”时间意识问题，但对“时间意识之谜”并未做专题的对待。第二，一切意向行为都出自“自我极”(Ego-pole)，是由自我辐射而出的，而此自我极作为“纯粹自我”只不过空洞的同一性之极，因此，自我本身的“生成”主题亦尚未展开。第三，此时期的意向性行为分析主要偏重于类型学的行为，如同维特根斯坦试图通过语言游戏的描述以揭示不同话语领域中的内在逻辑一样，胡塞尔此时的意向分析的旨趣在于厘清不同类型对象得以构成的不同的类型体验及其结构。尽管在《观念》的一些章节中（如四十四节、八十一节、八十二节），他曾触及到每一个意向行为都是在一相关的“视界”(horizon)中展开的，但“视界”本身尚未成为专题得到进一步的研究。

而在《形式的与先验的逻辑》《现象学的心理学》《危机》

及死后出版的《经验与判断》中，时间性三维得到了认真的对待（当然更早的应推 1905 年间的《内时间意识的现象学》），纯粹自我也被“单子自我”所取代，意向行为的分析落实到了“视界”层面，任何意向行为都发生在“意向生活”（intentional life）、“生活世界”（life-world）中。① 于是，现象学的意向性理论遂由静态的结构分析转向动态的生成分析。

在“生成现象学”（genetic phenomenology）中，对象、自我、意义都是在时间性中构成的。对象不再只是简单“为我的”（for me）存在而是“出自于我的”（from me）存在；自我不再只是主观过程的同一之极，而且也是诸习性的基质（substiate of habituality），它本身也是在时间性中构成的，自我“在一‘历史’统一体中自为地构成自身”；② 而意义自身也拥有“历史性”（historicity），意义在时间性中构成着“意义的历史”，造成着“意义的积淀”。总之，整个意向生活成了时间之流中的生活，成了意识的“赫拉克利特之流”。生成分析成了时间性的分析，此即胡塞尔所谓“现象学的考古学”。

现象学的考古学是意义的考古学，这在胡塞尔的《几何学的起源》一文中有清楚的厘定。几何学起源的研究不是语言学——历史学（philogical-historical）的考查，它并不关心谁在历史上第一个提出几何学的命题、定理诸如此类的问题，而是“回溯”几何学得以产生的“最源始的意义”。毕竟回溯式研

① 这也表明胡塞尔在向生命哲学（life philosophy）靠拢，在《现象学的心理学》中，胡塞尔一改严厉批评狄尔泰的老调（如在《严密科学的哲学》一文中），对狄尔泰赞赏有加。

② Husserl, *Cartesian Meditations*, trans, D · Cairns The Hague, 1977, P75.（以下简称 *CM*）

究的出发点即现成的几何学是人类的一个“传统”，“我们人类的实存是在无数的传统中展开的。整个文化世界在其所有形式下都通过传统而实存。这些形式并不只是在因果关联之中产生的；我们也早已知道传统恰恰是传统，是在我们人类的空间中通过人类的活动即在精神之中产生的……”① 传统乃意义积淀所成，在传统中，每一意义都奠基于另一种意义上。都有其“历史的视界”。现象学的生成分析即是要追根溯源，让意义之源头大白于世。毫无疑问，这并不是一件轻而易举的工作，首先要做的事情是“剥脱”（dismantling）与“拆卸”（unbuilding），将重重缠绕在源始意义身上的“观念之衣”（garb of ideas）、逻辑框架尽行剥脱、拆卸。这种功夫与《观念》中的现象学的悬搁方法尚有一定区别，悬搁是将自然的态度及其相关的世界一揽子放置括弧中，可谓毕其功于一役，而剥脱与拆卸乃是一种“解构”（destruction），它犹如剥洋葱，层层递进，步步深入。这也是胡塞尔在《危机》第四十三节对其《观念》“笛卡尔式进路”的悬搁进行自我批判的原因。

在《笛卡尔沉思》中，生成分析被区分为两种类型，一种是“主动的生成”（active genesis），另一种是“被动的生成”（passive genesis）。

主动生成指范畴的、述谓的生成，如计数活动中的“数”、述谓活动中的“谓词”、推断活动中的“推论”、普遍性意识活动中的“共相”等都是主动生成的“产品”（products）。“在主动生成中，自我作为生产性构成（productively constitution）而起作用”。主动生成是理性活动的区域，它遵

① Husserl, *Crisis*, PP354～355.

循理性的“动机原则”。

被动生成指前述谓（pre-predicative）的构成，如现成的自然界中的对象就是在被动体验的综合中源始地给出的。被动生成遵循的是“联想原则”。

主动生成以被动生成为前提，“无论如何，任何由主动性所建构的东西都必然预设了最低层面的被动性预先给出了某物”。①

在《经验与判断》中，前述谓的被动生成之领域得到了比较详尽的分析。在进入进一步的分析之前，我们必须注意（这也是胡塞尔本人反复强调的），第一，接受性体验与述谓活动的区分及接受性先于述谓活动性并不意味着，接受性是独立自足的东西——就好像在真正认知的兴趣产生前，我们总是首先碰到这一接受性体验链，相反，从一开始，两者就在一具体的意识中相互交织在一起。与此相应地，第二，接受性与生产性、被动性与主动性的区分并不是“固定不变的”，不存在一个绝对不动的领域，而生产性、主动性构成的东西有时（而且常常是）会转化成被动的（此所谓次发的被动性，意义积淀即属此种类型）。

接受性活动的领域是前述谓的体验，这一领域是授义操作未进行之前的、前对象、前构成的领域。但它绝不是“纯粹的混沌”“单纯的与料”，而是一“前予场”（field of pregivenness），是一有明确结构的“统一体”。在指出这一领域中的“联想结构”（这是在《笛卡尔沉思》中得到描述过的）后，胡塞尔着手区分出接受活动的两个要素：①“先于我思的倾向”；②我思之“转向”。

先于我思的倾向有两个方面，一是对自我的“强迫”（ob-

① Husserl，*CM*，P78.

trusion），二是自我侧让步的倾向。“前予场”中的诸对象[①]竞相奔涌，向自我施以“感触倾向”（affective tendency）、“刺激”自我，以从无名中突显出来，赢得自我的青睐。对象对自我的“强迫状态”（obtrusiveness）与自我的让步程度相对应，“如果自我对此刺激让步，一个新因素就进来了。由意向对象在其指向自我中所施展的刺激会或轻或重地强迫性地吸引后者，最终自我会向之让步”，于是该因素就从自我的“背景”中挺身而出进入“前景”，“自我指向了对象”。[②]

由此可见，对象对自我的施迫（obtrusion）（此有程度上的差异，或轻或重）与自我让步的倾向（此亦有程度上的差异：或被完全吸引，或稍有关注，或不经心之一瞥，或视而不见等）均是先于主动的“我思”而发生的。我思恰恰是在两者交织的背景下才有所指向的。这种先于我思的倾向被胡塞尔称为“自我的接受性”（receptivity of the ego）。但胡塞尔又指出“接受性”与主动性并不是十分准确的术语，“接受性必须被视为最低层面上的主动性”。[③] 因为承受对象施迫的我本身乃是一动觉的我（Kinaesthesis）：我走近或走远，在左或在右，转动眼睛，活动头部……这些运动都属于知觉的本质，是一个“主动的主观过程”，因此，“我与对象的关系一方面是接受性

① 此处“对象”一词的用法是不准确的，这是胡塞尔在《经验与判断》第十七节特意加注强调的，因为，在源始的被动性之领域里，根本就没有真正意义的对象，这完全是一个前对象的领域，而我们的语言恰恰是对象语言，因此，实无以名之，只好强字之曰“对象”。以下几处关于所前予中的对象之说法，都应作如是观。

② Husserl，*EJ*，P77.

③ ibid. P79.

的，另一方面又是明确地生产性的”。①

当对象的强迫使得我思妥协，对象便进入我思注意的范围，成为知觉的兴趣对象，知觉行为也是一多层面构成的行为，胡塞尔在其中区分出以下三个层面：

（一）期思性直观（ontemplative intuition）

这是先于所有解释、指向整体对象的直观，这一单纯的把握与期思是对象化活动的最低层面，是未受阻的知觉兴趣的最低层面。这个层面也不是单个与料的领域，而是一“内时间的整体”。例如，我们听到一个连续的声音，声音的每个现在点（now-point）都被不断过去的视界与即将来临的视界缠绕着，当下的现象乃处在持久的源始流中，它从每个现在流入更新的现在，与此相应，过去与将来的视界也随之变化。声音作为绵延体而被动地先予着。对声音的把握即是指向此绵延体，而不是每个现在声音相位。要把握这样一个现在，这样一个绵延中的相位，使它成为一个“自为的对象”，那是“另一种类的特殊的把握行为的功能”。②

（二）对对象的真正的“解释性期思”（explicative contemplation）

任何单纯的把握与期思都有其视界，“对象一开始就以某种熟悉性呈现着；它被把握为在某一方式已熟知的某种类型中的对象，即便是在一种模糊的通性上”。③ 例如，我看到一棵

---

① ibid. P84.

② Husserl，*EJ*，P107。这让我们想起海德格尔在《存在与时间》所说的，要听到纯粹的声音，必通过专业学习才行。

③ Husserl，*EJ*，P105.

长着如此这般叶子与枝条的植物，尽管我以前以未见过它，但我知道它是一棵树，在知觉它的过程中，树的视界从一开始便与统握这个我以前未见过的对象一起给了出来。种种相应预存就缠绕在当下的统握中：这个对象的侧面会如何，根部会如何，我走近看会如何，我爬上去会如何，等等。又如我看到一个如此陌生之物，其形状似植物，但它像动物又会行动（假设有这样一种东西），我很难将之归于已知的类（植物类或动物类），但这个物再怪，毕竟也是一“物”，只不过是一“怪物”而已。因此，它作为“物”这一熟知的类型之特性便会以预存的方式引导着我的预存：它占有一定的空间，它有正面与背面等。就此而言，“任何未熟悉性同时总是一熟悉性的样式”。①“对象从一开始就带有一种熟悉性的特点；它早已被把握为多少被模糊确定了的因而在某种方式下已知了的某类中的对象。”②进一步的预存方向上的审视会使这些“非明确的明确性”得以“实现”“充实”。“源始的直观性的解释”即发生于“熟悉性的视界”中，真可谓世界底下无新鲜物，因为再新鲜之物亦不过是一“物”，因而亦是在“物”这一类型中给出，都是在“世界”（“视界之视界”）中给出之物。期思性直观就是如此由知觉兴趣的方向深入至对象之“内视界”。③

---

① ibid. P37.

② ibid. P113.

③ 胡塞尔对期思性直观的描述细致入微，他进一步区分出“简单的把握与解释”“解释性的期思与解释性的综合”（由此而给出“基质”与“属性”的结构）及“源始的与非源始的解释之成就”等层面。现象学描述之明晰、直观之风格由此可见一斑。“不要想，但要看。”

（三）“关系性期思”（relational contemplation）

这是“知觉运作的附加层面”。当知觉兴趣不满足于对象内视界的解释性探索，而是让共呈于“外视界”中的诸对象成为专题，并思索知觉对象与此诸对象之关系时，便进入了这个所谓的知觉动作的附加层面。在这个层面上，对象一开始就被置于与共予对象的关系中。共呈的对象场，一直处于“意识的背景”中，其“影响的力量”因强度不够而尚未进入自我中。在这些多样化的对象前予领域中，关系性期思不是将持存的知觉兴趣在对象间“平均分配”。例如，我扫视一下桌面，上面的墨水瓶、书、笔架、烟斗等诸对象无差别地纷纷滑入我的视界中，我思尚未主动地将之聚拢于一体，它们只不过在知觉持存中、在外视界中给了出来。而关系性期思与此种情形尚有区别。关系性期思乃是将这些对象中的一个把握为“主题”（如笔架），我们视线由此“主题”漫游开来，其他对象在此漫游的视线中展开了它们与笔架的关系：铅笔在笔架的这一侧，书在笔架的那一侧等（注意这些“把握”尚未形成述谓形态），当视线由笔架主题漫游到其他对象时，笔架这一主题仍处于持留的把握中，这个把握的“主要的专题”（the principal theme）和与之相关的“专题”（如铅笔）便会产生一种“综合性的重叠”。也就是说，主要的专题的把握与专题的把握并不是一种线性的相继，而是一种双层的射线”（adouble ray）。

前所予领域的生成分析，使胡塞尔的先验观念论深入到了先验的界限，在这里，身体、世界、意识交织在了一起。很多现象学家如比梅尔（W · Biemel）、华尔（J · Wahl）在这领域中发现了胡塞尔现象学中的实在论倾向。后者甚至怀疑这是其助手兰德格瑞伯（Landgrebe）诠释的结果。[①] 胡塞尔意向分析由分析表达式、范畴、对象的构成开始，终结于前述谓的被动生成之域，这是一个逐步回溯、还原的过程，这也是一个解构的过程，认知的建构被层层剥脱，最终让意义的源头大白于世，而这个意义源头既不在于纯粹的主体意识、更不在于纯粹的外界事物，而是一个意识、身体（动觉）与匿名之域（世界）相互融贯而敞开的“域”中。很显然，这与海德格尔在《存在与时间》中所描述的存在的澄明之境、真理已十分接近。华尔认为，《经验与判断》一书要比任何其他一部胡塞尔著作更容易通向海德格尔的哲学。[②] 让我们现在就转向海德格尔。

---

① 不过兰德格瑞伯在致华尔的信中明确表示，整个导论都是从胡塞尔手稿中，以及他与胡塞尔的谈话中整理出来的。所谓的实在论倾向，并非出自他个人的诠释，“相反，整个胡塞尔现象学都贯穿着他的观念论的计划，（这首先可以在《观念》及《笛卡尔沉思》中看得到）与他的具体分析的结果（尤其是最后阶段的成果）之间的对立……”他进一步指出，胡塞尔通过解构所有意义给予物而返回到一个纯粹直接的终极体验，最终导向质素、感觉与料（sensuous Hyle），正是这里，胡塞尔从未完全克服感觉主义（sensualism），他认为在梅洛－庞蒂与施特拉斯（Erwin Straus）那里，现象学的感觉主义才完全被克服了。（A Letter from Landgrebe to Jearl Wahl，载 *Apriori and World*，ed&trans，Mckenna，Harlan and Winters，Martinus Nijhoff Publishers，The Hague，1981，P198）

② 华尔列出了海德格尔与胡塞尔在此问题上七个相似的方面：第一，胡塞尔认为一切真理与人的体验相关，海德格尔则将之与 Dasein 相联；第二，胡塞尔认为实在呈现自身，如其所是的显示自身，这可视为海德格尔的真理观念的起源；第三，胡塞尔认为知觉中给出的东西都是在存在的类型中给出的，这是海德格尔存在类型及区域本体论观念的来源；第四，非先天的“形式”的概念；第五，这一最普遍的形式、诸形式的形式对两人来说都是“时间”；第六，都给予前述谓领域以重要地位；第七，他人、世界、客体在两人的理论中的作用是相似的。（见 J · Wahl，Notes on the First Part of Exprerience and Judgment by Husserl，载 *Apriori and World*，P187）

第四节　海德格尔：从“意向性”到“超越性”

早在1914年的博士论文《心理主义的判断理论》中，海德格尔就接触到布伦塔诺的意向性思想，并指出，在布伦塔诺那里，更多关注的是心理行为，判断内容本身却未得到相应的重视。对此，海德格尔批评道，逻辑判断的根本不是在心理过程这个层面上存在的，它是“超越的”，是在“意义”领域中展开的。[①] 显而易见，此时海德格尔对意向性的看法尚完全是胡塞尔式的。在“大学教师资格论文”《邓·司各特的范畴学说与意义理论》中，海德格尔对胡塞尔的意向性理论赞赏有加，其理解也“只限于重复胡塞尔的看法”。[②]

胡塞尔亦视海德格尔为自己学派中人，他在1918年末曾称海氏为“宗教的现象学家”，而在这期间（1916～1919），海德格尔也确实写了一些宗教意识的现象学方面的文字。

但在接下来的几年中（1919～1927），作为助手的海德格尔渐渐对自己的导师有所不满，这种不满当然完全是在私下场合流露出来。至少胡塞尔本人尚未觉察到自己的得意助手的“叛离”倾向，两人之间的交流在表面上是亲密无间的，“生活世界”“存在的意义”“解构”的问题同时见于两人的手稿与讲课中。海德格尔担任“初学者现象学训练”的课程，学

---

① 参见靳希平，《海德格尔早期思想研究》，上海人民出版社1995年版，第104～106页。

② 靳希平，《海德格尔早期思想研究》，第175页。

生只有修完这门课程才能参加胡塞尔主持的高级班学生的现象学训练。胡塞尔曾以“应许之地”（promised land）的发现者摩西自命，而海德格尔一度便是他的约西亚。“现象学，那就是海德格尔与我——别无他人”,① 胡塞尔不无得意地说。然而差不多就在同时，海德格尔在致卡尔·洛威斯（Karl Löwith）的信中如是写道：“在研讨班的最后时间，我当众焚毁了《观念》，以致于我敢说，我的整个工作的根本基础已清晰可见。从这一制高点再回头看《逻辑研究》，我现在坚信，胡塞尔从不曾是一个哲学家，他现在变得更滑稽可笑了”。在随后的一封信中，他又提及他在 1923 年夏季关于本体论的课程，是对“现象学的一大打击”，并说“我现在完全自立门户了……当我的东西出来后，我的希望就会得到收获了。那个老家伙（指胡塞尔）到时会知道我正卡紧他的脖子……”② 在 1925 夏季的“时间观念史”课程中，海德格尔对胡塞尔的意向性理论展开了正面的批评，认为胡塞尔所谓的意向性突破完全忽视了意向性的存在以及存在本身的意义问题。在此之前的“现象学研究导论”（马堡，1923～1924）课程中，海德格尔已旗帜鲜明表明自己与胡塞尔现象学的根本分歧：胡塞尔现象学之“面向实事本身”独断地与面向意识划起了等号，而在海德格尔看来，现象学的真正之根子在于，它是一门现象之学，现象不是意识，而是与自身遮蔽相对的自身显示。在 1927

---

① Spiegdberg, *The Phenomenological Movement*, Martiinus Nijhoff, The Hague, 1960, P352.

② Kisiel, Husserl and Heidegger, 载 *Encyclopedia of Phenomenology*, Kluwer Academic publishers 1997, P335。该条目将两人的关系分成四个时期并一一介绍，补充了 Spiegelberg《现象学运动》一书中相关内容的不足。

年夏以“现象学基本问题”为题的讲座中，海德格尔对胡塞尔意向性理论提出了系统的批判。他在礼节性地提到“胡塞尔在《逻辑研究》中首次阐明了意向性的性质，并在《观念》中加以进一步的澄清”的同时，毫不客气地指出：“意向性这一谜一般的现象在哲学上远未得到确当的把握”，① 对意向性指向性的解释是“欠妥的、外在的”，② 在讲座临近结束之际，他更尖锐地指出，意向性本身如何可能，这一根本性问题，“在现象学中不仅没有得到回答，而且甚至就未曾得到发问过”。③ 终生以破解意向性之谜为己任的胡塞尔对此评论会作何反应呢？当然胡塞尔本人是无缘看到此等严厉而又尖刻的批评的，《现象学基本问题》一书直到 70 年代才正式出版发行。他能看到的是《存在与时间》中的扉页上的献辞：“献给：埃德蒙特·胡塞尔以示敬意和友谊”，以及该书第七节节末的客套话：“现象学是以胡塞尔的《逻辑研究》开山的。下面的探索只有在胡塞尔奠定的基础上才是可能的”。在这段客套话的脚注中，海德格尔非常客气地写道：“如果下面的探索能在‘事情本身’的开展方面前进几步，那么作者首先应当感谢的是埃·胡塞尔。笔者就学于弗莱堡时期，胡塞尔曾亲自给予笔者以深入的指导并允许笔者得以熟悉至为多样化的现象学研究领域。”④ 然而，礼节性的恭维掩盖不了实质性的批判，全书对胡塞尔所钟爱的哲学家——笛卡尔大肆鞭挞，其措辞之激烈颇给人以指桑骂槐之感觉（如书中十三节，十六节，二十

① Heidegger, *The Basic Problem of Phenomenology*, P58.

② ibid. P161.

③ ibid. P161.

④ 海德格尔：《存在与时间》，第 48 页。

五节，四十四节），至于被胡塞尔视为现象学无所不包的主题——意向性问题，书中则似乎有意只字不提。胡塞尔本人对于这部行文怪诞的论著起初并未给予认真的注意，便让它在自己的《年鉴》上刊行于世了。1927 年 10 月在为《大英百科全书》撰写“现象学”条目事件中，胡塞尔与海德格尔的分歧算是真正展开了。在致胡塞尔的信中，海德格尔就胡塞尔的草稿向他提出一系列的问题：诸如“何谓与纯精神不同的绝对自我?”“这个绝对自我的存在方式是什么?”在海德格尔看来“关于构成者本身的存在方式自身的问题的提出是不可避免的”。[①] 这可能是胡塞尔看到的海德格尔对他的批评的最早的书面表达。两人的合作自然是无果而终。随后（1927 年 12 月 26 日），胡塞尔在致波兰现象学家茵加顿（Ingarden）的信中，就与海德格尔在《大英百科全书》现象学栏目合作失败一事表达自己的看法：“海德格尔尚未把握现象学还原的完整意义。”[②] 翌年，海德格尔在为胡塞尔七十寿辰纪念文集作的论文《论根据的本质》中，明确指出：“如果我们把一切对于存在者的行为都标识为意向行为，那么，意向性就只有根据超越才是可能的，但它既不与这种超越性相同一，更不是反过来使超越性成

---

① 靳希平先生在其《海德格尔早期思想研究》的第十二章“《大英百科全书》现象学条目的写作”一节中，对海德格尔与胡塞尔的分歧有较详细的分析。另外，W·比梅尔（W·Biemel）在 Husserl's Encyclopaedia Britannica Article and Heidegger's Remarks Thereon 一文（载 *Husserl*：*Expositions and Appraisals*，ed. Elliston and McCormick，Nortre Dame，1977）。C·莫利森（Morrison）在 Husserl and Heidegger：The Parting of the Ways（载 *Heidegger's Existential Analytic*，ed. Elliston，The Hague）一文对此都有专门的讨论）

② Husserl，*Briefe an Roman Ingarden*，Martinus Nijhoff，Den Haag，1968，P43.

为可能的东西。”[①] 这非常清楚地向世人（当然也包括胡塞尔本人）表明：胡塞尔的“意向性”如果没有海德格尔的“超越性”奠基，便只能沦为飘泊无根的游魂了。

《形式与先验的逻辑》（1929）出版后，胡塞尔终于抽出两个月时间去认真通读了《存在与时间》《康德与形而上学问题》《论根据的本质》，并在书的空白处加批了不少反驳的意见：“海德格尔将所有对存在者和普遍者、对总体的区域世界的构成现象学腰斩成人类学了。整个问题的框架都是改换，在那儿自我对应于 Dasein 等，因此一切都变得在深层次上模糊了，而且在哲学上也失去了价值……”[②] “这里所表达的一切，都是我自己的教旨，只不过是没有深层的根基。”1930 年，胡塞尔在为其《观念》一书写的“结语”（Epilogue）中，将“实存”哲学视为“新人类学”而与自己的现象学划清界限。[③] 这是明显的清理门户的一项举措。在 30 年代初的《巴黎讲演》及《笛卡尔沉思》中，胡塞尔称自己差不多是 20 世纪的新笛卡尔主义者，显然这与海德格尔在《存在与时间》中对笛卡尔不遗余力地批判是唱对台戏的。在 1933 年 6 月给美国学生卡尔·威尔什（Karl Welch）的复信中，胡塞尔非常坦率地写道：“某个人曾是我的学院学生，或者在我的著作影响下成了

---

① 海德格尔《论根据的本质》一文载孙周兴选编：《海德格尔选集》，上海三联书店 1996 年版，第 166 页。

② 引自 *Analecta Husserliana*, Vol. XXVII, Tymieniecka (ed.), 1989, PP643 ~ 644。

③ Husserl, *Ideas Pertaining to a Pure Phenomenology and to a Phenomenological Philosophy*, Second Book（以下该书简称 *Ideas* Ⅱ）, trans. Rojcewicz and Schuwer, Kluwer Academic Publishers, 1989, PP405 ~ 406.

一个哲学家这一事实，远不意味着他已达到了对我的原创性的现象学及其方法的真正理解，也不意味着他对我所敞开的新的问题视界——（我完全确信）未来属于这一新视界的——有所探究。差不多所有的哥廷根及弗莱堡初期的学生都是这样，即便像马克斯·舍勒及海德格尔这般大名人也是如此，在他们的哲学中，我只能看到的是灵巧的重陷入旧哲学的质朴性中。”接着，胡塞尔又对莱维纳斯（Levinas）的《胡塞尔现象学中的直观理论》（1930）评论道，这部著作“将我的现象学置于与海德格尔同一水平，这样就剥夺了其真正的意义”。对于所谓的现象学运动，胡塞尔亦不无伤感地写道，作为统一的现象学运动，“我要否认它的存在”，因为，“通过现象学还原现象学敞开了全新的非世俗经验的体验，并因此将我们置于绝对的根基之上即‘先验主体性’。而令人遗憾的是，‘现象学运动’对此依然盲而无视。”①

一方面是海德格尔指责胡塞尔的意向性理论是“无根的”，另一方面是胡塞尔批评海德格尔的实存哲学是“失去了根基”的人类学。这种相互“无根”的指责本身的根基何在呢？既然海德格尔视胡塞尔的理论为无根理论，那么他为什么又在《存在与时间》中白纸黑字地写明“下面的探索只有在胡塞尔奠定的基础上才是可能的”？而作为“局外人”的伽达默尔为何亦明确指出，“海德格尔把他的工作建立在胡塞尔现象学的意向性研究的基础上。因为这种意向性研究意味着一次

① Letter of Husserl to Welch，载 H · Spiegdberg，*The Context of the Phenomenological Movement*，PP181～182。

决定性的突破……"[①] 胡塞尔与海德格尔的共同的学生奥斯卡·贝克尔（Oskar Becker）何以亦说，海德格尔《存在与时间》中解释学之维乃处于胡塞尔现象学的框架内?

那么，究竟如何看待《存在与时间》与胡塞尔现象学理论的关系？如何看待海德格尔的表白？本节通过考察海德格尔在《现象学基本问题》一书中对胡塞尔意向性理论的批判，来尝试回答这些问题。该书从意向性结构分析入手，逐步过渡到对超越性、时间性的阐释，正是后者成了《存在与时间》一书的主题。

在《现象学基本问题》第一部分第一章中，海德格尔对康德的存在理论做了现象学的阐释，康德的"存在"不是实在的述谓（real predicative），其原因在于，在康德那里实在（reality）不是"现实性"（actuality）或"实存"（existence）、"现成性"（extantness），而是"物性"（thingness）。实在属于"性质"（quality）的范畴，而实存或现实性则属于"样态"（modality）的范畴，后者表示认知主体对所判断东西的态度。康德之"实存"实际是知觉，是被感知者之被感知，是"被感知状态"（perceivedness），即在知觉中被揭示出来的东西。问题是，这"被感知状态"的存在地位如何？它不是客体，不是实在的述谓，现成者不会因为我对它的感知而有所改变，然而，在某种意义上它又的确属于客体，属于被感知者，尽管它自身绝不是客体的；它也绝不是主体，它不是知觉的内在成分，知觉当下就超出了它，然而它又的确属于 Dasein 的活动范围，尽管它自身又绝不是主体的。那么，究竟如何给这种"被

① 伽达默尔：《真理与方法》，第 313 页。

感知状态”定位呢？于是，海德格尔引进了胡塞尔的意向性概念，感知的行动（comportment）乃是将自身指向所感知者，每一行动都是对……的行动，每一知觉都是对……的知觉。这种将自身指向被指向者的结构即胡塞尔之意向性结构。但是围绕意向性问题有种种理论偏见，而“最危险与顽固的偏见”乃潜存于 Dasein 的日常“常识”中。

常识完全可以理解，知觉总是对所知觉者的知觉。例如，我感知到那边的窗户，在这种感知关系中，一边是现成的窗户，一边是现成的感知主体（我），如果我取消其中的任何一项，这种关系便不复存在了。意向关系仿佛必须建立在两种现成存在者之间。在这种貌似自明的理解中，在这种把意向性刻画为两个现成存在者——心理主体与物理客体之间的关系的做法中，“意向性的本性以及存在方式皆全然丧失了”。[①] 这里掩藏两种错误倾向，一是错误的主体化，一是错误的客体化。

错误的客体化表现在它将意向主体视为一种封闭的心理主体，而完全忽略了“主体在自身中即是完全意向地结构化的”这一根本实事。主体之为主体就在于其“指向……”，意向关系的根子就在于主体本身的意向结构：“作为行动的结构，意向性本身即是自我一行动的主体的结构。它是内在于作为这一行动关系的行动特质的自我行动主体的存在方式之中的。”[②] 因此，绝不是先有一个客体、一个主体，然后客体加到主体身上，而是客体之为客体源始地内在于主体之指向结构之中的。对意向性错误的客体化的清算使他与胡塞尔的立场保持一致，

① Heidegger, *The Basic Problem of Phenomenology*, P60.

② ibid. P61.

而在对意向性错误的主体化的清算中，则使他告别了包括胡塞尔在内的笛卡尔主义的传统。

自笛卡尔以来，近代哲学的“一个普遍的方法论信念”就是主体及其体验乃是不可置疑的自我的领域，这是一内在的领域，于是而有“这一自我及其意向经验如何走出其内在性而取得与现成世界的关系”之类的问题，此即“超越性”之问题。换言之，如果意向性被视为意识的结构并保留于主体领域之内，那么内在于主体中的意向体验如何走出自身达到外在的超越的对象呢？这一问题被视为“哲学的中心问题”而困扰着先验传统的哲学家们。这种提问方式貌似有理，而且在现象学圈内也“广为流传”。① 但从根本上讲，这种提问方式完全是“先入之见的理论”，由于这种提问而使提问者与意向性现象失之交臂。那么，为什么不能像胡塞尔那样去问内在的意向体验如何遭遇到超越者呢？为什么说这种发问“完全是在一错误的方式下”进行的呢？根本的原因在于意向行动本身即是将自身朝向一现成者的，“正是意向性本身而不是别的什么东西才是超越性的所在”。② 意向性不应在主体、自我及主体领域这一类随意概念上遭到误解，相反，“主体首先在其本性上应在意向性特质及超越性无偏见的基础上得到界定”，③ “对意向

① 海德格尔在此明指哈特曼（Hartmann）等人的认识论的实在论，但我们知道胡塞尔在《现象学的观念》（*Die Idee der Phänomenologie*）中经常提及的问题便是：“认识如何能够超越自身，它如何能遭遇到在意识框架内无法找到的存在？”

② Heidegger, *The Basic Problem of Phenomenology*, P63.

③ ibid. P64.

性的确当解释，使得传统的主体与主体性概念成为可疑的了”。[①] 鉴于以往哲学中内在领域之主体与外在超越领域之客体的内外二分法已成根深蒂固之传统，为示与这流传已久的传统彻底决裂，海德格尔决意不再使用主体、主体领域之类的术语，取而代之的是 Dasein。说 Dasein 的行为是意向的就是说，我们自身的存在样式在本质上就是寓于物事之中的。作为意向行为的 Dasein 这一基本构成即是“实存”（existence）。实存是 Dasein 的存在样式。Dasein 实存着，而不是像现成物那样存在着。这样原本在布伦塔诺那里充当心理现象与物理现象划界标准的意向性、原本在胡塞尔那里充当意识本质特征的意向性，在海德格尔这里成了 Dasein 实存的一个标志：“实存者与现成者之间的辨别性之标识正在于意向性”。[②] 唯 Dasein 实存着，即是说，在诸存在者中，唯有 Dasein 是如此之存在，在其存在中，它对现成者有所筹划。窗户、椅子是不实存的，因为它根本不能对其周围的物事进行意向之筹划。要之，行为的意向结构并不是内在于、封闭于主体之中因而需要超越以便指向一个什么外在的对象，相反，Dasein 的行为之意向性构成本身恰恰正是“任何超越性可能性之本体论的条件”。

对意向性错误的客体化与错误的主体化的清除，使我们明了，意向性既不是现成者意义上的客观之范畴，亦不是传统内在主体意义上的主观之范畴，“意向性——无论被加以主观的还是加以客观的理解，都在某种方式下依然是现成者”[③]，而

① ibid. P65.
② ibid. P64.
③ ibid. P66.

真正的意向性根本就不属于现成者范畴，它源始地隶属于 Dasein 的实存。而对于 Dasein 来讲，并没有什么外在的东西，因此去谈论内在的东西也同样是荒谬的。”

意向行为揭示着现成者，并让现成者在“一特殊的揭示活动”中遭遇到，使现成者从其“被遮蔽状态”中释放出来，从而“在其自身中显示自身”。Dasein 是作为“揭示”而实存着。那么存在者得到揭示的情形究竟如何？毫无疑问，揭示的方式与现成者的被揭示状态当然受到有待揭示的东西的制约，我们不能以揭示空气的方式去揭示一棵苹果树。但是，有待揭示的东西之所以能“调节”“引导”揭示的方式，这不已标明，它在某种意义上已事先得到揭示了吗？对现成者的知觉揭示必早已事先对现成者之类的东西有所领会了。在感知的意向中“现成性之领会”（understanding of extantness）必先已给出了。在这一领会中，现成者得到“绽露”（unveiled）、“展开”（disclosed）与“敞开”。这种前概念的预先领会之“预先”（beforehand）并不是说为了感知，为了揭示现成者，我们得先明确地了解一下其意义才行，“现成性之领会的在先性不是在被量度的钟表时间上的先于”，现成性的领会之在先性乃是“潜存于 Dasein 自身的基本构成中的”，在 Dasein 的实存中，“Dasein 早已对现成者的存在样式有所领会了”，这一“在先性”是一切“现成的可被揭示性的可能性之条件”。[①] 可被揭示性已预设了“现成性的展开状态”。

由此，海德格尔主张应在现成者的揭示与在先的现成性的领会之间进行本体论的区分，两者的区别是存在者与其存在之

---

① ibid. P71.

间的区别，是存在者的把捉与其存在的领会之间的区别。前者是对具体存在者的揭示（the uncoveredness of a being），后者则是“对其存在的展开”（the disclosedness of its being）。前者是奠基于后者之中的：“一个存在者能被揭示，无论是被知觉还是某种别的通达方式，只有这个存在者的存在早已得到了展开——只有我早已领会了它才行。”① 由此可见，《存在与时间》一书中的存在与存在者的“本体论差异”（the Ontological Difference）是与海德格尔对意向性的深入探讨紧密联系在一起的。

不难看出，海德格尔之“存在的领会”与胡塞尔之“视界”有相当的亲近性，更与胡塞尔生成分析之“前构成”之领域相关涉。两者的共同之处在于它们都是先予的（pregiven），此先予之领域是一切所予（现象）之前提，是一切对象得以在场的先决条件。区别在于，海德格尔将存在的领会置于Dasein的生存结构中，而胡塞尔之“视界”及“前构成”则处于先验主体的意识结构中。因此，固然也可以说海德格尔之“存在之领会”是前构成的领域②，但此前构成不是胡塞尔之知觉前述谓的领域，而是Dasein生存活动得以展开的境域。

现在的问题是，这种潜在于意向行为中的“存在的领会”如何奠基于Dasein的构成之中呢？如果意向性被界定为“自身指向”（self direction-toward），那么自我又如何在每一意向行为中确立自身呢？胡塞尔曾毫不犹豫地将意向行为归之于从

---

① ibid. P72.

② 在《现象学基本问题》第十五节，海德格尔明确指出，存在者预先绽露，尚未“明确地成为对象”。

“自我极”辐射出的“诸射线”（rays），自我乃诸行为之“极”（pole）或“中心”（centre）。在胡塞尔看来，这一切皆自明之事实，他甚至指出再追问自我背后之根基是完全荒谬的。因为，自我乃一切明证性之源头。对此，海德格尔颇为不满，他认为在意向性的自身指向存在者的行为中，一方面存在者的存在得到领会，另一方面自身在行动的自我也因此而绽露而出：“意向的对……自身指向并非简单地是从自我一极中发出的行为射线”，当然，自我也不是在事后被关联到，不是在一种继发的行为才返身指向首发的意向行为，自我是与存在者的领会“一道展开的”（co-disclosure），并且同属于意向性。将意向行为简单地归诸自我极，同时又将自我极视为自明之源头，此种思路完全错过了更源始的提问：“这一自我极‘拥有’何种存在样式?”“这一自身以何种方式给出的?”① 对这个问题的最通行的回答是康德先验传统式的：“我思”伴随着一切表象及其活动，自我作为对某物的意识同时又是对自身的意识，我想到/看到/听到某物与我意识到想到/看到/听到某物是同一个过程。这种被海德格尔称为“唯心论的意识辩证法框架”，同样也存在于胡塞尔的意向性理论中（当然也存在于布伦塔诺的内知觉理论中）。海德格尔认为，“在形式上”，这个框架是成立的，但是这种形式上的自明性在实际上却远离对Dasein 的现象学诠释。它完全是将“知识论”的先入的自我理论强加于 Dasein 的实存上。毫无疑问，Dasein 作为实存，即便不以一种独特的反身自求的方式明确地将自己指向自己，它也一直自为地存在着，“在所有反思之前，没有反思也没有内知

① ibid. P158.

觉，自我（self）对于 Dasein 来讲也一直存在着”。① 反思，作为一种反身（turning back），不过是“自我把握”（self-apprehension）的一种方式而已，而绝不是“自我展开”（self-disclosure）的源始样式。自我在 Dasein 中的绽露给自己纵然亦可称为是一种反思，但这种反思绝不是通常意义上的反身内视。反思（reflection）原出自于光学意义上之“光之反射”，即在某物前转向，从该物前向后反射，并从该物的反射中显示自身。Dasein 之反思就是从他所烦忙的物事那里显示其自身的。他决不是起先站在物事面前，紧紧盯着它们一番，然后再把“目光”来个 180°的转弯，由盯着物而转向盯着自身，Dasein “首先是并通常是在物事中发现自身的”。在料理物事的过程中，在为物事所困的境况中，Dasein 是一直寓居于物事中的，“我们每一位都是他自己所追求与他所烦忙的东西”，在有所烦忙的活动中，我们领会着自身，领会着我们的实存。我们之所以能从物事中领会自身，正是因为我们首先就寓居于物事之中的：“意向性属于 Dasein 之实存。对于 Dasein 及其实存来说，一个存在者及与一个存在者的相互关联总是早先得到了某种绽露，尽管这并未明确地被对象化。去实存就是意味着，在其他诸物事中，与诸存在者打交道。总是以早已与其他存在者一道存在的方式去实存，乃属于 Dasein 之天性。”② 所以说，Dasein 绝不需要一种什么“特异的观察”方式，也不需展开一番反身之“侦察”以获得自我确认，“就 Dasein 是当下情绪地

① ibid. P159.

② ibid. P157.

交付给世界而言，其本己的自我是从事情中反射给它的”。[①] 这不是什么“神秘主义”，这是“基本的现象学实存的事实”。比如，制鞋匠在一心一意缝制手中的鞋子，当突然被人问及：“你在干什么?”他无须任何的反身内视，无须观察一番缝制动作的发出者是不是他本人，他会应声说“我在缝鞋”，甚至他连“我”字都不说而只说“缝鞋呗”。Dasein 通过所烦之事对自身的领会，是在我们日常自我拥有的方式，相反，那些热衷于反身内视、那些“对自己心灵过度的挖掘才是绝对不自然的，甚至在病理上是古怪的”。[②]

现在，问题的关键是从哲学上对 Dasein 如何能在物事中反思自身这一“奥秘”加以澄清。Dasein 这个“在物事中”之“在之中”并不是说，Dasein 是这物事中的一个组成部分，更不是其附属者，Dasein 之“在之中”绝不是现成者之间的空间意义上的“在之中”。Dasein 之所以能在物事中现身，是因为 Dasein 早已与物事一道的了，Dasein 早已“寓居于”物事之中了。但是 Dasein 并不是先将自身从一主体领地“跃进”“转换”到客体的物事领地之中，与物事作伴，然后再在那里发现自身。然而另一方面，只有在一“先在的转换”（an antecedent transposition）基础上，我们才能从指向物事中反身归己。因此，现在的问题是：“Dasein 的本体论构成”如何使此“转换”成为可能？求助于意向性是无法弄清这一问题的，“迄今在现象学中通行的对意向性的仅有的描述是欠妥的、外在

① ibid. P159.

② ibid. P160.

的”。[①] 为了阐明 Dasein 的“转换”现象，就必须“更加彻底地”思考意向性本身，“彻底”就是要从意向性的根底入手。那么，意向性的根底在何处呢？

在弄清此根本问题前，海德格尔先着手刻画出“我”与“非我”的区别。思维者与广延者的区别不应像费希特所简单设想的那样：“想一下墙，再想一下想着墙的那个人”，这样的致思方式已粗暴地扭曲了现象。因为在我们日常地与物事打交道的过程中，我们从不曾只是思考一孤立之物，我们总是从一背景中谈论它（墙、房间、建筑物）。任何物的给出都是在一“物－背景”（thing-contexture）中进行的。包围着我们的“最近的物事”即是用具（equipment）：工作的用具、旅行的用具、测量的用具……这一用具整体在范围上不断扩张或收缩着，其中只有极个别的东西才能明确地被看到。这个用具背景的涌现完全是在一无阻（unobtrusive）与无思（unthought）中，是在烦之“环顾”中。在 Dasein 有所烦忙的筹划中，存在者被揭示为用具，而每一件用具都具有“为……之用”的特征，此“为……之用”（for which）乃是在一“为……之故”（in-order-to）之总体中的，后者乃是一个功能整体。这个功能整体是，得到“在先领会的”（pre-understood），这个功能整体即是“世界”。Dasein 之实存即是“在世界中的存在”。世界不是诸物事的堆积，而是预先绽露给我们的“意义总体”。我们之所以能与世间物打交道，正是因为我们寓于世间之中了。换言之，在遭遇到具体的现成存在者之前，世界早已得到领会了。因此思维者与广延者之区别不在于思维者会思

① ibid. P161.

（有意向性）而广延者不会思（只能是意向指向的对象），根本的区别在于，Dasein 乃是在世的，在世乃 Dasein 实存之“基本特征”，而桌子、椅子之类的存在者决不拥有在世的存在样式，它们只不过是世间存在者中的现成者而已。

Dasein 在一个世界中存在，并不是说先有一个 Dasein，还有一个与 Dasein 比肩并立的世界，然后 Dasein 将自身跃进到世界中。Dasein 本来即是在世界中的，世界本来即是 Dasein 的（Daseinish）。“只要 Dasein 实存着，就有一个世界与 Dasein 的存在一道预先被抛了的”，[①] 去实存就是预先抛出一个世界。正是在这“筹划的被抛”之际、正是在这 Dasein 的实际实存之际，现成者也得到揭示。现成者的被揭示从根本上奠基于 Dasein 的在世结构之中。因为，在 Dasein 筹划于世的过程中，Dasein 早已是“越出自身”了，早已是 Ex-sistere，即出离自身，而站立于诸存在者之中了。正是这一 ex-sistere，使得现成存在者绽露而出（得以被揭示）。换言之，Dasein 之实存的过程正是世间存在者得以绽露、揭示的过程，就此而言，Dasein 的实存本身即是“揭蔽”、即是“真理”。知识论的真理、命题意义上的真理，皆不是源始的真理，源始之真理在于 Dasein 的实存。

Dasein 实存着，亦即筹划着，亦即超越着。“超越性”（transcendence）在传统哲学中往往与意识之外的东西划等号。山、水、树等这些东西都是“超越者”（transcendent），因为这些东西并不内在于意识中，游山玩水不是游意识中的山、玩意识中水，爬树也不是爬意识中的树。上帝也往往被称为“超

① ibid. P169.

越者”，因为它的存在完全超出了世间物的范畴。海德格尔将这种种哲学史中的超越性撇在一边，而直接由超越性一词的字面义引申出去。“超越”原义即是“越出自身”（stepping over oneself），唯Dasein能越出自身，Dasein越出自身并不意味着Dasein原本是在“内”的，然后由“内”越向“外”。Dasein原本即是在世之中的，Dasein在其自身之存在中，通过它自身而越出了自身。这一超出自身不是单一的意向性指向行为，“这个超越并非只是而且也主要不是指主体对客体的自我关联，毋宁说，超越意味着从一个世界中来领会自身”。[1] Dasein即是在此意义上超出自身的。因此，超越性是Dasein拥有其“我性”特征之先决条件。Dasein起先并不是作为一个自我然后超越某物，相反，“朝向自身”与“从自身超出”都已蕴含于“我性”之中了。自我之所以能如此作为，完全是因为它原本即是“超越的存在”。Dasein的实存即意味着“超出”。因此，有了超越性，Dasein才能从容不迫地指向某物、指向自身。这说明，意向性之自我指向及意向性之指向性本身皆非“究竟义”。同样，意向对象的呈现亦只有在超越性的根基上才能获得恰当之理解，因为超越性使Dasein自身得以敞开，在Dasein敞开的“Da”中，物与人诸种存在者才能遭遇到，才能被领会，并在此基础上进一步成为专题的“意向对象”。

要之，Dasein自身即是“自我指向的”，即是“与他人共存的”，即是“寓于手头物与现成物之中的”。而这个“指向”（toward）、“与”（with）及“寓于”（among）恰恰是超越性之本质特征，即“在世的”。海德格尔对意向性彻底思考所得

---

① ibid. PP299 ~ 300.

出的结论是，意向性远不是源始的现象，“意向性是奠基于 Dasein 的超越性之中的。而且只有在超越性中才是可能的，而不是相反”。[①]

海德格尔就这样从意向性分析入手，一步步迈向自己的“基本本体论”，由意向性而至“实存”“在世”“超越”“真理”。[②] 那么，大千世界中何以唯 Dasein 可脱颖而出成为存在意义的领会者？换言之，作为整体之“于世之中的存在”又何以可能？Dasein 之超越性自身又奠基于何处？于是，“时间性”主题的出现便顺理成章了。“存在领会可能性的本体论条件乃是时间性本身”，[③] 于世之中存在之超越性乃奠基于“时间性之原初的出窍一视界统一体”之中。

那么，什么是时间性？

在日常生活中，我们是靠钟表识别时间，但我们看表并不是把表本身作为观察的对象。我们关注于表，乃是关注表所显示出的时间。但严格讲，表上的时间亦不是我们关注的对象本身，任何时间总是“到了做……的时间”。对于 Dasein 来说，“现在”从不是一个“赤裸裸的纯粹现在”，而是“现在到了干……”“现在还有时间去……”“现在还剩多少时间去……”。时间绝不是一现成的东西。说“现在”与说“窗户”有着本质的区别。后者乃是我专题化把握的对象，“那儿的一扇窗

① ibid. P162.

② 在海德格尔的基本本体论中，这四个概念差不多是等同的，只是偏重点稍有差异，“实存”乃标画 Dasein 的存在方式，“在世”乃表示 Dasein 的存在结构，“超越”是 Dasein 实存的表现，至于“真理”则是 Dasein 实存、在世、超越的“敞开”状态。

③ ibid. P228.

户”，而前者绝不是指一个现成的对象，时间之维中的现在乃是与过去、将来构成之三维统一体中的“现前化”（enpresenting）而已。

本来，时间性也是胡塞尔现象学的一个主题，胡塞尔1905年开始的一系列“内时间意识的演讲”，后来在20年代委托海德格尔编辑出版。胡塞尔将时间性视为过去、现在与将来三维统一体，每一现在之意识均被过去之“持存”与未来之“预存”层层缠绕。海德格尔与胡塞尔一样视时间为三维同一体，但他不像胡塞尔那样将时间性归于意识现象，而是归于Dasein之实存，而且在时间性的三维中，他更强调未来在时间性视界中的优先地位。超越性之筹划只有在Dasein能对自身加以筹划即对自身之种种可能性有所领会时，才有可能。Dasein乃“领先于自身的”，Dasein之自身朝向即是朝向“本己的最独特的去存在的能力”。正是此朝向自身，在此对可能性之预存中，“Dasein在源始意义上才是将来的”①，从本己独特的能力朝向自身是“将来的源初概念”。因为Dasein是将来的，Dasein会领先于自身有所预期，所以才有世俗所谓的将来如何如何、我要如何如何。而在持存中，Dasein将自身指向一业已存在的所是，Dasein之领先自身之筹划恰恰又是在“已是”（having-been-ness）中展开的。至于实存意义上的“现在”，与在场（presence）或现成性（extantness）是不同的，Dasein在其实存过程中，总是与现成存在者一道逗留着，作为对可能性有所预期的Dasein一直是现前化地将自身指向手头的某物。要之，“将来的本质在朝向自身（coming-toward-oneself），过去的本质

① ibid. P265.

在于返回至（going-back-to），现在的本质在于逗留于、寓居于（staying with，dwelling-with）即与……一道存在（being-with）。这些‘朝向’‘回至’‘与…一道’的特性显示出时间性的基本构成”，“作为将来，Dasein 被带向它过去的去存在的能力；作为过去，它被带向它的已是；而作为现前化，它又被带到某种别的存在或存在者”。[①] 由此显见，时间性之本质恰在于它完全是“外在于自身的”(outside itself)，时间性即是源始地外在于自身。时间性如此越出自身的特质被海德格尔称为时间之“出窍特质”。过去、现在、将来乃时间性的三种“出窍态”(esctases)，它们以同样的源始性内在地属于一起。

“出窍”（ecstatic）与心灵的出窍之神秘状态毫无关系。希腊文之出窍（ekstatikon）通常即意味着“越出自身”，这与ex-istence（实存）相近。时间性并不是一现成者，然后越出自身，将自身抛在自身之后，毋宁说，时间性内在地就是纯粹的越出自身。时间性的每一种出窍态都是一种“敞开”(openness)，此敞开又被称为“出窍之视界”(horizon of the ecstasis)。时间性之本质就是“出窍性的视界(ecstaticall horizonal)。“时间性是出窍视界的自我筹划本身，在此基础上 Dasein 的超越才是可能的，根基于这一超越性之中的是 Dasein 的基本构成：于世之中的存在或烦。这一切又使意向性成为可能。”[②] 如是，意向性的根子在超越性，超越性的根子在时间性，因此，所有意向性行为均终极地源于出窍视界之时间性。

综上所述，海德格尔从三个方面对胡塞尔的意向性理论进

① ibid. PP266 ~ 267.

② ibid. P312.

行了批判性改造：①意向性之“主体”不是先验自我之“我思”，而是在世的 Dasein。②意向之意义不是出自于先验意识之授义，而是 Dasein 之筹划，是 Dasein 烦忙寻视已持留于其中的东西。③意向性之指向性并不是简单意识结构之事实，而是根源于时间性之出窍。就此而言，胡塞尔视《存在与时间》是对他自己的框架的一种“改换”不无道理：作为指向性的意向性遂改换成了超越性；意向行为的分析遂改换成了生存能力的分析；意向性之构成遂改换成了 Dasein 之筹划；意向性之结构遂改换成了在世中存在之结构；内时间之意识遂改换成了出窍之时间性；先验自我遂改换成了在世之 Dasein……一言以蔽之，先验现象学遂改换成了实存现象学、诠释现象学。

那么，能否因此就说海德格尔之“改换”是摒弃了先验的路子而堕入世俗人类学中，因而“尚未达到真正的哲学层次”呢？问题的关键在于如何理解“先验”，如何理解“真正的哲学层次”。

胡塞尔追随康德专心于知识先验根基的探讨，并将自己的现象学命名为“先验现象学”。先验哲学将视线由经验事实之领域转向经验事实先天根据之领域，此即胡塞尔所谓的“本质还原”。由经验主体性领域转向先验主体性之领域，此即所谓的“先验还原”。在胡塞尔看来，此先天本质之领域、此先验主体性领域未得到厘清，一切世间之知识就皆还是“无根的”，因为“纯粹可能性之科学先于现实性之科学，并且单独使后者作为科学成为可能”。[1] 世间的知识是在先验主体性构成的对象层次上展开的，在世间科学处理各自的对象（如

① Husserl, *CM*, P72.

“数”“自然”“心理”等）之时，对象已是被预先描划出来了，被构成了。因此，厘清世间科学所处理对象的先天区域类型，实际上就是在为世间科学进行奠基性工作，而一切先天本质类型之构成最终又奠基于先验主体之活动中，“因而真正的知识论只有作为先验的现象学理论才是可能的”。[①]

海德格尔未尝不理解胡塞尔的这番用心，也暗许了胡塞尔先验哲学的努力方向，但他认为简单地诉诸先验主体性依然是“无根的”，因为更根本的发问依然可能：“先天性”“先验性”又如何可能呢？海德格尔的工作即是要回答这一未曾被康德与胡塞尔发问过的问题。在这种意义上可以说，海德格尔是在为康德与胡塞尔的奠基工作进行奠基。先验意识之“先验”（transcendental）根子在于 Dasein 之“超越”（transcendent），后者乃是“存在理解的可能性之首要条件”，[②] 因此“真正的哲学”只有在“超越的基础上”（transendental ground）[③] 才是可能的，哲学只能是“超越的科学”。自康德至胡塞尔孜孜以求的“先验性”之秘在于此超越性，哲学所探讨之领域只能是“时间之超越性构成”的视界，只能是“超越的视界”（trancendental horizon），因此，《存在与时间》的第一

---

① ibid. P85.

② Heidegger, *The Basic Problem of Phenomenology*, P323.

③ 在胡塞尔的现象学中，意识是先验的（transendental），因为“超越的存在者”（transcendent being）之意义乃是在意识中构成的；而在海德格尔的现象学中，先验之成为先验根子在于超越，先验的（transcendental）乃是属于超越的（of transcendent）。所以，在胡塞尔处先验与超越乃两种根本不同的存在范畴，而在海德格尔处，先验与超越乃是同一范畴的、同根的。此处我把海德格尔之 transcendental 译成“超越的”，即出于突出它与“超越”（transcendent）的联系。

部便称作“依时间性阐释 Dasein，解说时间之为存在问题的超越视界”。

在此超越视界探讨所得命题皆属“时间性命题”，因而亦是“先天性命题”。“先天”（a priori）原义就是“来于早先的”，而“早先”乃时间之属性。预先抛出了一个世界之“先”、先行的领会之“先”及先天之“先”，皆属时间性的。康德在其《自然科学的形而上学原则》的序言中曾指出：“去先天地认识某物即是从其单纯的可能性上认识它”。但是为什么这种可能性要贴上“早先”的标签？显然，我们首先经历到的是诸存在者而不是其存在[①]，因此“先天”之早先不是世间意义上（钟表刻度意义上）的“先于”，世间之所谓“先于”恰恰是此“早先”的“衍生物”，本体论的“早先”乃是植根于 Dasein 的领先于自身，植根于先行的存在领会之可能性。Dasein 能从可能性上理解、筹划自身之存在，而此可能性最终源出于“时间将自身时间化为绝对早先者”。可能性之源始属性、可能性本身的源起即是时间，“**时间比任何可能早先者都要早先**，因为它是早先者自身的基本条件。因为作为所有可能性之源头的时间乃是最早先者，所以所有可能性本身在其可能性形成之功能中都拥有了早先之特征。也就是说，它们是先天的”。[②] 如此，胡塞尔所张扬的可能性高于现实性、先天本质高于经验事实才有其牢固根基。如此，西方哲学流传已久的“天赋观念”的传统才真正有了着落：天赋观念不应在生

① 所以，在哲学史上有人主张先天之本质乃是超时间的（supratemporal）、外在于时间的（extratemporal）、无时间的（timeless）。

② ibid. P325.

物学、生理学意义上得到理解，它应被视为“存在与实存先于存在者得到领会”，而后者恰恰是奠基于时间性之出窍视界中。于是，海德格尔不无自豪地宣布：“Dasein 的本体论代表了整个西方哲学发展潜在的目标和恒常而又或隐或显的要求。”①

但 Dasein 通常并首先寓居于世间的切近之物事中，故对其早先已有的存在之理解茫然无察，Dasein “遗忘”了此“在先者”。真正哲学之中心问题即在于将此被遗忘的在先者摆到亮处，现象学即是服务于此的一种方法。但在海德格尔看来，现象学的探究并未尽如人意，它“尚未达到真正的哲学问题的中心”，由此看来，对现象学方法认识的不同以及因此不同而导致的方法操作所达到的层次上的不同，才是胡塞尔与海德格尔分歧焦点。双方对此都有相当的自觉。胡塞尔抱怨海德格尔并未真正把握现象学还原的意义，因而也未达到真正的哲学层次——先验主体性，因为只有通过现象学还原才能从世间的自然质朴态度转移到意识及其 noetic-noematic（能思－所思的）经验的先验态度；而海德格尔则极力强调现象学从根本上是一种探究“本体论的方法上的尝试”，现象学还原即是从“质朴地把握存在者返回或还原到存在”②，其根本意义在于从对存在物的把捉转移到“存在者存在的领会”，后者才是真正的哲学根基之所在。保罗・利科在评论胡塞尔意识构成学说时曾说过，意识构成的理论克服了“自然主义的（或世间的）质朴性”，但这一“先验层次”的胜利同时也“隐藏着第二层次的

① ibid. P75.

② ibid. P21.

质朴性”即认为“先验层次是绝对不可还原的”。[①] 在这种意义上，我们未尝不可以说，海德格尔对存在的领会之揭示实际上是对胡塞尔所认为的不可还原者（先验意识）的进一步还原。胡塞尔视先验主体性为明证性之所在，在《危机》第五十五节，他甚至强调：“一旦达到自我，人们就会知道已处在如此明证性之领域，任何再向其后的探讨都会是荒谬的。”[②] 施皮格伯格在《现象学运动》一书中将胡塞尔比作是“向下挖”的哲学家（与向上建构体系的形而上学家旨趣迥异），先验主体性及其明证性之领域便是他下挖的基底。而海德格尔的工作可说是由此基底再下挖，从而开辟出人之实存的可能性领地，达至“存在的敞开”之境界。因此，简单地说海德格尔否定了胡塞尔的先验意识现象是欠妥的，同样，将实存现象学与先验现象学对立起来亦是欠妥的。毋宁说海德格尔是沿着胡塞尔先验意识的下挖之路进一步深入下去。这一点海德格尔是有相当自觉的：“胡塞尔的主要问题绝不是关注意识的存在特性，毋宁说，他被以下的旨趣所引导的：意识如何成为一门绝对科学的可能的对象”，[③] 而对意识之意向性的彻底思考使得意识本身、构成者本身的存在方式的问题的提出不可避免。由意向性到超越性，由超越性到时间性，海德格尔走出了一条自己的现象学路子。

---

① Ricoeur, *Husserl: Analysis of His Phenomenology*, P228.

② Husserl, *Crisis*, P188.

③ Heidegger, *History of the Concept of Time*, trans. T · Kisiel, Bloomington, 1985, P107.

第五节　萨特对意识的纯化

1933 年 9 月对现象学发生了浓厚兴趣的萨特，来到了柏林，开始为期不到一年的“留学”生涯。在这期间他写下了两篇讨论胡塞尔意识现象学的文章，一篇是篇幅甚短的《胡塞尔现象学的一个基本概念：意向性》（这篇短文后来刊登在 1939 年的《新法兰西评论》上），另一篇是篇幅很长的《自我的超越性》（后来发表在 1936 年的《哲学研究》上）。

在《自我的超越性》中，萨特以胡塞尔《逻辑研究》时的立场去批判其《观念》时的“自我”理论。他指责胡塞尔在《观念》中将“我”置入意识中，使意识变得“不透明”了，也表明胡塞尔的现象学悬搁并没有真正贯彻到底，彻底的现象学悬搁必然意味着将包括自我在内的所有超越的东西统统逐出意识之外。意识在此彻底普遍的悬搁中得到了纯化（purification），成了一种通体透明的东西。然而，他又莫名其妙地在另一场合批评胡塞尔的意识学说尚未触及“意识的存在问题”。毫无疑问，这完全是在重复海德格尔对胡塞尔的批评。问题是海德格尔哲学中的 Dasein 是一在世的存在者，他当然有理由去指责胡塞尔忽视了意识本身的存在问题。而萨特一方面声称要纯化意识，一方面又要强调意识的存在，确实有些让人不可思议。合理的解释是，萨特是带着自己的兴趣看胡塞尔的意向性理论，因而他看到的并非是胡塞尔意向性之“实事”，换言之，他看到的不过是他希望看到的而已。他希望的东西是在赋予意识光荣的独立之同时，又全身投入现实中。而经过他纯化的意向性恰恰同时满足了这个希望。不妨引几段《胡塞尔现象学的一个基本概念：意向性》来看一下，这篇文章是以萨特独有的风格写成的："他用眼睛吞吃她。这句话和许多别的符号颇能表明实在论和唯心论的一个共同幻想：认识就是吞吃……我们都相信蜘蛛把各种东西诱进它的网中，用白色唾液裹住它们，慢慢把它们吃掉，变为自己的养料。何为桌子、岩石、房屋？是'意识内容'的某种集合，是这些内容的某种秩序。噢，吃的哲学！……针对（这种）吃的哲学，针对一切'心理主义'，胡塞尔不懈地证实这样的事实，人们不能把诸物溶解在意识里。你看见了这一棵树……但你是在它所在的地方看见它的：在路边上，在土之中，在离地中海岸边20公里的地方，它孤零零地蜷缩在烈日下。它不能进入你的意识，因为它跟意识不是同一性质"，"认识，就是向着……突现，就是摆脱粘滞的脏腑之亲，以逃往那边，那棵树旁，但在树外，因为树逃离了我，排斥我，我不再能投身于它之中，以至它不能溶化于我之中：外在于它，外在于我"，"意识一下子被净化了，清晰如同一阵风，意识中除了逃逸的运动向着自我之外的滑脱，就不再有任何什么东西了。如果你万一'进入'到意识'之中'，你就会被一股旋风抓住，会被抛到外，抛到树边，堕入风尘，因为意识没有'内在'，它除了是它的外在，什么也不是。把它构建成意识的，就是这种绝对的逃遁，这种对成为实体的拒绝……要是意识企图被重新把握，趁机封闭自己，趋势成形，最终与自身重合，它也就消失了。这种作为异己的意识而存在的意识的必然性，胡塞尔称之为'意向性'……"①

① 以上几段引文皆引自让松著，刘甲桂译：《存在与自由》，北京大学出版社1997年版，第85～87页。

由这几段话可以看出，萨特将一切内容通通清除到意识之外，意识成了一种没有任何内容的纯粹的透明性。所以对它进行任何正面的界定都是不可能的，它根本上就不是任何东西，因为任何东西都被清除到它之外去了。这样一种品格的意识也就是《存在与虚无》中的“自为”“虚无”。纯粹的意识便是“虚无”，它不是其所是，而是其所不是。

而被清除在“外”的东西便成了“自在”，意向性便是意识指向这个外在的东西，这既是对胡塞尔意向理论的一个相当大的故意扭曲，同时也犯下了典型的海德格尔在《现象学基本问题》中所严厉批判过的意向性的客体化之错误。至于“自在”的提出，则完全超出了现象学的描述范围，落入了典型的形而上学的设定。他把“事物从意识中逐出”称为“哲学的第一步”① 时，恰恰将事物是在意识中“构成”这一胡塞尔意向性理论的另一面给丢掉了。

在将胡塞尔的纯粹自我驱逐出意识之外的同时，萨特对胡塞尔意向性理论中的另一项重要内容“感觉材料”也清理出意识之外。他指出，这些“中性与料”肯定不是意识的“内容”，而只能“使它们自身显得更加不可理解”。这些材料不可能是意识，否则意识就会“消散于一种半透明性中”，但它又不能被意识到，因为“意识超越它而走向对象”。于是它在胡塞尔的意向性理论那里沦落成了一种“杂交的存在”，“这种存在既遭到了意识的否定，又不能作为世界的一部分”。②

---

① 萨特著，陈宣良等译：《存在与虚无》，三联书店 1987 年版，第 9 页。

② 萨特著，陈宣良等译：《存在与虚无》，第 18 页。

更重要的分歧在于，在胡塞尔的意向性理论中，noema 占有至关重要的地位。意向行为通过 noema 而指向对象。noema 作为意义乃处于非实在的领域中。在质朴态度中，人们直接指向对象，只有通过现象学反思，才能发现 noema 的存在。然而在萨特的意向性理论中，根本就没有 noema 的存在，一方是毫无内容的意识，一方是在意识之外的纯粹自在。这样胡塞尔的 noema 及其构成理论完全被抛弃了。他以所谓的“本体论证明”去为这一抛弃进行了辩护。他指出：“意识是对某物的意识，这意味着超越性是意识的构成结构；也就是说，意识生来就被一个不是自身的存在支撑着。”① 这一“本体论证明”使得胡塞尔把 noema 看成“非实在”、看作是 noesis 的相关物的理论不攻自破了。“意识在其存在中暗指着一种非意识的、超现象的存在。说事实上主观性暗指着客观性，它在构成客观的东西时构成了它自己，这种回答尤其无意义：因为我们已看到，主观性无力构成客观的东西。说意识是对某物的意识，就是指意识应该作为对不是它的那个存在的被揭示——揭示而产生，而且表现为在揭示它时已经存在着的。”②

总结一下。萨特对胡塞尔意识的纯化主要着眼于三个方面：①清除纯粹自我；②清除“感觉材料”（hyle）；③清除 noema。意识的“光荣独立性”由此而挺立。意识成了一种纯粹自发性的流动，因为它没有任何内容，任何内容都被清除出去了，所以他又把这种纯化的意识称作是“虚无”。对意识虚无化品格的描述被施皮格伯格看作是萨特意识理论中“最有新意

① 萨特著，陈宣良等译：《存在与虚无》，第 21 页。
② 萨特著，陈宣良等译：《存在与虚无》，第 21～22 页。

的特色”。意识充满了“虚无”。虚无主要指不在场、缺失，但不在场只有相对于一个有意识的存在者的期待才有可能。例如，我们瞄了一眼咖啡馆，说“皮埃尔不在咖啡馆中”或者说“我一下子就发现了他的不在”，但一个“不在的东西”如何可以被发现？当我走进咖啡馆中去找皮埃尔时，咖啡馆中所有对象（顾客、桌子、椅子、杯子、光线、烟雾乃至说话声、茶盘碰撞声、纷乱的脚步声等）综合组织为“基质”，皮埃尔被给定为“即将在这一基质上显现”。这个基质是被捎带看到的东西（附呈的东西）。我目睹着所有对象的“相继消失”，一张张面孔在我眼前滑过，它们因为“不是”皮埃尔的脸，而立即消融在无差别的咖啡馆基质中。皮埃尔的不在场使咖啡馆始终在渐次消逝，它一直作为未分化的整体而附呈着，并渐渐隐退，进行着它的“虚无化”。正是由于我期待看见皮埃尔，我的期待才使皮埃尔的不在场成为与这座咖啡馆相关的实在事件。不在场的皮埃尔“纠缠着”这个咖啡馆，并“虚无化地”把自己组织为基质的条件。至此，他对“否定”与“虚无”的描述与胡塞尔在《经验与判断》中对“否定”的现象学分析并未有本质上的区别。但接下来萨特在“虚无的起源”一节做出了胡塞尔未曾做出的决定：“使虚无来到世界上的‘存在’是这样一种存在，在它的存在中，其‘存在’的虚无成为问题：使虚无来到世界上的存在应该是它自己的虚无化”。[①] 这样意识与虚无化、否定便划上了等号。萨特以其敏锐的眼光看出了海德格尔哲学的一个重要特点即“使用全部掩盖着暗含的否定的肯定术语”去描绘 Dasein，Dasein 是在自我

① 萨特著，陈宣良等译：《存在与虚无》，第 53 页。

之外、在世界之中……所有这些貌似肯定的表述都等于说 Dasein“不是”在它自身中，它与它自身“不是”直接贴近的，它“超越”了世界。因此海德格尔“实际上已把虚无作为超越性的原始结构置入超越性之中了”① ——尽管他本人没有意识到。我认为萨特对海德格尔这一看法是十分中肯的。

将意识界定为虚无才真正使他与胡塞尔的现象学彻底拉开了距离。因为在胡塞尔的哲学中，意识乃有一个目的论结构，意识生活是充满动机的生活，因此而有“意义”的“积淀”，有“自我”的“生成”。而在萨特这里，意识是虚无化，“在意识中从来没有什么动机”，动机总是相对于意识而言的。纵然可以说动机是“我的动机”，但在根本上，动机是“内在性中的超越性”，“意识正由于设定了它而不归于它……于是将动机和意识分离开的乌有使自己具有了内在性中的超越性的特征；正是通过表现为内在性，意识将这个使意识作为超越性而为他自己存在的乌有虚无化了”。② 这样，与胡塞尔由意向性走向“意义本体论”相对照，萨特由意向性走向了“自由本体论”。既然连“动机”之类的东西也是在意识之外的，既然意识的本性即是说“不”的虚无化，那么，世界上就没有任何东西能够证明“我应该接受这种或那种价值”，世间与超世间的所有价值在根本上都是外在于我的劳什子，我没有任何本质（因为我是纯粹的虚无化），所以我是彻底的、绝对的自由，我是被判定为自由的。“彻底的”意思是在本体论上我即是自由的，因为我原原本本就是虚无；“绝对的”

① 萨特著，陈宣良等译：《存在与虚无》，第 49 页。

② 萨特著，陈宣良等译：《存在与虚无》，第 67 页。

意思是没有任何东西可以限制我，因为我“不是”任何东西，我可以对任何东西说“不”。作为虚无化的自为只能是其所不是，不是其所是。这样，萨特一步一步地由意向性的“净化”过渡到“虚无化”而最终达至自由的本体论。当然这是一个理论论述的步骤，而不是思想生成的步骤，或许，正确的说法应该是，萨特带着自由本体论的兴趣视界去透视胡塞尔的意向性理论。并通过“净化”而发现了意识虚无化的品格。

前面我说过，萨特正确地看到了海德格尔 Dasein 结构中的“否定”成份，但是，无论如何，两人对胡塞尔意向性理论的解读是带着不同的兴趣视界的，因而读出的结果也是根本不同的：在萨特那里，他由意向性的解读而走向自由的本体论，以及人的孤独无助的境况分析；而在海德格尔那里，却走向了存在（Being）的敞开之境，以及人与存在相依为邻的诗情画意。在这种意义上，海德格尔仍然是走在胡塞尔现象学所隶属的先验哲学的传统（即意义本体论）路线上，而萨特大致走的是一条世俗的人道主义的路子。①

① 我并不想否认海德格尔《存在与时间》中的存在主义因素，他对 Dasein 的“否定性”界定完全可以与萨特的自由本体论相融通，而且这种自由本体论开出的自由也同样是一种“否定的自由”即（freedom from）而非“肯定的自由”（freedom to），这也是两人无法对人类道德价值进行任何肯定性的界定、两人的哲学中均无法成功地开出“本真的共在”环节的一个根本原因。但无论如何存在主义不是海德格尔的“本意”，他对 Dasein 的否定性界定最终并未像萨特那样成为一个绝对自由的布道人，而是导致了非人类中心论的思路（Dasein 一向是在外的，它不是一个中心，或者说，它的中心即在外），导致了与萨特人本主义根本相对立的非人本主义立场。

第六节　梅洛－庞蒂：身体意向性

海德格尔由胡塞尔的意向性走出，走向超越性，走向Dasein在世之中的存在；萨特返回到《逻辑研究》中的无自我的纯粹意识，并将一切世间内容统统从此意识中清除从而开出“自为”；梅洛－庞蒂则从《危机》与“手稿”的胡塞尔那里、也从海德格尔那里，寻找实存的资源，将萨特的自为重新置于世间中，不过他不像海德格尔那样笼统将之称为在世，而是将之纳入身体中，提出“身体意向性”一说。

“身体－意向性”并不是梅洛－庞蒂首先提出的。在《现象学的心理学》第三十九节“与感知者本身相关的知觉之分析”中，胡塞尔指出，我们拥有的知觉并不是“好似天上掉下来的”，感知是与进行感知的这个我、这个我的身体紧密相关的，“对事物在其中被知觉地给出的意向性研究，不应撇开相应的对本己的感知功能的身体意向性的研究而（单独）进行”。[①] 对胡塞尔来说，身体既是“空间之外在性（a spatial externality），同时又是“主观之内在性”（a subjective internality），既是一“空间之物”，同时又是一“主观之身”。但是，胡塞尔在根本上未脱离心身二元论的框架，他始终未曾放弃“无身的意识”在原则上是可以设想的这一先验主义与意识本位的立场。身体现象学的描述，在他那里只是他先验意识之意向性分析的一个环节。而且，他的着眼点是身体是如何在意识

① Husserl，*PP*，P150。对胡塞尔身体现象学的具体分析，见本书第四章《身体》。

中构成的，换言之，构成的主体仍是先验意识、先验自我。

梅洛-庞蒂对胡塞尔的“我本学”立场是不认同的，他明确指出彻底的现象学还原是不可能的，因此真正的源始的意向性不是纯粹意识的意向性，“感知的心灵是一肉身化的心灵”,① 对于梅洛-庞蒂来说，意识乃是“在其身体中、在其世界中”的东西，意识不是透明的、绝对的，意识总是和世间的对象与身体以及种种意义积淀纠缠在一起，“意识就是通过身体的中介而朝向事物”。② 意识是世界的现象，而不是绝对的透明的“自为”。

因此，与胡塞尔的意识本位的身体现象学不同，梅洛-庞蒂反对将身体的自动力（motility）视为构成性意识的“工具”，身体意向性乃是一种“源始的意向性”（an original intentionality）。在这种源始的意向性运动中，世间的对象之空间性及意义都在此意向之身的活动中展开。“我们的身体——在其自身活动的范围内，在其与世界的视角不可分割并就是这一视角本身的实存的范围内——乃是既包括几何学综合又包括一切表达的操作以及所有构成文化世界的习得观点的可能性之条件。”③ 但是这个源始的意向性的授义活动并不是随意的，甚至也不是“有意的”，它是在为而不名的前反思中进行的，是一种“运作着的意向性”（operative intentionality）。

以言词为例，言词及言词的意义都不是“由意识构成的”，如“雹”一词，这个词既不是写在这里有如此这般笔划

① Merleau-Ponty, *The Primacy of Perception*, trans. Edie, Northwestern University Press, 1964, P3.

② Merleau-Ponty, *Phenomenology of Perception*, PP138 ~ 139.

③ ibid. P388.

的字，也不是我认识的一个符号，更不是我发“雹”音时在空气中传动的声响，它也不是我看到“雹”字时所联想到的“心理影像”。“雹”一词从根源上是“作为在世界中存在的我的身体的某种吟唱”（modulation），它作为导致行动的力量，乃属于“由我身体‘领会’的行动风格的东西。这个词语不是被构成的，而是在‘言语的力量’中被采纳的，并最终诉诸于我所拥有的身体的体验及其知觉的与实践的领域”，“我学会它就象我学会使用一种工具一样，这是靠看它在某种境况之背景中如何被使用的”。①

这一源始意向性的根本特点是，它在主体的反思之前已在运作着了，它已与世界中的对象相遭遇了。这也就从根本上决定了我们所有的意识都是在境况中的意识，意识从来不是空穴来风、无中生有，意识的根子在于身体的意向性，而身体恰恰又是与世间的对象相互纠缠、协调一致的系统。身体既不完全机械地受制于外在对象，又不完全自由地赋予周围对象以意义。众所周知，梅洛－庞蒂对萨特的绝对自由持严厉的批判态度，他以“人是被判定为意义”之说去对抗萨特“人是被判定为自由的”观点。萨特在论证其绝对自由时亦曾考虑境况的因素，甚至也有“境况中的自由”的说法，不过萨特的“境况”从根本上说是一“中性的”东西，他曾以林中岩石为例来说明境况是否限制了我的绝对自由。岩石是中性的，它对我的自由是一种助力还是一种阻力完全是由我自由决定的，如果我要把它举起来，那它就会强烈地抵抗我的自由的“举动”，如果我登上它远眺周围景色，它就会是一个很好的观景台。于

① ibid. P403.

是岩石（境况）对我的自由意味着什么恰恰也是由我的自由选择决定的。对于萨特的这种绝对自由观（毫无疑问这种绝对自由观来自于他的意识乃绝对透明化的虚无的观点），梅洛-庞蒂给予强有力的反驳：当我说这岩石高不可攀或重不可举之时，当然这是相对于攀登它或举它的人的在场而言才有意义的，但是，“无论我是否已决定攀登它，这些山脉之所以对我显现为高的，是因为它们超过了我身体去成功应付的能力……在作为一个思维主体的我自己的底下……好像是存在一个自然的自我，这个自我离不开尘世境况……”① 这就是说在一切自由的筹划、意识的赋义之前，我们身体的意向性、我们的生命旨趣与技巧与周遭的对象、境况早已相互协调为一个有意义的系统了。意向性从根本上是在世界之中的肉身化的意向性。

第七节 来自另一个传统的回应

自从布伦塔诺将意向性引进现代哲学的话语以来，意向性问题除了在现象学运动中占据显赫地位外，也不断向心灵哲学、语言哲学、认知科学领域渗透。有人将意向性概念扩展到动物之表象系统（如 Sellars），有人将整个自然界中的信息接收、加工、传递系统亦视为意向性系统（如 Dretske），这种意向性的泛化、自然主义化、物理主义化、行为主义化与胡塞尔先验主义的路数大相径庭，两者间也难以形成真正的对话。与这种意向性的泛化相对立的另一极端，是彻底否定意向性的存在，如 Putnam 在其《理性、真理与历史》一书中

① ibid. PP434 ~440.

以其“缸中之脑”的设想，将意向性理论斥为“指称魔力论”，这种非心灵主义的取向亦与胡塞尔的主体主义取向南辕北辙，各不相干。①

在英美语言哲学传统中，塞尔（J·Searle）的意向性理论对胡塞尔本人的意向性理论既有发明处又有挑战处。

在塞尔看来，意向性是“某些心理状态和事件的特征，它是从心理状态和事件（在以下这些词的特殊含义上）指向、关于、涉及或表现某些其他客体和事态的特征”。②“某些心理状态”的说法已表明并不是一切心理现象都具有意向性，如无聊感、烦闷感、兴高采烈等心理现象就不具有意向性。而有些意向性状态则是无意识的，如弗洛伊德精神分析学中的本能冲动，它也指向某个对象，但意识对此毫无察觉。因此必须在有意识的意向性与无意识的意向性间做出区分。另外，还必须在内在的意向性与派生的意向性间做一区别：“比尔看见天在下雪”与“Es regnet 意思是下雨”两陈述中，前者属于内在的意向性现象，后者的意向性是从讲德语的说话者“更基本的内在意向性形成”中派生出来的。是派生的意向性现象。至于在“我车子里的恒温器感觉到了发动机温度和变化”中，并不存在真实的意向性归属”，而只属于一种“隐喻的意向性归属”。

不难看出，塞尔的内在的、真实的、有意识的意向性与

---

① 对 Sellars 观点的介绍，可参阅 Mohanty，*Transcendental Phenomenology*，PP96～97。对于 Dretske，高新民《现代西方心灵哲学》（武汉出版社，1996 年版）第十章有较详细的介绍。普特南的观点见普特南著，李小兵、杨莘译：《理性、真理与历史》，辽宁教育出版社 1988 年版，第 1～27 页。

② 塞尔《意向性在自然界中的地位》，载塞尔著，杨音莱译：《心、脑与科学》，上海译文出版社 1991 年版，第 110 页。

胡塞尔的意向性是大致相同的。塞尔对胡塞尔意向性的发明处在于，他以言语行为（speech act）去解释意向性①，这一点莫汉蒂与德雷弗斯（Dreyfus）都有专门的评论，兹不再一一考究。②

塞尔对于胡塞尔意向性理论最富启发性、挑战性的地方在于，他提出了“集体意向性”（collective intentionality）的概念。这一概念对于克服、超越胡塞尔我本学立场的意向分析的局限性颇具建设性之意味。

“集体意向性”是塞尔在其《社会实在的建构》一书中的至关重要的概念。它与“个体意向性”（singular intentionality）的形式“我意向”（I intend）不同，它的形式是“我们意向”（We intend）。如果我是足球场中的边锋并正突破对方后卫的防守时，我是作为我们的过人游戏的一部分而突破，如果我是乐队的小提琴手，那么我是在演奏我们的交响乐演奏的我的那

① 但这并不意味着塞尔将意向性归结为语言问题，这一点他是明确强调过的：“讲解技术的方向是以语言解释意向性，分析的方向是以意向性解释语言”，语言最终是从意向性衍生出来的。

② 如塞尔在《言语行为》一书中所列的“萨姆在抽烟”“萨姆在抽烟吗?”“萨姆可能在抽烟”及“萨姆不应抽烟”四种言语，表达的是同一命题内容（the same propositional），但却有不同的语旨力（different illocutionary forces）。Mohanty 指出，塞尔的“命题内容”对应于胡塞尔的“行为质料”，而其“语旨力”则对应于胡塞尔的“行为性质”。Dreyfus 指出，胡塞尔知觉行为中的统握义与直观义一致，知觉行为便可说是得到了“充实”，这与塞尔所言的意向状态的“满足条件”（conditions of satisfaction）是相互对应的。在《心、脑与科学》的第四章《行动的结构》中，塞尔进一步运用意向性进行行动的结构的分析，并提出“意向性之网”的观念：任何意向状态只是作为一个其他意向状态之网的一个部分而起作用，而整个意向性之网则以不属于心理状态的人的能力为背景而起作用。

部分。在集体意向性行为中，我正做的只是我们正在做的一部分。塞尔着意强调的是集体意向性不应还原至个体意向性，集体意向性不是个体意向性再加上相互间的信仰，不应视集体意向性为“我意向它，也相信你也意向它，你意向它也相信我也意向它”以致“我相信你相信我相信你相信我相信……（I believe that you believe that I believe that you believe that I believe...），“将集体意向性还原至个体意向性的尝试注定是失败的”“集体意向性在生物学上乃是一源始的现象，它不能被还原到别的什么东西，也不能由于别的什么东西而被取消”。①无限多的“我相信你相信我相信你相信我相信”的叠加并不就是“集体感”，“我意识”的叠加并不就是“我们意识”。集体意向性的关键因素在于共同做（希望、相信等）某事的感觉，每个人所拥有的个体意向性从此共同享有的集体意向性中衍伸出来。但常识告诉我们，我的心理生活发生在我的心（脑）中，你的心理生活发生在你的心（脑）中，意向性只能存在于个体的心灵中，将集体意向性视为一源始的心理生活形式岂不似黑格尔之世界精神为形而上学之虚构？看起来我们必得在还原主义与飘浮在个体心灵之外的超心灵（a super mind）做一选择。塞尔认为这一貌似的二难境地不过是虚假的二难：“确实，我的所有心理生活都是在我的脑中，你的所有心理生活也都在你的脑中，其他任何人都不例外。但是，并不能据此就得出我的所有心理生活都是必须以指涉到我的个体名称形式表达的。我的集体意向性采纳的形式正是‘我们意向’‘我们在如是如是行动’等。在如此情形下我只是作为我们意向的一

① Searle, *The Construction of Social Reality*, The Free Press, 1995, P24.

部分而意向。存在于每个个体头脑中的意向性拥有‘我们意向’的形式。”① 塞尔以下列图表示了他的“我们意向”与传统模式的“我们意向”的区别：

传统的模式：

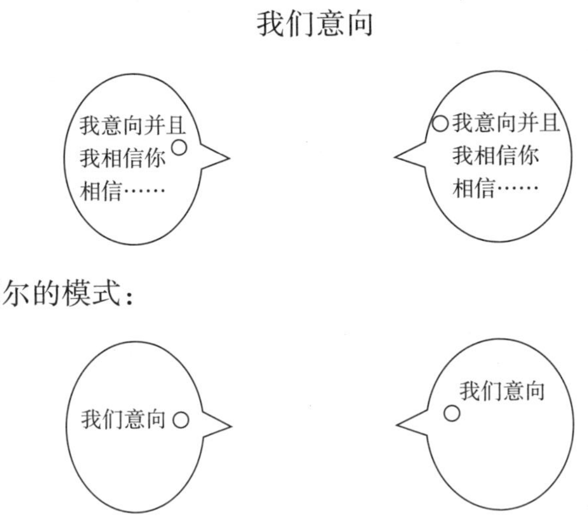

塞尔由此“我们意向”的模式出发，去建构社会实在。

集体意向性理论对于克服胡塞尔我本学立场下意向分析的局限性颇富建设性意义。其一，意向性之授义活动是纯粹在个体意向性中发生的还是有其集体意向性的背景，这值得现象学家认真思索。其二，胡塞尔（包括萨特）一直尝试在个体意向性中给出“他人”“他我”（对此我们将在第二章中予以研究），而视“我们”意向为一种衍生的意向是否有悖于“我们”意向之实事。

---

① ibid. PP24 ~ 25.

第二章 自 我

第一节 近代哲学中的“自我”

笛卡尔以其“我思故我在”拉开了近代哲学主体性转向的大幕。他由思维与广延的区分开出了主体自我之维。自我是思的主体，思必有一思者，思者即思的主体。而思乃自我之本质属性。因为我不能说我是我穿的衣服，衣服损坏了，我则不变，我甚至也不能说我是我的身体，我可以剪掉头发、指甲，也可以去掉一只胳膊，但我还是我。但如果我失去了“思”，我即不在了。只有思维不能与我分开，由此可见，我之本质在于我思，自我即是一“思”的精神。

笛卡尔这种对自我的界定方式，在近代哲学中颇有影响。如洛克就曾以类同的字眼来描述自我的本质：“各种肢体虽是一个人格者底一部分，可是它们在被割除以后，人格者仍是同一的。”① 不过，他并不将人格泛泛地定义为思之主体，他更注重（自我）意识在人格中的关键地位：人格是有思想、有智慧的东西，它也是能反思、能在异时异地认出自己是自己、是同一的能思维的东西，而它在思及自己的时候，只能借助于意识，意识同思想是绝对不可分的。人在知觉时不能不意识到自己在知觉，当我们看到、听到、嗅到、尝到、觉到、思维到、意想到任何东西时，我们也意识到自己在看到、听到、嗅到、尝到、觉到、思维到、意想到。因此，“意识永远是和当下的感觉和知觉相伴随，而且，只能凭借意识，人人才对自己是他所谓的自我……因为意识既然常常伴着思想，而且只有意识能使人成为他所谓的‘自我’……因此人格同一性就只在于意识……现在的自我就是以前的自我，而且以前反省自我的那个自我，也就是现在反省自我的这个我”。② 自我对现在的行动和思想有一种意识，这个意识可以扩展到过去、未来，但属于同一个我之意识。洛克将自我意识界定为自我同一性的模式，在康德哲学、在胡塞尔的现象学中都能找到其影响的踪迹。但这并不意味着这是一种无问题的模式，洛克的（自我）意识是对知觉、感觉、思维活动本身的意识。但问题是这一意识本身是否具有同一性呢？如果说它在对知觉、感觉、思维活动本身有所意识，而且这种意识是同一意识（毫无疑问洛克就是这样认为的），那么，这种意识是与其所意识到的感觉、知觉、思维活动的具体内容是无关的，具体的内容是感觉、知觉、思

① 洛克著，关文运译：《人类理解论》，商务印书馆 1991 年版，第 312 页。

② 洛克著，关文运译：《人类理解论》，第 309 ~ 310 页。

维活动的相关者，它们是有差异的，而意识只是感觉、知觉、思维活动本身有所意识，因而是无差异的、同一的。如果进行如此理解，自我（意识）便成了一个纯形式的概念，我的自我与你的自我、他的自我便不具任何差异性，这恰恰把自我的观念给毁掉了，人们至多只能说人类的自我，任何个体自我的说法都毫无意义了。但是，如果我们将洛克的意识视为是与它有所意识的感觉、知觉、思维活动的内容本身（而不只是活动本身）相关，是贯串于这些内容本身中的，那么，对这些感觉、知觉、思维活动的内容本身的意识只能因内容的不同而不同，根本就不会有同一的意识。而这也正是休谟采取的立场。

休谟问的问题是，自我的观念来源于何处？作为观念，它肯定来自“印象”。但自我（人格）不是任何一个印象，而是被视为所有印象与观念与之相联系的东西。如果有任何印象产生了自我观念，那么这个印象在我们一生全部过程中必然保持不变，但是根本不存在这样恒定不变的印象，痛苦与欢乐，悲伤与喜悦，忧郁和兴奋……接续不断，但从不全部同时并存。自我的观念是不能由这些印象中任何一个或任何别的印象得来的，因而也就根本没有一个恒定不变的自我观念。而且，在“我”体会自己的内心生活时，我总是碰到这个或那个特殊的知觉，“任何时候，我总不能抓住一个没有知觉的我自己”。[①] 灵魂是没有任何能力保持同一不变的，它是一个舞台，各种各样的知觉在这个舞台上接连不断相继出现，心灵就根本没有单纯性。自我不过是“知觉束”而已。休谟的研究表明，在经验中找不到恒定不变的自我的观念。

---

① 休谟著，关文运译：《人性论》，商务印书馆 1991 年版，第 282 页。

于是，后继的康德便换了一个方向去找它，这个方向便是先验哲学的方向。对康德来说，作为主体的自我，它既不是一种直观，也不是关于任何对象的概念，而是伴随所有表象或观念的先验主体意识。它本身无内容，只有通过它的述谓才能被知道，这也意味着自我意识与对象意识是不可分的。

任何对“自我”的意识都面临着一个苏格拉底式的门诺（Meno）困惑：你如何去寻找一个一无所知的东西？因为你对它一无所知，所以你不知道到哪儿去寻找它，即便在寻找的过程中凑巧碰上它，因为你对它一无所知，所以你也不知道它就是你所要找的东西。于是知道的东西已经知道故无需要找，不知的东西，无法去找。对自我的知识同样面临这样的困惑：①我们对自我一无所知；②我们对自我早已知道。如果我们对自我一无所知，那么即便我们碰到了“自我”，我们也不知道它就是我。这就像一只对着镜子中自己的镜像狂吠不已的狗一样，它压根儿就不知道那就是它自己。幼儿要在镜子中认出自己也要到六七个月大才行。如果我们对自我早已认识，那么一切自我意识如何可能的问题便成了多余的问题，因为自我原本即对其自身有所意识。显而易见，这种理论把首先需要解释的东西带到了解释中。需要首先解释的是为什么自我对其自身早已认识。

费希特在1798年出版的《科学理论的新方法》一文，对这一困惑有一经典的表述：“迄今为止人们一直是这样推断的：与假定的物体或外在对象相反，我们自己是不能成为意识的，假如我们自己不被意识到，即我们自己不作为对象而存在的话。通过我们的意识行为，我们就能够成为被意识到的，我们把自己重新作为对象来思考，由此就产生了关于我们的意识的意识。这种关于我们的意识的意识只有通过以下途径才能再意识到：即我们再次自己作为对象加以思考，并获得关于我们意识的意识，如此下去，以至无穷……”①

费希特还揭示了传统自我意识理论的第二个原则上的困难。自我意识具双重含义：一是表示对自身的反思的知识，即意识的意识，另一个是表示对自身的意识，但究竟什么从属于自身呢？肉体、灵魂、精神乃至在社会、家庭、国家、职业中的位置是否都从属于自身？或者只是肉体的、心理的东西才属于自身？抑或仅只有情感或仅只有作为理智的意识行为的精神才从属于自身？

传统自我理论的困难根子在于它的“反思模式”即从一现成的自我出发，经反思之光之折射而返回到这个早已存在的自我。这种反思的反射性结构便带来了鉴别上的问题：返回到的那个我如何鉴别？

费希特提出了“生产模式”代替“反思模式”。这一模式的最基本观点是“自我设定自身”（而不是反思模式的自我返回自身）。“设定”在德语中有两层含义，一是实践的，它表示：“创造”“生产”“建造”“产生”“建立”“引起”“创办”；另一层是理论的，它表示“假定”“断言”“确定”。因此，“自我设定自身”中的设定便相应具有两层含义：一是首先创造出特定的自我的存在；二是，将自我的存在确定为一定的方式，即确定的自身的认识。于是，自我设定自身便意味

① 转引自格罗伊（Gloy）《近代自我意识的基本结构》，载张世英、朱正琳编：《哲学与人》，商务印书馆 1993 年版，第 152 页。本节以下有关费希特自我意识理论部分主要参考了该文，在此谨向作者致谢。

着：自我生产出它知道的东西，同时它又知道它所生产的。

格罗伊先生在费希特的这一生产模式中指出了三点困难：

（1）在费希特的生产原理中混杂着反思理论的要素，在反思模式中，是向自身折射的目的之光，而在费希特那里则成了一种向自身奔回的行动。

（2）这一理论所要求的结构中的矛盾。一方面生产原理利用了生产的思想，利用一种单向的依赖关系（因果关系）；另一方面，由于自身的生产概念，它又利用了自因的思想，在这里原因和结果同时原始地出现。于是一方面生产的完整形态必须先于产品出现，另一方面二者又必须是同时性的。

（3）纯粹的生产同这种生产的知识的统一的不可解释性问题。因此。在格罗伊看来，生产模式同反思模式一样都是注定要失败的。

自我理论模式的失败是模式本身的问题还是自我本身的问题，如果是前者，那么人们还可改进模式或提出新的模式。如果是后者，也就是如果根本就没有什么“自我”，那么任何什么模式都不过是捕风捉影的东西了。持后一种立场的哲学家便是尼采。

在尼采看来，传统哲学中对自我同一性的追寻是徒劳之举，原因不在于寻找的方法不对头，根本原因在于，压根儿就不存在什么恒定不变的自我，自我乃是虚构。至于为什么要虚构出一个自我，尼采分析出三点原因：

（1）哲学家对现象、显相的敌视。自古希腊开始哲学家就开始尽量贬低现象世界，因为它是一个方生方死、流变不已的世界，是一个让人痛苦、搅人不宁的世界，所以哲学家为求得心灵的宁静，只有逃出这个世界而虚构出一个同一的、永恒不变的、确定的东西，自我（我思）便因此而得以虚构出来。

（2）逻辑暴政的影响。印欧语系中的主谓语法结构，使人们形成一种“语法习俗”，认为任何谓词都是相应主词的谓词，任何偶性、属性都是实体的、主体的性质。这种“语言上的诱惑”导致人们相信每一行动背后都有一个行动者，“自我”便成了这种“粗野的拜物教”的一个结果。行动者原本即是“附加在”行动上的虚构而已。

（3）社会的需要。社会为了维持自身的存在，为了惩罚和控制个人，就必须造就、假定每个人都是承诺的、负责的主体，假定每个人都有一个不变的自我。于是即便是你两年前犯了罪，今天给逮到了，也一样可以惩罚你，因为你有一个不变自我。总之“自我”“主体”“灵魂”等都是“虚构”，是“古老的神话”，是“玩弄语词”。①

然而，无论是将自我贬为“虚构”还是“神话”，都不能阻止日常生活中的人将我挂在嘴边上。我想、我爱、我走、我梦、我痛、我喜欢、我无聊……，这些每个人都心知肚明的表达，只是一个“虚构”的东西、一个“神话”的东西在想、在爱、在走、在梦、在痛、在喜欢、在无聊？于是又有分析哲学家（如《哲学研究》之作者维特根斯坦）对“我”一词的使用之哲学语法进行勘察，“我”成了一个索引词，在如此这般的场合下，它便可以得到如此这般的使用。

那么，胡塞尔的现象学又从哪种角度入手处理“自我”问题呢？如果有“自我”这回事，那么这一实事是如何在现

---

① Richard Schacht 在 *Nietzsche*（Routledge & Kegan Paul，1983）一书第三章中以“灵魂”为题设专节讨论尼采对自我的种种解构，可参照。

象学中给出的呢?

第二节　胡塞尔的我本学

本节探讨三个问题。

第一，对胡塞尔的自我观念进行发生学的考察。清理出胡塞尔由实在论的自我→纯粹自我→单子自我的思想进路。

第二，确立胡塞尔的自我观在其整个现象学理论框架中的地位与作用，依次从本体论、认识论、人性论一一定位。

第三，分析胡塞尔我本学面临的困境，并就走出困境的可能路数加以清理。

一、胡塞尔自我观念的发生学考察

(一)《逻辑研究》：实在论的自我

1900—1901 年问世的《逻辑研究》给胡塞尔本人带来了哲学上的声誉。但严格讲来这不是一部成熟的现象学著作（至少对胡塞尔本人而言），就其本质而言，这部著作还处在描述心理学阶段。它对当时流行的心理主义进行了系统批判、对观念与规范的自然主义化进行了彻底反驳，从而把研究的兴趣严格限制于“所予”上，而把自在的存在视为形而上学的问题搁在了描述心理学之外。悬搁的方法实际上在这里已得到了运用，不过这种悬搁只停留于对物理实在的暂时性搁置水平上，它并没有进一步去阐明这一领域的先验构成之维。此时期的胡塞尔在本体论上尚未做出明确的承诺而表现出相当的二元性：一方面意向行为的描述要求在本体论上就意向性现象加以明确，另一方面，意向性现象与其之外的物理实在之间关系暧昧不清。描述的方法与自然科学解释的方法之间是一种二元并置的关系。可以说描述心理学只具有方法论的意义。① 这种方法论上的二元性也表现在他对自我的看法上。

一方面，胡塞尔给予“经验自我”以存在的地位，经验自我就是一心理自我及其身体之同一体，就是一具体的个人，是像房子、树等一样的经验对象，是一个“个别的物体一样的对象”“平常意义上的自我就是一个经验物体”。② 因而它的给予方式是和物体一样的：“我们正像我们知觉到外在事物一样知觉到它。”③

另一方面，胡塞尔又谈及“现象学的自我”：“如果我们从经验自我中去掉自我身体（ego-body），而把纯粹心理的自我限制在其现象学内容上，那么，后者就还原到意识的整体，一个实在的经验复合体……”④ 这一现象学自我并不是飘游于诸体验之外的什么东西，它只不过是意识生活内在关联的复合体，是一诸体验之束而已。这里，胡塞尔对所谓现象学自我的理解基本上停留在休谟经验论的层面上。

因此，《逻辑研究》的自我基本上是一实在论的自我，这个自我尚带有浓厚的自然主义色彩：被排除身体—自我的现象学的“心理自我”（mind-ego），在经验上依然是与“身体—自我”相关联，并作为“隶属于后者而显现着”。⑤ 自我是世界

---

① 参见 T. de Boer，*The Development of Husserl's Thought*，Martinus Nijhoff，The Hague，1978，P199。

② Husserl，*LI*，P541.

③ ibid. P551.

④ ibid. P541.

⑤ ibid. P550.

中的一个物事，它同世间对象一样具有实在性。《逻辑研究》时的胡塞尔完全不能够发现“纯粹自我”的存在，相反，他还辟专节来批判康德主义的纯粹自我理论。康德主义者如那托普（Natorp）认为，意识中的存在皆相关于自我，自我乃是意识行为中所有内容关联到的“主体中心”，一切内容都是在自我的意识中给出的。而自我本身则不是意识中的任何内容，它因而是无法加以进一步描述的。因为任何对自我的思，都将自我当作了一个对象、一个内容，而自我恰恰不是什么对象，这是心理学的“一个基本事实”。胡塞尔对此看法进行了严厉谴责，他以康德主义式的二难悖论反驳那托普的自我观：“如果我们不能思考它（指纯粹自我——引者），我们如何能够断定这一‘心理学的基本事实’？而如果我们不把自我及意识这一我们断定的主题看作是对象，我们又如何能思考它？”因此，“我得坦率承认，我绝不能发现这一自我，这一诸关系的源初的、必要的中心。我唯一能注意到的因而也能知觉到的便是经验自我及其与其自己体验的经验的关联……”① 我只能对经验自我及其与对象的经验关联进行现象学的分析。纯粹自我乃是自相矛盾的，而且亦是完全不必要的：因为意识的统一并不必然要求“主体的中心”来担保，意识内容有其“本己的法则约束的聚合方式”，而完全“无须一个附加的特别的自我—原则来支撑所有内容而把之重新结合”。②

由此看来，所谓的现象学自我只是从经验自我中抽离出来的一种实在，在本体论上它仍与世间的经验自我有着依附性的

① ibid. PP548 ~ 549.

② ibid. PP541 ~ 542.

关系，这反映出此时的胡塞尔尚未建立起其本己的现象学本体论的承诺，现象学的描述主义与经验论的实在论仍处于相互纠缠的模糊性之中。这一体系的内在冲突在一个时期内曾使胡塞尔一度陷入怀疑与绝望之中。[①] 经过几年的艰辛思索，尤其随着 1906 年前后胡塞尔在方法论上的反思与自觉，《逻辑研究》中的单纯的描述主义逐渐让位于越来越浓厚的先验唯心主义。先验还原与先验唯心主义在《观念》一书中得到了初步的阐发，自我理论也随着这种先验唯心主义的转向而获得了重新解释。

（二）《观念》（第一卷）：纯粹自我

在《观念》（1913）一书中，意识领域不再是与被悬搁的领域相并置的领域，而是一个“源始的领域”（primordial region）。藉现象学悬搁与还原，这一纯粹意识领域作为“现象学剩余”得以展现于世，严格讲来，“剩余”（residue）是一个容易招致误解的术语，因为现象学剩余并不是一种抽象，并不是把实在世界搁置以后余下的东西，还原在其本质上绝不意味着实在的感觉世界被“重铸”或“否定”，悬搁与还原只是针对于对实在所做的自然主义的解释，剩余的是“全体”、是“存在的自我包容的系统”，无物可以穿透它，无物可以逃避它。因此，在悬搁与还原中，“我们并没有失去任何东西，相反我们获得了整个绝对存在”。[②] 随着这种彻底先验唯心主义

---

① 1907 年 11 月 4 日及 1908 年 3 月 6 日的两则笔记就很生动地反映了他在这一段“最悲惨的生活时期”的苦闷与奋斗。见 Husserl, *Early Writings in the Philosophy of Logic and Mathematics*, Kluwer Academic Publishers, Dordrecht/Boston/London, 1994), PP497 ~ 500。

② Husserl, *Ideas* Ⅰ, P154.

对实在世界的“净化”，《逻辑研究》实在论的自我观也相应地作为对实在的荒谬解释被毫不留情地摒弃了：“我不再赞成对纯粹自我的拒弃”，[①] 相应地，对那托普的批评也撤回了。[②]

纯粹自我的存在是一种“内在性的超越性”。它是“超越的”，因为，它不是与其他意识体验相并置的任何一种特殊的意识体验，它也不是意识体验中的某个“实在的”组成部分，“纯粹自我在原则上显现为必然的东西，而且作为在体验的一切实在的和可能的变化中保持绝对的自身同一的东西，它在任何意义上都不能被视为体验本身的一个实在的部分或阶段”。[③] 它又是“内在的”，因为它属于每一个来而复往的意识体验，我寓于每一我思的目光中，我判断（或取消一个判断）、我高兴（或不高兴）、我愿望、我想象等，在所有这些我思的行为中，都有一个纯粹自我一直在那儿。在《观念》中，反思被描述为“中心的行为”“清醒的体验”“明显注意的意识”，与此相应的乃是“边际背景”“意识的晕圈”“视界”。前者明确是我的行为，我实际地生存于其中，运作于其中；后者作为意识的“背景”亦属于自我，是“自我的自由行为的潜在领域”。前者本质上是一种“指向”“转向”行为，指向性是我思的一个本质规定，但指向一个“对象”已预设了该对象在某种程度上已在场了，已处在“前予的领域”之中了，在自我未将注意的目光指向它之前，它便处于“背景”之中，当自我以其注意的目光指向它，它便成为“前景”，而原来“前

① Husserl, *LI*, P551.

② Husserl, *Ideas* Ⅰ, P173.

③ ibid. P172.

景”中的东西则沉入“背景”中了。意识过程中的这种“中心”与“边际”“明显”（explicit）与“潜在”（implicit）行为的转化，在本质上是主动的、属于主体的，它们不能在对象转化的意义上得到理解，而必须在主体、纯粹自我这一维度上理解，是自我“转向”已予的某物，是自我“注意”“朝向”“关涉”已予某物。自我居于变动不居的意识流之中心，从而将意识的多样性综合成统一的意识而指向同一个对象，指向对象的目光是属于我思本身的，是从“永不或缺的”自我中辐射出来的，“意识流内的一切体验都是自我的体验”。[①] 因而，“悬搁”与“还原”并没有移去这一自我极，悬搁而彰现的“剩余”——纯粹体验正是“我自己的体验”，纯粹自我的这种“内在性的超越性”品格因悬搁之实施而得以展现。

纯粹自我与纯粹意识是一道给出的，“离开它被关联的方式或行为的方式，它也完全地缺乏本质成分，他没有任何内容能被阐明，它本身是不可描述的：纯粹自我，别的什么也不是……”[②] 既然任何纯粹意识都是自我的意识，而任何纯粹自我都是与纯粹意识相关联的自我，那么，纯粹意识作为绝对所予，纯粹自我相应地也是绝对所予的，纯粹自我具有绝对明证性。而物的存在因其空间性的品格总是在一“轮廓”（adumbration）中给予的，总是“侧显的”，在其某个侧面实际给予外，还有一个尚未确定的共予的视界，一个“晕圈”，这就使新的知觉成为可能。换言之，物的给予总是不完全的，总有可能存在进一步的体验变更或取消已被设定的存在，因此物的存

① ibid. P233.

② ibid. P233.

在是假定的（presumptive）存在，它要以意识的综合统一为前决条件。而纯粹自我及其意识是在“内知觉”中给予的，内知觉与外知觉的本质不同在于它所呈现的东西不是在“侧面”或“轮廓”中给予的，因而不是假定的，“每一内知觉必然地保证其对象的存在”①，纯粹自我的存在是不容置疑的，在内知觉中给予的纯粹自我却不存在这是绝对荒谬的，“在原则上，获取这种自我明证的可能性隶属于每一个体验流，每个自我本身，我们每个人都在自身中承载着他绝对存在的保证”。② 总之，物的世界在原则上是一假定的实在，而纯粹自我及其意识则是一绝对的实在，这是一条“本质上有效的法则”。

在纯粹自我的“内在性的超越性”及“明证性”品格得到厘清后，胡塞尔一再声明自我问题不是《观念》的主要问题，因此自我理论在《观念》中是不完整的，尤其是自我的时间性问题及与此相关的自我自身的构成问题并未得到专题的处理。在该书第八十一节及八十二节胡塞尔曾蜻蜓点水地提及这一问题，认为纯粹自我的每一当下的体验即纯粹自我的源初领域都拥有一个“过去”（持存）与“以后”（预存）作为限制，“体验之流乃是一无限的统一体，而该流之形式乃是一个必然囊括纯粹自我的所有体验的形式——它包含多种形式一系统”。③ 胡塞尔认为这里具有“重要的形而上学后果”，留待未来再处理。纯粹自我这一时间性之维的现象学分析之所以在此有意地被延搁，是与《观念》一书的理论框架的限制分不开

① ibid. P143.

② ibid. P143.

③ ibid. P238.

的:《观念》在通过现象学悬搁与还原达到纯粹意识这一现象学剩余之后，主要的任务是展开对意识的意向性的结构层次加以描述，这一静态的结构分析导致了构成分析的出现，但构成分析主要限于“noematic”一面，自我自身的构成则被有意地忽略了。随着后来现象学“生成”构成之维的展现，自我的时间性及其生成问题也相应进入胡塞尔现象学注意之焦点，《笛卡尔沉思》一书是这方面的一部代表作。不过，在转向《沉思》一书前，我们不能不提及《观念》第二卷在胡塞尔自我理论中的位置。

（三）《观念》（第二卷）中的“自我”

《观念》（第二卷）的写作最早始于1912年的“铅笔草稿”，在完成《观念》（第一卷）后，胡塞尔就马上着手对铅笔草稿加以整理、编排、扩充，后来又先后经过他的两个助手Stein（1915—1918期间）、Landgrebe（1923—1925期间）的润色、加工，而在此之后，胡塞尔又不厌其烦地加以多次修改，直到1928年为止。[①] 因此，这部在胡塞尔去世后才出版的著作基本上反映了他在《观念》（第一卷）出版后与《沉思》出版前这段时间的现象学思想。

《观念》（第二卷）第二部分的第一章《纯粹自我》用了八节的篇幅专门讨论自我问题。

纯粹自我的不可置疑性得到重新强调。纯粹自我作为“自我极”（Ego-pole）乃是一切意识行为与状态的主体，它是在“绝对的不可置疑性”中给出的。这不是什么神秘兮兮的东

---

① 《观念》第二卷的具体成书情况可参阅该书英译者Rcjcewicz与Schuwer撰写的“译者前言”。

西，在知觉中，它指向被知觉者；在认知中，它指向被认知者；在幻觉中，它指向被幻觉者；在逻辑思维中，它指向被思维者；在评价中，它指向被评价者；在意愿中，它指向被意愿者……这一切行为皆是从自我辐射出的，自我“生存于”这些多样性的行为中。哪里有我思，哪里就有一个“纯粹自我”。

与《观念》（第一卷）不同的是，《观念》（第二卷）在强调纯粹自我这一“自由”的一面的同时，自我的“受动”的一面也得到了现象学的描述：从纯粹自我发出的“自我射线”（Ego-ray）在指向对象的时候，对象亦会发出“反－射线”（counter-rays）并返至自我那里去。在欲中，我会发现自身被所欲者吸引；在爱中，我会发现自身被所爱者吸引，甚至完全自失于所爱；在恨中，我会发现所恨者引起我自己的厌恶……。因此，纯粹自我既是自由的，但同时又受动于对象。

与上述问题相关，胡塞尔还进一步区分出自我的两种样式：现实性的与非现实性的。纯粹自我在多种多样的我思中施展着其纯粹的功能，自我与这些我思行为是有区别的，但这一区别是“抽象的”，“自我如果与这些体验割裂就无法得到思考”。[①] 我们知道，我思是可以陷溺于非现实性中的，相应地自我亦会沉陷于非现实性中，这时自我不再执行、发生任何行为。睡眠就是一个典型的例证。清醒的意识被睡眠所打断，这时意识的注意之主动领域与模糊背景之间已无明确的区分，一切皆不加区别地流逝着。自我不再是突现着的主体一极，但自我并不因此而消失，它只不过是暂时不再作为“一个主动的自身指向的自我”而存在，而是作为一“潜在的自我”（a latent

---

① Husserl, *Ideas* Ⅱ, P105.

Ego）处于潜在的状态之中。况且，严格讲来，睡眠只有相关于清醒才有意义，睡眠在本质上意味着清醒的潜在性。

《观念》（第二卷）的另一个不同之处在于它专门讨论了把握纯粹自我的可能性问题。每一我思在原则上都可以成为新的我思即“自我—反思”的对象，自我—反思完全可以把握先前进行我思的纯粹我思的主体。在这里，胡塞尔实际上对《逻辑研究》第一版中对康德主义者的纯粹自我的反驳进行了一次自我反驳。“断定纯粹自我是一主体而永远不能成为对象是完全不正确的”，“对象”一词在此不应限制于“自然的”对象、“世间的”对象的范围，“任何是对象的东西，在该词最宽泛的意义上，只有作为一可能意识的相关者，或更确切地讲，只有作为一可能的‘我思’并因此作为一纯粹自我关涉的相关者，才是可思的。这同样适用于纯粹自我本身。纯粹自我可以被与它相同一的纯粹自我设定为一个对象”，“纯粹自我在其本质上包含着源始的自我—把握、自我—知觉的可能性”。[1] 当然，应该区分对象化的我（me）与源始地非对象化的纯粹自我，源始地非对象化的纯粹自我乃是“未被反思、源始的我思”，是“源始地运作着的纯粹自我”，是反思前的我思；而对象化的我原本亦是一源始运作着的纯粹自我，只不过其后成为进一步的反思的对象而已。因此，非对象化的纯粹自我对对象化的纯粹自我的把握在实质上是一个正在运作中的自我对早先运作中的自我的一个把握。这两个自我完全是“同一个自我”，只不过在此时它是一所予的，在彼时它不是所予的而已。或者说在更高层次的反思中，一方是直接当下地给出

① ibid. P107.

的，一方是通过一中介阶段给出的而已。

应当指出的是纯粹自我在我思中得到把握，绝不是说它被把握为我思的一个“实在成分”、一个具体的人，纯粹自我不能化约为意识体验的任何一个实在成分或阶段。这一点在《观念》（第一卷）中曾得到反复明确，在《观念》（第二卷）中又一次被强调：“每一个我思及其所有的成份，在体验之流中产生或消失，但纯粹主体从不产生或消失，尽管它以其本己的方式‘跃进’或‘撤回’。”[①] 自我的“跃进”（step forth）与“撤回”（step back）在其实践中有着各种各样的表现，诸如主动的、被动的、受吸引的、激起厌恶的等，这些变化并不改变自我本身，“在其本身上，自我是不变的（immutable）”。[②] 纯粹自我没有任何天赋的或习得的性格特征，没有任何才能，没有任何倾向，它决不是实在的人，它从根本上是不变化的。实在的人会随环境的变化而变化，要了解一个实在的人，就必须详细了解他所经历的一切东西；而要了解纯粹自我，一个单一的我思体验就已足够了。“纯粹自我是在绝对的我性（absolute selfhood）中给出的”，这一点是与实在之物（包括实在之自我）在“轮廓”中“侧面”地给出是完全不同的，“作为纯粹自我，它不怀藏任何隐匿的内在丰富性，它是绝对地简单的，它处于绝对地清晰之中”。[③]

《观念》（第二卷）与《观念》（第一卷）第三点不同之处在于，胡塞尔在明确纯粹自我作为“同一之极”、绝对不变

① ibid. P109.

② ibid. P110.

③ ibid. P111.

的我性之维的同时，又提出了纯粹自我中的“积淀”（sedimentation）问题。纯粹自我的意识生活乃是一“绵延”（duration）之总体，在这一总体中，纯粹自我所采取的任何行为、主张不是如风过竹，不留踪影，而是作为“习性”（habitus）积淀于纯粹自我极。只要“我是我所是”，只要我是一“理性的自我”。我就会持久不渝地信守这信念与习性的积淀。作为同一之极的纯粹自我遂过渡到“单子自我”，后者是纯粹自我及其现实或可能的一切意识与料的统一体。

在《观念》（第二卷）的最后一部分，胡塞尔又提出“人格的或精神的自我”（personal or spiritual Ego），这个概念的含义与单子自我实际上是一致的。它基本上有四个构成要素：

（1）自我本身（实际上即是纯粹自我），即在进行关心、思考、比较、区别、判断、评估、意欲的自我，这是一自由的自我、主动的自我。

（2）被动的自我。“自我在其主动的同时，又一直是被动的”，① 它受到对象的吸引、刺激，它是受动的自我。但被动的自我亦是主观的，它在体验来自对象的刺激，或抗拒或让步，因此“受动性”亦不过是“最低层次的主动性。”

（3）自我状态，即自我当所处的心境，如高兴或悲伤、入神或走神等。

（4）自我的“前所予”（pregivenness），即不是自我的行为（主动的或被动的），也不是自我的状态，而是自我过去所拥有的东西，自我的每一个当下的行为及其所构成的对象都在自我极留下痕迹，都积淀于自我极中，构成自我行为的总体的

---

① Husserl, *Ideas* Ⅱ, P225.

信念背景或视界。

由纯粹自我转向“单子自我”“人格自我”，是现象学由静态的结构分析转向动态的生成分析的一个重要的契机，这一点在《笛卡尔沉思》（1931 年）及在此之前的《现象学心理学》（1925 年）中得到了详细的对待。

（四）《现象学心理学》与《笛卡尔沉思》：单子自我

单子自我的思想对于《观念》（第一卷）中的纯粹自我至少在两方面是一个发展。

第一，自我不是一个“空虚的同一极”，不是一个“同一性的僵死之极”，它拥有一个持久不渝的属性。每一行为都是从自我“辐射”出来的，而每一个发出的行为都会在自我中留下“痕迹”。我如此这般地做出决定，这一决定一旦做出，我就是一个做出这种决定的自我，我就是这些行为“积淀”的载体。这些积淀的“习性”（habitualities）构成了我活动的巨大“视界”，任何对象都是在此熟悉性之视界给出的。我即是此持久不渝的信念与习性之根基，“在根本上，我的生活如此充满着对一个统一体及其信念多样性中的全体一致性的渴望，我希望成为一个忠实于自身的一个我……”，放弃此自我之“诚”即意味着“不幸”，“诚”实乃“自我保存”（self-preservation）之理念。纯粹自我与其习性一道构成了“具体的纯粹主体性”（concrete pure subjectivity）即“单子”。“自我只有在它的意向生活的流动的多样性与被意味的对象一道成为具体的”，单子自我实际上囊括了一切现实的或潜在的意向生活之总体，作为完整自我的单子成了同一之极的纯粹自我与我的习性、我的世界的综合统一体。这样，对单子自我的构成分析实际上成了现象学本身的构成分析，被构成对象所具的持久性和如此存在（being-thus）正是自我一极本身习性的相关者。换言之，我的设定与解释存在的行为一方面构成了我自己的习性（此主体侧），另一方面对象藉此而具有多样性的属性从而成为属于我的对象并进而构成了我的周遭世界（此对象侧）。这样自我与世界在单子学的立场下先验地交织于一起，单子现象学与整个现象学相吻合了。对此，利科曾有一精辟的评论："由笛卡尔的语言向莱布尼兹的语言的转变意味着内在性对外在性、先验界对超越界的总体胜利：为我存在之万物皆在我之中被构成的，这一构成正是自我的具体生活"。①

第二，自我习性在内时间性中的自身构成之维得到了生成的分析。自我的习性与实在之物的属性有着根本不同，后者是在"轮廓"之空间性意义上给出的，而前者则是在内时间中给出的。我拥有一个"历史"，对自我的阐释便从静态分析转向了动态生成的分析，转向了自我时间性的分析，时间成了"所有自我学生成的普遍形式"（《沉思》§37 标题）。

在自我时间性的生成之流中，每一行为是从自我一极发出的，注视、留心、忙于、趋向等我思的行为都带有明显的"主动性"特征。对象可以进入前景而被注视，可以退入背景而被附带注视，也可以完全隐匿的被漠视，这一切完全取决于自我一极的行为变化。自我在生存于我思的生活过程中，不断地构成着相关的对象的同时，也依"动机形式"（form of motivation）不断设定着自身（self-instituting），它所发出的任何行为、它所做出的任何决定都以"持存"的方式积淀于主体一极，从而构成我之"习性"、我之行为"视界"。我的行为皆

① Ricoeur, *Husserl: An Analysis of His phenomenology*, P195.

出自于此自我构成之“习性”“视界”，因而皆是充满了“动机”的。在自我这一“主动的生成”（active genesis）之维外，尚有一“被动的生成”（passive genesis）。每一主动的我思行为皆受制于被动先予的东西，被动先予之域时时撩拨着我的视线，以期引起我的注意（主动的行为）。因此，任何主动的行为都是在“一个事先被动给出的某物基础上”的主动行为。

在《危机》及死后出版的《经验与判断》中，胡塞尔一方面将“自我”置入历史、文化的维度，自我的视界与传统、与生活世界是相互交织的。另一方面，他仍坚持我本学的立场，一切传统、符号、价值都必须在自我的明证性中得到“兑现”。

二、自我理论在胡塞尔现象学中的地位

现象学是“我本学”，它是“通过自我自己的活动而达到对自我的自我一认识”，一切现象学的方法与操作最终无非是引向自我意识、自我根基、自我构成，引向整个世界的先验基础即先验自我。这个先验自我是构成实在总体的最后根基，是所有认识发生的最后根据，是所有价值与意义产生的最后保证，它在整个现象学的本体论、认识论和价值论中占据一个中心的位置。

（一）先验自我与严密科学的本体论

现象学从诞生之日起就声称以建立一门严密科学的哲学为宗旨。在胡塞尔看来，以前的哲学实际上都是一些哲学体系（philosophies）还不是一门哲学（Philosophy）。现象学是以往所有哲学的终结，亦是唯一真正哲学的开始，是真正意义上的形而上学，是“第一哲学”，是一种严密科学的本体论。因为

只有现象学才面向真正的存在本身，才真正从绝对源始的明证性出发，严格按最明晰的洞见建立本质与先验的科学。这个绝对的源始明证性领域即是先验自我及其意识生活的领域，先验自我在本体论上占有优先地位。

首先，自我是绝对的所予，而世界是片面的所予。每一世间物的显现都是单方面进行的，它的统一必须以显现现象的和谐为前提，在原则上随后的经验完全可以限制或取消先前的经验。“物的存在永远不应要求成为给予意义上的必然性，在某种意义上它总是偶然的”,① 这是一条“本质有效的法则”。如果世间物的体验之间相互冲突，无法统一，那么世界就无法得到构成，世界无化的设想总是可能的。而“我自己或我的体验在其现实性上，是绝对的实在，是在无条件的永远有效的设定中给予的”。

其次，自我是源始的奠基性的领域，世界则是相对的领域。世界是先验自我的相关者，“我们不应被‘物自体’、物对意识的超越的谈论所欺骗”,② 任何一个自在对象从来不是脱离自我及其意识关系的。物总是我的周遭世界中的物，意识才是“自足的存在”“绝对存在的系统”，而时空世界的存在只是自我意向的相关者，是“次要的”“相对的”存在。

因此，“自我不是世界的一部分”,③ 在先验主体性层面上，“我高于世界，世界成为我的世界”。④ 世界对我而言，除了是为我的存在并且在我思中被接受外，什么也不是，它是

---

① Husserl, *Ideas* Ⅰ, P144.

② ibid. P145.

③ Husserl, *CM*, P26.

④ Husserl, *Crisis*, P152.

"从我自己，从作为先验自我的我这里，从只有通过先验现象学悬搁才出现的自我这里，得到其整个意义及其实存地位的"。总之，"纯粹自我的存在及其认识……是先于世界的自然存在的……自然的存在在其实存地位上是第二位的领域，它一直以先验存在领域为前提"。①

应该指出，先验自我的"在先性"并不是物理学时间意义上的在先，并不是说在物理世界产生之前，自我就产生了，胡塞尔所说的世界是现象学意义上的世界，自我亦是现象学意义上的自我。在先是指给予方式上的在先，先验唯心主义的本体论乃一种意义的本体论。在胡塞尔看来，先验自我的本体论是对以往所有哲学——包括唯物主义与唯心主义本体论对立的彻底超越，是以往本体论的终结，是真正唯一本体论的开始。因为在他看来，以往哲学无论是唯物主义还是唯心主义都把本体论的起点想当然地建立在世界之内，前者是物理实在，后者是心理实在，因而都是质朴思维的产物，都还没有克服客观主义与自然主义的偏见。都忽视了无论是物理实在抑或心理实在其本质上都必须以先验存在——先验自我及其意识生活为前提。离开先验自我去奢谈外部世界的实存问题在研究之先就被悬搁了起来，现象学所虑及的只是所予问题，任何所予都是在先验自我的根基上得到构成的，是由先验自我赋予了意义了的，因而本体论的研究只能以先验自我为根基。

（二）先验自我与认识论

先验自我是认识过程中的主体之极、活动之极，是"所有

---

① Husserl, *CM*, P21.

客观认识发生的根本基础”①，所有的真理都“根源于先验自我及其生活”。② 先验自我是为知识奠基的“新观念”，它在现象学认识论中占据一个重要地位。

一切认识过程实际上都是先验自我构成、运作的过程。意向性的本质就是从自我极到对象极的“辐射”，先验自我的生活实际上也就是去体验世界的生活，在我的我本学领域中，我总是一个体验着世界的自我。所有的认识对象都是有此自我构成了的对象，离开先验自我而奢谈对象的意义是“完全的胡说”，像谈论“圆的方”一样荒谬绝顶。“意识的对象，在流动的主观过程中具有自身同一性的对象，并不是从外面进入（意识）过程的；相反，它是作为意义已涵在主观过程自身的——并且是作为由意识的综合性所产生的‘意向的效果’的。”③ 因此，所有客观的对象，任何意义上的对象（甚至是内在的对象），都相关于先验自我的一个结构，它们都在先验自我的活动中有着其意义的源头。总之认识的主体、认识的客体以及认识的过程在本质上都是先验自我运行的过程。

因此传统哲学所谓的心与物、理性与实在、意识与存在等对立问题都是先验自我构成的产物，传统哲学的认识论问题即超越性问题实际上只是产生于自然的直接信受的态度中。胡塞尔认识论的“独创性”在于。他在先验自我的根底上挖掘了这些问题的传统表述并进而超越了对这些问题的传统答案。胡塞尔认为，这些问题实际上是自然态度下的“知识悖论”问

① ibid. P27.

② ibid. P27，P61.

③ ibid. P42.

题：知识在心内，而物在心外，“内”与“外”仿佛是永不可逾越的鸿沟。传统的唯心论与实在论的解决貌似对立，实则建立在同样的出发点上，即把意识视为人的心灵，这或导致心理主观主义或导致物自体的不可知论。近代认识论都处在这一困境下。关键原因在于，人们还没有区分先验自我与经验自我的差别，其错误均在于误把先验自我看成了一个拥有外部（exterior）东西的自我，而实际上，先验自我并不是有一个外在者的东西，“先验主体性是可能意义的宇宙”。① 传统认识论中的内在性与超越性的悖论在先验自我的根基被消解了，“超越性在每种形式上都是内在的实存特征，都是在自我之内构成的……”②

那么如何保证认识的真理性呢？在此问题上，胡塞尔进一步贯彻了他的彻底主义的先验自我论，他指出，一切主观的相对性只能由更加主观性（先验性）来克服。传统认识论认为主观相对性应由一种客观—逻辑来克服，殊不知所谓的客观逻辑本身亦是“人类的一种理论实践”，因而亦是“主观的和相对的”，亦须有其“前提”、其“自我明证性的源泉”，而先验自我正是所有客观性、自我明证性的源头所在！是故“主观主义只能由最普遍的因而是先验主观主义来克服，在这一形式下，它同时亦是客观主义，就其代表着每一客观性的合法性而言，这种客观性是由突现出其充分的与真正意义的和谐一致的经验认同的。与此相对比的是，实在论的客观主义因缺乏对先

① Husserl, *The Paris Lectures*, P33.

② Husserl, *CM*, P83.

验构成的理解而犯有严重的错误”。① 因此真理只能由先验自我的体验之和谐统一性及交互主体性的体验之和谐统一性来保证，“真正的知识论只有作为先验现象学才是可能的”。②

（四）先验自我与现象学的伦理学

哲学的态度不仅仅是理论的态度，一种新哲学亦不仅仅是一条新的看待知识的途径，因为在胡塞尔看来，随着哲学的产生，人们就会把整个体验托付给观念的理想的准则，从而在“人的实存即整个文化的整体实践中导致深远的转化”，③ 进而产生“新的人性”，新的“生活使命”，新的“人类图画”。这样，胡塞尔先验自我的认识论批判就不再只是康德意义上的纯粹理性批判，现象学的批判成了“普遍的总体的”批判，它的特点就是理论与实践的结合，它本身就是一种“新的实践”，一种“相互有助的批判”，这个批判过程正是“解放行为”的最好表述，在此意义上胡塞尔称自己的现象学才是“最彻底革命的”。因此，先验自我不仅是本体论的基石、认识论的根基，亦是人性与价值的源头，是生命意义的大究竟之所在。先验自我具有浓厚的伦理意蕴。

先验自我是所有人性意味的保证，是意义构成之主体。人类的一切文化成就、一切永恒与世俗的价值都是先验自我意义赠予的结果。先验自我依照彻底的理性化和目的论构成自己的先验意识生活之流，从而形成一种理性的、反省的、目的论

① Husserl, Der Encyclopaedia Britannic Artikel，转引自 *Phenomenology and Marxism*, ed. Waldenfels, Broekman and Pažanin, trans. Evans, Routledge & Kegan Paul, 1984, P98。

② Husserl, *CM*, P85.

③ Husserl, *Crisis*, PP286 ~ 287.

生活。

先验自我是自由的主体，是自本自根的主体，他不从属于任何世俗的条件和限制，他在任何情况下都可以从世俗中超脱出来（通过悬搁），成为一个“不感兴趣的旁观者”。在世俗中，我完全沉溺于“对象极”，受制于“指向对象的兴趣与任务”①，我作为世俗自我只是世界中现成的一物而与诸自然物相并列。先验自我的彰立则冲破了我对世间性的认同，“把我提升到所有世界统觉及我的肉体自我统觉之上”，② 我成为“终极的我极”（ultimate Ego-pole），世界遂成为我的世界。由自然主义的“物转我”到先验主义的“我转物”，充分体现了胡塞尔藉先验自我而凸现人类自由精神的良苦用心。

先验自我是对世俗人性的一种“提升”，但这不意味着因此而遁入彼岸世界中，悬搁是不离世间出世间，先验自我为世俗生活奠定了“先验意义”，提供了“新的兴趣境界”。因此先验自我不是禁欲主义的修行，不是对世俗生活的否弃，相反，它是对世俗生活的一种丰富与提高，它为盲目的、短视的、质朴的世俗生活提供了理性的、反省的、永恒的价值座标。哲学的实存恰恰在于移去“所有实践的盲目性”，恰恰在于去“重唤”、去“拯救”生活的真实及其目的。“作为一个现象学家，我当然可以随时返回到自然态度中……我可以像以前一样是一个父亲、公民、公务员，是一个‘好的欧洲人’等”，但这不是对过去的简单回归和重复，“因为我再不可以达到旧的质朴性，我只能理解它……我这个人，与现在归属于

---

① Husserl, *Crisis*, P205.

② ibid. P206.

我的先验之维一道，处于空间中的某一地方，世界时间中的某一时刻中，这样每一新的先验发现，通过返回自然的态度。都丰富了我的精神……”①

先验自我是人类自由、自律、自觉的化身，是永恒价值与永恒目标的载体。一方面它是人类有待于去实现、去趋近的一个理念，另一方面人类本身正是这一先验自我对象化之所成。小至每个个体的生活大至整个人类的历史都是先验自我依其内在理性与目的论运作的结果。先验自我价值的圆融实现与诸先验自我间的完全的和谐作为“绝对完善和普遍性理念”乃是人类孜孜以求的千年之梦。

总之，先验自我在胡塞尔现象学中占据着举足轻重的地位，它是现象学本体论的基石，是知识论的根基，是人性论的内核，是自明性、真理、价值的真正源头。问题是这个先验自我本身的实存地位如何？这个先验自我的纯粹性、无限性、理念性如何和现实的人类相通达？换言之先验自我与经验自我的关系如何？以及先验自我间的和谐如何达成？等等，正是在这些根本问题，使现象学陷入了一系列的困难之中。

三、胡塞尔自我理论的困境

（一）先验自我与经验自我：“主体性悖论”

主体性悖论是先验哲学背负着的“不可理喻的十字架”：“世界中的一个组成部分，其主体的人，如何能够构成整个世界……世界的主体部分吞下了——姑且这么说——整个世界及

① ibid. P210.

它自身，何等之荒谬!”[①] 换言之，如何理解我自己“作为先验自我构成着世界，而同时作为心灵，我又是世界中的一个自我”?[②] 胡塞尔认为这不是一个“实际的背谬”（an acual absurdity)，而是一个“悖论”（paradox)。不解决这个悖论，就意味“实际的普遍与彻底的悬搁是根本无法实现的”，这个难题也是困扰胡塞尔一生的大问题，这个问题的表述一再地重现于他的几部主要著作中。

胡塞尔试图以其“现象学的彻底主义”解决这个悖论。他认为在经验自我中，我也是一个先验自我，只不过是我对此毫无觉察而已。通过现象学悬搁，给予了我“高于属于世界的主体—客体关联的新态度”，从而把我引向认识到：“为我们而实存的世界即如此这般存在的世界，完全是从我们的意向生活通过先天的成就类型获得其实体（ontic）意义的。”[③] 藉悬搁我们意识到我们实际上是“终极作用—完成着的主体”，而人、心灵、心理生活、实在的心理—物理的人都是此终极主体之构成相关者。“只有从自我及其先验功能与成就的系统出发，我们才能在方法论上展现出先验交互主体性及其先验交往(Communalization)，通过此，在诸自我极的作用系统中，‘所有的人’……得到构成”，也通过此，我们才彻底理解了每个先验自我都“必然地在世界中被构成为一个人”。换言之，“每个人都内含一个先验的我”，这个先验自我“在所有人类活动中起作用”，“绝对自我是所有构成中作用之终极独特的

① ibid. PP179 ~ 180.

② ibid. P202.

③ ibid. P181.

中心”。[①] 由此，停留在人类学的世俗方式所设想的主体——客体的“质朴关联”被克服了，我最终发现，作为一个先验自我“我也是在世俗个人自我的同一个自我。在世俗领域被障蔽于我的，通过先验探究而揭示出来”。[②]

胡塞尔的悖论解决了吗？先验自我与世俗自我（经验自我）原是同一个自我，这种同一性的基础何在呢？如果说经验自我是先验自我客观化的一个结果，换言之，如果经验自我本身亦是由先验自我构成的，那么一个无身的意识如何构成一个有身的自我呢？先验意识的肉身化（incarnation）如何可能呢？胡塞尔曾求助于“具象统觉”（reifying apperception）来解释我自己身体的构成，具象统觉是一种“特殊类型的统觉”，意识藉此而与身体发生了关联，变成了心理—物理统一体，并进而在自然的时空中占据一个位置。然而如果从现象学悬搁的立场去审视这一具象统觉，那么我们不仅要问：这种意识的实体化、世俗化不正是对先验意识所做的自然主义解释的一个结果吗？因而不正是应被现象学加以搁置吗？胡塞尔当然不愿因具象统觉而牺牲意识的纯粹性、先验性品格，他勇敢地断言：“毫无疑问，一个非肉身的——这听起来有些吊诡——甚至非生命的、非个人的意识也是可设想的”，[③] 毕竟身体作为心理——物理统一体，像世间对象一样亦是由先验意识构成的，亦必以先验意识和谐综合为前提，一旦呈现身体的意识无法综合（如彼此相互冲突、相互取消），一旦“统觉性前提”被取

① ibid. PP185 ~ 186.

② ibid. P264.

③ Husserl, *Ideas* Ⅰ, P167.

消，先验自我的肉身化应即相应被取消了。因此，身体之维与其他世间存在物一样，其存在从必然无疑的先验意识之维去审视是完全偶然的。就此而言，死亡作为“世间中的一个实在事件”乃纯粹是一“偶然事实性问题”①，“从世俗的观点看，死亡就是心灵——世界中的心灵——的消亡，而这心灵不过是先验自我的自然统觉的产物，因此，心灵之死绝不意味着先验意识本身的死亡，而只不过是自我统觉的死亡罢了。真正的不朽是先验意识的不朽。

面对这种彻底的先验的我本学主张，人们自然可以质问：当胡塞尔断言一个非身体的意识可以设想之时，不正因为胡塞尔本人拥有了一个使他可以设想的身体才使他可以设想一个非身体的意识吗？这种质问会被胡塞尔视为自然主义的谬见而被悬搁。但这并不排除进一步的质问：悬搁之所以可能不正是有一个身体使悬搁意识得以发生吗？让我们驻留于现象学立场内发问：一个原本可以无身的意识为何以及如何会将自身统觉为有身的？一个纯粹之灵如何成了肉身？吾身的构成与物的构成固然都可以说是一种“统觉”，都依赖于各个呈现侧面的和谐统一。但吾身的构成与物的构成之间有着本质的差别，对此胡塞尔亦有深刻的洞察，他在《观念》第二卷中至少区分出两点差别。第一，我可以自由地活动我的身体，如我说“我有一只左手”，随即我就可以伸出我的左手，但当我说“我有一张桌子”时，桌子不会即可伸出来，我不能用意愿使桌子运动（胡塞尔不相信江湖骗子的意念发功）。只有通过我身体的运动（如用手推），桌子才能运动。我对自身身体拥有权力，因

① Husserl, *CM*, P182, cf. *PP*, P82.

此我才拥有对物理世界的权力。第二，我身与物及其他身体构成的不同还在于，我可以改变对象或我身体的位置以便让对象从不同侧面显现给我，但我不能远离或走近我本人的身体以便更好地观察它，我身体的某些部位是向我敞开的，而另一些部位则是不可见的。这两点不同不正说明身—心原本一体，心原本即在身中吗？而且，胡塞尔忽略了我身与物构成的另一个更为重要的差别，即，物的构成是易错的，（比如我把远处的一棵树构成为一个人，进一步的知觉呈现会打破这种连贯和谐，一棵树的意向得到了构成，而新的体验会不断充实这个新的意向。）而吾身的构成是不易错的，而且，某个具体物构成的失败并不妨碍我构成其他的物，而如果吾身体构成失败了，那么我就根本无法构成其他人的身体（实际上也就根本无法构成其他的物）。吾身构成在诸构成中的这种"优先地位"（姑且如此称之）说明了什么呢？难道这不正标明身—心的关联原本在前构成的领域中就存在了吗？因而这不正昭示出彻底的现象学悬搁是无法进行的吗？

因此，我认为胡塞尔的悖论并未得到真正解决，而且在这个悖论的底下还暗含着另一个更大的悖论：胡塞尔多次讲在自然的态度下，先验自我蔽而不现，人们甚至不知道自己处在自然态度中，只有通过悬搁才能发现先验自我，而要突破自然态度就必须有一个先验自我的自觉。"能够正确地质询如此先验问题的自我是谁呢？作为一个自然的人，我能够正确地质询它们吗？作为一个自然的人，我能够严肃地与先验地发问我如何走出我的意识之岛以及在我意识中作为一主观的明证过程而呈现自身的东西如何获得了客观的含义吗？当我将自身统觉为一自然的人，我早已统觉了空间世界并将我自身诠释为在空间中的东西，在那里我早已拥有了一个外在的我。如此世界统觉的有效性早已被预设了的。……显然为了达到那个能够发问先验问题即关于先验知识可能性的问题的自我，自觉执行现象还原是必需的。”① 悖论在于：还原的前提是先验自我的觉醒，而先验自我觉醒的前提是进行还原。这一怪圈一直困扰着胡塞尔，据说，他最终诉诸于“跳跃”说，即，由自然的态度向先验的态度的过渡乃是出于克尔凯郭尔式的“跳跃”（leap），是一种“宗教的转宗”。然而这种“跳跃”“转宗”如何可能，仍是一个不得其详的问题，仍乏现象学的明证性可言。

由此看来，无论是由世俗自我到先验自我的提升，还是由先验自我到世俗自我的回归都成了问题，这个问题也正是先验现象学向实存现象学过渡的一个重要契机。身心的牵涉究竟是在知识论层面上的统觉还是生存论层面的“被抛”“现身情态”？如果世俗自我是先验自我的一个“自然化”“实体化”的结果，那么这是否意味着先验自我的肉身化以及由此而来的在世中的存在本身即是一种“异化”、一种“迷失”、一种“失真”、一种“沉沦”呢？为什么原本常惺惺的先验自我偏偏要沉陷入世俗自我之中呢？世俗自我又如何“觉悟”其迷失的先验自我而认取其本来面目呢？是通过现象学还原、对自然化的悬搁还是通过“畏”、通过“焦虑”呢？

（二）先验自我与“他我”（alter-ego）：唯我论的困境

我本学的现象学将一切还原到“自我本具的领域”，此领域不援引任何不属于我本人的体验，因而是一个完全非他的第一人称之领域。那么他人或他我如何在此自我本具领域中给出

① Husserl，*CM*，P83.

呢？如何在“第一人称”之域合法地给出“第三人称”？先验唯心主义为避免唯我论就必须从我本学发展到交互主体性的现象学，但是这种交互主体性的现象学又不应堕入先验实在论，换言之“第三人称”的给出必须是在现象学明证性所予的范围内。这确实是一个不易处理的问题，我们知道，胡塞尔在直呈（presentation）与附呈（appresentation）之间曾做出过明确区分。直呈的东西乃是在“源始知觉”（original perception）中呈现出的东西，是当下直接地有血有肉地给出的东西。在物的给出中，直呈的东西只是物的某个侧面，其他的侧面并未实际地进入源始的知觉体验，它们只是作“视界”而附带给出，是“附呈”的。当然通过我身体的运动或者通过改变物的位置，原来附呈的侧面就会转化成直呈了的。那么当一个他人进入到我的知觉中情形如何呢？他人之身体毫无疑问可以明证地直呈于我，但其内心生活却永远无法直呈于我，他的意识永远只能由他本人直接体验到，而永远无法直接源始地进入我的体验之中。如若他人的内心生活完全能在我源始的体验中明证地给出，那么他人也就不成为他人了，他人成了我的自我的一部分了。因此他人的给出如此之特殊：一方面，他必须在我的先验自我内得到构成（作为一个对象）；另一方面，他又同时得被构成为与我有别的另一个我、他我（作为一个主体）。这一难题也是困扰胡塞尔的一大问题，我们将在下一章予以考察。

第三节　海德格尔：从“自我”到“Dasein”

在《存在与时间》出版后，海德格尔与胡塞尔的分歧开始逐渐明朗化。起初，胡塞尔由于忙于手头的工作并无暇去通读这部用词怪诞、行文独特的书，等到他的《形式的与先验的逻辑》出来后，他终于抽出两个月时间去阅读这位声名日隆的助手的书，并写下了一段著名的批注，其中的一句话是：Dasein 是与“自我”相对应的，但由自我而至 Dasein，是重新堕回了世俗人类学的质朴性中去了。在以后不同的场合，他不断向他人声明，海德格尔尚未把握返回先验自我的现象学还原的意义。海德格尔在《存在与时间》中不惜笔墨多次批评近代以来的笛卡尔的自我主义传统，矛头所指，胡塞尔本人不能不有所觉察，他在《巴黎讲演》及《笛卡尔沉思》中自觉地与笛卡尔主义传统认同，并声称我们差不多是 20 世纪的新笛卡尔主义者，这也可算是对海德格尔贬抑笛卡尔主义传统的一个回敬。

既然 Dasein 对应于自我，为什么海德格尔宁肯用 Dasein 而不用自我？存在的分析为什么要从 Dasein 身上入手而不是以先验自我身上开始？

《存在与时间》开章明示，哲学的基本问题是存在的意义问题。而要追问存在的意义必从具体的存在者的存在的分析入手，那么，应从哪一种存在者的存在入手呢？又应该如何入手呢？入手的方式是本体论的。因为存在总是某种存在者的存在，而存在者依其种类又分成不同的存在领域。每一门科学都是以某种存在领域为基础，物理学研究物理存在的领域，生物学研究生物存在的领域，如是等等。每一个领域都有其相应的基本概念加以界定。这些基本概念本身要获得“证明”和“根据”，就得从本体论上进行发问。“与实证科学的存在者状态上的发问相比，存在论上的发问要更加源始。”但若存在论在研究存在者的存在时任存在的一般意义不经讨论，那么存在论发问本身就还是幼稚而浑噩的。”① 至此，海德格尔无非是在重弹胡塞尔区域本体论（regional ontology）及“第一哲学”的老调。但是，在本体论上探究存在的意义总得有一个入手处，而 Dasein 即是被海德格尔选中的入手处。依海德格尔的交待，之所以要从 Dasein 入手，乃是基于 Dasein 在与其他存在者相比时所具有的“优先地位”：

（1）本体状态上（ontical）的优先性，Dasein 的存在拥有实存的特征。

（2）本体论上的（ontological）优先性，Dasein 自身就是“本体论的”，它在对自身有所领悟的同时，也源始地包含有对一切非 Dasein 式的存在者存在的领会。

（3）它为一切本体论提供本体者—本论论条件。

从海德格尔列举的这三点理由来看，胡塞尔的“先验自我”也同样具备这三种品格：先验自我不是混杂于诸现成存在者的一个存在者，它是自身构成者，并且在构成自身的同时，也同时构成着自身之外的东西，因而它也完全有资格为一切本体论提供本体者—本体论的条件。那么，究竟基于何种理由，使海德格尔将基本本体论的起点诉诸 Dasein 而不是胡塞尔的先验自我呢？要回答这个问题得联系他对近代哲学的主体转向的认识才行。一般人将近代哲学与笛卡尔的我思联系在一起，“我思”标志着近代哲学转向主体、自我的开始。笛卡尔在思维者与广延者之间进行的区分贯穿整个近代哲学之中，“甚至延伸进当代现象学的发展中”，在其《观念》中，胡塞尔说：

① 海德格尔：《存在与时间》，第 14 页。

“范畴的理论绝对地须从一切存在区分中最根本的区分——作为意识的存在（res cogitans）和作为在意识‘显示’自身的、‘超验的’存在（resextensa）——开始。”① 实际上海德格尔在《存在与时间》中对“范畴”与“生存范畴”的区分与这一传统也不无联系。所以他在该书第四十一节曾明确表明，唯心论“在原则上”比实在论“优越”，“如果唯心论这个名称说的就是这样一种领悟：存在决不能由存在者得到释明，对于任何存在者，存在总已经是‘超越的东西’了，那么，就只有唯心论才有可能正确地提出哲学问题”。② 但是，让海德格尔不满的是，以笛卡尔为代表的近代哲学的主体转向“不仅没有提出主体的存在问题，而且甚至是在由古代及中世纪哲学中形成存在观念与相关范畴指导下诠释主体的存在”。③

以康德哲学为例，海德格尔分析了近代哲学对主体本身的界定方式。康德首先将主体界定为先验人格（personalitas transcendentalis）、界定为笛卡尔式的我思。我思伴随着所有知觉行为，它是“统觉源始之综合统一体”。这意味着，自我是所有表象得以综合的主体，自我在对表象多样性加以结合的同时，对自身亦有所思：“我不只是把握所思者、所表象者，我不只是感知它，而且在所有的思中，我与其一道思着我自己。”④ 先验人格之先验性在于它是一切存在者被思的条件，因此先验知识与对象无关、与存在者无关，而是与“决定存在

① Husserl, *Ideas* Ⅰ, P212.

② 海德格尔：《存在与时间》，第 251 页。

③ Heidegger, *The Basic Problem of Phenomenology*, P124.

④ ibid. P127。参较海德格尔的 Dasein 在对存在者的存在有所领会的同时亦领悟着自身一说。

者存在的概念相关”。由是观之，康德之自我不是一认识论的概念，“自我是所有存在的根本的本体论条件。存在者的存在的基本属性是范畴。自我不是存在者范畴中的一个范畴，而是一般范畴可能性的条件……它首先使得基本的先天本体论成为可能”。①

在将主体界定为先验人格之外，康德还在先验人格的基础上区分出“心理人格”(personalitas psychologica)。心理人格是主体的实际能力，是经验自我、对象自我，是一个现成者。如在“我对我自己有所意识”中，前一个我（I）即主体自我、先验自我，后一个我自己（myself）即对象自我、经验自我。不过，在海德格尔看来，康德对主体性的“真正与关键的”界定既不在于先验人格，也不在于心理人格，而在于“道德人格”(personalitas moralis)。在《单独理性范围内的宗教》(*Religion Within the Limits of Reason alone*）一书中，康德曾将人性分成三属性：①生灵性（animateness)；②人性（humanity)；③人格（personality)。生灵性即指主体之心理人格（生灵者)，人性指先验人格（理性的存在者)，人格指道德人格（负责任的存在者)。

那么康德又如何界定道德人格呢？道德人格是一种特殊的自我意识——道德自我意识，它不是一种理论上的“我思我自身”，而是一种“实存的情绪”，这一情绪自我将自身显露出一行动的存在者。道德情绪作为一种情绪有其基本的结构，即感受到某种东西的同时对自身有所感受，道德情绪就是通过将自身服从于道德法则的同时，在某种特殊方式下显示于自身。

① ibid. PP128 ~ 129.

正是在这一情绪中，我将自己提升为“自由的自我决定的存在者”，“作为对法则的尊重，道德情绪不过是自我之对自身与为自身的负责”,[①] 这也正是人之“尊严”之所在。在尊重中“人格之本体论的意义”显示为人即目的。道德人格作为其自身的目的而实存，他自身即目的。他永远不是手段，即便在上帝面前，他也不是手段。“他也是他自身的目的”。海德格尔认为康德这种对道德人格的界定就从“本体论上区分了自我的存在者与不是自我的存在者、主体与客体、思与物”。[②]

康德将主体界定为先验人格、心理人格、道德人格是否已妥当地界定了人的存在了呢？海德格尔给出了“不”的回答。第一，康德对道德人格的界定，虽已给出了本体论的属性，但仍没有明确提出作为目的的道德人格的存在方式问题。康德将“实存”与“Dasein”泛泛地运用于所有存在者上，而从未以明确的范畴独标出人之存在与现成者之存在之根本区别。他通过道德情绪将人揭示为行动者，但这一行动者的行动方式本身亦未得到相应的揭示。第二，康德对先验人格的界定从负面展示了自然范畴对自我的不适用性，但却从未展示任何别的对自我进行本体论诠释的不可能性。康德表明先验自我作为我思在认识活动中起着一种“统一化的自我结合”作用，而范畴则是可能结合的形式，很显然，自我是结合形式、范畴可能性的根据与条件，既然范畴以自我为条件，因而它就不能运用到自我本身上；而且某物之所以能给予我们，不仅在于我思的综合，而且还在于接受性的形式即时空这一感性形式。先验自我

① ibid. PP135 ~ 136.

② ibid. P138.

不是时空形式给出的物，它自身永远不能作为可确定的东西给予我，换言之，任何认识到的自我只能是经验自我，先验自我是不可能被直观到的，我们不可能对我们的自我拥有自我直观。此两点理由说明自然的范畴不适用于自我的界定，但这并不由此就意味着对自我进行本体论界定是不可能的，而只不过意味着“有必要远离整个传统预先对合适的主体主体论诠释加以探究”。第三，康德从未在本体论上对道德人格与先验人格之间的相互关联、也未对这两者的统一体与心理人格之间的相互关联、更未对这三者之间的源始整体性进行探讨，所有这些问题“在本体论上尚处在黑暗之中”。第四，康德将作为目的、理智的自发性而实存的自由的“我行动”（I act）视作是自我的特质，这是对主体本身的界定，而主体的行动方式本身却从未得到界定。第五，康德清楚表明理智、人格作为心灵实体区别于自然之物，他也清楚看到不可能视自我为自然之物，然而他却从未由此走向人格本身的存在问题。

更为突出的，自笛卡尔经康德、费希特、谢林至黑格尔之整个近代哲学对主体的界定，一直受到古代及中世纪上帝作为一切存在者的原型这一本体论模式的影响。物、身体物、心理物、人格、理智——这一切都是非神圣者、有限者、现成者，只有上帝是无限者、真正的实体。即便是康德的人格在根本上也是一现成者，也未超出“现成者的本体论”，他说过“有限者自身不能认识其他东西，因为他们不是它们的创造者”，“除了创造者本身外，没有任何存在者能够在认识中把握另一个事物的本质”。这清楚说明，康德视存在者的存在为“被产生”（being-produced），只有生产者（producer）、创造者才能把握他所生产、所创造的东西，这恰恰是古希腊与中世纪的本体论的基本模式。在这一模式中，生产即是将源始的模型、原型付之于现实材料，这个原型（在古希腊哲学中称为形相 eidos）即是产品的本质所在，因为生产者预先已有这一模式，所以他就可以认识自己的产品。在中世纪，上帝是一切受造者的原型，人与物皆是受造者，人与物之有限性即在于其受造性（producedness）。

如果我们由海德格尔清理出的这一近代哲学的主体转向的线索，再回头来审视胡塞尔的我本学的运思，我们会发现胡塞尔在这一主体转向中的地位究竟如何。第一，胡塞尔以其意向构成理论取代了传统本体论的“生产—创造”模式，一切存在者都是在主体的先验意识中构成的，存在者存在的意义不是其受造性而是其被构成性。离开先验意识的构成而奢谈存在者的存在，就如同谈论“方的圆”“木的铁”一样荒谬。意识及其意向性乃是存在者得以在场的前提条件。这就为海德格尔的 Dasein 是存在的澄明做好了铺垫工作。第二，胡塞尔以其先验自我取代了创世的上帝。自我不再是受造者，自我在构成万有的同时，在时间性中构成着自身。这就明确地与康德拉开了距离，康德之纯粹自我不是时间中的我，康德把时空这一“感性形式”只运用于物身上，纯粹自我既然不是“物”，自然就不具有时空这一感性形式，因而是无法得到把握的，这也表明康德的“时间”观念尚未完全摆脱物理学时间观念的影响。胡塞尔将自我视为在时间性中构成自身的构成者，也在一定程度上为海德格尔以时间性去界定 Dssein 的本质这一做法埋下了伏笔。

那么，海德格尔对胡塞尔我本学运思满意吗？答案是“不”。在《存在与时间》中，他明确表示“从首先给定的‘我’和主体入手就会完全错失 Dasein 的现象上的情形，尽管人们可以在存在者状态上起劲反对‘灵魂实体’或‘意识的物化’这类东西，但任何‘主体’观念（设若事先未经存在论基本规定加以净化）在存在论上都依然共同设置了 subjectum 这个假定”。[①] 胡塞尔（也包括舍勒）强调“人格不是物，不是实体，不是对象”（这让我们知道到上面那段话中的“人们可在存在者状态上起劲反对‘灵魂实体’或‘意识的物化’这类东西”中的人们究竟指谁了——引者），人格的本质不是某种心理的东西，而只生存于意向行为的施行过程中，人格是意向性行为的施行者。但这种人格阐释从“不曾进入 Dasein 的存在问题这一向度”，不曾提出“人格存在”本身的问题。因此，从总体上讲，胡塞尔与近代哲学主体转向的鼻祖笛卡尔一样，都不曾发问过主体本身的存在方式问题。跳过 Dasein 的生存论分析而直接从一现成主体入手，使胡塞尔不可能真正在现象学上解决他的我本学所遇的问题，这主要表现在：

（1）把自我界定为意向行为的中心，是辐射出自我—行为的一个“极”，问题是，“这一自我极‘拥有’什么样的存在方式？我们可以在根本上质问这一自我极吗？我们可以从意向性的形式概念即自身指向某物中推出自我就是这一行为的载体吗？或者，难道我们不应在现象学上发问其自我、其自身以何种方式给予 Dasein 本身的”？[②] 我们知道，胡塞尔对此问题的回答基本上承袭了康德我思伴随所有表象的模式：自我在对某物有所意识（此为“专题的意识”）的同时对其自身亦有所意识（此为“非专题的意识”），后者在反思中会成为专题的意识对象。对于这种解决模式，海德格尔明确表示，它远离了

---

① 海德格尔：《存在与时间》，第 57 ~ 58 页。

② Heidegger, *The Basic Problems of Phenomenology*, P158.

实际实存中 Dasein 自身显示给自身的实事。源始的反思不是自我用一种内在的目光打量着自身，Dasein 是从它所烦忙的物事中反射给自身的。

（2）作为意向主体的自我具有指向性，问题是自我何以具有如此之能力。在海德格尔看来这一问题不仅未在现象学中得到解决，而且根本就不曾得到发问过。海德格尔则由此发问，从意向性如何走向 Dasein 的超越性、时间性？

（3）自我如何给出他人。胡塞尔藉感通而通达他人。海德格尔则指出，感通不是他人给出的源始方式，必得先有 Dasein 的共在机制，感通才可能得以进行。

总之，在海德格尔看来，胡塞尔以自我去界定主体依然错过了主体自身的存在方式问题，依然与“实存”的问题交臂而失。通过近代以降的主体界定的考察，使海德格尔意识到，主、客体的概念在本体论上是“不明确的”“不妥当的”，不是适合用来描述实存之源始现象之源始概念，所以在基本本体论的制订中，这类概念必须被弃置一边。海德格尔之所以不把人的存在称为“主体”“自我”，而是称作 Dasein，理由即在于此。

Dasein 之字面义即“to-be-da”，Dasein 中的这个“Da”寓意深刻。在德语中副词“da”可以指“这儿”“那儿”“何时”“何地”“彼时”“当其时”。存在（Sein）在何时、何地绽露、显示？存在的本体论在何时、何地展开？答案早已摆明着了：Dasein 的 Da。Da 之为空间性的这一那，乃是源始的空间性，一切世间事物的取向（上、下、高、低，前、后、左、右，远、近，深、浅等）皆因有此 Dasein 之 Da 才得以展开。只因用 Dasein 之 Da，人才能说在“这儿”，并作为“我这儿”而指向在“那儿”的存在者。而 Dasein 之所以能对存在有所展开，之所以能对世界有所筹划，皆在于其 Da 这时间性。Da 之为时间乃是源始的时间性，一切世间的时间（过去、现在、未来，早、晚，此时、彼时，等等）皆因有此 Dasein 之 Da 才得以绽开。只因有了 Dasein 之 Da，人才能说，只有人是在世的，所以也只有人才能“去世的”，人是一“有死者”。这样，在康德哲学中无从界定的“主体”（因为时—空感性形式不适用之）在 Dasein 这儿得到了本质上的界定。当然不是用时空感性形式去界定。而是从根本上以生存论上的源始的时间性、空间性去界定它。Dasein 就是一时间性之绽出（出窍），在这一绽出中而敞开了一个“域”（Horizon 视界），万有遂在此“域”中与人碰面了。Dasein 是存在的澄明之所，就是这个意思。Dasein 之 Da 乃是主体之为主体的根据、根源之所在。

然而，我们不是同样可以在胡塞尔的“自我”中发现类似于 Dasein 之 Da 的种种品格吗？我们不是同样可以说“自我”乃是源始的空间性与源始的时间性之所在吗？胡塞尔不是说过自我的“这儿”乃是一切取向的中心点、“绝对的零点”吗？他不是也说过自我是源始时间性的构成者？看来胡塞尔将海德格尔的 Dasein 看作是对自己“自我”概念的一种“改换”，并不是他本人一厢情愿的邀功请赏。① 但明眼人应该看出海德格尔的

① 作为胡塞尔与海德格尔的共同弟子 Becker 在讲课中曾将胡塞尔的“纯粹可能性”理论与海德格尔“作为潜在性、能力的可能性”相对照。胡塞尔从 Cairns 口中听到此事后颇为吃惊竟有人会进行如此的区分，他告诉 Cairns，他至少 15 年来一直在思考“作为能力的可能性”（Moglichkeit als Vermogen）问题，他甚至早就用“偶发的可能性”（Vermoglichkeit）去表达自我的自由潜在性。（见 D · Carins，*Conversations with Husserl and Fink*，The Hague，1976，P4）显然，在胡塞尔的眼中，海德格尔之 Dasein 对自身能力的领悟也是从他的自我理论那里批发过去的。

Dasein 不是胡塞尔“自我”的一个副本，毕竟海德格尔 Dasein 的界定是在实存层面上，而胡塞尔的“自我”的界定则是在纯粹意识的层面上。但这难道不会只是一种纯粹术语选择上的问题，或许在实质内容上两者恰恰指的同一个意思、同一种现象呢？本质的区别于，胡塞尔之纯粹意识具有超世界的品格（正是纯粹意识的想象中，世界的无化是可以设想的，而纯粹意识的无化是绝对不可设想的，因为这种设想都还是纯粹意识在设想），而海德格尔之实存在原则上是在世界中的存在。海德格尔在《现象学基本问题》的第二十节中有一段话可能清楚地标明他的 Dasein 与胡塞尔的“自我”的本质联系与区别之所在，这段话值得我们好好引一下：“世界实存着一就是说，只要 Dasein 实存着，只要有 Dasein，它就在着。只要世界在着，只要 Dasein 作为在世界中存在而实存着，就会有存在的领会。只要这一领会实存着，世内存在者就会被揭示为现成者与上手者。作为 Dasein 的领会的世界领会是自我领会”。至此，海德格尔基本上仍与胡塞尔站在一起，胡塞尔也曾明确表示过，世界存在的意义是由先验自我构成的，就此而言，对世界的诠释亦是对自我的诠释。但紧接着的话便使海德格尔 Dasein 与胡塞尔的自我拉开了距离：“自我与世界共属于同一存在者即 Dasein。自我与世界不是两种存在者，如主体与客体，或如我与汝。自我与世界乃是 Dasein 自身在其在世存在的结构统一体中的基本属性。只因为‘主体’是由在世中存在决定的，它才能作为这个自我成为另一个人的一个汝。只因为我是一个实存的自我，我才能作为自我成为另一个人的一个可能的汝……”① 在胡塞尔处，自我

① Heidegger, *The Basic Problem of Phenomenology*, P297.

构成着世界，而在海德格尔处，Dasein 的筹划一直是被抛在一个世界中的筹划，Dasein 一直是在世界中构成着世界。Dasein 一直是在世的 Dasein，而不是出世的、高于世的先验自我。

正因为 Dasein 是在世的、是能够在世的，所以 Dasein 也是能够“去世的”，Dasein 是有死者，这一点也与胡塞尔的先验自我迥然有别。先验自我完全可以在其纯粹意识流中设想世界不存在，但却可以设想一个无身的意识的存在。胡塞尔甚至暗示过心灵的不朽是指先验主体的不朽。[①] 就此而言。海德格尔之 Dasein 乃一有限者，胡塞尔之先验自我则是一无限者、绝对者。

需要指出的是，海德格尔以其 Dasein 取代胡塞尔之先验自我，并不意味着他与先验哲学的决裂，他强调 Dasein 在世之中存在的实存品格也不意味着他要和世俗人类学套近乎。对 Dasein 生存机制的探究仍然是一种先天性的本体论的探讨，而且甚至是一种更根本性的（至少海德格尔本人这样看）先天性之探讨：“一个‘纯粹’的观念和‘一般意识’的观念远不含有‘现实的’主观性的先天性；所以这些观念跳过了 Dasein 的实际状态与存在机制的诸种存在论性质，或这些观念根本不曾看见它们。假设一个理想化的主体并不保证 Dasein 具有基于事实的先天状态，一如驳回‘一般意识’也并不意味着否定先天性。”[②]

---

① 如在《现象学的心理学》之十五节中，他写道，死亡作为世界中的实在事件乃是“世间心灵的取消”。不朽说如果想不与这种经验相冲突，就必须具有另外的意义，而且，“它的确可以拥有不同的意义”，不朽乃是指世界以之为前提的“心灵”(mind)，这“心灵”当然不是世俗的心灵，更不是心理生活的心灵。见 Husserl，*PP*，P82。在《维也纳演讲》的末尾，他提出精神，唯有精神是不朽的。见 Husserl，*Crisis*，P299。

② 海德格尔：《存在与时间》，第 275 ~ 276 页。

第四节　萨特：拒斥自我

在 1937 年发表的《自我的超越性》中，萨特对胡塞尔的自我理论进行了系统的批判。这一批判与海德格尔在《存在与时间》及《现象学的基本问题》中的批判迥异其趣。海德格尔从 Dasein 的于世之中存在的机制分析入手，以 Dasein 的日常共在［Dasein 的非本真状态］去抵销胡塞尔的我本学立场，我与他人在“世界”一道现身着；而萨特则通过将胡塞尔的意识净化、彻底清除其世间的因素，使自我与他人都成为世间中的一个对象，意识成了一个“无人称的领域”，并以此来宣布胡塞尔我本学立场的非法性。

胡塞尔在《观念》中抛弃了《逻辑研究》的立场，视自我为意识之必然结构，任何意识行为皆出自自我极，因有此自我极之存在，先验意识的统一性、个体性方有保证。对此，萨特宁肯坚持《逻辑研究》的立场，断然宣布先验自我是完全不必要的。先验领域是一个“无人称的”（impersonal）或“前人称的”（prepersonal）领域，而根本不存在一个我（I）。“我”只显现于具体人的层面上，只不过是对象我（me）的一个积极方面而已，“自我既不是形式地亦不是质料地存在于意识之中：它是外在的，在世界之中的。它像其他人的自我一样，是世间的一个存在者”。①

首先，先验自我不是意识统一的必然要求。意识靠自身的

① Sartre, *The Transcendence of the Ego*, trans. Williams and Kirkpatrick, New York, 1957, P31.

意向性品格就可超越自身，“它通过逃离自身而统一自身”，[①]况且，意识的持久之流、绵延、意识的时间性与综合性等这些意识的统一性特征，胡塞尔早在 1905 年的《内时间意识的现象学》中就讲过，而那时他并未诉诸先验自我这一概念。可见，先验自我并不是意识统一性的必然要求。至于意识的个体性，它显然来自意识自身的性质，意识像斯宾诺莎的实体一样只有自己来限制自己，“现象学的意识概念使自我的统一化与个体化功能完全成为无用的了”，不但无用，而且还是一个“障碍”，因为一个意识是绝对的，只是因为它是自身的意识，现在横空插进一个先验自我就不免牺牲了“意识的非实体性的绝对性”，先验自我犹如“一把不透明的刀刃”直捅纯粹意识的胸口，“先验自我是意识的死亡”。

其次，胡塞尔将自我与我思放于同一层面上，实际上是笛卡尔超越的实体自我的复活，因而必须被彻底的现象学悬搁所括置。意识的存在是绝对的，这种绝对性乃是一种非实体的绝对（a non-substantial absolute），它总是对自身的意识，意识这一对自身的意识不是“位置性的”（positional）、二元对立性的，也就是说意识永远无法成为自身的对象，意识的对象依其本性即是外在于意识的东西，意识是“设定”并“把握”其对象的。意识成为对象、成为“位置性的”，就只有置于进行反思的意识之前成为被反思的意识，而进行反思的意识对其自身的意识恰恰又是非位置的。“所有进行反思的意识本身都是未被反思的”，这不会导致一“无限的后退”，因为，意识不必求助于进行反思的意识就可以意识到自身，只不过是这一意

① ibid. P38.

识到自身不是对象化的、位置化的而已。在未被反思的意识中，并没有一个“我”（I）在起作用，只有在被反思的意识中，我作为反思对象的我（me）才被给予。那么，胡塞尔在《观念》（第二卷）中对把握纯粹自我可能性的辩护是否成立呢？胡塞尔毫无疑问也意识到对象化的我（me）与源始地非对象化的纯粹自我之间的区别，前者是被反思的我思。后者是反思前的我思，不过胡塞尔坚持被反思的我思原本也是一反思前的我思。换言之，反思前的我思对被反思的我思的把握只不过一个正在运作中的我对早先运作着的我的把握而已，这两个我完全是同一个自我。对此辩护萨特会说些什么呢？“如果反思的我与被反思的我都是意识的实在成份，那么两者之间任何沟通都是不能成立的”，它们也绝对不能在“一个独一无二的我”中达到同一性。

最后，萨特指出，胡塞尔声称自我给予的绝对性亦是不成立的，自我既不是必然无疑的（apodictic），也不是妥当的（adequate）。它不是必然无疑的，因为当言及自我时，我们已断定了超出了我明证所知的范围；它是不妥当的，因为我总是被呈现为一个不透明的实在（an opaque reqlity），它的内容有待展开。

总之，自我只能是一个实存物、超越者，因而不能在现象学悬搁的位置下幸存下来。胡塞尔所谓的纯粹的先验自我完全是一个虚假的构造，既不可知，又无必要。对先验自我的拒斥和对自我重新进行的现象学的厘定，在萨特看来具有重大的理论意义。

它是对先验领域的一次“解放”与“净化”。“先验领域，被清除了自我逻辑的结构，寻回了它的首要的穿透性（primary transparancy），在某种意义上，它是虚无（nothing），因为所有物理的、心理物理的、心理的对象，所有的真理，所有的价值都外在于它；因为我的我（me）自身已停止成为它的任何部分。但是这一虚无又是一切，因为它是对所有这些对象的意识。"[1] 这样，先验意识就成了一种无人称的自发性活动，它在每时每刻都决定着自己的实存，它向我显示出一种空前的创造性。

这种得到完全净化的纯粹意识是"对唯我论的唯一可能的反驳"。[2] 萨特指出，胡塞尔在《笛卡尔沉思》（及《形式的与先验的逻辑》）中并未能解决唯我论问题，胡塞尔试图在自我本具的领域构成他人的做法注定是一场徒劳，一场失败："只要我仍保留在意识的结构中，它就总使意识及其我和别的一切实存物相对立成为可能。"唯我论是先验自我的我本学之必然归宿。而如果我成为一个超越物，那么它就会参与世界的整个变化中，它不是绝对的，它没有创造宇宙，它必须像别的超越物一样落入悬搁中。这样，"唯我论从我不再拥有优越性的地位的那时刻起就成为不可设想的了。"[3]

萨特对唯我论的反驳可谓釜底抽薪，唯我论以意识生活的排他性——我对自己的心理生活是直观地体验到的而对他人的心理生活则永远无法直观地体验到——建立起自我的封闭性，历代的哲学为攻破这封闭堡垒而大伤脑筋，以致于叔本华干脆声称尽管唯我论"是用推证再也驳不到的"，"尽管永远攻它不下"，但"好在它的守备人员也绝对冲不出来，因此人们大

① ibid. P93.
② ibid. P103.
③ ibid. P104.

可以放心走过去，把它留在后方并没有危险”。[①]**胡塞尔的理论勇气在于他不是从外面去攻破这一堡垒，他宁肯从内部来突破它，他要从“我本的领域”给出一个“他”来。萨特的解决之所以说是釜底抽薪，在于他既不从外边也不从内部去攻破这个堡垒，他从根子上就否认有这么一个堡垒存在。**在萨特看来，根本就没有什么“内在的生活”，我的情绪、我的状态、我的自我本身都不再具有“我的排他的属性”，我本学的“优先地位”（主体对其心理状态拥有本己的直观体验）因此而被剥夺了。设想保罗与彼得在谈论眼前的一张桌子，或许他们看的角度不同，但他们实际上是在谈论同一张桌子。那么当保罗想理解彼得的心理状态时，情形又如何呢？依传统哲学看，保罗是无法“直抵”这一状态的，只有彼得本人能直观地把握自己的状态，保罗至多能创造一些“空洞的概念”以期达到彼得的心理状态，而这注定是徒劳无功的。对此，萨特不再像胡塞尔那样忙于搭建“感通”“类比性统觉”之类的桥梁以通向一个“他我”，他的新颖之处是断然宣布一切心理状态都是超越的对象，因而决不能“收缩”于意识的内在的统一体中。因此，保罗与彼得一样完全可以谈论彼得的爱，说一方（保罗）是盲目而谈、隔靴搔痒，另一方（彼得）是切己而谈、发自肺腑，亦是没有道理的。毕竟两人完全是在谈论同一件事情。彼得的情绪对于彼得本人并不就比对于保罗更确定一些。我（me）及其心理状态都是超越的对象，因此它既向属于我的意识的直观把握敞开着，也向另一个意识的直观把握敞开

① 叔本华著，石冲白译：《作为意志与表象的世界》，商务印书馆1982年版，第157页。

着，一句话“彼得的我（me）既可以成为彼得的直观，亦可通达我的直观”。这样，对于一个“我”（me），内省的方法与外在观察的方法具有同等的权利，自我本具领域的优先地位被彻底夷平了。在彼得那里不再有任何心理状态的东西是不可穿透的了。只有一样东西是不可穿透的，那就是彼得的意识本身，意识是“彻底地不可穿透的”。它既不向直观敞开，亦不向思维绽露。“我不能设想彼得的意识，除非将之转化成一个对象（既然我不能将之设想为我的意识）。我不能设想它，因为那样的话，我就不得不把它视为纯粹的内在性同时又视为超越性，而这是根本不可能的。一个意识不能设想除了自身之外的任何一个意识。”

这样，**萨特便以其彻底的唯意识论驱逐了彻底的唯我论。**“我”被驱逐出意识之外，在净化了的意识层面不再有一个“我”，因而更不存一个“唯我论”的问题。纯粹意识领域成了“绝对实存的领域”，成了永远无法对象化的纯粹自发性的领域，成了一个无人称的领域。不仅唯我论失去了立足之地，而且连“我的意识”（my consciousness）这一说法也失去了合法性：我不是意识的拥有者，我只不过是意识的一个对象而已。意识的自发性不是由自我一极发出的，我对此意识的自发性可谓无可奈何，既不能产生，也不能制止它。因为我之意志（will）亦不过是这一自发性所构成的一种对象而已。意志当然可以指向状态、指向情绪、指向事物，但意志永远不能指向意识。例如，如果我决定（will）睡觉，那么我恰恰还是清醒的；如果我决定不去想这或那，那么我恰恰还是在想这或那。意识的这一巨大的自发性成了许多精神衰弱症痛苦之来源。意识在其自发性面前不免感到颤栗与恐惧，或许“自我的本质作用”

即是去掩盖意识自发性面目。如果我思之我是意识的首要结构，我是意识的主人，那么就根本不会出现意识对其自身的畏这一现象，所谓的现象学还原也就失去了动机。因为在自然的态度下，是没有任何理由、没有任何动机去进行现象学悬搁的。自然的态度完全是自洽的、自足的，悬搁在胡塞尔现象学中的出现完全是空穴来风，是一不可理喻之“奥秘”（miracle）。相反，“如果自然的态度是意识通过将自身投射进一个我（me）之中并被吸附在那里以便逃避自身的一种尝试”，“如果一个单纯的反思行为就足以让意识的自发性从我中断然分离出来并作为独立不羁者而给出”，那么，“悬搁（eπoXл）就不再是一个奥秘，一个智性的方法，一个学究的程序：它是加于我们身上无可避免的一种焦虑（anxiety）：它既是一个纯粹的先验起源的事件，又是我们日常生活中可能的事件”。①

① *The Transcendence of the Ego*，P103。在这里，萨特看到了胡塞尔的“悬搁”与海德格尔的“畏”及他自己的“焦虑”之间的联系与区别。“悬搁”是为了彰现一直被掩蔽的先验自我及其意向生活（纯粹意向性领域），然则这是一个“全然陌生”的领域，我们眼睛一直是训练用来看对象界中的东西。面对这一全新的领域人们肯定难以适应，因此有随时堕回自然态度的可能性；而“畏”同样是对障蔽 Dasein 本己能在的世间态度（没于存在者之中）的悬搁，畏之所畏在于 Dasein 本真的可能性本身，然而人们安于世内存在者已成定势，面对此陌生之领域颇感茫然失措；“焦虑”之为焦虑，亦在于它使得人首次由没于世中的“自欺”挣脱出来而面向“自为”本身，面向无依托的绝对自由本身，这恰恰是扰人不安的东西，因而随时有重堕自欺、逃避焦虑（自由）的发生。在生存论上，“畏”与“焦虑”可以被视为克尔凯郭尔式的“跳跃”（leap）得到说明，但在知识论上“悬搁”何以发生一直是困扰胡塞尔的一个问题（当然他也进行过尝试性回答，见 Cairns，*Conversations with Husserl and Fink*，Martinus Niihoff，1976，PP39 ~ 40），最后，据说他也诉诸克氏的“跳跃”。

对胡塞尔先验自我的拒斥，不仅使唯我论失去合法性，使现象学还原成为可理解的并贯彻到底，而且也使现象学具有了实存主义意味。现象学家使人回到了尘世，而充分关注人的“痛苦”“遭遇”及其“反抗”。不然，“只要自我仍是绝对意识的结构，人们就仍可谴责现象学是逃世者的学说（an escapist doctrine），是重新把人之部分从世界中抽离出来，在这种方式下，把我们的注意力从现实的问题上转移开去”，而“如果人们把我看作是实存者，是严格地与世界同时代的，它的实存具有与世界一样的本质特征，那么这样的谴责就没有任何的理由了”。①

将自我驱逐到意识之外，使意识本身成为一种完全透明的东西。由此，自我及其所谓的“内在性”便完全成了意识之外的东西，成了可以公开观察与谈论的超越者、对象，这样，他人心灵的问题便成了一个非法的问题。不再有任何个人隐秘的东西，一切都成了外在公开的东西，“我”与“他”都是这公开场中比肩并立的事物而已。一直对胡塞尔纠缠不已的“唯我论”在萨特这里成了不相干的东西了，因为纯粹意识乃无人称之领域，既无我又无他，因而在纯粹意识领域内也就根本不存在一个如何由我及他的问题。唯我论的困惑随着我本学的消解而被一劳永逸地给荡开了。

问题就真的这样给解决了吗？难道以一种唯意识论代替唯我论就更具有合法性？而且如果“我”不是在纯粹意识中，那么“我”的观念又是如何给出的？换言之，我是如何意识到“我”的？无人称的意识之领域如何与世间的我的意识接

① ibid. P105.

通？毕竟在世间中我们总是说“我想”“我认为”“我知道”诸如此类，总是我呀我呀个不停啊。

另外，萨特以反思前的我思去消解胡塞尔的我本学，显然于胡塞尔有欠公允。因为胡塞尔本人在《观念》第二卷中明确指出：“自我感知（self-perception）是一种反思（纯粹自我的自我反思），依其本质已预设了一未被反思的意识（an unreflected consciousness）。”① 在反思中，我从一个我思走向另一个我思，先前未被反思的自我的生活现在成了被把握的对象。反思前的我与被反思的我实际上是同一个我，只不过一个处在潜在的为而不名的状态，一个处在现实的被注意的样式中而已。而且胡塞尔一再强调，无论是我思的我还是被反思的我都不应被理解成我思的一个“实在成份”，纯粹自我不能化约为意识体验的任何一个实在成分或阶段。② 这样，萨特在《自我的超越性》中以“如果反思的我与被反思的我都是意识的实在成分，那么两者之间任何沟通都是不能成立的”去反驳胡塞尔的先验自我便变得无的放矢了。对萨特拒斥胡塞尔先验自我的做法持严厉批判态度的是施皮格伯格，他直接将萨特的自我理论称作是“自我的伪现象学”（pseudo-phenomenology of the ego），是“肤浅的”“难以令人信服的”。他将“我”从“非反思的意识层面”逐出，而将之置于反思意识的构成层面。施皮格伯格的反驳是：现象学的反思是将一直为而不名的东西带到亮处，在反思中，自我的构成不过是将之由意识的背景带入前

---

① *Ideas* Ⅱ, P259.

② 在《观念》第二卷中胡塞尔曾区分两种反思，一是“纯粹自我的反思”（pure-Ego-reflection），另一个是“反思的专题体验”（reflective thematic experience）。见 *Ideas* Ⅱ, P57。

景中而已。总之，“被构成的是其现象的品格，而非其存在”。①

第五节 梅洛－庞蒂：沉默的我思

笛卡尔以其“我思故我在”开辟了近代哲学的主体性转向。胡塞尔在这个方向上继续迈进而开辟出先验现象学的我本学运思的路子。萨特将以“反思前的我思”净化“我思”中的实体主义倾向，从而开出了虚无化的“自为”之维。那么梅洛－庞蒂呢？

梅洛－庞蒂充分汲取了海德格尔“在世”以及“时间性的出窍”思想，但他并未因此而走向 Dasein 实存分析的路子，他仍然肯定了“我思”在哲学运思中的合法性（这一点使他与萨特相近），不过这个“我思”已经是彻底经过海德格尔式的“在世”与“时间性出窍”充分改造过的“我思”了。

我思揭示的并不是一个什么确定不疑的内在的意识状态，而是在世界之中的存在。思总要思点什么东西，看总要看点什么东西，思与思的东西是密不可分的，如果声称思不可疑，那么思的东西也是同样不可疑的，如我看到一个烟灰盒，就看到一词的充实意义而言，看与看到的烟灰盒都是不可置疑的。如果我怀疑在看的对象，那么这个怀疑也必然粘附于“在看”本身上。笛卡尔所称的我思对象是可疑的，我思本身则不可疑是不成立的。“我的行为具有如此之天性，它们超越自身而不留下任何意识的内在性。意识彻头彻尾即是超越……”② 看只

① H·Spiegelberg, *The Context of the Phenomenological Movement*, P58.

② Merleau-Ponty, *Phenomenology of Perception*, P376.

有在被看的事物时才能完成与实现，我通过我思所发现的东西不是“心理学的内在性”，甚至也不是“先验的内在性”，“我思”是与“我在”紧密相连的，我爱、我恨作为单纯观念是不确定的，我爱、我恨的确定性来自于我实存中的具体的爱与恨的生活。

从这一实存的立场，梅洛－庞蒂对传统的内知觉说提出了批评。“一切内知觉都是欠妥的，因为我并不是可以被知觉的一个对象，因为我只有在行动中形成我自身的实在并发现自身”，“只有通过我与‘事物’的联系，我才能认知自身”，“内知觉是随后而起的”。[①] 固然“知道就是知道自己知道”，固然“对象的意识必然牵涉对自身的知识”（意识到某物就是意识到意识到某物），但是奠基性的知乃是关涉新对象的知而不是知道在知道的知。笛卡尔以我思来担保我在根本上是错误的，没有我在，我思是无着落的。“我们必须明了”，“不是‘我在’被突出地包容在‘我思’中，不是我的实存被带入我所拥有的意识中，相反，‘我思’是被重新整合进‘我在’这一超越的过程中，意识是被整合进实存中的”。[②]

因此，在认知的、反思着的“我思”背后尚有一“沉默的我思”（the tacit cogito）即实存的我思，这一沉默的我思先于任何哲学的思考，它只有在“极端境况”中才被认识到，如在死亡的恐惧面前或在他人的注视面前。沉默的我思并不像我思那样有一种专题的自我意识，“如果我要准确地表达知觉经验，那么我应该说某人（one）在我（me）中知觉，而不是

---

① ibid. P383.

② ibid. P383.

我（I）知觉”,①“我”只有在反思中出现，而不见于直接当下地介入到世界中的知觉里面。但这并不意味着“这一源始的我完全忽视了自身”，如果那样的话，它就成了物。那么“沉默的我思”对自身的“反射”②——自反性（reflexivity）何以可能？梅洛-庞蒂尝试用我—身体—世界的一体相协性来予以回答：“世界完全是内在的，我则完全是外在于我自身的”，“我领会着世界，因为对我来说存在着或远或近、或前景或背景的东西，因为在此方式下它形成一幅图景并在我面前获得了意义，而这最终因为我处身于它之中，它领会着我”，而当我对自身的主体性加以反思之时，我总是发现我是和身体、世界联结在一起的，这是因为“我所是的主体”与“这个身体、这个世界是密不可分的”。③ 这段长长的引文对于理解“沉默的自我”至关重要，因为梅洛-庞蒂在《知觉现象学》中，并未清楚地给出“沉默的我思”的自反性可能的理由，但这段话给我们寻找可能的答案提供了一些线索。沉默的我思与为而不名的身体以及世界乃是相互贯通的，那么，正是身体这一既内在又超越的东西，它既可触物又可被物所触，在触物之际亦同时感受到被物所触，沉默的我思的自反性不正奠基于身体的这种自反性吗？而我在领会世界的同时，世界也领会着我的说法也为他后期的“互逆性”（reversibility）理论埋下了伏笔。④ 关于后者，我们会在“身体”一章中再进行探讨。

---

① ibid. P215.

② ibid. P408.

③ ibid. P408.

④ cf. Dillon, *Merleau-Ponty's Ontology*, Indiana University Press, 1988, PP107～112.

第六节　帕西对先验自我的解读

意大利著名的现象学的马克思主义者帕西（Enzo Paci）在其著作《科学的功能与人的意义》（1963）中，对胡塞尔的先验自我理论进行一番马克思主义人道主义的重新诠释。

他认为胡塞尔现象学向先验自我的回归实质上是希望“把人的主体性还给人自身，它希望人回归到自身，把他从每一种拜物教中解放出来，从人性被掩盖或遮蔽的外壳中解放出来”这样，对先验自我的揭示乃是人性自身的启露，是人性为其自我理解而进行斗争的一种表达，先验自我乃是本真人性的所在。

依帕西的诠释，胡塞尔的先验自我绝不是一个“范畴式的抽象”，它的绝对性也不应在独断与形而上学的意义上得到理解，“所谓的绝对自我，亦是我思与身体交织一起的我自己的人性的具体性”，它就是“我们中的每个人，我们在具体性上就是有血有肉的人，我们就是先验自我”。于是，先验自我与“本真的人”(authentic man)、“人之合理的实在”划上了等号，它是具体的感受性、具体的身体、具体的知觉、具体的情感、具体的本能，是“绝对的主体性”。

然而近代以降的客观主义、自然主义恰恰将此“绝对的主体性”之本质给遮蔽了，它把“主体贬低到对象的地位，把主观颠倒成客观，在这种意义上，它是人的异化”，欧洲危机的根子就在于“科学和技术变成了把人自然化的工具，把人变成了客观化的工具”。因此现象学所谓的“不感兴趣的旁观者”，实质上就是对“工具主义和世俗拜物性的无兴趣”，是对实证主义拜物教式的事实崇拜不感兴趣。现象学悬搁也正是

“对客观化了科学的悬搁，是与对拜物教的兴趣的悬搁联系在一起的，因而它是反对将人归成为技术功能的斗争”。[1] 悬搁将人带向“自我意识”，带向“自我根基”，带向“自我构成”，它让人意识到他自己的先验自我才是他真实的所是。自此，他从抽象人的套子抽身而出，面向克尔凯郭尔所说的“第一人称独特性”的自我。胡塞尔的“整部《危机》可被解释成一场反对人对科学的异化使用的自然主义的斗争，这是一场想给回人的意义的斗争。《危机》的真正标题应是《反对对科学的异化使用以便重获人、社会及其历史的意义》”。[2]

在对胡塞尔的先验自我做了这样一番马克思“1844 年手稿”式的改造后，帕西便可以进一步着手带领胡塞尔走出其先验自我理论的困境。

关于“主体性悖论”问题，帕西指出，这一“决定性问题”对胡塞尔本人而言是“模糊的”，从最深层的含义去看，“它在本质上尚未得到解决”。人是主体，世界是客体，人是世界的一部分，而世界就其相关于体验它的人而言，又包含在人之中，“内在的人是在外在的世界之中的，而外在的世界又是在内在的人之中的”。这一让胡塞尔颇感棘手的问题在帕西这里得到了“解决”。走出困境的策略有两点：其一，在现象学原则下，将唯物主义整合进先验自我中，人既是先验自我，又是具体的主体。人既是内在的，又是外在的。我与世界原本既是贯通无碍的，整个世界的普遍的物质整体都在我之中（只

① Paci, *The Function of the Sciences and the Meaning of Man*, trans. Piccone & Hansen, Northwestern University, 1972, P58.

② ibid. P196.

是我可能对此无觉察而已，例如只有骨折的时候，我才觉察到自己的骨头，只有缺氧时，我才觉察到自己呼吸的空气等），地球乃至整个宇宙构成了我的无机之身（inorganic body）。唯物论的整合并不意味着现象学立场的丧失，因为出发点仍是“实际在场的主体”，只不过在这实际的在场中所构成的过去绝不是“幻觉”，而是先于我的实际存在过的过去。现象学不会盲目地接受业已构成了的地质学，现象学必须发现地质学家得以确认先于人类的地质年代的那些主体运作的活动，正是这些主体的构成活动将地质学的过去构成为绝对实在，没有这些绝对实在，我就根本不会存在在这里。因此，源始的自我（the Ur-Ich）既是我必须由之出发的实际在场，又是无限的宇宙的地质学的过去，也是趋向完整人性的未来。

其二，以萨特式的虚无化的意向性去贯通自我与世界。意向性是对存在或世界的“否定”，去意向即是去指向某些意义。主体藉此意向性而将世俗世界转化成“现象”、转化成“真理之启示”，并努力向此“世界意义之真理”趋近着。因此作为自身超越的主体，我们绝不是“对象人”、不是“自然主义的人”，我们是为而不名的（无意识的、隐匿的、潜在的）与积极的（有意识的）主体。每个人都是“先验自我的对象化”，每一先验自我也必然成为具体的自我（世界中的自我）。因此，只要我与世界不再被视为各自明显封闭于精神与物质的与料，悖论就会得到解决：“藉否定俗世，现象学达到了先验主体。藉分析先验主体，现象学发现先验主体必然地是生存于世界中的人即我自己”。

关于唯我论的困境，帕西对胡塞尔的我本学立场加以别出心裁的道德主义的诠释。由现象学悬搁所造成的自我本具的领域不是抽象的范畴，相反，将自我的具体性化归为范畴的尝试都是“异化的首要形式”。我本学立场所造成的“哲学的孤独”（philosophical solitude）绝不是胡塞尔的“奇思怪想”，它乃是“人类的必然性”：“我并不想从群体中疏远自己：但不管我想还是不想，在根本上而且首要的，我是为我的唯一的第一人称的自我……第一人称乃是事实，一个任何理论或论证都无法改变的实在。”[①] 胡塞尔之所以不从交互主体性（“共在”）出发，并不意味着他要否认交互主体性本身，他只是不希望让本真的人性淹没于无根的社会性中：“使我变成抽象的、运用技术与科学使我变成抽象的社会本身就是一个抽象的社会，更甚者，它就是一个将自身与个体相对置，物化个体使个体变成抽象的社会。”[②] 因此，向自我回溯的现象学悬搁便具有了浓厚的人性意味：它的实质是要把我们从拘囚我们的世俗世界、抽象社会中解放出来，从而彰现出“源始的、真实的与终极的自我”。忽略这一终极的主体，我们就不能达到海德格尔的“共在”之维，没有源初自我之皮，交互主体性之毛焉存？帕西在对海德格尔的共在模式说不的同时，对梅洛－庞蒂的实在论与唯心论的暧昧性模式亦不予苟同。在他看来，胡塞尔我本学中的“绝对主体主义即绝对实在论”吊诡乃是“回到实事本身”的“彻底主义”所致，这种主体的彻底主义与马克思所称的“彻底即在于抓住事物的根本，而对人来讲，根本就在于人自身”是一致的。[③]

---

① ibid. P129.

② ibid. P129.

③ ibid. P129.

第三章　他　人

第一节　问题的由来

在世间层面上，他人的存在如同我的存在一样，是确凿无疑的。任何人对他自己来说都是一个“我”，而“我”之外的任何人都是一个“他”。只要有一点生活常识的人就不会怀疑他人的存在，在日常生活中如果真有人去怀疑他人的存在，我们只能说他连一点生活常识都没有了。就此而言，在世间经验的层面上，“他人”是不成其为一个问题的。

在现代哲学中，第一个向世间总体信念与旨趣发起挑战的是笛卡尔，他的彻底的怀疑程序使世间存在的一切都失去了自明性。物体、形状、广延、运动及地点都可能是“心的虚构”而变得靠不住了，甚至我有身体、有感官也并不见得十分靠得住。因为要知道我在梦中曾梦见自己头上长着角，但醒来后发现自己头上并没有角，难道我现在不会是在梦中觉得自己有胳膊有腿而实际上并没有吗？或者难道不会有一个非常强大、非常狡猾的骗子像变戏法一样变出这些劳什子来骗我吗？这样，一切世间的东西在我的怀疑面前都失去了确定性，唯有我在怀疑成了唯一不可怀疑的东西。骗子再怎么瞒天过海地骗我，我在怀疑也毕竟存在啊。“我思故我在”便成了怀疑过后的不刊之论。世间的一切都逃不过我思的怀疑。于是，他人存在与否也便成了一个问题。在“第二沉思”中，笛卡尔不经意地触及到了他人问题：如果我偶然地从一个窗口看街上过路的行人，在我看见他们的时候，我不能不说看见了一些人，“可是我从窗口看见了什么呢？无非是一些帽子和大衣，而帽子和大衣遮盖下的可能是一些幽灵或者一些伪装的人，只用弹簧才能移动”。[①] 不过笛卡尔对此不经意的一瞥并没有加以认真的沉思。不然他完全可以而且应该提出一个“他人”的问题：他人到底是什么呢？我所能观察到的无非是穿着衣服四处游荡的机器，这架机器有它自己的内在生活吗？它拥有自己的意识吗？如果它拥有自己的内在意识生活，那我又如何意识到呢？毕竟我只能对我自己的意识心知肚明。当然，它会告诉我他和我一样有自己的意识，但难道它不会是在骗我？

笛卡尔为自己的怀疑付出了沉重的代价：除了我思之外，世界上再没有任何确定的东西了。好在还有一个上帝，上帝的观念是无限完满的，那本身具有更实在更完满的东西是不能产生于欠实在欠完满的东西，而我自己是有限的不完满的存在者，所以我自己不可能是上帝这个观念的原因。因此上帝的观念必然是由一个无限的东西（即上帝）置于我们心中的，所

① 笛卡尔著，庞景仁译：《沉思录》，商务印书馆 1996 年版，第 31 页。

以上帝是存在的。正如一个直角三角形的本质同它的三角之和等于两直角相加分不开一样，上帝的存在同它的本质亦是不可分的。由于上帝的观念是完满的，他不可能有任何缺点，他肯定不会是个骗子，因为“凡是欺骗都含有某种不完满性”，既然上帝乃诚实的神明，那么我们感觉到外部世界的物体在作用于我们的感觉，就不会是一种幻觉，所以外部世界是的的确确存在的。这样笛卡尔借助上帝的观念，将在怀疑中丧失的一切又一一给赎了回来。这就难怪实用主义者皮尔士将笛卡尔的怀疑法斥为“人为造作的怀疑”，是一种“自我欺骗”，只不过是“装模作样地怀疑那些我们在心里并不怀疑的东西”而已。

有一个上帝做担保，使笛卡尔轻易避开了他本应负责的唯我论的纠缠。而在先验哲学的发展中，恰恰这个做保的上帝出了问题，如康德在《纯粹理性批判》中所指出的，“设定一个三角形而又不承认它的三个角，这是自相矛盾的。但就对三角形和它的三个角都不承认，这是没有矛盾的。关于一个绝对必然的存在者这个概念亦复如是”。① 但康德的先验意识乃是指全人类共同的普遍结构，认知的主体不是单个的自我而是普遍意识，因而也不必为唯我论问题费思量。

20 世纪以新笛卡尔主义者自命的胡塞尔再一次向世间的一切信念进行挑战，这一次挑战更加彻底，连超越者上帝本身也难幸免。在《观念》第一卷的第五十八节，胡塞尔明确指出对于任何宗教意识——纵然它们来自有合理根据的动机——皆不予考虑，悬搁被义无反顾地扩展到上帝这一“绝对的、超

① 康德著，韦卓民译：《纯粹理性批判》，华中师范大学出版社 1991 年版，第 528 页。

验的存在”上。这样一来就使胡塞尔面临着与笛卡尔根本不同的境地。在笛卡尔那里，哲学的怀疑有着明显的本体论预设：物的存在是不确知的，我思的存在是确知的但又是有限的，上帝的存在是无限的，世界由上帝创造，上帝又不会骗人，所以世界是真实的、自在的，怀疑的最终结果是确立起了世界的自在性；而胡塞尔悬搁的根本目的即是要取消世界自在存在的合法性本身，悬搁表明自在存在只是一种幻觉，世界完全是“为我的世界”。因此，在笛卡尔我思的背后，实际上还潜藏着保证世间存在合法性依据的超验者上帝，而在胡塞尔先验自我背后，不再有任何东西，“任何向其背后的探究尝试都将是荒谬的”。① 对于此，利科曾有切中的评价：“胡塞尔在交互主体性的哲学中为客观性寻找一个比笛卡尔在诚实的神明寻找的更合理的根基。”② 而与康德不同的是，胡塞尔的先验自我不只是一个普遍化的人类主体结构，而是先验意识的一个中心极，先验意识成了“绝对的个体化”的我的意识，于是，他人问题便构成了对“绝对的个体化的”意识的严峻挑战：在我之中如何给出一个“他”呢？一方面，他的我必须在我的先验自我中得到构成，另一方面，这个在我之中被构成的我又必须是与我有别的一个他（他我）。

这个问题，从胡塞尔我本学建立的那刻起就一直纠缠他。不阐明“他人”在我的先验意识中得到构成的特殊的体验类型，现象学的论述就是“不完整的”，人们就会提出唯我论的指责。而一旦他人之维得到现象学的厘清，“作为对现象学唯

---

① Husserl, *Crisis*, P188.

② Ricoeur, *Husserl: An Analysis of His Phenomenology*, P84. cf. P115.

心主义的反对，唯我论的反对就根本不会提出来。”① 因此，固然有许多论者将胡塞尔的交互主体性理论追溯到《逻辑研究》中语言交流功能的讨论，② 也有许多论者（如 Iso Kern）指出交互主体问题在胡塞尔现象学中不是一个“系统的自我包容的问题”，而是与其现象学的各个方面有所关联的问题：向纯粹意识的悬搁与还原，本已意识与他人意识的区分，本己的意识世界与他人的意识世界的区分，意识中不同的对象之构成如客观时间、客观空间、本己身体、本已位格，自然的世界与文化的世界、自然科学态度与人文科学态度的区分及伦理学与单子论的本体论等都具有交互主体性的一面。交互主体性“囊括了整个现象学”。③ 但是，应该讲，只有在胡塞尔先验唯心主义的我本学得以确立时，他人、交互主体性问题才真正成为一个紧迫性问题。依胡塞尔本人的交待，早在 1910—1911 年哥丁根大学的演讲中他已初步涉及“感通”（Empathy）、交互主体问题，而这一时间恰恰处在胡塞尔先验唯心主义体系得以明确表达（如《观念》第一卷）之际。不过详细的讨论首先见之于 1912—1928 年间写成的《观念》第二卷中。随后在《笛卡尔沉思》的第五沉思中，他人问题成了关键性的主题。而该书也正是胡塞尔本人我本学立场表达得最明确、最完整的一本书。

---

① Husserl, *Ideas* I, P19.

② Husserl, *LI*, PP276 ~ 278.

③ 参见 Iso Kern 为 *Encyclopedia Of Phenomenology*（《现象学百科全书》）所撰的 Intersubjectivity 条目。

第二节　胡塞尔我本学中的他人

一、《观念》第二卷：读书与读人

《观念》第二卷是胡塞尔区域本体论（Regional Ontology）探究的著作。在该书中，胡塞尔依次探讨了物质自然（Material Nature）、动物自然（Animal Nature）及精神世界（Spiritual World）的构成问题，在这三大区域的本体论构成分析中，都涉及了感通与交互主体性问题。

在物质自然构成分析中，胡塞尔曾讨论到从唯我论的体验向交互主体性的体验过渡的问题。在唯我论的层面上，物是在一系列有规则的和谐的体验中显现出来的，物之显现必然与经验着的主体相关，随着主体身体的活动，物的显现样式亦不断发生相应的变化。物总是从某个方面、某个角度、某种光度下显现给相关主体的。物不可能在同一时间、在同一角度、同一光度下显现给两个不同的主体，每一个主体都拥有自己的“定向空间”(space of orientation)，有自己的“这儿”及可能的“那儿”。两个不同的主体不可能在同一时间占据同一个“这儿”，对一个“这儿”的主体言，另一主体只能是在一个“那儿”。既然如此，不同的主体何以可能在同时看到同一之物呢？换言之，交互主体性的物如何给出呢？物之交互主体性的客观性，“就由主体的‘活动’造成的每一个新的‘这儿’及每一个另一个主体角度下的‘这儿’而言”，必然表现在“每一个‘这儿’与每一个相关的

‘那儿’是一致的”。[①] 但是我的“这儿”与另一个人的“那儿”的一致性并不是由我们的眼睛把握到的，而是靠“理解”，在“更高种类的直观”中洞察到的。这个更高种类的直观，乃是建基于位置的变更与“感通”之上的。尽管在原则上物总是通过诸显像而给出，而显现内容也总是因相关主体的变化而变化，但因有此感通及其衍生的相互理解的存在，显现内容最终会在交互主体性层面上被确立为同一事物的显现。至于感通如何可能，胡塞尔并未交待，只是简明地指出，交互主体性的物的给出，必须借助于“身体”，身体的把握“在交互主体性中占有特殊的地位”。[②]

在动物自然的构成分析中，胡塞尔讨论到“在感通中心灵实在的构成”问题。在这里，身体的特殊地位得到了详细的阐明。在讨论身体在感通中的地位之前，首先得说明一下身体本身的构成问题，[③] 胡塞尔现象学的身体（Body）与机械主义的躯体（body）不同，它是“定位化感觉的载体”，一切感觉、情绪都定位于我的身体之中，有些感觉定位于我身体的某一部位，比如用针刺一下我的手指，我的手指就会有痛感，有些感觉（如情绪）是以一种不确定的方式弥漫于我周身之中，而有些感觉则并未定位于身体的某一具体部分，如思维并不定位于大脑之中。身体也是“意志的器官”“自由运动的场所”，我可以直接活动一下自己的身体，摆一下手，伸一下腿，摇一下头等，但我不能直接活动一下物体，我要使其他物体移动必

---

① *Ideas* Ⅱ, P88.

② *Ideas* Ⅱ, P86.

③ 对胡塞尔身体现象学的详细讨论，可参见第四章《身体》的有关内容。

须首先借助于我身体的活动才行，如用手推一下桌子，用头顶一下足球等。另外，身体还是“定向化的中心”，物总是从某个侧面、以某种方向向我呈现着，或远或近，或前或后，或左或右，或上或下，这一切方向性的开展都是围绕着显现着的身体展开的，离开身体的定向，远与近、前与后、左与右、上与下等方向便失去了意义，身体本身乃是一切定向的“零点”（zero point），是“终极的中心的这儿”，任何外在于它的东西都是一个“那儿”，都依身体的这儿而有其方向，远是离我身体之远，右是依我身体之右。总之，现象学的身体是自由运动的器官，感觉之载体，定向之中心，是与心灵交织于一切的“具体的统一体”。

在现象学的身体构成得到描述之后，胡塞尔又进一步区分了“源始直呈”（primal presence）与“附呈”（appresence）。如果主体在源始的直接呈现中拥有知觉对象，也就是说对象被有血有肉地给予我，这就是“直呈”。我看到了一张桌子，但实际上我亲眼见到的只是桌子向我展现的一个侧面，这个直接进入我眼帘的一面便可说是直呈于我，桌子的其他面如桌子的背面、后面，我并没有实际地看到，但它们并不因此而化为乌有，它们作为“背景”而包围着我直接注意的那个侧面，它们与直呈的一面一道附带地给予了我，即“附呈”于我。我完全可以通过改变自己的位置如绕桌子一周，或改变桌子的位置如把桌子翻过来或转一下，使原来“附呈”的一面变成“直呈”。如果对象不仅可以对某个主体源始地直呈，而且可以对所有别的主体同样源始地直呈，这样的对象总体便构成了对所有进行沟通的主体而言的“共同的源始直呈的领域”，此即“首先与源始意义上的自然”，即空间—时间—质料的自然。与此自然相对立的是主观的领域，主观的东西是独特的个体的时间性的东西，其源始在场的内容只能直呈于某一个源始在场的主体，如人饮水，冷暖自知，我的内在的心理体验只能被我自己源始地体验到，只有我自己才能体验到自己的牙疼，他人再怎么同情我、安慰我，也不能代替我牙疼。对他人而言，此源始在场的东西只能是不在场。这种不在场与物的不在场不同，物的不在场可以通过改变物的位置或改变我的位置而转化为源始的在场，而主观东西的不在场是原则上的不在场，无论他人如何改变对我的位置，无论他如何接近我，我们之间还是永远隔着一个身体。

由此可知，作为站在我之外的作为躯体的东西在原则上是可以源始地直呈于我的，我完全可以像绕物一周一样绕着他人的躯体走一周，使其躯体以其源始在场给予我。而他人心灵的“内在性”则只能在附呈中被体验到，它在原则上是无法直呈于我的，它的给出必赖于某种源始在场而其本身却绝不能在源始在场中给出。建基于身体上的触类感通使它的给出得以可能。在我身体的周遭世界中，我会遇到与我的身体相类似的他人的身体。触类而生感通，知觉现象学的分析告诉我们，任何事物的呈现皆有其类型化的背景，知觉世界实际是一类型化了的世界（typified world）。以树为例，我见到任何一棵树，都是在意识中将其“归类”了（此并非主动归类，而是被动联想）：它是一棵树，于是它作为树所具有的特性作为视界而一道给出了，每一日常经验都牵涉到从一源始设置了对象意义到新情形的类化转移（analogizing transfer）。当他人之身进入到我的知觉中，因其身与我身之相类，而必发生一类化转移现象，我之身乃触觉、嗅觉、痛觉等感觉定位之域，那么他人之身体亦是一触觉、嗅觉、痛觉等感觉定位之域，他人的心理生活这一内在性之域遂与直呈于我的他人的身体一道而附呈于我，胡塞尔称此为“被转移的共呈”（a transferred co-presence）。如果身体活动，占据一个新的位置，那么心灵也随之一同活动，心身一体而相协。意识藉此一体化而获得了在时空中的位置。我们不会忘记胡塞尔本人在《作为严密科学的哲学》一文中对意识自然主义所持的严厉的批判态度，然而在此为了开出交互主体性之维，胡塞尔又不得不求助于意识的合法的自然化，并明确指出“为了建立我自己与他人之间的相互关系，为了将某物传达给某人，一个身体的关系，藉物理事件而有的身体的关联必须被设置起来”。[①] 他人遂作为定位化与时间化的东西对我而言而在“那儿”。他被我设定为“我的自我的相类者”（an analogon of my Ego），这一“第二自我”拥有其自己的主体性、自己的感觉与料、变化着的显像以及在其中显现出来的事物，在感通中，我参与了“他人的设定”。虽然在原则上我们不能同时占有同一位置而拥有同一显像，我们各自只能拥有自己的显像，只有在附呈的方式下我才能拥有他的显像及他的“这儿”，但是，因感通我完全可以设想，从他的“这儿”看我自己的身体亦不过是一个“那儿”，一个自然的东西，正如在我的“这儿”看，他人的身体是一个“那儿”，一个自然的东西一样。

在《观念》第二卷的第三部分“精神世界的构成”中，胡塞尔指出了他人问题种种不同的意义。每个人都是他周遭世界的中心。他人正是在每个人的周遭世界中遇到的，他人被视

① ibid. P176.

为介入他自己周遭世界中的一个人而不是物，也不是灵与肉的机械拼凑。“将人与动物视为‘纯粹的物’有着不同的意义：法律的与道德的意义，另一方面是科学的意义。但两者拥有共同之处。从一道德实践的立场看，如果我不将他人视为一个与道德相关的人——一个道德世界在其中得到构成道德联合体中的一员，那么，我就是在将他人作为纯粹的物看待。同样，如果我不将他视为建基于法律上的我们共属的共同体中的一员，而是将他视为纯粹的物，视为没有权利的纯粹的物，那么，我就不是在将人作为权利主体对待。同样相似的是，如果我不将他人置入人的联合体中——与此相关，我们是一共同的周遭世界的主体，而是视他为纯粹物的自然物体的纯粹附属物因而视他为纯粹的物本身，那么，我就在理论上将他作为物看待。”① 这些将人彻底的自然化已完全超出了合法性范围，因为人与物、客观存在有一因果的依赖性之外，人与人、人与周遭世界尚有一层意向的关联，对人的精神领域的盲视是自然主义的通病，自然主义者只见物而不见人。现象学“精神世界的构成”分析即是要以将精神作为精神、人作为人的态度去分析人与人之间、人与周遭世界之间的意向联系。这样，“他人”问题在精神世界的层面上又一次成为主题。

在对“他人实存的统摄体验”中，我们与他人拥有一个共同的世界：大地与天空，田野与森林，我们共居一室、同赏风景等。我们处于人际的联系中而相互共属。“如果一个共同的周遭世界不为我们在一团体中存在，那么我们就不会是为他们的人，与此相关的是，人在本质上是被构成为共他的（with

① ibid. P200.

the other）人”。每一个自我，只有统摄产生与一共同周遭世界的关联，“才能自为与为他的成为通常意义上的一个人，一个在人的联合体中的人。”①

在这个共同的周遭世界中，每个人都“相互指引自身”，他们或言或行，其言行被他人所理解，他人可能有意受其影响，也可能决意去拒绝它。以言相切磋，以行相回应，默契或反对，首肯或拒绝，人际间的这种相互确定、相互影响的关系和物与物之间的因果关系迥然有别。“在这种种的相互理解的关系中，便产生了一种有意识的人际间的相互关联，并在同时产生了他们与一共同周遭世界的统一关联。”② 自我在体验他人中构成的周遭世界是一“沟通的世界”（a communicative world）。在这个世界中，每个人都隶属于某个社会联合体，每个人作为群体中的一员相互间都是“伙伴”（Companions）而不是相对立的物。他们之间在实际中或在潜在中在爱与不爱、恨与不恨、信任与不信任的行为中相互关联着。

在这种个体间的相互共属之外，尚有社会群体间的相互关联，群体间的互动构成了更高类型的社会主体性（social subjectivity）及其相应的周遭世界。我们完全可以设想一个全人类的主体间的内在互动而构成一个共同世界（精神世界）③ 而孤立化的个人只不过是社会主体性的零极限情形（zero limit-case）而已。这样，即便是物的世界在其最低层次上也已是交互主体性的质料的自然了，所有现实的与可能的个体的身体都

① ibid. P201.

② ibid. P203.

③ 胡塞尔甚至设想我们与火星上可能存在的人的沟通之情形。见 *Ideas* Ⅱ，P206。

在这一层面上占有一席之地，而在高一层次上，这一自然又被视为理论上的、价值论上的、实践上的活动的领域，被视为不同社会层面上的精神活动的领域。自然成了科学的领域，成了审美评价的领域，成了实践的领域。因此即便是物理世界亦有一精神的意义，有一社会的特征。

到此为止，胡塞尔所表达的东西与海德格尔在《存在与时间》中对 Dasein 在世中的共在的分析颇为相似，只不过海德格尔对烦神的描述更具生存论的意味，而胡塞尔更注重交互主体间的层次厘清及其相应的意向生活的分析。

不过，胡塞尔并没有放弃我本学的立场，他仍然坚持必须区分“团体精神的周遭世界或外部世界”与“单独主体的单纯的主观领域”。前者是交互主体地构成了的客观世界，每个主体藉其相互间的理解而确认这个世界既给予他本人又同样给予他的伙伴。后者在其源始的样式中是只给予单个主体本人的，因而不可能源始地给予其他主体，尽管通过感通我会体验到他人的源始体验，但严格来讲感通给出的只是“附呈”或“共存”（co-existence），它在原则上是无法转化为“直呈”“源始的在场”的。“感通的特点即是它指向一个源始的身体—精神—意识（an originary Body-spirit-consciousness），但后者恰恰是我本人不能源始地完成的。”①

有鉴于此，胡塞尔认为从构成起源的立场上有必要进一步区分两种主体性：“前社会的主体性”（pre-social subjectivity）与“社会主体性”（social subjectivity）。前社会的主体性即尚未预设感通的主体性，它只知道：

① ibid. P208.

（1）内在经验（inner experience），即那些绝对源始的不包含任何再现因素的经验，它是完全在有血有肉中把握到的东西，是不带有任何共呈甚或视界的东西。

（2）外在经验（external experience），即完全只是共设（co-positing）或附呈（appresentation）的经验，在一定条件下，外在经验可以转化成直呈或源始在场。社会主体性即交互主体性，在这里我们对其他的主体及其内在生活、对其性格与品性、对团体精神、团体形式、团体事件都有所经验。每一如此的经验都牵涉感通中的再呈要素，而永远无法被转化为当下的直呈。

而在将人格自我描述成“动机之网”的意向生活的主体后，胡塞尔又讨论到“理解他人的动机”问题。在社会中，我们与他人的身体相遇，这个身体像其他东西一样在我的直观中给出，但这个身体也是和他人的人格连结在一起的。不过，胡塞尔要强调的是，我们在遇到他人时，并不是将身体与他人人格外在地拚连在一起。我们见到的是一个活生生的人，他的身体乃精神生活表达着的身体，他的脸部表情、他的姿态、他的言语、他的音调无不表达着他的情绪、欲望、思想。“脸部表情是被看见出的脸部表情，它们是指示着他人的意识的意义之直接载体。”① 在这里胡塞尔援用“读书”的例子来说明我们“读人”的情形。当我阅读一本书时，我当然得先看到一些印在书页上的物理印迹，但读书之为读书，恰恰不在于留心这些印迹形状、间距如何（尽管它们作为物理物确实也映入了我的眼帘），我生存于其中的是“意义”，是语句或段落的

① ibid. P247.

“精神统一体”。那么，是否应该说，这里首先在场的是物理的痕迹，此是“首要的对象性”（a first Objectivity），而“激活”这首要的对象性的乃是“次发的对象性”（a second Objectivity）呢？胡塞尔对此设想是予以坚决否定的，意义并不是与物理痕迹并肩而立的东西，毋宁说，我当下关注的就是意义，只有在专题的抽象中，意义与物理的东西才被区分来。说书先有封面、书页等东西，然后再在这东西之外附加着第二种东西“意义”，这种说法是非法的，意义在“激活”中，乃“穿透着”整个物理物。在我们读书的过程中，字符的形状、间距都是透明的东西，我们直接读到的乃是意义（意义网络）。

“读书”的情形也适用于“读人”，当我们遇到一个人时，我们无疑看到了一个有着如此这般形状的身体，但我们并不驻留于此，而是透过身体而看到了一个人，一个又说又笑、又唱又跳的人。我们并不是先看见一个如此圆圆的东西上面布满了如此这般的皱纹，然后再在这因肌肉位移而造成的皱纹上面加上一层“笑”或“哭”的意义，相反，我们首先看到是他人微笑或痛苦（而不是面部肌肉与皱折的机械位移）。“身体，作为身体，乃是彻头彻尾充满灵性的。每一个身体的动作，来与往，立与坐，行与舞等，都是充满灵性的。”① “与他人感通正是**领会意义**的把握，即在其意义中及在其所承载的意义统一体中把握身体。”②

在具体的“读人”过程中，既有一“普遍类型”的他人领会，也有个人类型的他人领会。例如，我看到一个人伸手拿

① ibid. P252.

② ibid. PP255～256.

杯子，我会想，他想喝水，他之所以想喝水是因为他渴了。这就属于普遍类型（general type）的领会，这与他个人的人格毫不相关，这个动作乃是人之普遍的动作。但是，如果他突然把杯子放下不喝，因为他看到站在他身边的一个又饥又渴的可怜儿童，于是将水杯递给了这位儿童，这个动作显示出他的“好心肠”，这是他个人的性格的表现，此即属于“个体类型”（individual type）。每个人都有自己的特性，有自己的行动风格，“个人生活显示出类型性，每一个人的个人生活都显示出不同的类型性”。[①] 理解他人即是理解他的类型性、个性。因此，看到一个人与看到一个物是不同的，看到一个物，每一个物都是某一类的物，只要我们知道其类，其余的就无关紧要了。但“看到一个人并不意味着早已认识了他”，按照其共性（普遍的类），他是一个人，但这是一个有着自己个性的人，这个性是在他本人独特的生活经历中构成的。只有“我将自己投入他人的位置上，”通过“感通”，我才能理解他人的动机与行为：“我藉将我自身置于他的境况中、置于他的教育水平上、置于他作为一个青年人的历程中等，我才能获得这些动机。而要达到此，我就必须参与那一境况；我不仅与他的思想、他的情感、他的行动感通，而且我也必须在它们之中追随着他，他的动机变成我的准动机，这些动机在直观充实的感通样式中有洞察地诱导着（motivate with insight）。我共享（co-share）他的诱惑，我共担着（co-participate）他的谬误；在这一“共”（co-）之中，存在着一个内在的动机因素的共生

① ibid. P284.

(co-living) ……"[①] 如此，对他人的理解，便成了“我本己的变换”(variations of my own)。

二、《笛卡尔沉思》中的“他人”

《沉思》一书差不多用了近一半的篇幅处理“他人”问题，这是胡塞尔生前发表过的对“他人”问题研究最详尽的一部著作。该书共分五大部分，前四个部分从讨论先验自我的进路入手，依次讨论了先验经验的普遍结构、构成问题，至“第四沉思”而达到“单子自我”这一先验唯心主义的现象学。单子自我成了一切“可能意义的宇宙”：一切意义即一切存在者的存在，都是在单子自我的意向生活中构成的。于是，对世界的诠释，便成了一种自我诠释。这自然是《观念》第一卷中的直观主义发展的一个最后的结果，一切原则中的原则，就是撇开一切世间的态度与观念而直接面向直观。于是“他人”也必须在直观、在我的先验意识领域给出来。

毫无疑问，我在周遭世界存在就是与他人一同存在，我与他交谈，世间的东西也展现着他人的存在，文化对象（书、工具等）是属于文化共同体中的所有成员的，等等。为了贯彻我本学的直观主义立场，胡塞尔首先将世间中这种他人的存在之设定态度加以悬搁，这是“第五沉思”的出发点，即首先从一个“自我本具的领域”出发。这个领域，即完全是我本人体验的领域。是一个唯我论的领域（“非异己的”“非他人的”体验领域），一个自我意识的领域。

在清理出这样一个本己的主观领域后，胡塞尔给自己定下

---

① ibid. P287.

了三个必须依次解决的问题：①他人的自我；②客观的自然；③整体的客观世界如何在我的源始体验内得到构成。关键的问题是他人自我的构成，因为只有首先给出“他人”，给出交互主体性的基础，才能谈论诸单子间的“和谐”，才能进入到客观世界本身的构成层面。因此交互主体性以及客观世界构成问题的关键乃在于“他人”的构成。胡塞尔借助“类比统觉”“结对”“附呈”“感通”等范畴去分析他人的给出。

（1）“类比统觉”（analogical apperception）。他人的身体出现在我的知觉中时，他的身体如同其物体一样，是侧显地给出的。但我并没有将之视为一般物体，而是将之视为一生灵的机体。这何以可能？在本己的源始体验中，我对自己的身体有源始的体验，我的身体是我唯一能被我源始地构成的生灵机体。因此，他人的身体被我统握为生灵机体肯定是通过“从我的生灵机体中的统觉转移”而获得其意义的。这种“同化的统觉”（assimilative apperception），不是“出自类比的推论”，“统觉不是推论，不是一种思维行为”。每一类统觉都最终可以回溯至一“源初的设置”（primal intituting），每一种日常的经验都包含着源始设置的对象意义向新东西的“类比化转移”（analogizing transfer），新东西都是被预期地（此非主动的预期，而是被动的联想）领会为拥有其所属类相似的意义。例如，我看到一棵从未见过的树，在见到的那一刻，我就将其“归类”了（此非主动的归类）：它是“树”，它便在树所具有的特性的视界中给出了。类比转移最终扎根于我的源始体验之域，即我第一次见到树时，将它“源初设置”为树时的体验。

当他人以其身体直呈于我面前时，因其身体与我的身体的相似关联，遂产生类化统握，即胡塞尔所称的“结对”（pairing）现象，“结对是被动综合的源初形式”，在“结对的联想”中，由于他人的身体与我的身体的类似，于是我就将对自己的身体体验“转移”进与我类似的身体中，这个身体和我的身体一样是有着它自己心灵生活的身体，是他人自我的身体。结对联想所产生的“转移”只是一种“预期”，它尚未在体验中得到充实。

（2）“附呈”与“证实”。在结对联想中，他人的身体遂拥有了与我相类的另一个我，但他人的精神生活是不可能源始地被我体验到的，它只与其身体的直呈一道附呈于我的知觉中，这一附呈的东西，在其身体的和谐行动中显示出来。他人身体的行为举止成了他人内心生活的“索引”，当他的身体受到硬物的刺击后会做出和我的身体一样的反应，当他的眼睛面对强光时，会和我一样眯起眼睛，他的一举一动都与我的举动相类似，这些和谐的行为举止“证实”了我结对联想时的“预期”，这些和谐的行为显示出它是和我同类的他人自我的行为。如果和谐的行为被打破，那么就无法真正将之构成为一个人的行为。例如，迎面走过来一个人形的东西，它的样子以及举动（如走路的姿势）都像人的样子，我在结对联想时便将之预期为一个人的身体。但随着它的走近，突然间我发现它的整个动作都有些僵硬、机械，它的面部毫无表情，在它转身间，它背后露出一些电线与机械零件，结对联想后的连贯证实被打断了，它原来不是一个他人，它的身体不过是一个伪身体，它原来是一个机器人。

（3）想象中的自由“换位”。我的身体是一个中心的“这儿”，相应地，他人的身体则是一个“那儿”。通过我的身体动觉的自由变换，我完全可以改变自己的位置，任何一个原本对“这儿”的我而言的“那儿”会转换成一个“这儿”，而原来的“这儿”亦相应成了一个“那儿”。这意味着，如果从那儿去感知，我会看到同一个东西，只不过是显现的样式有所不同而已；这也意味着，物之构成不仅相关于我“这儿”的当下感知，亦相关于将我置于“那儿”的位置转换。对于“这儿”的我来说，每个“那儿”本质上都是一个潜在的“那儿”。这样，我既可在我当下的体验中亦可在我潜在的体验与他人结对。确如利科评论的，想象中的自由换位乃是从我的视角中解脱出来而进入到另一个视角之中，藉此，我领悟了对我来说的“那儿”正是对他来说的“这儿”。

在“他人”给出之后，胡塞尔开始分析“交互主体的自然”（Intersubjective Nature）的构成，接着他又分析了“异己文化”的“感通”问题。交互主体性的意向分析的最后结果便是大同世界之目标：“实际上，只能存在一个唯一的单子共同体，一个所有共存的单子的共同体。因此，也只能有一个客观的世界，一个客观的时间，一个客观的空间，一个客观的自然。”①

胡塞尔我本学的他人构成成功了吗？在做出我自己的评论之前，先让我们看一下后继的现象学家们对这一问题的看法。

第三节　海德格尔哲学中的“他人”

他人问题一度也曾是海德格尔津津乐道的话题。由于海德格尔摒弃了胡塞尔的笛卡尔式的我本学进路，而着力强调 Da-

① ibid. P140.

sein 在世的交互主体性的一面，这样海德格尔就从实存本体论的高度将他人置于 Dasein 在世结构的一个不可分割的环节中，从而就使他免受因我本学的还原这一胡塞尔方法论程序所造成的他人问题之焦虑。因此，海德格尔处理他人问题主要不是出于体系完备上的考虑（如在胡塞尔那里，我本学只是一个起点，而交互主体性则是一个完备、发展）。在他人问题的处理上，海德格尔 Dasein 的本体论有理由要比胡塞尔我本学的方法论更得心应手些。

在《存在与时间》的第四章，海德格尔在对“此在为谁”的生存论阐释中，对笛卡尔（实际上也包括胡塞尔）为代表的我本学的路数进行了严厉的批判。Dasein 为谁？Dasein 向来是我的 Dasein，这种“形式的给定性”貌似明白无误的，因而也成了笛卡尔（与胡塞尔）哲学的出发点。“自我”“主体”“我自己”是那个“在变动不居的行为体验中保持其为同一的东西”。“有什么东西比我们的给定性更无庸置疑呢？这种形式的给定性不是指示我们：为了源始地把这个我整理出来，就得撇开一切其他也‘给定的东西’不论——不仅要撇开存在者状态上的‘世界’。而且撇开其他‘诸我’的存在。”这一番话简单明了地将胡塞尔的我本学路数给清理了出来：胡塞尔的现象学悬搁将“世界”撇在了一边，而“第五沉思”又明确地将其他诸我撇在一边，从而敞开了一个自我本具的领域（sphere of one’s ownness）。对此我本学之路数，海德格尔给予了非常勉强的认可：“也许这种‘给’的方式给出的东西事实上是明白无误的。这种见地甚至还敞开了一条通道，可以通向一项独立的现象学讨论，这项讨论作为‘形式上的意识现象学'有其制订框架的原则意义。"[①] 在给他的主人些许慰藉后，他马上提出了一系列尖锐的问题："Dasein 在谈起它自己的时候也许总是说：我就是这个存在者；而偏偏它'不'是这个存在者的时候它说得最响。Dasein 向来是我的 Dasein；但若情况竟是 Dasein 恰恰基于这一机制而首先和通常不是它自己呢？前面曾提到过人们把我给予 Dasein 本身，给与对 Dasein 的近便的自我解释；但若情况竟是生存论分析工作从这种给定性入手就落入陷阱呢？这种素朴的'给与'应能使我们通达某种东西；但若借以规定的这种东西的本体论视界结果在原则上尚未规定呢？"[②]

鉴于此，海德格尔将"我的形式的给定性"给完全"禁止"了：无世界的纯粹主体从不曾给定，无他人的绝缘自我也从不首先存在。Dasein 于世之中存在这一基本机制使得我本学的立场完全失去了合法性。因我本学立场的摒弃，他人问题也随之在 Dasein 实存论层面上得到了阐释。

Dasein 在对周遭世界的筹划中，他人就与被筹划的世间存在者一同来照面了。任何世间存在者在其上手存在方式中，都有一"本质性的指引"，指引向一些可能的"承用者"或"供用者"。例如，我走在外面的这块地显然是属于某人的，我在写字用的笔显然是在从……买来的，是由……赠送的，诸如此类。他人即是从烦忙寻视的 Dasein 本质上驻留于其中的那个世界中来照面的。我与他人原本即拥有一个共同的世界。"他人"并不等于说在我之外的其余的全体余数，而这个我则从这

① 海德格尔：《存在与时间》，第 142 页。

② 海德格尔：《存在与时间》，第 142 ~ 143 页。

全部余数中兀然特立；他人倒是我们本身多半与之无别，我们也在其中的那些人，由于这种 Dasein 的共同存在，“世界向来已经总是我和他人共同分有的世界。Dasein 的世界是共同世界。‘在之中’就是与他人共同存在”。[①] 这样，胡塞尔那种先将他人、世界搁置以还原出一个“自我本具的领域”，然后再从此领域出发构成一个他人以及一个交互主体的共同世界的路子，显然是有悖于 Dasein 实存这一基本的现象学之实事了。这种将我先“高标特立加以绝缘”，然后又不得不寻找“从这个绝缘的主体过渡到他人的道路”的做法未免矫揉造作、本末倒置。

对于胡塞尔以“这儿”与“那儿”的换位，来通向他人的存在领域的做法。海德格尔明确指出：当 Dasein 突出地把它自己说成‘这儿的我’之际，这个指明地点的人称规定必须从“Dasein 的生存论上的空间性来领会”，“这个‘这儿的我’并不是指我这物的一个突出之点，而是要从上手的世界‘那儿’来加以领会的‘在之中’，而 Dasein 作为烦忙就滞留于‘那儿’”。[②] 这种明显地对胡塞尔由“这儿”→“那儿”的方向性的颠倒（“那儿”→“这儿”）绝不是一种文字表达顺序的颠倒，而是从根本上颠倒了我本学的致思方向，**“我”不是在“这儿”的反身自视中碰到了我自己，“我”恰恰是在“那儿”的它（周遭世界中的存在者与他人）那儿领会着自己。**而且“这儿”“那儿”也不是反思层面的表达现成空间的词汇，而是 Dasein 之“源始空间性的性质”。“用‘这儿’这个

① 海德格尔：《存在与时间》，第 146 页。

② 海德格尔：《存在与时间》，第 147 页。

说法融身于其世界之中的 Dasein 并不是向自身说过来，而是从自身说开去，说到一个在寻视中上到手头的东西‘那儿’去……”①

对于胡塞尔用以通达“他人”的关键性环节“感通”，海德格尔也给予了实存论的批判。在 Dasein 有所烦忙的烦神中展开的“他人”，是前理论的一种展开。而当人们从理论上提出如何领会“他人的心灵生活”这类问题时，又恰恰遗忘了这种前理论的他人的展开，遗忘了这种前专题的杂然共在。于是本末倒置而将专题展开他人的活动“感通”视为源始的现象，“感通”仿佛成了为首先给定的茕茕孑立的自己的主体通向首先根本封闭不露的其他主体“提供了最初的本体论的桥梁”，仿佛藉此感通，每一 Dasein 在对他人的存在关系上就变成了一种“投射”(projection)，即“把自己对自己本身的存在投射到一个他人中去”，他人遂成了自我的一个“复本”。这种藉“感通”与“投射”而处理“他人”问题的路子显然直指胡塞尔。海德格尔挑明这一路子看似自明，但实是“立于软弱的基地上”。无可否认，建基于共在之上的活生生的相互识认常常取决于“自身的 Dasein 当时何种程度上领会了自己本身”，但这只不过意味着，它取决于自己的 Dasein“在何种程度上使本质性的与他人共在成为透彻可见的与无所遮拦的了”，因而这绝不能成为向我本学让道的合法性理由，要紧的是，“感通并不首先构成共在，倒是‘感通’要以共在为基础才成为可能，并且‘感通’之所以避免不开，其原因就在于占统治地位的乃是共在的诸残缺样式”，要之，“‘感通’绝非源始的生存论

① 海德格尔：《存在与时间》，第 147 页。

现象”。①

在《现象学基本问题》一书中，Dasein 的共在层面再次得到强调：Dasein 在寓于世间的存在者之中的同时，亦与他人一道存在着。Dasein 在世界中存在，并不是先同世间现成存在者打交道，然后发现他人也是世间存在者中的一员。相反，作为于世之中存在的 Dasein，它是与他人一道存在的，这个他人并不处于一个直接可见的范围，即便我们在事实上并未与他们明确地打交道；② 当然，Dasein 也不是先于他人一道存在，然后才在与他人的一道中遇到世间的事物，进而从这种相互共在中“走向一个客观的世界”。**与他人共在和寓于物事之中乃是 Dasein 同一生存结构之不可分的环节**。只这一点，就明确与胡塞尔由自我→他人→共同的客观世界（交互主体的世界）的思路划分了界限：“作为 Dasein 与 Dasein 之间的一种关系，这只有在于世之中存在的根基上才有其可能性。”③ “实存”“现成存在者”“手头物”“上手物”“他人的 Dasein”，这一切均是在“存在的领会”中得到“无差别地”领会的。Dasein 之所以能在日常生活中与他人相遇，与他人有所交往（烦神），乃是因为 Dasein 在其生存论机制上就是与他人共在的：“Dasein 本身，在本质上是向其他 Dasein 的共存敞开着的。”④

---

① 海德格尔：《存在与时间》，第 154 页。

② 比如，在孤岛上独居的鲁宾逊，并未与“他人”明确地打交道，但这并不说明他彻底地即是独在的。他的思想、他的语言（纵然是自言自语）都原本是在“他人”中学成的，他的那只狗（“星期五”），亦是人类（他人）驯化的动物，它的名字从根本也是从“他人”的词汇表中取来的。

③ Heidegger, *The Basic Problem of phenomendogy*, P276, P296.

④ ibid. P296.

由于 Dasein 在本体论上即是与他人共在、即是寓于物事之中的，所以 Dasein 才能在实际中将某物实存地“传达”给另一个 Dasein。胡塞尔的那种由一个主体出发，然后以某种方式为其自身提供一个对象的做法，只能沦为“不成功的主观唯心主义”。而且一味地沉溺于“自我”的反思，在病理学上亦是古怪的。

总之，在他人问题上，海德格尔实存之路与胡塞尔的我本学之路大相径庭。

第一，海德格尔从 Dasein 之基本本体论出发将胡塞尔在知觉论层面的他人奠基于生存论的层面上，Dasein 对他人的领会不是“一种由认知得出的知识，而是一种源始生存论上的存在方式，唯这种源始的存在方式才使认识与识知成为可能”。[1]

第二，胡塞尔以“自我本具的领域”（自我对自身的体认）作为构成他人的源始领域，海德格尔则从根子上取消了这种自我体认的方式。对他来说，Dasein 的现身不是在自恋式的自己用一种内在目光盯着自己、反思自己，Dasein 的反思原本即是从它所烦忙的物事那儿折射给自身的，自己的 Dasein 当下是被“它本身在**不看**或根本还没‘看’一切‘体验’与‘行为中心’的情况下‘发现的’”，“Dasein 首先发现‘自己本身’在它所经营、所需用、所期待、所访备的东西中”。[2] Dasein 这种日常的自我拥有才是正面的“真正的”拥有，而所有那些对自家心灵过分的挖掘却可能是造作的。[3] 这样就从根子

---

① 海德格尔：《存在与时间》，第 152 页。

② 海德格尔：《存在与时间》，第 146 ~ 147 页。

③ Heidegger, *The Basic Problem of Phenomenology*, P160.

上把胡塞尔他人构成的出发点——自我本具的领域给端掉了，“对他人的存在是一种独立的不可还原的存在关联”。[①] 自我本具的领域原已是公开的、交互主体的领域，“此在之独在也是在世界中共在。他人只能在一种共在中而且只能为一种共在而不在。独在是共在的一种残缺的样式，独在的可能性就是共在的证明”。[②]

第三，由于胡塞尔他人构成的出发点（自我本具的领域）被整盘端掉，“皮之不存，毛将焉附?”于是胡塞尔藉感通通达他人、通达一主体间的客观世界的做法在海德格尔这里也相应失去了合法性。Dasein **向已处于一公共的领域中，焉需画蛇添足之构成以给出？**Dasein **向已与他人共在同属，焉需本末倒置之感通以通达？**

导致海德格尔与胡塞尔在他人问题上的根本区别的原因在于两人对自我与世界的关系上的看法的分歧。在胡塞尔那里自我乃是无世界的主体（worldless subject）：①自我可以悬搁世界之信念，藉此而达到“自我本具的领域”。②自我高于世界，世界是为我的世界。③自我不是世界的一部分，而是世界的主体。④世界的无化是可设想的，而自我是绝对不可置疑的。因此。我本学的建立乃是必然的，只有在我本学的基础上，他人的问题、世界的问题才能得到合法的对待。而对于海德格尔来说，自我与世界不再是两个存在者，“自我与世界同属一个东西，即 Dasein”，[③] 自我与世界乃是 Dasein 自身于世

---

① 海德格尔：《存在与时间》，第 153 页。

② 海德格尔：《存在与时间》，第 148 页。

③ Heidegger, *The Basic Problem of Phenomenology*, P297.

之中存在这一结构同一体的基本属性。如此，自我绝不是高于世界的东西，它原本即是在世之中的。作为 Dasein 本质的时间性原即是“越出自身的”“绽出的”，除了这个越出自身外，Dasein 就根本没有什么“自我本具的领域”，Dasein 不再有什么秘不示人的“内”，或者说，Dasein 的“内”恰恰是在“外”的：“在指向某某东西之际，在把捉之际，Dasein 并非要从它早先被囚闭于其中的内在范围出去，相反倒是：按照它本来的存在方式，Dasein 一向已经‘在外’，一向滞留于属于已被揭示的世界的照面着的存在者。有所规定地滞留于有待认识的存在者那里，这并非离开内在范围，而是说，此在的这种依寓于对象的‘在外存在’就是真正意义上的‘在内’。”① 这样，“内”与“外”“的框架因 Dasein 的去中心化而崩塌了。② 由此，自我之“外”的他人问题因此内—外框架之失败而成了无的放矢的了：自我本无“内”，又岂有“外”，或者说自我的“内”正在其“外”。由此，感通的桥梁也变得多余的了：与他本来共属，何必感通？

总之，于世之中的存在的 Dasein 之本体论构成机制使得胡塞尔从我本学的立场探讨他人问题的路子从根本上显得漂泊无根、不合时宜了。**于世之中的存在即是朝向自身、与他人共在、寓于上手的东西与现成者不可分割之有机统一，这是一个基本的现象学实事。**胡塞尔我本学从自我本具的领域出发，实际上是人为地割裂“朝向自身”与另外两个环节的有机统一，

① 海德格尔：《存在与时间》，第 77 页。

② Dasein 是存在的澄明之所，就此而言，它是一个“中心”，然而其中心（时间性）恰恰是在外的、非中心的、超离自身的。

而将他人的构成视为构成交互主体客观性的必经阶段实际上又人为地割裂了与他人共在与寓于世间存在者的有机统一。

从生存论层面而不是从知觉论、知识论层面解决他人的问题是海德格尔理论的一大特色。有了海德格尔生存论的奠基，萨特与梅洛-庞蒂的努力便有了牢固的出发点。但如果以此就认定海德格尔完满地解决了他人问题，则未免仓猝与草率。相反，他在另一个层面上即他所谓的本真存在的层面上，面临着另一种他人问题的焦虑。因为，在海德格尔的生存论描述中，Dasein 之寓于存在物之中，与他人共在，Dasein 从物事与他人那里领会自身，这一 Dasein 的存在状态被视为“非本真的”。在《存在与时间》的第二十七节“日常自己存在与‘常人’”中，海德格尔将 Dasein 的日常共在清理出“相杂共在”(Dasein 融身于他人之中，合谋、赞成、反对他人)、“保持距离”（Dasein 为与他人区别而烦)、“平均状态”（Dasein 始终保持在本分之事、人们认可之事和不认可之事、人们允许他成功之事和不允许他成功之事的平均状态中)、“平整作用”（Dasein 压住任何优越状态，磨平任何源始的东西)、“公众意见”、卸除存在之责与迎合等几种类型，并指出这种种日常的共在形式乃是 Dasein 的最切近的“常驻状态”。在这种常驻状态下，本己的 Dasein 完全“消解”“沉沦”在他人的存在方式中。但这个他人既不是这个人，也不是那个人，不是人本身，不是一些人，不是一切人的总和，而是一个中性的东西：“常人”（Das Man)。常人到处都在，却又从无其人。如此看来，海德格尔通过 Dasein 的共在开出的“他人”实际上并不是真正的他人(与此相应的 Dasein 亦不是本己的 Dasein)，这一点海德格尔本人亦是供认不讳的：在常驻状态中，“本己 Dasein 的自我以及他人的自我都还没有发现自身或者是已经失去了自身了”。①既然日常的 Dasein 不是本真的自我，而由 Dasein 日常共在开出的又不是本真的他人，那么紧接的问题便是本真的自我如何开出？本真的他人如何开出？

对于前一个问题，海德格尔有明确的交待。通过“畏”与“死”的体验，通过良知的呼声与决断状态，Dasein 从其“常人”的套子中抽身而出，而回到最本己的能在。② 而对于后一个问题，海德格尔却语焉不详。在《存在与时间》中，海德格尔对 Dasein 的日常共在之描述，着墨之多、揭示之深，堪称现代大众文化批判之大手笔，这也是许多人一厢情愿地判他为存在主义者的一个重要原因。但令人遗憾的是，该书对本真的共在几乎只字未提，这是出于疏忽还是出于理论体系本身的缺陷确实值得我们认真思考。在《现象学基本问题》一书

① 海德格尔：《存在与时间》，第 157 页。尽管海德格尔同时又反复强调，Dasein 之非本真存在并不意味着“实际性有所减少”，也并不意味“真正不是”，说 Dasein 沉沦于世也不表示“任何消极的评价”，Dasein 之沉沦不应被视为“从一种较纯粹较高级的‘原始状态’‘沦落’”。但是，“非本真状态”“沉沦”“异化”“失落”“无根状态”与“本真状态”“愿有良知”“决断”的区分以及这类字眼所带有的强烈价值色彩，很难让人接受海德格尔中性描述的说法。

② 在这种意义上说，我们未尝不可说“畏”乃海德格尔式的“现象学还原”。在胡塞尔先验还原那里，世间存在者的设定被搁置，最后给出的是先验自我及其意向性结构；在海德格尔的“畏”中，亦将 Dasein 在世内存在者中的常驻状态搁到了一边，从而给出 Dasein 之在世本身这一 Dasein 本真存在的可能性本身。更深一层的对应性在于，胡塞尔之“还原”乃是先验自我的“自觉”，一直为而不名的先验自我因“还原”而得以彰现，还原无疑是自我觉醒、自我拯救的手段；在海德格尔的“畏”发出的良知的呼声中，将我呼向“最本己的能力”的呼声亦不是出自异己的力量（如上帝），由向死亡的存在而获得从常人中的“解脱”显然也不是藉耶稣的死才有的救赎。

的第二十节中，海德格尔蜻蜓点水式地提及到“本真的共在”：因为作为在世界中存在的Dasein，同时也是与其他Dasein一同存在的。因此，“本真实存的相互共在（authentically existent being-with-one-another）也必须首先通过个体的决断确定自身。只有从和在其决断的个体化中，Dasein才是本真地自由并向你敞开的。相互共在并不是从其共同隐匿的无助性而来的我向你的固执的入侵；相反，共同并相互的实存是奠基在真正的个体的个体化上，这是由当下（instant）意义上的现前化（enpresenting）确立的”。[①] 这段引文是《现象学基本问题》一书讨论本真共在的全部文字。这段缺乏现象学明证性的文字，很难让我们弄清楚，为何本真的共在要奠基在个体的个体化上，这种奠基又如何可能？本真的共在是否就是个体化的个体与另外一个（些）个体化的个体间的相互共在？如果是这样的话，那么这种共在是“相濡以沫”还是“相忘于江湖”抑或是“一盘散沙”？如果它不是如此，那么它又会是什么？这一切我们都无从得知。给我们最深刻印象的倒是，海德格尔辛辛苦苦用共在结构将胡塞尔的唯我论焦虑打发掉以后，通过“畏”“死”“良知”这类海德格尔式的生存论还原，又仿佛回到了他一度曾克服过的困境：现在的问题是，Dasein个体化的自我如何给出自身之外另一个个体化的自我？

第四节 萨特：他人与注视

表面看来，萨特在《自我的超越性》中完全摒弃了胡塞

① Heidegger, *The Basic Problem of Phenomenology*, P288.

尔先验自我的进路，因而也就免受“他人”问题的困扰。自我由先验的层面被驱逐到超越的层面，我与他皆被放逐到纯粹意识之外的世俗世界中，这样他人问题随着“唯我论”的消解而失去了合法性。然而这种看似一劳永逸的解决方式并不是没有代价的，首先，如果纯粹的前反思的意识层面没有“我”（也更没有“他”）存在，也就是说如果在本体论层面取消“我”（及“他”）的存在地位，那么，世间层面“我呀”“他呀”的说法如何可能？如果像萨特那样把“我”置入反思的层面，认为只有在反思的意识中才有一个“我”，那么，由无我的前反思的意识过渡到有我的反思意识，这个凭空而来的“我”，其现象学的合法性何在呢？人们完全有理由质问：如果不是早有一个“我”潜存于前反思的意识中，反思的意识如何可能无中生“有”（“我”）呢？

显然萨特对《自我的超越性》的解决模式亦感不满，在《存在与虚无》中，他又重提“他人”的问题，并用了一整卷约相当于全书四分之一的篇幅重新阐释“他人”问题。在这里，他直接采纳了胡塞尔直呈与附呈的区分：“人们不能设想一个心灵的任何直接面对另一个心灵的在场，而且即使人们承认有我的心灵直接面对他人身体的在场，我要达到他的心灵也还差一个身体的厚度”，他人的心灵是一个“不在场”，“在一个立足于直观的哲学中，没有任何对他人心灵的直观”。[①] 他人的心灵成了哲学史中最困难的一个问题而一直未得到真正的解决，唯我论便成了最简便的逃避形式：在我之外，什么都不存在。尽管唯我论的结论违背常识，极端荒谬，但却也是在哲

① 萨特：《存在与虚无》，第300页。

学上最难反驳的一种谬误。叔本华曾将唯我论戏称为“关在攻不破的堡垒里的疯子”，世人休想攻进去，不过好在它也不会跑出来。因此叔本华在直言“世界是我的意志与表象”的同时，仍可心安理得地将唯我论撇在一边而不予理睬。胡塞尔追随叔本华将世界系于先验自我的根基上，不过他尝试攻破唯我论的堡垒，他的策略是将“他人”请进先验自我的堡垒中，开出一“单子间的世界”。对于胡塞尔在《笛卡尔沉思》第五沉思中的交互主体性的阐释，萨特给予了积极的评价，称这是哲学上的“一种进步”，但他马上指出胡塞尔从根本上没有意识到我和他人的关系“首先并从根本上来讲是存在与存在的关系，而不是认识与认识的关系”，胡塞尔的失败在于他在“这个特殊的水平上以认识来衡量存在”，① 他在我的存在和他人的存在之间建立的唯一联系是“认识的联系”，这从根本上注定了他无法真正摆脱唯我论的纠缠。

在萨特看来，黑格尔在《精神现象学》第一卷中对他人问题的解决要比胡塞尔的解决更进步一些。在黑格尔那里，他人的显现是构成世界和我的经验自我不可或缺的一个前提条件。从黑格尔的立场来审视，胡塞尔我本学的立场就完全成了问题。我思本身乃是由于我为我显现为个体性时产生的，而我之所以具有明确的自我意识，必须有他人作中介，“自我意识是通过排斥一切他人而与它本身同一的”。② 这样由我本学而开出他人的路子完全成了问题，“他人的问题远非从我思出发

① 萨特：《存在与虚无》，第325页。
② 萨特：《存在与虚无》，第315页。

提出的，而是相反，正是他人的存在使我思成为可能”。[①]“为他的存在”在黑格尔那里成了自我意识发展的一个必然阶段，因为我是他人的对象，他人才与我有了关联，我是从他人那里获得对自我的认识的。他人是渗透进我的内在领域之中的，“我要是不怀疑我自己也就不能怀疑他人”“我正是在我本质存在中依赖他人的本质存在”“为他的存在显然为我为我本身的存在的一个必要的环节”[②]。

在他人问题上，黑格尔的另一个贡献是他没有像胡塞尔那样简单地在意识层面构成他人，而是提出了意识本身的存在问题，并指出了任何意识都包含着“他人的实在”。不过令萨特不满的是黑格尔仍然用认识的术语表述本来是存在的问题，在黑格尔这里“认识仍然是存在的尺度”，[③] 从而犯下了认识论的乐观主义的错误”：他把他人看作是“为我的对象”，同时又把我自己当作在“他人中的对象”，问题是我如何在他人中认识自己呢？“在他人—对象与主体—我之间没有任何共同尺度”。[④]

明确地将他人问题置入存在的层面的是海德格尔。他使我们明白：①人的实在关系在根本上是一种“存在关系”。②这种关系使得人的实在在其本质存在中相互依赖。海德格尔把人的实在特征描述为在世界中的存在，共在即与……一起存在是在世界中存在的一个不可或缺的环节，与他人一道存在便成了我自己存在的一个本质结构。这样在海德格尔的基本本体论

① 萨特：《存在与虚无》，第316页。

② 萨特：《存在与虚无》，第317页。

③ 萨特：《存在与虚无》，第318页。

④ 萨特：《存在与虚无》，第324页。

中，“他人的问题只不过是个虚假的问题”[①]：共在不再像胡塞尔和黑格尔那样指的是“一种不同于我的一个人的实在没于世界显现所引出的认识和斗争的相互关系”，而是在世界之中存在的本体论上的相互关联。在海德格尔这里，他人不再是对象，他人在他与我的关系中保持为人的实在，“我们的关系不是一种面对面的对立，而毋宁是一种肩并肩的互相依赖”。[②]海德格尔对“常人”所进行的现象学描述标明，我和他人在日常生活中实际上成了“任意一个人”，向我揭示出我的“共在”不是唯一的个体性与另一个同样唯一的个体性之间的关系，而是“关系项的完全可互换性”，“这些项述没有规定，我没有与他人对立”，因此，“在个别主体的不可沟通的水平上提出问题就犯了一个颠倒先后 üστερον πρότερον 的错误”。[③]原始的关系不是“我和你”的对立与沟通，而是浑然无别的“我们”，“我们”乃是共在的常态。只有在对我的畏死的存在的揭示中，这种共在之常态才会被打破，“我”才成了一种绝对的孤独。

在存在的层面上尝试解决他人问题是海德格尔的一大贡献，然而他的解决仍无法让萨特满意。将共在简单地视为我的在世的存在的本体论结构中的一个环节，在萨特看来这完全是一种“无根据的单纯肯定”，因为需要解释的恰恰是这种共在如何成了“我们与他人关系的基本类型”。这种单纯肯定的本体论观点类似于“康德的主体的抽象观点”，即使这种抽象的

① 萨特：《存在与虚无》，第 326 页。
② 萨特：《存在与虚无》，第 327 页。
③ 萨特：《存在与虚无》，第 328 页。

观点得到了证明，也完全“不能解释任何具体的共在”。共在的他人在海德格尔那里仍然是一个“抽象的他人”，一个“不自立的项”。在萨特看来，将我和他人简单地置于一种本体论的先验关联，根本上使从我的存在和我的经验中给出特殊他人的具体联系“变得完全不可能了”，“如果我与他人的关系是先验的，它就完全消除了与他人关系的可能性”。[①] 问题的关键在于：他人的存在在本质上是一个“偶然的不可还原的事实”，“人们遇到了他人，人们并非构成了他”。[②]

对三H（胡塞尔、黑格尔、海德格尔）的他人问题的批判性考察，使萨特觉得有充分信心亮出自己在此问题上的底牌。

第一，他人的问题并不是要在知识论层面上证明他人的存在，因为唯我论之所以应被抛弃，并不在于它可以在知识论层面被反驳，而在于它在生存论层面上是根本不可能的，任何人在实际生存中都“不真是唯我论者”，他人存在的问题不是“臆测”，不是“证明”，而是我的当下肯定。“一种关于他人的存在理论只应该在我的存在中向我拷问、阐明和确定这一肯定的意义，尤其是说明这种可靠性的基础，而不是发明一种证明”。[③] 在这种意义上，胡塞尔知识论层面的尝试必须被避免。

第二，黑格尔“大全的观点”也应被抛弃，“唯一可能的出发点是笛卡尔的我思”，但这不意味着在生存论层面上重新肯定胡塞尔我本学的立场，他人不是在自我本具的领地内构成的，而是我在自己的生存中遭遇到的这个或那个“具体的他人

① 萨特：《存在与虚无》，第321页。
② 萨特：《存在与虚无》，第332页。
③ 萨特：《存在与虚无》，第334页。

的具体的无可置疑的在场”，换言之，为他的存在原本即内在于我的自我本具的领地之中。“我应该在我本身的更深处发现的，不是相信有他人的理由，而是不是我的他人本身。”①

第三，我思所揭示的他人不是作为对象的他人，不是一个表象或表象体系，他是有着自己的“我思”，并在我们的散朴性的经验具体地并“本体地”涉及我们的存在，换言之他是一个与我生存息息相关的有着自己主体性的他人。

在研究他人问题的方法论原则得到明确后，萨特着手对注视（及羞耻）现象进行现象学的描述，正是在此描述过程中，萨特充分展现了他对他人问题处理的独特技巧，也充分体现了他在此问题上对黑格尔、胡塞尔及海德格尔的有机综合。

设想我坐在公园里，离我不远处是一块草地，草地边安放着一些长条椅子。一个人从椅子旁边走过。草地、椅子、行人处在我的视野中，成为我静静欣赏的对象。但与草地、椅子不同，我在将行人视对象的同时，也断言这个对象是一个人，这意味着什么呢？作为“一个对象”（“为我的对象”），他当然属于我的距离，他在椅子“旁边”，离草地 2.20 米，离我有几步之遥，背对着我，等等。他只不过是以我为中心的草地、椅子等种种对象聚集体中的一员，隶属于我的对象聚集体、我的世界。他与别的对象的关系也纯粹是一种机械相加的关系。但作为“一个人”，我的对象聚集体中的事物纷纷脱离了我，而向着他逃逸，最后，“一个完整的空间聚集在他人周围”，这样，“对象突然好象从我这里偷去了世界”。当然，一切仿佛还在原地，仍然是为我地存在着，但“一切又都被一种向一个

① 萨特：《存在与虚无》，第 334 页。

新对象的不可觉察的和凝固的逃逸扫过了”，因此，他人在世界中的显现是与我的世界的“中心偏移”联系在一起的。这个中心偏移的结果便是他成了“中心”，我成了以他为中心的对象聚集体中的一个对象。原本“我站在桥上看风景”，我是风景的主人，风景是为我的风景，可现在“看风景的人在楼上看我”，我成了他人风景中的一个风景，成了他人欣赏的对象。但是，萨特指出，我不可能是“对一个对象而言的对象”，因此，这个将我视为对象的他人决不是作为对象的他人，而是作为主体的他人，这个他人是“在我本身向对象化的那种流逝中向我展现的主体”，“‘被别人看见’是‘看见一别人’的真理”。[①]

那么被别人看见又如何意味着我本身向对象化的流逝呢？为回答此问题，萨特又随手拈出日常中的偷窥现象加以描述。让我们想像我出于嫉妒、好奇心、怪癖而无意中把耳朵贴在门上，透过锁孔而向里窥视。这时，我完全沉醉于该窥视活动中，我完全专注于偷窥活动所涉及的一切事物，“我是纯粹的对事物的意识”，而对于我自己，我完全没有任何专题的意识，我自失于窥视活动之中。正在这自失与沉醉的偷窥状态中，走廊里传来了清晰的脚步声：有人注视我！有人看见了我！这意味着什么呢？“这就是我在我的存在中突然被触及了，一些本质的变化在我的结构中显现——我能通过反思的我思从观念上把握和确定的变化。”一度自失于窥视活动中的我突然意识到了自己，“我看见自己是因为有人看见我”，[②] 我成了他的一个

① 萨特：《存在与虚无》，第 314 页。

② 萨特：《存在与虚无》，第 345 页。

注视对象，在他人的眼里，我成了一名“偷窥者”、一个不道德的人，我因极度羞耻而脸红。羞耻向我揭示了“他人的注视和这注视终端的我本身”，而“羞耻是对自我的羞耻，它承认我就是别人注意和判断着的那个对象。我只能因为我的自由脱离了我以便变成给定的对象而对我的自由感到羞耻。这样我的未反思的意识一开始和我的被注视的自我的关系就不是一种认识关系而是存在的关系”。①

萨特在这里想要表达的意思还是很清楚的：①在我未被注视之前，我的自为作为一种“虚无化”“超越性”而无滞地滚动于我的世界之中，我是纯粹的对我的对象聚集体中的种种物事的意识，我完全外在于自身而投身于世界之中，对我自己我则完全没有任何专题意识（位置意识）。②在他人注视下，我的流动无滞的虚无化突然被凝固成了一个“外表”，我因而获得了对自己的专题意识（位置意识）：我是一个如此这般的人（偷窥者、小偷、英雄……）在①中，我作为虚无化的意识不断地指向而又超出诸物事，是其所不是，不是其所是；而在②中，我成了我是我所是，我的自为虚无凝固成了“自在”。在他人的眼中，我坐着就像墨水瓶放在桌子上一样；我伏在锁眼上就像那棵被风吹歪的树一样。我的“超越性”离我而去，我的世界也随之离我而去，我所组织起来的世界被异化了，我不再是处境的主人，我成了他人世界中的一个对象，他人掌握了我存在的秘密。我原本的超越性成了“纯粹被观察到的超越性”“被给定的超越性”，它有了一种“本性”，一个“外表”。这个外表不是通过某种“变形”或他人通过某种“范畴”加

① 萨特：《存在与虚无》，第346页。

给它的折射，而是通过“他的存在本身”给它的，只要有一个他人存在，“我就有了一个外表，一种本性：我的原始堕落就是他人的存在”。[①] 他人的目光宛如美杜莎的目光，成了我自己可能性的“物化和异化”，成了“我的被超越性的超越性”，“他人，就是我的可能性的隐蔽起来的死亡”。[②]

萨特以其独特的目光现象学描述使我们明了：①在注视现象中，他人原则上是不能成为对象的东西，“他是注视我而我还未注视他的存在”，他这一具体之极，乃是“我的流逝、我的可能的异化，以及世界向另一个相同然而与之不相联属的世界流动所达不到的一极。”②他人的注视作为我的对象性的必要条件，摧毁了一切“为我的对象性”，“他人的注视通过世界达于我，不仅改造了我本身而且完全改变了世界。我在一个被注视的世界中被注视。”[③] 他人的注视也因而否定了“我与对象的距离”并展开了它固有的距离，“我被剥夺去了我无距离地面对我的世界的在场”，并随之而被给予了“一种与他人的距离”：我离门十五步，离窗户六米……我由此体验到了“他人无距离地面对我的在场”，在我体验到自己被注视的同时，“他人超世界在场就实现了”“他人是作为不是我的超越性的一种超越性而没有任何中介地面对我在场的”。[④]

由此可见，与胡塞尔试图在我的主体性中构成出他人的主体性不同，萨特主体他人的给出恰恰是以我的主体性丧失为代价的。正是在我被注视、我的可能性被凝固，我被对象化的过

---

① 萨特：《存在与虚无》，第 348 页。

② 萨特：《存在与虚无》，第 350 页。

③ 萨特：《存在与虚无》，第 356 页。

④ 萨特：《存在与虚无》，第 359 页。

程中，一个主体他人才得以确立：“因为正是对一个自由而言并通过一个自由，而且只对这个自由而言并且通过这自由，我的诸种可能性才能被限制并被固定。”① 一种物质障碍绝不可能使我的可能性固定。因下雨留在家中与他人不准你离开而留在家中完全是两码事。前者只不过是我谋划另外可能性的机会，我决定留下，当然我也可能冒雨出去，如雨中散步以寻找诗意；而后者，出去或留下作为“我的可能性本身”对我表现出“被超越的”“被凝固的”。这样，“在注视中，我的可能性的死亡使我体验到他人的自由”，通过注视，“我具体地体验到他人是自由和有意义的主体”，而且“这个主体的无中介的在场是我试图构成的关于我本身的一切思想的必要条件”。②

当然，我被注视只是问题的一面，因为我也可以反过来注视他人。我可以对我被注视的状态加以反抗，能够尽力否认“这个从外界给予我的存在”，以便从他人的支配中解放出来，并进而反过来把对象性施加给他，使他人成为为我的对象，“他人的对象性是我的为他的对象性的毁灭”。③

如此，或者注视他人，或者被他人所注视，或者超越他人的超越性，或者被他人的超越性所超越，便成了我与他人关系的基调。“二者中的任何一方是在另一方之中并且致对方于死地”“冲突是为他的存在的原始意义”。④

这样，萨特就从根本上排除了作为主体的我与作为主体的他相互间注视的可能性。他人原则上是无法把握的，“不存在

① 萨特:《存在与虚无》，第358页。
② 萨特:《存在与虚无》，第358~359页。
③ 萨特:《存在与虚无》，第469页。
④ 萨特:《存在与虚无》，第470页。

对主体他人的认识的问题”①，因为当我去把握他时，作为自为的他（主体—他人）早已逃离了我，我把握到的只是自在的他（对象—他人）。我和他人之间的关系只能在主体—我与对象—他人，对象—我与主体—他人之间，由注视的存在向被注视的存在摇摆着。我和他人命定“不能具体地置身于平等的水平上，就是说置身于承认他人的自由导致他人承认我的自由的水平上”。② 一旦他存在，他就给我的自由设置了一个界限；一旦我存在，我就给他人的自由设置了一个界限。于是尊重他人的自由便成了一句空话，因为“即使我们能假定尊重这种自由的谋划，我们对‘他人’采取的每个态度也都是对于我们打算尊重的那种自由的一次践踏”。③ 主体间的相互注视注定是要落空的，总会有一方看到对方的眼睛。“他人就是地狱”便成了顺理成章的结论。我—他关系遂成了人类的“原罪”：首先“当我在他人的注视下，把我的异化和我的裸体体验为我应当担当的羞耻时，我是有罪的”；其次“当我反过来注视他人，因为我肯定了我本身，我把他构成为对象和工具，并且我使他进入异化，而他是应该承担这个异化的”。于是“原罪，就是我在有他人存在的世界上涌现”。④ 这也正是圣经上说“他们知道他们是裸体的”这句名言的意义所在。

萨特就这样将胡塞尔的不在场思想提升到海德格尔生存论的水平，借助于黑格尔的主奴斗争模式给出了一幅我—他对峙的哲学图景。这种我—他相互对象化的模式成了一切人际关系

① 萨特：《存在与虚无》，第386页。
② 萨特：《存在与虚无》，第526页。
③ 萨特：《存在与虚无》，第527页。
④ 萨特：《存在与虚无》，第528页。

的原型，海德格尔的“共在”亦在此原型上得到了重新诠释。

首先是“对象—我们”的构成。在我—他对峙之际，若有第三者介入进来，会有以下情形：

(1) 如果他人注视我，我甘心接受被注视的状态，这时第三者突然出现，那么：A. 如果第三者也注视我，那么我就会通过我的异化而把“他们”共同体验为“主体—他们”。B. 如果第三者注视着注视我的他人，第三者便处于一种“立即要分解”的不稳定状态：我联合第三者来共同注视那时已被转化为我们的对象的他人，并构成“主体—我们”的体验；我注视这新介入的第三者，并且我同样超越了这超越了他人的第三者的超越性，这样，我是对他人而言的对象，他人是对第三者而言的对象，而第三者又是对我而言的对象。

(2) 如果我注视着他人，这时介入进来的第三者也注视着我所注视的他人，而我这时可以同时注视着他人与这第三者，那么他人和第三者便对我显现为“对象—他们”。

(3) 无论我注视着他人，还是他人注视着我，这时第三者突然出现，并且同时注视着我和他人。这一第三者便造成了我与他人的相互结合，我体验到我的异化和对象化，而我所注视或注视着我的他人也同我一样接受了变化，他人也成了“没于第三者的世界的对象”，我和他人的超越性皆被这第三者的超越性所超越了，我和他人的可能性皆沦落成了僵死的可能性。我和他人原来的距离被一下子拉平了，由我到他人或反过来由他人到我，哪一个也不存在优先结构，因为我们同时成了对第三者而言的对象。我和他人成了难兄难弟，同是第三者眼中的沦落人，“对象—我们”的体验便在第三者目光的加工下产生了。阶级意识亦无非是一种“集体异化”的羞耻的反映，工作的艰辛，生活水平的低下，难以忍受的痛苦，这一切并不能构成一个阶级。因为工作之艰辛、生活水平之低下等完全是相对的，这些痛苦与其说能使人联合起来，还不如说使人孤立起来，自怨自艾，甚至成为相互冲突的根源，以致引发窝里斗。只有在“第三者”的目光打量下，在资本家、监工的“监视”下，工人阶级才能体验到自己的身份，体验自己是为了第三者的利益而被集体异化的对象。换言之，“我们只在他人眼中是我们，并且正是从他人的注视出发，我们才把我们作为我们承担起来”。① 设想有这么一个“第三者”，他在任何情况下都不可能成为与任何人集团的联盟，也就是说，他是所有可能集团的第三者。对于这个第三者而言，任何他人都不可能再被构成第三者，这即意味着这个第三者乃是唯一绝对的第三者。这个绝对不可能被注视的注视者即上帝，在上帝的目光下，芸芸众生，皆成了“对象”，成了罪人、仆人，同是天涯被注视者，四海之内，皆兄弟也。但是，上帝毕竟只是一个“异化了的极限概念的对象”，是虚幻的东西，是一个“不在场”。因此“全人类的对象一我们”便只能是一个空洞的概念。没有什么救世主，因而也就没有什么“大同世界”。

至于“主体—我们”的构成，萨特认为它没有什么“形而上学的意义”。理由是：①它是非本体论的范畴，它在个人的意识中是“一个纯粹心理学的主观事件”，并不在“与他人具体的本体论关系上显现”，亦不实现任何“共在”。它是由生活世界中使用工具所规定了的一种“未分化的超越性”。比如，对搭同一辆车的人来说，“我们”都是乘客，对坐在剧院

---

① 萨特：《存在与虚无》，第543页。

中看戏的人来说，“我们”都是观众。公共交通工具、公共娱乐设施规定了“我们”的身份，这个“我们”可以是随便任何一个人，只要他碰巧在使用这些工具设施。这种“我们”的构成完全是暂时的、极不稳定的，一下车，作为乘客的“我们”就马上分解了，一出剧院，作为观众的“我们”立即便作鸟兽散了。②主体—我们的体验不是原始的，而是建立在“对他的原始经验上”，因而是“从属的经验”。车站的“出口”指示牌，上面画着一只手指着一个方向。每一个使用出口的人都依这个方向走出车站，因而都是出站的“我们”中的一员。但当我把它当作“出口”使用时，显然我是在迁就“人的秩序”，我是在服从他人确定的使用规则。“出口”这个词正是他人针对每一个“未分化的超越性”而言的。基于这两方面的理由，萨特断定“对主体—我们的经验于形而上学的发现并没有价值”，它不揭示任何东西，纯粹是一种个人的主观经验。这种经验完全依赖于“为他”的体验，并随“为他”的各种不同的形式而转移。一体的全人类—我们的理想便“只能是一种在零碎的、严格心理经验的基础上向着极点和绝对的过渡而产生的梦想”，而且这梦想本身已意味着“把对超越性的冲突看作是为他存在的原始状态”。①

大致说来，“对象—我们”相当于自为与他人关系中的“被注视”，“主体—我们”相当于自为与他人关系中的“注视”。无论是对象—我们还是主体—我们都依赖于我们为他的存在，因此，“人的实在无法摆脱这两难处境：或超越他人或被

① 萨特：《存在与虚无》，第550页。

他人所超越。意识间的关系本质不是‘共在’，而是冲突”。①

这种令人沮丧的充满悲剧色彩的他人问题的观点，在萨特自为—自在二元论体系中本也是顺理成章的结论。他一方面突出强调了胡塞尔他人的经验不能被我源始地体验的不在场思想，并在海德格尔式的生存论层面加以描述，但另一方面他又完全拒绝了胡塞尔藉“感通”“结对”而通向他人的路子。在胡塞尔那里，我的“这儿”通过自由想象的变换，是可以与他人的“那儿”互换的。而在萨特这里，对于作为虚无化的自我而言，他人永远只能是一个为我的对象，因而永远是一个离我有多少多少之远的“那儿”；而对于作为虚无化的他人而言，我则永远只能是一个为他的对象，因而也就剥夺了“我无距离地面对我的世界的在场”，我不再是一个“这儿”，我成了一个这儿的他人的一个“那儿”。**这样从根本上讲标志着无距离地面对世界在场的“这儿”与“有距离地在世界中对象化存在”的“那儿”是永远无法通约的。**在将胡塞尔不在场的思想引向绝路的同时，萨特又摒弃了海德格尔“共在”的模式，因为在他看来，“共在”也罢，“常人状态”也罢，都不是源始的现象，它们不过是在“一般的为他存在基础上产生的某种特殊经验”，“为他的存在先于并奠定与他人的共在”。②这样，**一方面在生存论层面上他突出渲染胡塞尔的不在场思想，另一方面他又完全抛弃了胡塞尔的“感通”、海德格尔的“共在”，黑格尔主奴模式便只能唯一的路子了：有我（主体）便无他（主体），有他（主体）便无我（主体）。严格意义上**

① 萨特：《存在与虚无》，第552页。

② 萨特：《存在与虚无》，第533页。

的我—你关系无法开出，有的只能是“me-He”或“I-him”关系。

毫无疑问，他人的注视是形成自我意识的一个先决条件。① 实际上，胡塞尔本人早在1920年就在手稿中留下了类似字样：“当事人知道自己被一旁观者称赞或谴责，就像他通常在类似情形下称赞或谴责他人一样，他用他人的目光来评价他自己。”② 萨特对他人目光的“美杜莎”一面的揭示也可以在社会心理学的文献中得到印证。依社会心理学家的观察，每个人都有自己的私人空间，如果个人的“私密区”被他人侵入，就会产生强烈的不安、难堪、焦虑。在拥挤的电梯中，在公共汽车中，在地铁车厢中，个人的私密区被交互侵入，这时，人们会尽量避免面对面的接触，即使无法避免面对面的接触，人们也会自觉与不自觉地尽量避免目光的接触。毕竟被他人（尤其是陌生人）近距离地盯着看不是一件让人舒服的事情。萨特将他人的目光描述成杀人式的美杜莎的目光不能不说是与他的“私密区”一度被他人侵入的生活经历有关。对此，他是相当自觉的：“我在一个俘虏营，也可以说是在一个沙丁鱼罐头里过度过两个月之久，我在那里有过绝对接近的体验，我的生存

① 对自我的觉察（awareness）如做严格区分可分成两种，一种是私己的方面（private aspects），如身体某一部位的发痒、不适，内部微妙的情绪、情感活动，浪漫的白日梦等。另一种是公开的方面（public aspects），如外表、姿态、举止、表情等。萨特所揭示的他人目光与自我意识的关系显然是指“公开的方面”。

② 转引自 *Apriori and World*，ed & trans Mckena，Harlan and Winters，The Hague，1981，P237。

空间的界限就是我的皮肤……"① 在1968年接受采访时。他又一次自白道："我之所以考虑把存在主义的某些方面悲剧化，是因为我忘不了在集中营里，无时无刻不在别人的注视下生活的那种感受，而地狱，就在那里自然而然地被建立起来了。"② 有了这样的交待，我们也就不难理解萨特在其剧本《禁闭》中借主人公加尔散之口喊出"他人就是地狱"的那段著名的台词了："……所有这些眼光都落在我身上，所有这些眼光全在吞噬着我……那么，地狱原来就是这个样。我从来都没想到……提起地狱，你们便会想硫磺、火刑、烤架……啊，真是莫大的玩笑！何必用烤架呢！他人就是地狱。"③ 但是，他人目光的性质是多种多样的，有父母慈爱的目光，有情人含情脉脉的目光，有朋友亲切关注的目光，有陌生人好奇打量的目光，有敌对者仇视的目光，有挑战者咄咄逼人的目光，有羡慕的目光，有钦佩的目光，有鼓励的目光，有怀疑的目光，有挑剔的目光，有不屑一顾的目光，有挑逗的目光，有鄙视的目光……萨特不分青红皂白通通称之为美杜莎的目光，杀人的目光，这就完全抹煞了诸目光间的本质区别，而正是这种本质区别也相应地令自我意识具有本质的区别。日常的生存经验告诉我们，对自我的公开方面的自我觉察很少发生于情人、家庭成员及亲密朋友之间的，这种主体间的熟悉而又亲切的目光交

① 萨特：《贾克梅提的绘画》（1954年），转引自让松著，刘甲桂译：《存在与自由——让·保尔·萨特传》，北京大学出版社1997年版，第116页。

② 引自《存在与自由——让·保尔·萨特传》第94～95页。

③ 萨特著，冯汉津、张月楠译：《禁闭》，载《萨特戏剧集》，安徽文艺出版社1998年版，第140页。

流，往往是会心的眼神交流，并不使我们感到咄咄逼人的“对象化”，相反，这些目光是通常被预期的，如果缺乏这种预期的注视，则会让我们产生强烈的自我意识与社会焦虑。比如，在一个晚会上，没有任何人和你打招呼，甚至没有任何人注意到你；又比如，一位熟悉的老友从你身旁经过而不跟你打任何招呼，甚至连正眼都不看你一眼，这一切都会令你难堪和不安。不被人看也不是一种好受的事情。在这里不被人看恰恰导致了自我意识：“我怎么了？我哪些方面做错了……”不被人（熟悉的人、预期的人）看恰恰使我把自己看作是一个“社会对象”，在这里我们可以模仿萨特的句式说：不被人看见，是看见自己的真理。只有当我们被一群（或一个）陌生人（或不熟悉的人）盯着看，我们才会感到“对象化”，才会注意到自己：“我的走路姿势是否有些古怪？我的服饰是否有些不合时尚？我的身材是否有些可笑？……”可以说完全的被忽视和过多被注视都令人产生焦虑与不安，而介于完全被忽视与过多被注视之间的乃是适中的交互主体的关注。当然“适中”与否是依人而言的，有强烈表现欲或暴露癖的人与过度害羞的人其差别是非常明显的，不妨以下图示之。①

对黑格尔总体主义处理他人问题颇为不满，并一直强调要具体地个体地生存论地分析他人问题的萨特，对他人目光的分析依然难辞抽象与极端之责。萨特为了贯彻其本体论的建构，削足适履地将不同量的、不同质的他人目光完全敉平装进同一个美杜莎的框架中，已完全背离了现象学“面向实事本身”

① 采自 Arnold H · Buss, *Self-consciousness and Social Anxiety*, San Francisco, 1980, P29。

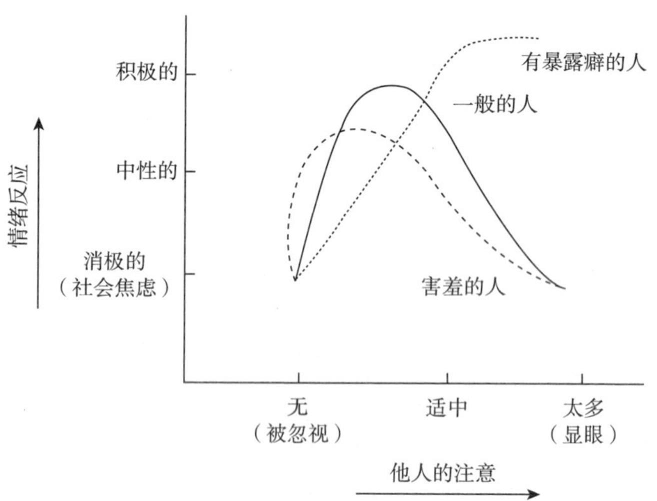

的这一基本原则。这种对他人目光质与量彻底敉平既使他完全无法开出“我—你”关系，又使他沿着他自己的路子进一步得出越来越不近情理的结论。一个典型的例证是，他在得出“我们不停地由注视的存在向被注视的存在摇摆，并由于交替的变革而从这二者中的一个落入另一个”的结论后，进一步推出，“我们永远不能具体地置身平等的水平上，就是说置身于承认他人的自由导致他人承认我们的自由水平上”。萨特继续义无反顾地沿着自己的思路推下去，“一旦我存在着，事实上我就给他人的自由设置了一个界限，我是这个界限”。[①] 于是，你无论是“听任”“宽容”他人还是限制、压迫他人，都一律是对他人自由的践踏。因为对他人实行完全宽容，让其为所欲为，已是“用强力把他人抛进一个宽容的世界”之中了。这已是从原则上剥夺了他人勇敢反抗，不屈不挠的这类自由的可

① 萨特：《存在与虚无》，第527页。

能性了，他人实际上已不可能为所欲为了，他人的宽容消灭了他欲反抗他人的压迫的自由。于是，无论是宽容他人还是统治他人，“尊重他人的自由是一句空话：即使我们能假定尊重这种自由的谋划，我们对‘他人’采取的每个态度也都是对于我们打算尊重的那种自由的一次践踏。在他人面前所表现的完全冷漠的极端的态度同样不是解决办法：我们已经被抛进面对他人的世界，我们的涌现是他人的自由的自由限制，没有任何东西，甚至自杀，都不能改变这种原始处境；不管我们的活动是什么样的，事实上，我们总是在这样一个世界里完成这些活动的，在这个世界里他人业已存在，并且我对他人而言是多余的”。[①] 这样，宽容、民主与独断、专制亦通通被敉平为对自由的限制，希特勒的残暴与林肯的仁慈就对他人自由的限制而言不再有什么本质的区别，依萨特的推理，我们完全可以说，**希特勒的残暴为德国人提供了反抗暴政的自由，而林肯的仁慈，却使美国黑人失去做奴隶及反抗做奴隶的自由。这种令人难以接受的结论也是萨特不加区别地将他人的目光通通视为美杜莎的目光的必然结果。**

萨特的他人理论从根本上否定了交互主体性的可能，**因为任何对方主体性的呈现都以己方主体性的崩溃为前提，对他人自由的体验乃是以“我的可能性的死亡”为代价。**在此我们不免要问，“我在他人面前感到羞耻”中的“我”“我体验到了他人的无限自由”中的“我”是一个什么“我”呢？如依萨特的看法它是一个对象我，但对象化的我如何能给出一个主体的他呢？对象化只能给出对象化。尼采曾说过，“在植物眼

① 萨特：《存在与虚无》，第 527 ~ 528 页。

里，整个世界就是一株植物”。[①] 为什么我不在小猫、小狗的注视下感到羞耻，为什么我偏偏在他人的目光下感到羞耻呢？难道这不正是出于自我变了样的触类感通吗？没有我对自己主体性的体验，我何以能把他人体验为一个有着自己主体性的他呢？

第五节 梅洛－庞蒂论“他人”

“他人”问题在梅洛－庞蒂那里一直是倍受关注的问题。早在1942年的《行为的结构》（*the Structure of Bahavior*）一书中，他就开始涉及他人行为的理解问题。在三年后的《知觉现象学》中，他曾以“他人的自我与人类世界”为题专题讨论他人问题。50年代发表的《儿童与他人的关系》（The Child's Relations with Others）以及60年代死后发表的《可见的与不可见的》（*Visible and the Invisible*）、《世界的散文》（*The Prose of the World*）都用了不少篇幅来讨论他人问题。梅洛－庞蒂在他人问题上，博采众长，独出己意，他从胡塞尔《观念》（第二卷）、《沉思》及《危机》的交互主体性的分析中汲取了不尽的养分，又从海德格尔的Dasein在世的基本本体论获得于世之中存在这一生存论根基，而萨特《存在与虚无》中“为他存在”的现象学描述也成了激发他思想的重要资源。至于弗洛伊德主义（包括拉康的精神分析理论）、格式塔心理学等现代心理学、生理病理学的成果也被他信手采来支持他的思想。可以

① 尼采著，田立年译：《哲学与真理》，上海社会科学出版社1993年版，第57页。

说，在他人问题的处理上，梅洛－庞蒂视野之宽、分析之细、用力之深，在现象学界几乎是无人出其右的。

一、《知觉现象学》

在梅洛－庞蒂看来，传统哲学中的他人问题是与身—心二元论、身的机械主义、自然主义观及心的观念论、精神主义紧密相关的。身被视为"无内在的外在"、一架自动机、一种自在，而心则被视为"无外在的内在"、一个隐秘的领域、一种自为。这样他人给予我们的至多是"行尸走肉"，他是否有心、他的心如何，我无从得知（至少无法确凿无疑地知）。梅洛－庞蒂对他人问题解决的一个根本特点即是，他从打破传统哲学中的这种外身内心的二元框架入手。

首先，"心""感知主体""我思"不是自我透明的东西（如萨特所坚持的），不是"绝对的思维者"（如胡塞尔所坚持的），感知之心灵完全是"肉身化的心灵"（an incarnated mind）。胡塞尔藉以发现先验自我的彻底的"还原"、萨特藉以纯化意识的全面的"悬搁"，在梅洛－庞蒂的现象学中被打上了折扣："还原给我们的最大教训就是彻底的还原是不可能的。"①

第二，作为肉身化的感知的主体同时也是在世的。梅洛－庞蒂借助海德格尔在世的观念否定了萨特非位置意识的合法性及胡塞尔"内在人"的合法性。每一知觉都发生在世界中，而所有的意识都是知觉，即便是对自身的意识，于是对自身的意识也是在世界中的："我的行为具有如此之天性，它们超出

① Merleau-Ponty, *Phenomenology of Perception*, Pxiv.

了自身而未留下任何意识的内在性。意识彻头彻尾是超越的……”,[①]“我透过我思所发现与认识的东西不是心理学的内在性，不是意识的私人状态中的现象的内在性，不是感觉与自身接触，它甚至也不是先验的内在性……它是我本人存在的超越性的深层要素，是与我自己的存在、与世界的存在的当下接触”。[②] 于是，现象领域不再是一个“内在的世界”，“内在人”的神话就此应该终结了，“根本就没有内在人，人是在世界中的，而且只有在世界中，他才能认识他自己”。[③]

第三，身非机械之身，身乃完全心灵化了的，是在世的表达，是意向的“可见的形式”。微笑、放松的面部表情、手舞足蹈的运作并不是某种内在快乐的渲泄，它们本身就是快乐；同样，紧攥的拳头、脸部绷紧的肌肉也并不让我们想到愤怒，它们本身就是愤怒。

随着这种身—心二元框架的打破，他人问题的解决便变得有章可循了。

在该书第二部分第四节，梅洛-庞蒂以“他人的自我与人的世界”为题论及他人之维的开显。他从周遭世界、文化世界的描述开始（这一点与胡塞尔在《观念》第二卷及海德格尔在《存在与时间》中的作法完全一致）：我不仅生活在一个自

---

① ibid. P376.

② ibid. P377.

③ ibid. Pxi. “内在人”的观点出自奥古斯丁（当然其雏型可追至苏格拉底所钟情的德尔斐神谕：认识你自己），奥古斯丁曾云：“勿外求，返回汝自身。真理寓于内在人中”(Noli foras ire, in the redi, in interiore homine habitat veritas)。这句名言颇得胡塞尔青睐。他在《巴黎演讲》及《笛卡尔沉思》的末尾皆引此语作为结语。见 Husserl, *The Paris Lectures*, trans. Koestenbaum, The Hague, 1975, P39 及 *CM*, P157。

然世界中（大地、空气、水等），也生活在一个文化世界中，如我周围的道路、种植园、乡村、街道、教堂、器具、钟、勺子、烟斗，这些东西是由人创造的，是在“人性的氛围”内延展着的，里面有着人性的积淀：“在这些文化对象中，我感到在匿名性的底下他人不公开的在场（a close Presence）：某人在用烟斗抽烟，用勺子饮啜，用钟召唤别人。”[①] 我之所以能透过这些文化对象而感觉到他人的不公开的在场，依传统的回答是，“我看到他人在如此这般地使用工具，我依照我自己的类比并通过我的内心体验对其行为进行诠释”，他人的行为最终只能通过我自己的行为来加以理解。这种传统的解答并不让梅洛－庞蒂满意，他要问的问题是：“‘我’一词何以能成为复数，一个普遍的‘我’的观念何以能形成。我何以能谈及我自己之外的‘我’，我何以能知道存在其他的诸‘我’，天性作为自我认识的而处在‘我’的样式中的东西何以能在你（Thou）的样式中并通过这一样式在‘一个人’的世界中得到把握呢？”传统的对象思维（objective thought）根本无从回答这些问题，“他人的实存对于客观思维而言，乃是一个困难、一种凌辱”。[②] 这种对象思维方式视身体不过是解剖学上的“诸器官的集合”、是生物学家谈论的东西、是生理学家分析的过程的联结。于是，“我的经验不过是赤裸裸的意识与它所设想的对象相关者系统间的对谈而已。他人的身体，像我的身体一样，也不是被（心灵）寓居的，而是处在思考或构成它的意识之前的对象。被视为经验物的其他的人及我自己只不过是由

① ibid. P348.

② ibid. P349.

弹簧引发的机械件，而真正的主体则是不可重复的，因为它如此深藏于血肉之躯中，玄秘而不可理喻”。这样，在对象思维中只有两种存在者：自在的存在即在空间中延展的东西与自为的存在即意识的存在。结果只能是，“另外一个人可能会作为一个自在而立于我之前，然而又作为自为而实存着，这样，为了被感知，就需要我进行一种自相矛盾的操作，因为我既应把他与我自己区别开来，因而得将他置于对象世界中，又要视他为一意识，即那种无外在、无部分的存在——但这纯粹由我通达的，因为该存在是我自己，因为思者与所思是混合在他之中的。因而，在对象思维中根本就没有他人及意识多元化的位置”。①

走出困境的出路在于克服对象思想的致思方式，克服“心”（“内”）—“身”（“外”）、“自在”—“自为”的二元框架。身体与世界不再被视为由物理学意义上的函数关系所拢聚在一起的东西，毋宁说，我的身体是朝向世界的活动，而世界则是我的身体的支撑点。由于身体从对象世界中“撤出”，在传统哲学的二元框架中便出现了第三种存在者；“主体失去了其纯粹性及其透明性”。胡塞尔的构成意识以及萨特自为存在的模式也必须被抛弃，对象的“侧显”是我们（身体）介于世界中的“观点”，是“内在于事物中”，而不再是“真实对象的构成”。意识总是知觉的意识，是行为类型的主体，是在世，是实存。身心观经过如此“深刻之转变”，“另一个人才会出现在其现象之身上，并被赋予一种‘位置性’”。对象思维所造成的“背反”（antinomies）也随之消失了：“如果体验到我的意识内在于它的身体与它的世界中，那么，对他人及

① ibid. PP349～350。

意识多元化的知觉便不再有任何困难了……如果我的意识拥有一个身体，那么，为什么他人的身体就不该‘拥有’意识?”①

在清算了传统的身心二元框架后，梅洛-庞蒂开始着手描述他所称的“匿名的交互主体性的领域”，对这一领域的描述，使他与固执地从“自我本具领域”出发的胡塞尔分道扬镳，更与将我—他关系视为势不两立的主—奴关系的萨特划清了界限。一个15个月大的婴儿，如果我不当真地将其指头伸进我的嘴中，假装要咬它，这个婴儿就会张开其嘴。这个婴儿几乎从未在镜中看到自己的脸（当然也包括嘴及牙齿），更未在我的牙齿与他的牙齿间有所比较，事实上，“它自己的嘴与牙，在它从内部感觉它们时，对它而言，是当下一个用来咬东西的器官，而我的颚，在婴儿从外部看它时，对它而言，当下即是能够进行同一意向的器官。‘咬’当下即拥有一个交互主体性的意义”。② 梅洛-庞蒂以此例说明一体（one）的共在这一匿名之交互主体性之领域乃先于萨特式的相互间的“对象化”：“为思他为一真正的我，我得思自己为一个单纯为他的对象，但由于我对自己的认识阻止了我作如此之思；但如果另一个人的身体不是为我的对象，我的身体亦不是为他的对象，如果两者皆是行为的显示，那么对他人的设定就不会将我还原为他领域中的对象的地位；同样我对他的知觉也不会将他还原为我领域中的对象的地位”。③ 在这个世界中，我的知觉与他的知觉之间尚“混然未分”，感知的自我尚未有任何“特别的

① ibid. P351.

② ibid. P352.

③ ibid. P352.

优越性”，两者不是“封闭于各自内在性中的思”，而是“由其世界超出”因而也是由他们“相互间超出”的存在者。我们之间的我思不再是相互剥夺对方主体性的美杜莎之目光，而是“滑入相互之中”并最终共居事物中、共居于同一个世界中，在这个过程中，我们是作为知觉之匿名主体（anonymous subject）而参与其中的。我之身与他人之身乃是一体的，是“同一现象之两面”。

与《观念》第二卷中胡塞尔以“**读书**”例示其主体间性的“读人”相映成趣的是，梅洛-庞蒂以“**对话**”来印证匿名主体领域内的相互共属性。“存在一种特殊的文化对象注定要在对他人的感知中起关键性作用，那就是语言。在对话的经历中，他人与我自己之间构成了一个共同根基；我的思想与他的思想相互交织在同一结构中，我的话语与我的对话者的话语被交谈的状态召唤着。它们被置入我们双方都不是创造者的一个共同的运作过程中。在这里我们拥有一种双面的存在（a dual being），在这里，他人对我来说不再是我先验领域中的一个单纯的行为片段，我也不是他的一个片段；我们是在一完美的相互依存中交互地是合作者。我们的视野相互交融，我们在一共同的世界共存着。”① 因此，在匿名的层次，在非反思的

① ibid. P354。“对话的模式”与胡塞尔“读书的模式”、萨特“注视的模式”代表了三人在他人问题上的立场与风格。对话乃是相互去中心的活动，读书是发现意义（他我的主体性）的活动，而注视则是相互对象化的活动。对话模式是双向的，只要有一方不参加，对话即失败了，而读书模式，尽管有一个伽达默尔意义上的视界融合事件的发生，但毕竟被读的一方是相对被动的。至于注视模式，即便被注视者根本不知道自己被注视，注视者的注视活动依然可以进行，甚至更畅通无阻。

层次，在儿童的生活中，他人的感知以及交互主体性的世界是不成问题的。

那么，为什么在反思的层次，在成人那里，他人的感知成了一个问题了呢？在传统哲学中，由于我思的反思，而导致出黑格尔所谓的主奴意识。梅洛－庞蒂对这种通达他人的方式的反驳是，意识间的斗争必然拥有“一个共同的根基”才能进行。但是“从这种方式我们达到的真的是他人吗？我们实际做的是在一复数的人共享的体验中取消我与你（Thou），因而将无人称的东西（the imperson）引进了主体性之核心，并清除了诸视野的个体性。但是，在这种普遍的混淆中，我们不也将另一个我与自我一道给取消了吗?”如果感知主体是匿名的，那么它所感知的他人也同等地是匿名的；而如果感知我是一真正的我，那么它又不能是另一个不同的我。在反思的层面上，我是我，他是他；我的体验是我的体验，他的体验是他的体验；如人饮水，冷暖自知。因此内在于他人知觉中的困境并不完全是因对象思维导致的，毋宁说，“对象思维以及我思之独一无二性”并非“虚构”而是有着“牢固根基的现象”。因此想通过萨特式的反思前的我思去消解唯我论问题并不是切实可行的，“我自己与他人的冲突并不是只在我试图将我们自身思他人之中时才产生，也不是在我们将思整合进非设定的意识与非反思的生存时便消失”。[①] 共存在（coexistence）必须在所有情形都被双方体验到，在沟通之际，在发现同一世界之际，只要其中的一方不是构成性的意识，就会产生如下问题：“谁在沟通？这个世界为谁而在?”而如果某人确实在与他人进行沟

① ibid. P356.

通，如果交互世界不是不可设想的自在而是为我们双方的存在，那么沟通又会中断：我们每个人都活动在各自的“私己的世界”。唯我论确实有其根植于体验中的一面，因而是“难以克服的”。藉文化对象的交互主体性并不能克服“我本学”的取向，毕竟一切都是在我之中体验到的东西，他人的实存之事实毕竟也是对我而言（for me）的事实。问题的关键不在于回避唯我论，而在于弄清产生它的情景。“孤独与沟通不是两难之两角，而是同一现象之两个‘要素’”“我的体验必须在某种方式下给我呈现出他人，因为，否则的话，我也就根本无从言及孤独，也就根本不能去声称他人是不可接近的”。① 我固然可以自由地行事，我可以纵目八荒，又可以反身内视，我可以在浊世中游刃有余，也可以在自然中逍遥自在，但是，“我只能从存在到存在，例如，从社会中抽身而出进入自然中，或从现实世界中进入由现实的碎片构成的幻想世界中。物理的与社会的世界一直作为刺激我的反应而起作用——不管它们是积极的还是消极的。我置疑如此如此的知觉是为了能够纠正它的更真实的知觉，我能否定每一个东西，是因为我肯定其他的东西，这也就是我要称思维是一思维中的自然（a thing nature），存在的断定要高于对存在者的否定的原因。我可以发展出一门唯我论哲学，但要这样做，我就得假定言谈的人类共同体的存

① ibid. P359。如是，任何唯我论的主张都带有自我反驳的味道。只要唯我论者张口说话，他就对他人有所领会，不然，他所声称的“只有我自己知道我自己的心”便成了无的放矢。或许，真正的唯我论者只有闭上嘴巴沉默，而且不能在心中默思其唯我论的主张（不然，仍不免涉入自我反驳之困境）。果真如此，也就不会有什么唯我论的主张了（一个不讲话而又不默思的人，是什么主张都提不出的，遑论唯我论的主张了）。

在并且我自己在向它讲话”。[①] 这种未被反思的（亦未专题化的）肯定层面的存在，将唯我论哲学以及萨特式的我 - 他冲击模式连根拔起：“据说，我必须在他人与我自己间有所选择。但是我们是在他者的背景上（against the other）选择此者，因而是肯定了两者。据声称，他人将我转化成为对象并否定了我，我将他转化成为对象并否定了他，但是在事实上，只有在我们双方都撤进我们的思维自然的核心中，只有在我们中的每一方感觉到他的行动未被接纳与领会而只是好像作为昆虫的行为而被观察时，他人的注视才能将我转化成对象，我的注视才能将他人转化成对象。例如，发生于我被陌生人注视下的情形。但是即便这时，由他人注视所造成的对象化之所以被感受为无法忍受的，完全是因为它取代了可能的沟通。一只狗对我的注视并不能引起我的不安。对沟通的拒绝，仍然是一种沟通的形式”。[②] 迎面走来的陌生人，我可能会把他当作来自另外一个世界中的人，但是只要他一讲话，甚至只要做出一种不耐烦的姿态，那么他就停止超越了我。即便是将哲人从其民族、友谊、偏见、经验存在，一言以蔽之从其世界中割断而似乎将之置入“一种彻底的孤立”中，这样一种沉思，在实际上也是一种行为，一种言语，因而也是一种“对话”。“唯我论只有在努力对其实存默然有察却又不干或不做任何事情的人那里，才是严格为真的，但这根本上是不可能的，因为去实存就

---

① ibid. P360。这段引文意味深长，它是对整个笛卡尔主义传统的一个最有力的挑战。任何怀疑必有一不疑者为根基，任何否定必以一肯定为前提。普遍与彻底的怀疑（如笛卡尔之怀疑）、普遍之悬搁、普遍之否定（如萨特之纯粹自为）、彻底之还原（如胡塞尔之先验自我）遂告非法。

② ibid. PP360 ~ 361.

是要存在于世界之中，就是属于世界的”。[1] 要之，“先验主体性是有所启露的主体性，启露给自身及他人，因是之故是一交互主体性”。[2]

由此，梅洛－庞蒂进一步转向“社会世界”的交互主体性的分析。社会世界不是一个对象或对象总体，而是一“实存之维”。“我们与社会的关系，如同我们与世界的关系一样，远比任何明确的知觉或判断深刻。像一个东西混于别的东西那样，将我们自身置于社会中，这是错误的”，错误在于主客体的对立模式，在于将社会对象化了。要知道，在任何对象化之先，我们已置身于社会之中了，“在我们可以认识或判断它之时，社会早已存在在那儿了”。历史学家、哲学家的错误在于，他们试图将社会作为一个对象，试图寻找阶级、民族的“客观定义”，然而，民族是建立在共同语言基础上还是生活观上，阶级是建立在收入的统计学上还是它在生产过程中的位置上，这是无法确定的。在每一次革命中都有统治阶级的成员加入到革命的队伍中，也都有被统治阶级的成员站到反革命的行列去，每个民族都有自己的叛徒，这是因为“民族与阶级既不是从外面使个体屈从的命运观，也不是内部设定的价值。它们是对个体的一种呼唤（call）的共存模式”。[3] 在和平条件下，只不过是一些“刺激”，我们对之心不在焉地有所反应，它们是“潜在的”。而在革命的形势下，在民族危机的形势下，那种与民族、阶级的前意识的关联发生了转化，而成为一种“鲜明

① ibid. P361.
② ibid. P361.
③ ibid. P363.

的立场”，“沉默的承诺成为明显的”了。

二、《儿童与他人的关系》

在《儿童与他人的关系》中，梅洛-庞蒂利用现代儿童心理学家的一些研究成果，来讨论儿童在什么条件下、如何与他人接触的、这种关系的本性是什么、这种关系何以可能等一系列问题。这种发生学的讨论并不停留于心理学的层面上，他要通过这种讨论来解决唯我论的问题、交互主体性的问题。

梅洛-庞蒂指出，传统的他人问题有四个术语构成：①我自己，我的心灵；②我藉触感或存在感觉（cenesthesia）而对我的身体所拥有的意象（image）；③由我所见的他人的身体（视觉之身 visual body）；④假设的他人的心灵。心灵生活只给予拥有该心灵生活本人，他人的心灵是我不可能彻底通达的，因此我只能通过他人的身体显相而间接地把握他人的心灵。但我如何能透过他人的身体而认定里面有一个心灵呢？于是，仿佛只剩下了一条出路：他人的身体姿态、脸部表情对我来说成为一种“解码化”（decoding），这些表情背后藏匿着一种心灵生活，当然这种解码实出自我本人的投射（project），我对我自己的身体有如此这般的意象，如牙疼时我捂住自己的腮帮，故当我看到他人捂住腮帮时，我就会产生联想：他在牙疼。当然他是否真的在牙疼，只有他本人才知道。在梅洛-庞蒂看来，这种传统的他人问题模式造成了各种各样的困难。将我对他人的认识或经验与我的内在体验材料投射进他之中的联想相关联，这一做法本身就有困难。因为对他人的知觉在生命早期便出现了，而我们对他人的情绪表情的确切意义在婴儿期时并未了解。例如，婴儿对他人的微笑会有所反应（报以微笑），尽管他尚不曾了解微笑的意义是什么。如果依传统的解释，婴儿要对他人的微笑报以微笑，他得先知道自己心情高兴时，脸上便会露出如此这段的表情，他人现在露出如此这般的表情，他人是因高兴而微笑。但是，此时的婴儿尚未见到自己的脸部表情，这又哪里谈得上将自家表情与他人的表情相比较？而且，我自己的微笑，是“自动的微笑”（motor smile），被切身感受的微笑，而他人的微笑对我而言，只是视觉中的微笑。对于幼儿来说，他对自身的视觉体验与其对自身的动觉体验或触觉体验相比实在微不足道。也就是说，在这里婴儿根本无从建立视觉之身的意象与自家触觉之身的意象一一对应的关联。

要解决他人的难题，就必须首先清除传统的偏见，“我们必须放弃认为心灵只能由我本人接近而不能从外部看见这一根本偏见。我的‘心灵’不是一系列的严密封闭于自身因而对我之外的任何人锁闭的‘意识状态’。我的意识原初就是指向世界、指向事物的。它首先是与世界的关联。他人的意识在根本上也是将他自身指向世界的一种方式。因此，在他的行为中，在他人与世界打交道的方式中，我从中能够发现他的意识”。[1] 因此，看见他人首先是看见他人的行为。据观察，两个多月大的婴儿已能“认出”两码远外的父亲，这种“认出”并不是靠对父亲形象本身的记忆，而是由于父亲在习惯性环境中的习惯性姿态。如果在一个陌生环境下，以一种不同以往的姿态出现，婴儿便无法认出自己的父亲了。而且，此时婴儿对他人的“观察”通常是固定在身体的某个部位上如脚、嘴、

① Merleau-Ponty, The Child's Relations with Others, 载 *The Primacy of Perception*, P117.

手等上，他并未看他人本身。直到六个月大时，婴儿才会看他人的脸，他才真正在感知他人。婴儿对他人的模仿也是模仿他人的行为。毕竟由他人的行为转移到“我”之中，要比把他人的心灵表象于我之中容易得多，因为这可以直接诉诸我本人的行为能力及方式。他人与我皆是在世界中有所行为的存在者，也正是在这里，他人向我敞开了。

随着传统心灵偏见的放弃，传统对自身身体的观念的偏见也应一并放弃。我自己的身体不是诸感觉（视觉、触觉、存在感觉等等）的聚合，它首先是一个感觉与运动协调的系统，在这个系统中，内在的感觉与外在空间和方位取向的活动相交织在一起。梅洛－庞蒂称此为**“姿态图式”**（postural schema）或**“肉身图式”**（corporeal schema）。这种姿态图式本身也有一个发生发展的过程。例如，初生婴儿的身体在本性上是“口腔的”（buccal），他以其口腔活动来适应他周围的世界，他口唇活动的空间也就是他的世界的界限。精神分析者确实有理由视婴儿口唇与其母亲乳房的关系为他与世界的最初关系。随后，婴儿尝试伸展手足。直到大约四个月大时，他才开始学会观察自己的手，而到六个月大时，他开始学会用手抓住自己的另一只手，从而体验到感触之手与被触之手、可见之身与可感之身的关联。在这个对自身身体的体验过程中，一种“肉身图式”得以整合而出。

正因为肉身图式是外在可见的，而不是隐秘于内的，因此，尽管婴儿在开始一两年内对他人的表情的理解可能并不精确和完全，但由于肉身图式间的重叠，而使胡塞尔所称的“结对现象”成为可能。我们知道，胡塞尔在《笛卡尔沉思》第五沉思中将结对现象置于自我本具的领域内，与此不同的是，梅洛－庞蒂抛弃了这我本学的立场，结对乃是发生于一种“**混合的社会性**”（syncretic sociality）中。在这一领域内，我与他尚混然未分，这是一个前沟通（pre-communication）的阶段。最好的例证来自婴儿哭的蔓延现象：两个月大的婴儿，当周围的婴儿哭的时候，他也会跟着哭，三个月大后，这种哭的蔓延现象逐渐消失了，婴儿能带着冷静超然的表情去打量旁边在哭的另一个婴儿了。因此，在“混合的社会性”这一前沟通阶段中，“并没有个体与另一个个体的对立，有的只是一种**匿名的集体性**（an anonymous collectivity），一种混然未分的集体生活”。[1] 只是在后来，独特的个体意识才从混沌中衍生出来。“我（me）起初既对其自身全然无察，同时又越发要求对其自身界限茫然不察。相反，成年我乃是一个知道它自己界限的我，这个我又拥有超越界限的力量，这种力量来自真正的同情。这种真正的同情至少与同情的源始形式相对有别。源始的同情依赖于自身的无知而不是对他人的感觉，而成年人的同情则发生于‘他人’与‘他人’之间，它并未取消我自己与他人的区别”。[2] 由此可见，胡塞尔之“感通”并非“源始之同情”，梅洛－庞蒂与胡塞尔面临的是两种根本不同的境地：**对于胡塞尔，问题是如何由我而及他；而对于梅洛－庞蒂，问题成了如何由一匿名的集体而及我与他的区分。**

我与他的区分集中表现在**镜像阶段**。有意思的是，婴儿对镜中他人形象的识别要比对自己形象的识别要早，大约五到六个月大的婴儿，会对镜中父亲的形象微笑，此时父亲如果对他

① ibid. P119.

② ibid. P120.

说话，婴儿会显出吃惊的样子，并回头转向父亲本人。他的吃惊表明，此时他尚未在形象与本人之间建立一种准确的联系，他对来自镜像外的另一方位的声音迷惑了。直到八个月大的婴儿才会对自己的镜像开始有所反应，三十五个星期大的婴儿仍然会用手摸自己的镜中形象。他人镜像之所以比自身镜像容易识别，在于幼儿对他人本身以及他人镜像的视觉体验都具有明证性，而对于他自己，只有自身镜像在视觉上是完全的、明证的，他本人的身体本身在视觉上则是很不完全的，他可以看到自己的手和脚，但却很难看到他整个身体本身。能在镜像中认出自己，意味深长。毕竟镜像是自身肉身图式的外在化、对象化，这首先意味着幼儿已经学会“从外面”看他自己，他成了他自己的旁观者。他由此知道，他对于他人、对于他自己都是可见的。他遂从“混合的社会性”出离而进入“个体化”的阶段。镜像也使“自我沉思”“自我观察”成为可能：我与我自己拉开了一段距离，一个“超我”、一个“理想的自我意象”“一个我之前的我”(me before the me) 由此而生了，自我异化亦相伴而来：“我离开我的活生生的我（me）之实在而以不断指向那个理想的、虚构的或想象的我——镜像就是雏型。在这一意义上，我被从我自己撕离，镜像为我准备了另一种更加严重的异化，即将由他人造成的异化。因为他人只拥有我的外在形象——类似于我的镜像，结果他人就会肯定比镜子更厉害地将我从我的当下内在性（my immediate inwardness）中撕离。”①

镜像识别与自我意识的产生并不是一蹴而就的，学习语言

① ibid. P136.

的过程就是一个很好的例证。当幼儿说“手手”时，他既是指他父亲的手，也指照片中的手或他自己的手，他的人格撒落在他行动产生的所有意象中，这也正是某些幼儿比成年人更容易理解毕加索的绘画作品的原因所在。而幼儿学会使用“我”一词则相对来得很迟，“只有当他意识到他自己独有的视角与别人的视角有别，当他会将所有的视角与外在对象区分开来时，他才会使用它……只有在幼儿领会每一个对他说话的你，对他来说是一个我时，我一词才得到使用。也就是说，必须有了视角的互换性（the reciprocity of points of view）的意识，我一词才可能被使用”。[①] 在学会使用自己的名字前（约十六个月大时），幼儿已学会了大量他人的名字。而且对自己的名字的使用只限于有限的场合，如与别的幼儿一起派发礼物的时候。即使他在这类场合使用自己的名字，也不表明他已完全意识到他自己独特的视角。例如当他要写东西时，他不会说“我要写东西”而是说“写写”，但他会说“爸爸写”，他把主词只用于主体是他人的时候。代词“我”(I）的使用要在专名之后，只有他理解了他所看到的每个人都可以说“我”，而每个人对他本人来说都是一个“我”，对他人来说则是一个“你”时，“我”一词才可以说真正得到了使用。

大约到三岁的时候，“混合的社会性”发生了“危机”。幼儿不再将他自己与情景或角色混同，他已有了一个他自己专有的视角或立场，他理解了他是在不同情景与角色之外的“某个人”。

“他人注视”开始引起某种“病理学的反应”，成了某种

① ibid. P150.

恼人的东西，他从此意识到他不再只是他自己眼中的他自己，他也是他人眼中的东西，镜像现象普遍化了，“镜像告诉幼儿他不只是通过内在体验而相信的他所是，而且他还是镜子看到的那个人。他人的注视告诉我，如同镜像告诉我一样：我也是受限于空间中某一点的那种存在者，我是那个可见的‘替身’（stand-in），在它身上我费力才能认出活生生的我”。[①] 也正是在这个年龄，儿童开始干扰其他伙伴的游戏以取己乐，他喜欢从他人“偷”得东西，并很快又将它扔掉，这种大量的“我—他”游戏的发生，最终导致了先前一体混然未分的系统让位于我—他分明的个体化。

三、《可见的与不可见的》

晚年的梅洛－庞蒂尝试建立一种新的本体论系统，在这个新的本体论系统中，出现了一个关键性的隐喻“**交叉**”（chiasm）以及与此相关的另一个隐喻“**可逆性**”（reversibility）。他利用此“交叉”与“可逆性”去消解胡塞尔尤其是萨特哲学中他人问题之紧张性。

在《存在与虚无》中，萨特明确宣布相互间的注视是不可能的，总有一方看到另一方的眼睛，这种观点在其“身体”观上亦有充分的折射，他强烈反对“双重感觉”说，“触”与“被触”乃是两种不同的存在维度，各自存在于不可沟通的层面上。作为在触的身体乃是为我的身体、乃属非专题的自我意识，属于主体性，而被触的身体属于为他的身体，属于客体性。在《知觉现象学》中，梅洛－庞蒂就对这种观点进行了

① ibid. P153.

批评，他指出纵然在触之手与被触之手并不能同时存在，但它们并不是全然分离的，而是身体本身的结构特征，身体既是主体又是客体。这里面确实有某种“**暧昧性**”（ambiguity），在《儿童与他人的关系》中，梅洛-庞蒂对注视镜子中的自己的眼睛的描述更“清楚”地表现出这种暧昧性：一会儿我觉得是我在看镜中的眼睛，一会儿我又觉得是镜子的眼睛在看我。在《可见的与不可见的》之中，梅洛-庞蒂用“交叉”描述这种暧昧性，触与被触的非同时性并不是一种“失败”，并不是意味着萨特式的自为与自在的隔绝，而必须被视为典型的正面与反面的“交叉”。“这里既没有什么同一性，也没有什么非同一性，有的只是相互转换着的内与外”。[①] 在《眼与心》中，他援引画家马尔尚（Marchand）的话说：“在森林中，我多次觉得不是我在看森林，有时候，我觉得森林在看我，在对我说话……”[②]。于是萨特的“注视”便成了“交叉”，在这里“既没有什么自为，也没有什么自在”，有的只是可逆的交叉，每一方都是对方的另一面，他人成了我的一面镜子，我成了他人的一面镜子。他人的注视不再是萨特式的谋杀，而是一种“去中心化”，他将我去中心了，让我从他人那里看我自己，而我的注视则让他从我这里看他自己，固然，我不能源始地拥有他人的体验，但这种不一致性不过是一种“交叉”，就象我的左手与右手的不一致性一样，我与他人乃是相互纠缠、相互交织的，是共属同一存在的。正如在握的手在触与被触之

① Merleau-Ponty, *The Visible and Invisible*, trans. Lingis, Northwestern University Press, 1968, P264.

② Merleau-Ponty, Eye and Mind, 载 *The Primacy of Perception*, P166。

间是可逆的，在我与他人的身体间不也存在着“协同”（synergy）吗?“它们的景观相互交织，它们的行动与它们的热情恰当地相适”，这里，不再凸兀出一个在看的我与一个被看的他，而是“一种匿名的可视性于我们之间”，那么“他人”便不再成为一个问题了。一直困扰着现象学家的他人问题由于内与外、主体与客体、心与身、意识与世界这一框架的摒弃，由于“世界之肉”中的交叉与可逆性而被消解了。

第六节 利科的评论

利科在《胡塞尔：他的现象学的一个分析》一书的第七章“康德与胡塞尔”中指出，他人的构成问题乃是“现象学成败的试金石”①，那么，在利科看来，胡塞尔成功了吗?

在利科看来，他人问题给胡塞尔的现象学带来了“两种趋向的潜在分裂”，即教理的倾向与描述的倾向的分裂。描述的旨趣在于尊重他人的他性（the otherness of Others），而教理的旨趣在于将他人奠基于自我源始本具的领域中。这两种倾向在对他人的类比的把握中达到了某种平衡：他人是在那儿的他自己，我并未经历他的主观生活，他人至多是在其身体基础上附呈于我的。在我之中被直呈的东西是其身体，而相应的主观生活只能被附呈。附呈之所以可能，乃在于这儿的我身与那儿的他身之“结对”之类比。这种在我之领域构成一个非我的他既要保全我本学（egology）又要避免唯我论（solipsism），实殊非易事。利科要问的是：当所有其他的类比都是在我的体验

① Ricoeur, *Husserl: An Analysis of His Phenomenology*, P195.

内由一物而及另一物，何以如此之类比能获得一超越的意向？如果他人的身体是在我中构成的，何以属于他的主观生活会被附呈为外在于我的？显现行为样式的简单协调，何以能指示出一个外在的生活而不只是我的世界中的一个更加微妙的东西而已？

这一系列的问题在《笛卡尔沉思》的第五沉思中都是未曾得到回答的。在《观念》第二卷中，胡塞尔曾将人的构成与自然的构成相对照，物之构成不过是物之诸显相之统一体，而人之构成则是人之绝对显示之统一体。换言之，人不只是一系列轮廓的展示，而是绝对在场的发生，人所显示的恰恰是他绝对的实存。利科指出胡塞尔这里显示自身的人与显现的物的对立意味着“构成的唯心主义的彻底解构”。

在做出如上评论后，利科建议回到康德那里去，康德在《道德形而上学的基础》中曾提出一条道德命令：“在行动中，要把不管是你自身还是任何他人的人性都永远作为目的，而不能只作为手段”。这一简单命令固然缺乏相应的现象学描述，但却启示我们“他人的实存只居于作为实践决定的尊重中”。[1]康德首先设定了他人的实存乃是与其价值一致的，它的存在本身就具有一绝对的价值、本身就是一目的，因而这里才是道德实践律的唯一根源所在。这样在康德的哲学中，人与物的区别直接就是“**实践一实存的**”（practico-existential）。人直属于目的自身的序列中，人之所以被称为理性的存在者，即在于其天性就是目的本身。

在“尊重”中开出的他人可能遭到的反驳是，尊重与同

---

① ibid. P198.

情（感通）一样不过是一种主观的情感，因而并不就比知觉或欲望有更多的权力会达到一自在的东西。对于这种可能的反驳，利科指出，“将尊重与知觉、欲望或者甚至同情并置是一个错误，因为尊重乃是为同情这超越的意向奠基的实践性要素”。[①] 同情作为一种情感并不就优先于爱或恨，这也就是舍勒（Max Scheler）、麦独孤（Mac Dougall）及法国存在主义者们尽管对胡塞尔的现象学有所扩展，但却丝毫未改变实存问题的原因之所在，他们的工作不过是丰富了他人显现的方式清单而已。通过尊重开出的他人乃是在于“**相互他性**”（mutual otherness）奠基于目的自身的人之领域中的。一旦他人失去这一伦理之维（尊严），一旦同情失去了其尊敬的性质，人就变成了纯粹的自然存在者，同情就会成为纯粹的动物情感。人是处于人的实践的与伦理的总体中，外在于这个总体，人就不复是一个人。通过我的意志的自律及他人意志自律的尊重，我们成为了“理智世界的成员”。

康德的“尊重”显示出了现象学的界限：“我能‘看见’或‘感觉到’物、人及价值的显现。但他人的绝对实存、所有实存的典范是不能被感觉到的。它藉其行为中、其表情中、其语言中、其工作中的他人之显相而宣示为异在于我的主观生活。但是这一他人的显相并不足以宣布它是一自在的存在。他的存在必须在实践上被如此设定：它限定我的同情意向去将人还原为他的可欲的品性，它是为他的显相本身奠基的东西。”[②]

① ibid. P199.

② ibid. PP200～201.

第七节　由有隔的他人走向一体的“我们”

他人的问题是让现象学家头痛的问题。这个问题很难说已在现象学运动中得到了成功解决。胡塞尔在他人问题上表现出的知觉论、认识论色彩自然无法让实存论者如海德格尔、萨特满意，而海德格尔起先以其 Dasein 的共在的模式似乎使他人问题的解决带到了终点，但在 Dasein 的本真能在层面，他仿佛又无奈地回到这个问题的起点。至于萨特，在某种意义上，确实给出了一个他人，但这种给出恰恰以自我的毁灭为代价，他的他人理论使真正意义上的交互主体性成为不可能。他人问题如此难以解决，不免使我们要问，是问题本身所固有的难度所致还是问题本身就有问题？抑或是现象学思维本身不适宜解决这类问题？英国捷克裔教授毕普塞维克（Edo Pivcevic）在其《胡塞尔与现象学》（*Husserl and Phenomenology*）一书中，对于现象学运动中的他人问题有一重要的评论。他指出，胡塞尔、海德格尔、萨特所面临的一切难题，“他们之所以无法解决‘他人的问题’及他们之所以对科学缺乏了解，最后都可以追究到一个相同的原因。他们全都接受一个可以溯源到奥古斯丁的观点。奥古斯丁曾说：‘真理不是在外面的世界被发现的；它居住在人的心灵深处。’现象学家便是以这个‘心灵深处’作为他们分析的起点，虽然他们对‘心灵深处’的解释有许多的歧异。在胡塞尔的哲学中，‘心灵深处’指的是‘先验的主体’。在舍勒的哲学中，‘心灵深处’指的人与他的活动（虽然舍勒曾经设法突破‘心灵深处'的界限，以致于最初曾经表现为一种的柏拉图主义，后来表现为一种泛神论）。在海德格尔的哲学中，'心灵深处'指的是已经内在化了的'存有的真理'。在萨特的哲学中，'心灵深处'则是指'存在的主体'。他们全部都和他们之前的笛卡尔一样，认为哲学的真理存在于人类的心灵深处，即使他们大部分并不接受笛卡尔的理性主义或笛卡尔的形上学。这个认为真理存在于人的心灵深处的信念，必然的会造成'他人的问题'"。①

毕普塞维克在将他人问题之难以解决归因于现象学家们共有的出发点即奥古斯丁的"内在人"，这一评论不乏真知灼见，但我认为这还未点中要害、还未能触及根子上。要害在于整个现象学的他人问题的模式是奠基在一个基督教神学的背景上，都带有如下一个**原罪一救赎的框架：**

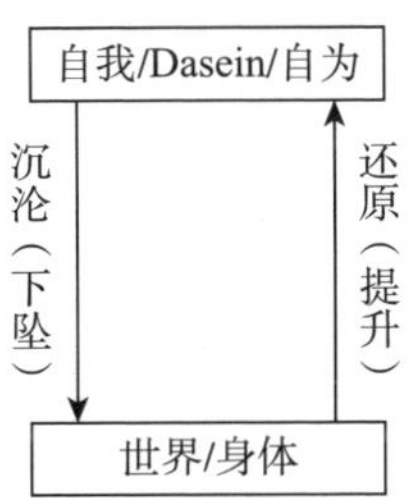

在胡塞尔那里，先验自我在根本上是"高于"世界的，世界无化在原则上是可设想的，而自我则是绝对无疑的终极存在者，先验自我带有几分上帝的色彩自不待言②，这一纯粹属

① 毕普塞维克著，廖仁义译：《胡塞尔与现象学》，桂冠图书股份有限公司，第255～256页。

② 胡塞尔在私下的谈话中明确表示过，上帝不过是先验自我的集体。见D·Cairns，*Conversations with Husserl and Fink*，P14。

灵的先验自我凭借统觉在世间取得一肉身（incarnation）、占有一位置，由于世间兴趣的染污，原本惺惺的先验自我遂迷于对象极中，而发生自我遗忘，先验自我遂蔽而不现了。现象学还原即是由此障蔽先验自我的世间兴趣中抽身而出，故是一种“自我提升”（Self-lifting）；在海德格尔那里，Dasein之在世结构无疑是对胡塞尔“妄自尊大”的先验自我的一种限制，但是Dasein与他人一道混杂于世的共在是被海德格尔视为非本真的状态的，是“沉沦”于世，“异化”于他人之中的。常人是束缚我发现我本已能在的套子，而“畏”“死”“良知之呼声”“决断”则让我从套子中抽身而出。尽管海德格尔极力否认Dasein沉沦于世不应作“原罪”观（同样，畏死的在不应作“救赎”观），但这种不是原罪的原罪（沉沦之前并未有一伊甸园状态）、不是救赎的救赎（不是通过耶稣的死，而是通过“畏死的在”，通过“出于我而又逾越我”的良知呼声的呼唤，Dasein从沉沦于常人的状态中被“唤起”了），其神学的背景与色彩是不容抹煞的；[①] 至于在萨特那里，他将“他人”“世界”等一切存在者一并从意识中清除出去，由此而赢得所谓一个纯粹的、透明的自由的自为。然而这一自为仍无法摆脱世界与他人的纠缠，它也得“落”入世中，“没”于事物中，“陷”于他人的注视中。在这里萨特毫不犹豫地借助“原罪”的隐喻来揭示自为的“堕落”：“害羞，尤其是对在裸体状态被碰见时的恐惧，只是原始羞耻的象征性表现：身体在这里象征着

① 胡塞尔在与凯恩斯的谈话中曾指出过海德格尔从未从其“神学偏见”中“完全摆脱出来”。（ibid. P9）

我们无遮无掩的对象性。穿衣，就是掩盖其对象性，就是要求看见而不被看见的权利，就是说要求成为纯粹主体的权利。所以圣经中犯了原罪之后堕落的标志就是亚当和夏娃‘认识到他们是裸体’这一事实。”①

这种原罪—救赎的框架里面也隐藏着一种属灵的个体主义的致思方式。本真的存在乃是个体性的灵性的存在（先验自我、Dasein 本真的能在、自为），这种个体化的个体与其他个体只能是有隔的、分离的。在胡塞尔处，他试图通过“感通”而打破这种有隔状态，但是如果一个纯粹封闭于自我本具领域的个体与另一个同样的个体何以感通？感通之可能不正因为已预设了个体间的无隔状态了吗？不正因为原本即有一无隔的根基，个体间的感而遂通才成为可能吗？海德格尔慧眼独具，在《存在与时间》中曾指出过胡塞尔之感通的无根性，并因此而提出 Dasein 之共在环节以为之奠基。但就他所提供的共在状态的现象学描述而言，我们更多地看到的是 Dasein 之间有隔，甚至是相互“异化”，而不是一体的感而遂通。至萨特，感通被彻底抛弃，诸自为注定是有隔的、冲突的，在宣布主体－我们的体验不可能是源始的因而“于形而上学的发现并没有价值”的同时，他又毫不留情地宣判了无隔的一体我们的死刑：“人们徒劳地希望一种人类的我们，即在这‘我们’之中，主体间的整体意识到它本身是一种被统一的主观性。这样的理想只能是一种在零碎的、严格心理经验的基础上向着极点和绝对的过渡而产生的梦想。此外，这理想本身意味着对超越性的冲突

---

① 萨特：《存在与虚无》，第 380 页。

看作是为他的存在的原始状态”。[1] 萨特这一看法乃是在神学的原罪框架下致思的必然结果。本来在基督教神学中，由于耶稣的临在，众人皆在基督耶稣里“成为一了”“互相为肢体”，在上帝的爱中，交互主体性成了一体性。但是萨特保留了神学的原罪框架，却摒弃了通过上帝之爱的“救赎”，他从根本上就认为上帝是不存在的。于是自为与自为便成了“套子”中的人之间的关系，绝然相隔，相互异化。

梅洛－庞蒂通过打破内与外、主与客、心与身的二元对立的框架去解决他人问题，这或许是迈向他人问题的妥当解决的正确的一步。他以一种“匿名的主体性”（最终乃至以“世界的肉”）作为我一他相通的根基亦不失真知灼见。但或许问题不在于根基，而在于在此根基上我—他分化、有隔以后如何再走向无隔，问题不在于如何在理论上圆融地处理他人问题，而在于在实际的生存中我—他之隔阂如何打通。

在这方面，我认为儒学的民胞物与的一体之仁心当有极大的启发作用。打破有隔状态的“仁心跃动”，在儒学中不是一个知识论的问题，甚至也不是存在主义式的生存论问题。它与个体主义的存在主义的他人模式相反，向他人的敞开不再是个我的“原罪”与“堕落”，甚至也不是对我自由的限制，恰恰相反，个我只有突破自身的封闭性，不断地向他人、向世界敞开，才有真自由、真本质。敞开出自于仁心跃动，在仁心跃动的一刹那，我与他人的有隔便打破了，因此，有隔的打破不是依赖一个什么第三者的在场，仁心跃动开显的是一体的生命贯通。《诗经》有言“他人有心，予忖度之”，孔子云“已所不

---

① 萨特：《存在与虚无》，第550页。

欲，勿施于人”，孟子云“人皆有不忍人之心”等皆属此仁心跃动情怀。由我推及他，由小体推及大体，由小我推及大我，其终极便是宇宙生命的大贯通，即是我与宇宙合一的一体之仁。宇宙成了一个大身体，这不再是梅洛-庞蒂知觉论意义上的“世界之肉”，而是个我追求的生命境界。在此境界中，有隔的他人遂为“一体的我们”所贯通。

第四章　身　体

第一节 传统哲学中的身体“观”

身体在西方哲学的传统中是历来受到贬抑的一维。

在柏拉图的《斐德若》篇中人性被喻为驾驭两匹马的御车人。御车人指的是人的灵魂，他所驾驭的两匹马大概指的是人身体中的意志与情欲之类的东西。由此而吐露出一个秘密：人的身子如同动物的身子一样。在柏拉图的想象中，本来完善的灵魂原是羽毛丰满而轻盈，直飞上界，而与昏浊尘世毫无瓜葛。只是由于受“昏沉和罪恶的拖累”而变得沉重起来，最终失去了羽毛，不断下坠，由天界而堕入尘世，以致“附上了一个尘世的肉体”“葬在了这个叫做身体的坟墓里”。[①] 身体被

① 柏拉图著，朱光潜译：《柏拉图文艺对话录》，人民文学出版社1963年版。第126页。

喻为坟墓，自然代表灵魂的死亡。

希腊哲学中这种**扬心抑身**的二元论与犹太教—基督教思想中的禁欲主义思想不谋而合。“随从肉体的人体贴肉体的事；随从圣灵的体贴圣灵的事。体贴肉体的，就是死；体贴圣灵的，乃是生命、平安。原来体贴肉体的，就是与上帝为仇；因为不服上帝的律法，也是不能服，而且属肉体的人不能得上帝的喜欢。”① 为讨上帝的喜悦，就得“将身体献上，当作活祭”，② 就得治死在世上的身子。“活着的乃是灵，肉体是无益。”③

希腊文明与希伯莱文明扬心抑身的思维定势与价值取向共同构成西方哲学的主流取向。至近代笛卡尔主义而臻高峰。

笛卡尔一方面不能否认我的身体“比其他任何物体都更真正、更紧密地属于我”，因为“事实上我决不能像跟别的物体分开那样跟我的肉体分开”，“我不仅住在我的肉体里，就像一个舵手住在他的船上一样，而且除此而外，我和它非常紧密地连结在一起，融合、掺混得像一个整体一样地同它结合在一起”。④ 但另一方面，他马上指出身与心的这种密切关系，并不就必然意味着心与身是一起的，因为当一只脚或一只胳臂或别的什么部位从我的肉体截去的时候，“肯定从我的精神上并没有截去什么东西”，我依然如故地进行我思，单从这一点就

---

① 《新约·罗马书》8：5—8：8。

② 《罗马书》12：1。

③ 《约翰福音》6：63。当然，基督教亦有身体是圣灵的殿堂乃至身体复活，由朽坏的肉身变成不朽的肉身之说。

④ 笛卡尔著，庞景仁译：《第一哲学沉思集》，商务印书馆 1986 年版，第 80 页及 85 页。

完全可以肯定“人的精神或灵魂是和肉体完全不同的”。[①] 肉身是广延之物，是永远可分的，精神不是广延物，是完全不可分的。由此笛卡尔断然作结：“虽然我有一个肉体，我和它非常紧密地结合在一起，不过我对我自己有一个清楚、分明的观念，即我只是一个在思维的东西而没有广延，而另一方面，我对于肉体有一个清楚、分明的观念，即它只是一个广延的东西而不能思维，所以肯定的是这个我，也就是我的精神或我的灵魂，即我之所以为我的那个东西，是完全、真正跟我的肉体有分别的，它可以没有肉体而存在。”[②] 与柏拉图将身体比作为坟墓相似，笛卡尔把身体设想成“铁镣”，并设想如果有人从童年起脚上就带上铁镣，他就会认为铁镣是他身体的一部分，甚至会认为走路没有它是不行的。同样常识认为我们没有身子不能思维，亦只不过如同从小就带上铁镣的人，只是由于他们从未体验到脱离肉体而已。言下之意，心如果没有身的拖累当会“走”得更轻盈、更自由，这无非又在重弹柏拉图的老调。[③]

大致说来，先验哲学走的是一条典型的扬心抑身的路子，无论是柏拉图还是笛卡尔、康德，思维的主体乃无身的主体，

---

① 笛卡尔著，庞景仁译：《第一哲学沉思集》，第 90 页。

② 笛卡尔著，庞景仁译：《第一哲学沉思集》，第 135 页及 136 页。

③ 人们会反驳笛卡尔的论证，笛卡尔以割胳膊割腿无害于我思来论证心可离身而存在，但他为什么不设想如果割掉脑袋，心一样可以思维呢？对此反驳，我们设想会有两种辩护：第一，身乃指颈下之部位，颈上乃心之领地。此种“颈上取向”的辩护肯定不会被笛卡尔所接受。第二，我们之所以想当然认为没有脑袋就无法思维，完全因为我们生来就有脑袋，换言之，我们在思维的那一刻起我们就和脑袋搅和在一起了。如果我们“生”来就没有身体（更没有脑袋），或许我们会思维更顺畅，甚至也就不会有让我们“头”痛的问题了。笛卡尔的“身体铁镣说”正属于此类辩护。

心乃先验心。

与此相反，还有一条经验哲学将心化约为身的路子。倡导“人是机器”的拉·梅特里即是代表。在他看来，人并不是用什么更贵重的料子捏出来的，“自然只用了一种同样的面粉团子，它只是以不同的方式变化了这面粉团的酵料而已”。① 如果把人和动物的内脏给打开比较一下，人与动物的生理构造也没有什么了不起的差别。笛卡尔曾说过动物是架机器，拉·梅特里赶紧补充道，人也不过是架机器：“这是一架多么聪明的机器！因为即使唯有人才分享自然法则，难道人因此便不是一架机器？比最完善的动物再多几个齿轮，再多几条弹簧，脑子和心脏的距离成比例地更接近一些，因此所接受的为血液更充足一些，于是理性就产生了；难道还有什么别的不成?”② 心灵只是一个“毫无意义的空洞的名词”，身体的组织足以说明一切，所谓心灵只不过是“我们身体里那个思维的部分”而已。

表面看来笛卡尔与拉·梅特里代表的是两个不同的传统，一方主张心与身无关，一方主张心不过身的某种组织部位或功能。但就对身体本身的观法而言，两人并无实质的差别。两人都把身体看作是可以切割的广延物，都是从解剖学的立场上看身体。笛卡尔先生提议动手割掉身体的某个部位（不知有哪个健康的人愿做这样的实验），人照样思想，拉·梅特里觉得这样还解决不了问题，应干脆将人的躯体解剖开，和动物的内脏

① 拉·梅特里著，顾寿观译：《人是机器》，商务印书馆1959年版，第43页。

② 笛卡尔著，庞景仁译：《第一哲学沉思集》，第52页。

一起进行一番“比较解剖学”的研究。因此两人所代表的近代身体“观”都带有机械主义色彩（对两人来说人身本身就是一具机械）。[①] 这种机械主义身体“观”与传统哲学的“视觉中心主义”一脉相联，身体是在视觉中、在“观”中给出的“东西”，它既然是“可见的东西”，那么它无非就是占有一定空间的广延性的劳什子，因而它如同其他广延性的物理物一样遵循同样的物理规律。实际上笛卡尔在其临终前的一年发表的《心灵的激情》中早已明确无误把人的身体视为一架机器了，他说活人之身与死人之身的差别就恰似“任何一架能推动自已的机器”如上紧发条的钟表跟一架“损坏的机器”的区别一样。[②] 这和拉·梅特里建议打开人的躯体“观”一下里面一个又一个环环相扣的小齿轮的设想径可相互发明。

应该指出，这种比较解剖学的立场的身体“观”的始作俑者，并不是笛卡尔或拉·梅特里。早在 15 ~ 16 世纪的达·芬奇便给我们留下了“比较解剖学”（Comparative Anatomy）的珍贵笔记，他本人偷偷解剖十余具人类尸体，并记录下了大量的身体“数据”：人充分伸展的上臂之长等于身高，从发根至下颚之长为人身高的十分之一，从生殖器根部至膝部为全身的四分之一，从肘部到中指顶端为全身的五分之一等，身体各部位间的比例被他测量得一清二楚。从比较解剖学的立场看，

---

① 狄德罗在为《百科全书》（1751 ~ 1772）所撰写的“论人”条目中，有一直接明快的说法：“身体或者说人的物质部分，已经过很详细的研究。我们把从事这项重要而又艰巨工作的那些人，叫作解剖学家。”（周辅成编：《西方伦理学名著选辑》下卷，商务印书馆 1987 年版，第 34 页）

② Descartes, The Passions of the Soul, 载 *Descartes Philosophical Writings*, trans. Norman Smith, New York, 1958, PP267 ~ 268。

青蛙的大腿与人的大腿极为相似，而幼儿四肢着地爬行的动作与其他四肢爬行的动物的动作并无不同，都是交叉移动四肢，例如幼儿先伸右脚，必随即伸出左手，这和马先举右前蹄必随即伸左后蹄完全一样。①

第二节　现代意志论的“身体”观

传统身体“观”只是一种“观法”，是站在旁观者的立场上“观”身体的。这种观法实际上已蕴含一个前提即我与身体是分隔的，我作为“观众”打量、观察立于或卧于我之侧的身体，“观”身体的我扮演的是解剖者的角色。显然我不能解剖我自己，我更不能一边解剖我自己一边观察自己被解剖开的内脏。因此，无论是笛卡尔的身体“观”抑或是拉·梅特里的身体“观”实际上都不在“观”自家的身体，而是观作为对象的身体，是从“**外部**”观身体。这实际上已预设了身体如同外部的其他东西一样，都可以被看得一清二楚。

现代意志论哲学开出了一条从“**内部**”观身体的路子。这条路子的开辟者即是《作为意表与表象的世界》的作者叔本华。他在书中明确指出身体的存在有两种方式：①身体作为

---

① 达·芬奇对人身体的详细观察可参见 *Selections from the Notebooks of Leonardo Da Vinci*, A. Richter (ed.), London/New York/Toronto, 1952, PP144～169。应该指出，比较解剖学只是身体的一种观法，达·芬奇在此观法之外还指出仅仅解剖学的知识是不够的，人类的身体还是心灵的外在与可见的表达，“绘画中最重要的考虑是人物的活动表达了他的心理状态如欲望、轻蔑、愤怒、怜悯等”（同上书，第176页），他本人的杰作“蒙娜丽莎”的笑即是以表达内在生活的微妙之情而闻名。

悟性直观中的表象，无异于其他的表象，此身体作为客体中的一个客体，服从的是客体的规律。②每人直接认识到意志这个词所指的身体，意志的每一活动都当即不可避免地也是身体的动作，“意志的活动和身体的活动不是因果性的韧带联结起来的两个客观地认识到的不同的情况，不在因和果的关系中，却是二而一，是同一事物。”①

在我们对自己身体的这一“双重认识”中，自然作为意志之身才是更根本的，整个身体不是别的，只不过是“客体化了的”意志而已。“牙齿、食道、肠的输送就是客体化了的饥饿；生殖器就是客体化了的性欲。”② 身体的活动是意志活动的“外现”，我的身体和我的意志是“同一事物。”与传统哲学中“**颈上取向**”不同，叔本华着意强调了“**下身**”的地位：“性器官可说是意志的真正焦点，从而和脑，认识的代表，也就是和世界的另一面，作为表象的世界相反的另一极。”③ 而认识只不过是意志的工具，身上的脑袋是为下身的需要看路的，是为意志服务的，“人企图彻底认识的，首先是他欲求的那些对象，然后是获得这些对象的手段。”④ 由此，人的景观被彻底改换了：**人不是要成为他所认识的，人认识他所要的**。人彻底地即是具体的欲求的需要，是“千百种需要凝聚体”，身体即是此凝聚体，“身体彻底只是具体的意志，只是意志的

---

① 叔本华著，石冲白译：《作为意志与表象的世界》，商务印书馆1982年版，第151页。

② 叔本华著，石冲白译：《作为意志与表象的世界》，第163页。

③ 叔本华著，石冲白译：《作为意志与表象的世界》，第453页。

④ 叔本华著，石冲白译：《作为意志与表象的世界》，第448~449页。

显现”。[①]

然而，叔本华终究难挣脱他所心爱的柏拉图与康德的影响，身体成了“有罪的肉体”，否定意志、挣脱肉体成了他哲学的最后结论，而这一结论自然又与将身体钉在十字架上的基督教传统不谋而合了。

叔本华的后继者尼采再次竖起身体的大旗，“要以肉体为准绳……因为肉体乃是比陈旧的‘灵魂’更令人惊异的思想”，[②] 因为它不仅构成了生物学现象，而且也产生构成人类精神生活的活动的范围，精神的整个发展过程涉及的是“肉体的问题”“我完完全全是肉体，此外无有，灵魂不过是肉体上的某物的称呼”。[③]

意志论的身体观与传统机械主义的身体观的一个根本区别在于以笛卡尔、拉·梅特里为代表的身体观，在根本上是**视觉上的身体**，是身体的“外观”，[④] 而以叔本华、尼采为代表的身体观，是一种**欲望的身体**，是身体的感触。尤其是叔本华所开出的意志之身，完全是内在体验到的身体，而不是被冷冰冰观察的手术台上或停尸台上的身（尸）体。

那么，现象学运动中开出的身体之维又是一种什么样的身体呢？

---

① 叔本华著，石冲白译：《作为意志与表象的世界》，第 448 ~ 449 页。

② 尼采著，张念东、凌素心译：《权力意志》，商务印书馆 1991 年版，第 152 页。

③ 尼采著，徐梵澄译：《苏鲁支语录》，商务印书馆 1992 年版，第 27 页。参见《权力意志》第 682 页。

④ 这并不是说他们看不到身体的内部，恰恰相反，他们都设想将身体打开，以便把五脏六腑看个一清二楚。但被看到的身体的“内部”实际上依然是一种“外观”而已。

第三节 胡塞尔的身体现象学

在现象学运动中，身体与躯体是得到严格区分的。身体的德文是“Leib”，在英文里多被译为 Living body，Lived body 或 animate organism，有时干脆被译为大写的 Body，躯体的德文是 Körper，英为译 material body，physical 或 object-body，或干脆被译为小写的 body。早在 1907 年的演讲中，胡塞尔就做出了如此的区分。但最早的书面讨论见于舍勒的《伦理学中的形式主义与非形式的价值伦理学》（*Formalism in Ethics and Nonformal Ethics of Values*）的第二部分，它发表于 1916 年《哲学与现象学年鉴》的第二卷中。在斯坦因（E. Stein）1916 年的学位论文《论感通问题》（*On the Problem of Empathy*）也同样讨论了身体问题。

本来传统的先验哲学历来是扬心而抑身的，胡塞尔将自己的现象学称为真正彻底的先验唯心主义，按理他更应该将身体打入冷宫才对。然而在《观念》第二卷中他用了大量篇幅不厌其烦地对身体现象加以描述。① 个中原因何在？

我们知道在他的“现象学的宣言书”《作为严密科学的哲学》一文中，胡塞尔曾对意识的自然化倾向大肆鞭挞。在《观念》第一卷中的第五十三及五十四节，胡塞尔甚至非常严肃地讨论“无身”意识的可能性问题。在他看来，意识之所

---

① 在 1912 年的《观念》第三卷、1907 年的《事物与空间》（*Ding und Raum*）、1918～1926 年的《被动综合的分析》（*Analysen zur passiven Synthesis*）、1925 年的《现象学的心理学》、1931 年的《笛卡尔沉思》及 1936 年的《危机》中对身体都有讨论。

以与身体纠缠在一起，意识之所以能进入实在世界，只是由于与身体的“经验关系”，在此一种“具象化的统觉”起着关键性的“联结”作用。但我们完全可以设想，进行统觉的诸体验之间相互冲突而无法综合成和谐之一体，那样，“整个自然界，首先是物理的自然就‘给取消了’，那就不再会有什么身体了，因而也就没有什么人了”。但我的意识，尽管它的体验状态会发生一些变化，但仍不失为具有自身本质的“绝对体验之流”，也就是说，无身的、非人的意识“在原则上是可以设想的”。

这种意识可以无身的主张看来与笛卡尔的主张并无本质区别。这种主张真的在原则上是可设想的吗？我看未必。这种无身意识会具有任何内容吗？纵使我们承认胡塞尔所称的意识的体验发生一些变化，但这种无身的意识状态是可以表达的吗？这两个问题的答案都将是否定的。第一，即使我们承认有这种状态，它也是不可表达的。因为我们所有的语言无论是语法规则还是语汇都是对应于一个有意义的分节了的世界，而如果从根子取消这个世界的构成，一切和这个世界相关的语言都失去了合法性。而且在这种设想的状态下，不再有任何身体，那么主体间的相互识别与交流亦从根子上给取消了，社会性无由构成，作为主体间交流的语言亦无由产生了。所以即使有这么一种状态，它也是无法表达与描述的。第二，严格说来，这种无身状态根本是不可设想的，因为任何所谓的设想都发生一信念背景上，只有相对于某一信念背景，说设想什么东西才有意义，才可以有所设想，例如说人类可以向太阳移民这一观念是无法设想的，因为就现有人类的科技手段及就人类自身的生理构造而言，这种观念是完全荒谬的。即便说这一观念毕竟在原则上是可以设想的（尽管是荒谬的），但这也完全是因为它是相对于某一信念背景而言（如人类有一天的科技发展水平达到某种高度等）。绝对的无背景的设想是不可能的。然而胡塞尔的设想恰恰是将世间总体的信念给彻底毁灭了，这样任何进行设想的根子已不复存在了，无根的设想只能是设想中的设想，没有任何现实性。第三，胡塞尔用来论证世界无化及身体无化的可能性的根本论据恰恰已预设了身体的存在，世间对象的给出总是“不完全的”“侧显的”，胡塞尔据此推出，我们总可以设想诸显像（appearances）之间相互冲突，无法被和谐地综合为“一物”之显像。当然，我们也可以设想整个世间的经验领域在其自身上都处于“不可调和的冲突”之中，于是世界与身体的统觉就这样被一揽子取消了，而进行体验的意识却依然存在，只是发生了一些变样，只不过从其中排除了“某些有序的经验统一体”而已。① 不难看出，胡塞尔得出世界与身体是相对的存在、其取消是可设想的结论的前提是世界与身体的给出是“侧显的”“不完全的”，然而世间对象之所以是侧显的，不正是因为它们是相对于一个有身体的认识主体吗？因为身体乃是时空中的一“物”，这就注定了任何向身体显现的东西必依某个方向、某个时间、某个光度展示自身，身体从根本上决定了任何知觉都是透视下的知觉。因此传统哲学才设想只有上帝之眼是全方位的，他所看到的是事物的本质（而非显像），人的眼睛则只能从某个方向上看到事物的某个方面（显像）。至此我们完全可以由胡塞尔的结论逆推上去：**世界（包括身体）的存在之所以是偶然的，是因为世间物的显现总是单侧地进行的，而世间物的显现之所以是侧显的，则是因为进行知**

① 胡塞尔世界无化的具体论证可参见《观念》第一卷 PP47～49。

觉的主体是一个有身的主体！换言之，胡塞尔世界无化的设想实际已不自觉地预设了身体的绝对存在，然而他却由此不自觉的预设自觉地得出身体可以根本不存在！问题的根子就在这里。

让我们退一步，暂且承认胡塞尔无身意识之设想，那么这种无身的意识会是什么呢？在《观念》第一卷中胡塞尔曾坦承，纯粹自我如果脱离其相关的意向行为及其意向对象将完全是不可描述的。也就是说自我尽管高于世界，但也必须藉于世中存在才能得到其明确之内容。意识总是关于某物的意识，意识的本性即是超出、指向自身之外——指向他人、指向世间之物事或观念的东西。但是，一个无身的意识如何能指向世间的诸物、如何能和他人相沟通呢？

而在《观念》第二卷中，胡塞尔要解决的问题正是世间诸物以及他人的构成的问题，于是意识的合法“自然化”（the legitimate “naturalization” of consciousness）便摆到了现象学构成分析的议事日程上来了：“身体的了解在交互主体性中占有特殊的地位’,① “他人的身体对我而言是通向彼处那个自我、那个‘他’的理解的过道”,② “对于现象学来讲，身体在精神的领域中起着广泛的作用”。③ 现象学身体之维的开出乃成为一迫切的问题。要紧之处在于如何开出身体之维及开出什么样的身体之维。“面向实事本身”乃现象学方法论的一条基本原则，在身体之维的开出上，自然也不应违背这一明证性的要求。换言之，肯定身体的作用并不是要简单地将世间的身体观

① *Ideas* Ⅱ, P86.
② ibid. P358.
③ ibid. P295.

念（包括生理学—物理学的身体理论）匆匆引进现象学领地，恰恰相反，这些世间的身体观念首先必须被彻底悬置起来，必须对身体本身的构成加以现象学的描述。那么，身体是如何在明证性中给出的呢？

我本学的立场依然是描述身体之维应坚持的立场，因此身体的现象学构成分析应首先着手于唯我论层面（solipsistic experience）的分析，然后再过渡到“他人身体”的分析。

我们先看一下唯我论层面身体之维的构成，即我的身体是如何给予我的。

（1）身体被构成为“定位化感觉之载体”（bearer of localized sensation），在此，触觉起了一种特殊的作用。我对于自己躯体的某些部位既可见之又可触之，我可以像看到一张桌子并在上面触摸一样看到我自己的手（比如左手），并且可以用另一只手（如右手）去触摸之。我的手在视觉中的给出如同桌子给出一样是“侧显的”“不完全的”，在当下只有手的某个侧面实际地给出，其他侧面则处于“背景”中。我可以转动一下自己的手，从而让隐于背景中的侧面显现出来，最终我会把自己的手看个清清楚楚，明明白白。这和我看到一张桌子的情形没有什么本质差别。① 但是在视觉显现与触觉之间有

① 当然胡塞尔也进一步指出，这种相似性只局限于身体的某些部位（如手），其他的部位则受到明确限制，如头部、背部。因为对于其他空间物的显现，我可以自由地改变自己的位置（如绕物一周），我可以改变某些空间物的位置（如将之转动一下或翻转过来），从而让物之不同侧面不断显现于我；但对于我的身体，“我不可能将自己距离自身之外”以便对之有所观看，“为我充当一切知觉工具的同一身体恰恰妨碍我对它自身的知觉，因而是一明显地不完善地被构成之物”。（*Ideas* Ⅱ，P167）

一本质之不同，触摸我的左手，我会感觉到它的软度与滑度，这种感觉会被“对象化”为左手这东西的“属性”（就像我摸一张又软又滑的毛毯得到一定的滑度与软度，而这种又软又滑的感觉被归之于毛毯这一对象的属性一样）。但是我这只被触摸的左手在右手触它的同时，它本身也有一系列的触觉即被右手摸来摸去的触觉体验，这和毛毯被触摸的情形是完全不一样的。如果我们把这种被触的体验从中抽离出来，左手便只能是一种物理的东西，否则，如果我们把这些被触的体验包含进来，左手显然就不能被看作只是多了一些被触体验这类属性的物理的东西了，它根本就不是物理的东西，它变成了身体、会感觉的身体。在视觉中身体被构成为物理物、物质，它有广延、有颜色等实在的属性，就此而言，它和其他的物理物并无本质的区别；而在触觉中，我在我之身体之“上”或在其“中”感觉到其手背之温、脚底之凉、手指之触等一系列“定位化的感觉”。

因此，在触觉领域，我在拥有外在的对象（即触觉所构成的对象）之外，尚拥有第二层的对象（a second object）。触觉之身乃拥有此“双层了解”（double apprehension）即作为外在对象的属性与作为对象的身体之感觉。而当触与被触的部分皆属我的身体，如我之右手去触摸我之左手，那就有“**双层感觉**（double sensation）。一方面我之左手会被把握为有如此暖度、如此滑度、如此软度之机体，另一方面我之左手同时又有如此这般相应被触的感觉。而在视觉领域中，在眼睛构成视觉的对象过程中，作为视觉之眼睛则没有被视的感觉，我们看不到被看之物徐徐“滑人”我们的眼中（但我们可以感觉到我用手触摸一个东西时，相应产生自己的手被触的感觉）。就此而言，

“我并未像触摸自己的情形那样看到我自己、我的身体。我所称的被看的身体也不像我作为被触之身的身体是被触的在触者（something touching which is touched）那样是被看见的在看者”（something seeing which is seen）。”[①] 由此可见，“感觉定位化之事物事实上在原则上根本有别于事物之所有物质属性之广延性”。[②] 尽管感觉也是在空间中延展的，如我的头皮发麻、脚底发痒，麻与痒的感觉在头皮、脚底部位延展着，但是这种感觉的延展与物之广延性迥然有别。感觉之在身体某部位延展（如在手的表面）并不是物这实在的属性，它与手之形状、颜色等这一类实在属性不同，如同其他空间物的属性一样，手之实在属性是在“轮廓的多样性”（manifolds of adumbrations）与“感性图式”（sensuous schema）中给出的，如其颜色或形状会因其展现的不同角度或距离而给出不同的显相，而手之触觉之体验固然可以说是沿着手之表面延展着，但却绝不是轮廓化、图式化方式下给出的，“触觉不是作为物质的手之状态，而恰恰是手本身，它对我而言绝不是一种物质物（material thing）……”[③]

要之，触觉之定位化在身体构成中显然具“**优先地位**”，“一个只有视觉器官的主体是根本不能拥有一显现之身体的（an appearing Body）”，从根本上讲，作为器官的眼睛及其视觉之最终被归之于身体，乃是藉妥当的定位化感觉而间接到达的，毕竟眼睛本身亦是手可触摸之对象，它源始地即属于被触者而非被视者。眼睛本身亦有被触的感觉（用手压一下眼睛，

① *Ideas* Ⅱ, P155.
② ibid. P157.
③ ibid. P157.

眼睛会有被触与不适感），故最终亦会被“统觉”为属于身体的东西。“身体本身只能源始地在可触性（tactuality）及所有触觉定位化如温、冷、痛等之中被构成。”① 只有通过可触的感觉定位化，身体才被构成为身体。②

当然，在触觉之类的感觉之外，尚有其他不同的感觉如情感、喜悦与悲伤等，这些感觉乃弥漫于周身之中而非定位化于身体的某个部位。另外，种种难以尽述之感觉如人之活力感、放松感、紧张感、无力感等，这些感觉构成了欲望与意志生活的基质，它们也都有某种直接的身体定位。对于每个人来说，这种种感觉皆属于其独特之身体，整个意向功能都与这一“基质”相关联，“人之总体意识在某种意义上，藉其质料之基质（its hyletic substrate）而与身体相关联，虽然，意向体验自身实际不再直接与准确地被定位化。”③

（2）身体被构成为“意志的器官”与“自由活动的所在”。在身体被构成定位化之域的显著特征得到描述后，便为将身体从物质区别开来的其他特征的描述奠定了基础。作为定位感觉的基质的身体又被进一步构成为“**意志的器官**”（organ of the will）。它是“我的纯粹自我的意志”可“直接与自发地起动的唯一之对象”，其他东西只能通我对我自己身体的支配

---

① ibid. P158.

② 有趣的是，胡塞尔的这一观点可以在中国民间信仰中找到佐证。如在民间故事中，当人们无法区分眼前的对方是人还是鬼之时，人们会用手去掐一下对方，看它有没有痛觉的体验，如有，则无疑是人；如无，则无疑为鬼。如是，在身体的构成中，眼见与耳听皆“虚”，唯触为实，触觉构成为人之身体。

③ *Ideas* Ⅱ, PP160~161.

而得到起动（显然，胡塞尔不相信江湖术士的意念发功之类的超自然能力）："纯粹物质物只能进行机械地运动，并且只能以间接的方式参与自发的活动。"① 其他空间物之所以能"侧显地"给出，并进而在一系列多样性的轮廓化中被构成同一之物，当然与我身体这种自发运动相关联，可以说，正是通过我身体的自由活动，一个对象的世界、一个空间物质世界才最终被构成。自我拥有"能力"（faculty）自由地活动其身体，并藉此而对其周遭世界的东西施加影响，"精神对身体的影响及身体对其他东西的影响乃是作为精神的周遭世界中的精神的影响而被完成的"。② "一个不能移动的身体（an immobile Body），一个只能感觉的身体，只是作为极限情形（limit case）才可设想"，它只不过是"瘫痪之身的运动之零点"（null-point）而已。总之"我的身体对我而言不只是一种显相，而且它也是被'激活的'（animated）：用意识的术语讲，它是我的源始的自由运动的器官。"③

（3）活动着的感觉定位化之身进一步被构成为"取向化的中心"（center of orientation）。每一个自我都有其自己的知觉物之领地，都生存于自己的周遭世界中。自我亦必然从某个方向上感知着其周遭的对象，这些对象或从此侧或从彼侧向自我显现着，并相应地展现出距离与方位，或远或近，或上或下，或左或右，或前或后，而身体正是这所有方向取向的"零点"（zero point）。空间世界之空间性乃是藉此零点之身而展开

---

① ibid. P159.

② ibid. P298.

③ ibid. P295.

着，身体成了“**终极的中心的这儿**”（the ultimate central here），这个“这儿”是如此独特之“这儿”，乃至于在它自身之外，不再有任何其他的“这儿”。其他的“这儿”对它这一“终极的中心的这儿”而言只能是一个“那儿”（there）。远是距“这儿”的我身之远，左是相对于“这儿”的我身之左。周遭世界中的所有东西都是“那儿”，**唯我的身体乃一直是“这儿”**。①

综上所述，在唯我论层面上，身体犹如贾努斯（Janus）有两副不同的面孔，身体乃“**双重的实在**”（a double reality）。在物理主义的身体面孔外，身体还被构成为“定位化感觉之载体”“意志之器官”及“定向之中心”。现象学之身体乃“精神之实在”（a spiritual reality）。

而在交互主体性的层面上，他人之身体又是如何给出的呢？

毫无疑问，当我看到一个他人向我走近的时候，我会看见一个有着如此这般躯体的人，在某种意义上，这个人的身体也是像其他空间物理物一样是在轮廓的多样化中给出的。② 但是，

---

① 伽达默尔对胡塞尔的身体现象学有一个有趣的回忆与评论，他说胡塞尔“对个人本己身体之私密体验结构给出了令人叹为观止的描述”，他清楚地记得当时胡塞尔在课堂上提问的情景：“什么是绝对的这儿?”“不是这个！不是这个”，胡塞尔一边指着自己的手足一边说着。“这才是绝对的这儿”他指着自己的胸膛说，“这个坐标点，这才是绝对的这儿”。透过这个故事，伽达默尔评论道：“我们可以看到这位数学家如何尝试在其立场中达到终极的明晰性，在其承当中如何达到确定性……”（Gadamer，The Hermeneutics of Suspicion，载 *Hermeneutics*：*Questions and Prospects*，ed. Shapiro & Sica，Amherst，1984，P60）

② 在此点上，他人之躯体的给出与空间物的给出并无本质区别，但却与我自己躯体的给出有一定差别。因为我自家躯体的某些部位是无法在视觉上源始地给予我本人的，而他人躯体则如同其他空间物一样，完全可以通过我自己身体这一绝对零点的活动而不断地显现于我之视觉中。

当我看到一个人时，我绝不是驻留于此躯体显相的知觉层面，而是穿过它而直指向一个人，我看到的乃是一个人，一个跳着、笑着的人，一个与我倾谈的人。人乃身体与精神之“统摄体”。

任何一种统摄体在本质上都是“表达”与“被表达”的统一体。比如“书”，在我们读书时，我们当然会看到一些黑色的墨点密密麻麻地排列在一张张的白纸上，这些印刷的墨迹乃属物理东西（body），它因我观之的方向与远近而向我展现出一系列的显相：它在我正前方，离我约30厘米，它有如此这般的颜色、形状、大小等。但是我们能说我们在读书的时候就是在观察这些东西吗？这些东西固然是向我显现着，但我却“生活”在意义的执行中，意义并非立于或附着于物理之侧的东西，不是在书（作为物理物的书）之外的“第二个对象”，意义乃在其“激活”中“穿透着”整个物理物整体，它通过激活感性之显现而与之交融于一起。大凡文化用品、生活用品均有此类“统摄之精神意义”。如杯子、房子、戏院、寺庙等既可被视作是一件纯粹的东西（物理物），又可被视作有用的东西、有意义的东西。知觉的显相层面与意义激活层面被统摄为一体，这个一体甚至也不应视作是精神与显相层面的合并，因为“存在的只是一个而且是唯一者”。①

与上述情形相类似，当一个他人的身体进入我的知觉范围内时，它无疑是向我这儿显现着，但我所执行的乃是“统摄的行为”，我所把握的乃是“表达”于身体显现内容中的个人状态。人不是身体加上精神，通过身体显相这一中介而把握到精神也并不是说这里有一时间的连续性，不是说我先看到一个如

① *Ideas* Ⅱ, P251.

此这般的躯体显相，然后再加进一些精神的意义。就像我当下听到的就是一些有意义的话语，而不是先听一些纯物理的声响，然后再加进相应的意义一样，我也并不是先看到他人脸上的皱纹与肌肉进行如此这般的位移，然后再在这物理位移上面加进一个精神的意义。不！我原原本本看到的即是他人灿烂的笑容，我原原本本听到的是他人凄惨的哭声。“身体，作为身体，乃是彻头彻尾是充满心的。身体的每一举动都是充满心的，来与往，立与坐，行与舞等。”①

第四节　为什么海德格尔哲学中没有“身体现象学”之维

在现象学运动中的几个关键人物里，唯有海德格尔没有专

---

① ibid. P252。胡塞尔现象学中的知觉首要性倾向往往成了其他现象学家之众矢之地，如舍勒、伽达默尔都以“诠释的首要性”(primacy of interpretation)去反驳胡塞尔的知觉的首要性。在 *The Hermeneutics of Suspicion* 一文中，伽达默尔援引舍勒及其同调如美国实用主义与海德格尔以反击胡塞尔感性知觉的所予模式：没有什么纯粹的感知，“我们总是在看、听、接收中有所诠释。在看中，我们乃在寻找某个东西；我们绝不像照片那样反映可见的一切”。而胡塞尔始终拒绝这种分析，他总是坚持“所有的诠释乃是次发的行为(secondery act)，首要之物乃是意识到呈现于感官的东西即感知”。与此相关的胡塞尔在处理他人如何在“我”中给出问题上，伽达默尔亦指出胡塞尔的讨论可谓精细，甚至不想说他的描述不成功。但是，在胡塞尔那里，他人首先给出的是有人形广延的东西，然后再在这“视觉对象的首要给出”基础上执行一新的行为即“先验的感通”，藉此而将我自己的自我加进这个知觉给予的对象中，这种做法“无法让人接受”。(见 *Hermeneutics: Questions and Prospects*, PP59～60) 不难看出，舍勒与伽达默尔的批评固然有其解释学的根据，亦不无点中胡塞尔知觉中心论之欠缺处，但二人都忽略了胡塞尔所谓的“统摄行为”并无物理时间上的先后关系，知觉给予的层面与新行为感通的层面只是胡塞尔方法论抽象的结果，而非实在的因果联系。

门处理“身体”问题。海德格尔是对这个问题不感兴趣而有意撇开这个问题呢。还是无意忽视了这个问题？抑或在他的哲学体系中根本就不需要“身体”这一环节？

回答这个问题的最好办法是将他的现象学与胡塞尔的现象学加以对照研究。

第一，在胡塞尔的现象学中，先验自我及其纯粹意识是无身的，但意识的意向性结构本身又决定意识总是对某物的意识，而任何被意识到的某物都是视界中给出的，至大无外之视界或曰**视界之视界**便是“世界”，因此，严格说来，胡塞尔的意向性概念本身已蕴含了世界这一环节。[①] 但胡塞尔执意将现象学还原彻底化而将自我及其意识与世界间存在者（包括身体）脱钩，世界与身体的给出均须以自我诸意向体验流之和谐统一为前提。由此而导致一个问题：一个原本无身的、无世界的自我（意识）如何能进入一个实在世界？一个自身为绝对内在的东西如何走出其自身而达到超验性？世间存在者的构成都是在显像中展开的，而一切显像都是依我身而开展的显像，我身占有此时此地此角度，世间对象亦只能在此时此地此角度向我展现，因此，对于胡塞尔的先验意识的现象学来说，“世界的意识只能存在显像中，更确切地讲，在身体的显像中构成的”。[②] 身体之维在胡塞尔的现象学中起到了联结主体（自我）与世界的桥梁作用。

而海德格尔基本本体论的一个关键性环节 Dasein 的本质界定就是“在世”。Dasein 之“Da”即是空间性的“这儿”或

---

① 对胡塞尔“世界”观的详细分析见本书第 5 章。

② Husserl，*Ideas* Ⅱ，P304.

“那儿”。换言之 Dasein 本身就是在一空间中存在，它一直是而且不得不是在“被抛状态”中现身的。因此它无需面对一个胡塞尔式的无世界之自我如何进入一实在界的问题。

第二，胡塞尔的本体论中的自我是我本学中的自我，因而他得进一步阐明“他我”如何在自我本具的领域中给出，如果在现象学上无法说清这一由我及他我的交互主体性环节，那么现象学便难辞唯我论之咎。然而我只对我自己的内在生活有当下与直接的体验，他人对他自己的内在生活有当下与直接的体验，我不是他，在我中如何给出一个我并不能直接体验到的他呢？在此身体又一次充当了沟通“我”与“他”的中介，“身体的把握在交互主体性中起着一种特殊的作用”。①

而海德格尔的 Dasein 结构中一个不可或缺的环节就是“共同存在与共同此在”，共在的结构是与“在世”一样源始的 Dasein 的结构。“无世界的单纯主体并不首先‘存在’，也从不曾给定。同样，无他人的绝缘的自我归根到底也并不首先存在。”② 世界向来是我与他人共享的世界，“在之中”就是与他人“共同存在”。这样，海德格尔就将他人置于 Dasein 实存的本体论环节中，因而也就使他免受胡塞尔的唯我论之扰，因而也就没有必要像胡塞尔那样专门拈出一非心非物、亦心亦物的身体来架通相互“绝缘的自我”。

基于以上两方面原因，海德格尔确实没必要像胡塞尔那样去专题开出“身体”之维以架通 Dasein 与世间存在者及他人，在 Dasein 的本质规定中，世间存在者及他人是在 Dasein 有所

---

① ibid. P86.

② 海德格尔：《存在与时间》，第 143 页。

烦忙的烦神活动中遭遇到的。在海德格尔的现象学里没有身体现象学这一环节，此乃不争之事实，但能否以此判定 Dasein 与“身体”毫无瓜葛呢？Dasein 与他人共同在世不正是一有身体的在世？Dasein 本身不正是有身的 Dasein 吗？我想这种思维方式绝不会为海德格尔所首肯，海德格尔一直认为他自己才是“面向实事本身”这一现象学基本原则的真正坚持者，将 Dasein 凭空说是有身的 Dasein 在海德格尔看来肯定已不是现象学了。我想依海德格尔现象学立场，合法的发问会是：身体本身是如何存在的？身体是如何交付给 Dasein 的？身体之为身体如何在 Dasein 的生存论上加以描述？在《现象学基本问题》中，海德格尔曾将以笛卡尔（实际上也包括胡塞尔）为代表的一味沉溺于自我的反思的我本学立场讥为在病理学是古怪的，基于此理由，我们完全可以设想海德格尔会将胡塞尔“身体”观讥为有病之身的观点。毕竟烦于世中的 Dasein 恰恰是忘身于其所烦之中的，一个在沉思出神的人（比如说胡塞尔）绝不意识到他的左手在支撑自己的嘴巴，而右手则放在右大腿上。只有在烦忙或烦神活动指示出“不适”的身体中，身体才会成为专题把握的对象。如在运锤钉钉之际，一不小心锤到自己的手上，我就会注意到自己的身体伤在何处、伤势如何；又如在我路经一群陌生人身旁，而注意到这群陌生人对我指指点点、评头论足时，我就会意识到让我感到尴尬的长相或打扮；或者在我伏在案上疾书之际，突然一阵心脏的悸动警示了我，要“注意”身体等。当然在烦无所烦、百无聊赖之际，为排遣空洞的时间，这时身体往往也会成为所烦的东西，如打量一下自己的手或脚等。或许我们不应再自以为是地替海德格尔继续思考下去了，指出这一句话就足够了：对身体的专题把握并不是 Dasein 拥有其身的“源始现象”。

那么，Dasein 源始地拥有其身的情形如何呢？Dasein“忘身于”其所烦中，是否只是一种纯粹的身体的遗忘呢？抑或是一种特殊的领会“自身”呢？一位在丛林追踪野兽的猎人，可以说他是在“忘身于”或“潜身于”狩猎的活动中。但是他在一边寻视目标的同时，一边也不时灵巧地绕过拦路的荆棘，机敏地跳过林中的小溪，小心地避过张牙“舞爪”的毒蛇，林中每一次意外响动，都会引起猎人的警觉及相应的身体反应……这一系列有意无意的身体动作不正说明猎者在潜身于狩猎活动的同时对其自家身体的能力已有事先的领悟了吗？绕过荆棘，是怕荆棘“缠身”，跳过小溪，是知道自己“身轻如燕”；避过毒蛇，是惊蛇毒“伤身”。Dasein 的举手投足早已蕴含了对自（家）身（体）的领会了。世内上手东西的适合性与不适合性，周遭世界的空间性与方向性，这一切海德格尔在“世界之为世界”环节所分析到的东西不也同样蕴含了对身体的领会了吗？海德格尔之所以不专门开展出身体现象学，或许基于身体的在场不是源始的现象。源始的现象在于 Dasein 生存论的烦忙于世。这应该是一种合理的解释，我们可以在海德格尔的文本中找到一点支持：海德格尔在对“去远”现象的描述时曾指出，远近之近说的是“处在寻视着首先上手的东西的环围之中”：“接近不是以执着于身体的我这物为准的，而是以烦忙在世为准的，这就是说，以于在世之际总首先来照面的东西为准的。”①

总之，尽管海德格尔没有开出专题的身体现象学之维，但

① 海德格尔：《存在与时间》，第 133 页。

这并不意味着 Dasein 是无身的 Dasein，在 Dasein 烦忙于世的筹划中，在 Dasein 的现身情态中，都已蕴含着身体的因素在其中了。

第五节　萨特的三维之身

按理，萨特与海德格尔走的都是一条实存现象学的路子。因而无须专题地开出身体现象学之维，但是与海德格尔不同的是：

（1）萨特仍然坚持笛卡尔我思本位的立场，并将意识的世间内容彻底净化，意识成了通体透明的东西，而与充实自在之域成了两个根本有别的存在。

（2）在坚持笛卡尔我思本位立场的同时，萨特也明确摒弃了海德格尔共在的模式，认为将共在简单地置入我的在世的本体论环节中乃是一种“无根据的单纯肯定”。这种笛卡尔主义的立场相应地使萨特面临两个问题：其一，非实体的透明的意识如何通达实在界？其二，虚无化的自为如何通达另一个虚无化的自为？因此，与胡塞尔的纯粹意识的现象学相似，萨特的自为本体论亦需要一“身体”来通达世界。但与胡塞尔不同的是，萨特在其自为的现象学结构中又引进了海德格尔在世这一生存论环节，将身体的现象学描述与在世的描述结合起来，是萨特身体现象学的一个特色。

萨特从胡塞尔那里也承继了身体的现象学观法，视解剖学意义上的身体为外在的观点，而非“**我的为我的身体**”。我当然知道我的身体是由神经系统、大脑、腺体、消化、呼吸和血液循环器官构成的，但我之所以知道这一切关于身体的知识，并不是由我本人看见的，实际上我永远不会看到自己的大脑、看到自己的内分泌，但我并不能因此而否定自己有大脑、有内分泌。这种身体不过是从医生眼光下的身体，因而只是“**为他的我的身体**”。当然我可以看见也可以触摸我自己的手、腿，但我对我的在看的眼睛来说是“他人”，我不能“看见它在看”。同样，我看见我的手触到一个东西，但我不能在触及东西的活动中认识这只手。当我躺在病床上，看着医生抬起我的病腿检查时，我对自己腿的视觉与医生对它的视觉并未有根本区别。也许胡塞尔对此加以反对：毕竟对我来说，我在摸自己腿的同时也可以体验到自己的腿被摸的感觉，而医生在摸我的腿的同时并不会体验到自己的腿被摸。萨特对此可能的反驳不以为然，他说，这种“双重感觉”不是本质性的，只要给我的腿打一个吗啡针，让它完全麻木，我的所谓的双重感觉就完全消失了。**一个吗啡针的功效**使萨特有信心宣布触与被触的本质是“不同实在的两种秩序”，是“两类现象”，“它们是根本不同的，而且它们是在两个互不相关的层次上存在着”。[①] 两者从根本上是不可通约的。

一、“我的自为的身体”

“我的自为的身体”是身体本体论的第一维，有两个基本含义：①它是自为使之存在的偶然性；②它是被世界的工具性对象空洞地指示的归属中心。

我们知道萨特的自为是一种虚无化的意识，它和意向对象的关系是一种否定的关系。这是一张桌子，它不是一张椅子、

① 萨特：《存在与虚无》，第399页。

一个苹果、一条鱼……“这”是什么已排除了其他诸“这”，从而使它从未分化的总体背景中分化出来得以被确定为“这”。当自为确定或意识到“这”是什么的同时，自为也非位置地意识到“我”本人不是这个“这”，我的虚无化的自为无时不在超出这个“这”而指向另外一个“那”。但究竟世间哪些东西能进入到“这”或“那”则完全靠我自为的“介入”。桌子在那儿完全是由我在“这”才得以展示。我总是要在某个观点中，“纯粹认识的观点是矛盾的，只有介入的认识的观点”,[①] 存在总是在此之在，“在椅子上”“在桌子傍”“在那座山顶上”等。这是一种“**本体论的必然性**”。但如果说我介入如此这般的“观点”是必然的，那么我恰恰是在这种观点而不是任何别的观点，这一事实则是偶然的。标示出这一偶然性的正是我的自为的身体。因为在自为中没有任何自在，它是彻底的透明化、虚无化，它要想存在就得介入到自在中去，而虚无化的东西必须有所凭借才能进入到世界的自在中，身体正是“我对于世界的介入的个体化”，是“自为的处境”，是“自为使之存在的偶然性”。

自为的身体是不可把握的，当自为的意识浸入世间相关的对象之际，自为对其自己的身体没有任何专题的（位置的）意识。桌子上的这个墨水瓶直接向我的视觉展现出来，它的在场是一个可见的在场，我也意识到它对我表现为可见的。就是说我有（对）看（的）意识，但是“在视线是对墨水瓶的认识的同时，视线逃避了一切：没有对视线的认识”，反思也不能给出这种认识，因为我的反思意识事实上给予我的正是“对

① 萨特：《存在与虚无》，第403页。

我对墨水瓶的反思意识的认识”，而不是给予我感觉器官活动的认识。所以萨特说“**眼睛不能自己看见它自己**”，我只能看到“**对象眼睛**”，比如我在镜中看到自己的眼睛，但镜子中的我的眼睛只能是对象因为它绝不能看到我在看它，“我是的东西，在我是它的时候，原则上不可能是为我的对象，因为我是它”。① “我不可能看到在看的眼睛，我不能触摸到在触摸的手”，“在感官是为我的时候，感官是不可把握的”。② 为我的身体，作为主体的身体，如同自为一样，是逃避任何对象性的把捉的。身体是对世间事物的观点，但这个观点不是一般的观点，而是一种**我不能获得对它观点的观点**（用胡塞尔的话说它是**绝对的零点**）。

以上可算是萨特从**主体身体的意向作用极**对我的自为身体的描述。以下则是从**主体身体的意向对象极**刻画我的自为身体的特征。

周遭世界任何对我显现的对象都是被定向了的，桌子在教室中央，椅子在桌子旁边，墨水瓶在桌面右上角等。这一切最终都描向一个使得一切定向得以显现的“中心”，这就是我的在世之中的存在，就是我的身体。“说我进入了世界，‘来到世界’或者说有一个世界或我有一个身体，那都是一回事。”③ 我的身体在世界上是无处不在的。它在那里，棕榈树遮住了窗子的大部分，其他的部分透露出外面的街道，一辆红色出租车正飞驰而过，在对过的街边一个女人正在露天咖啡馆的桌子

① 萨特:《存在与虚无》，第415页。

② 萨特:《存在与虚无》，第413页。

③ 萨特:《存在与虚无》，第415页。

边，桌子上放着一杯咖啡……我的身体就处在这些事实之中，它既散布在其中，又“聚拢”在所有事物指示出的那唯一的点上。“我的身体是诸事物指示着的整个归属中心”，[①] 它不仅是我五官所在处，也是我“行动的工具和目的”。有了此，对象空间才源始地向我显现为“路径学的空间”：椅子在书桌旁，这意味着它可供人坐在上面看书或写字，一盒烟草在壁炉上，这意味着人们想去抽烟草，就得走过三米的距离，并且避开房间的一些障碍物如安乐椅、小圆桌等。从自为的涌现起，“世界就被揭示为指示着应该进行的活动，这些活动归结为别的活动，而那些别的活动又归结为另外别的一些活动”，与此相应，工具性事物指示着别的一些工具，别的工具又归结为另外别的一些工具，“一切都以指出作为它们全体的关键的工具而告结束”。身体即是被工具的复合体指示出的东西，没有这个归属中心，一切工具性将变成等价的，一切将恢复为“**自在的冷漠**”。“身体是我不能以别的工具为中介使用的工具，是我不能获得对它的观点的观点。”[②]

这种将身体视为诸事物归属中心的观点在胡塞尔《观念》第二卷中就曾有明确的表达，不过与胡塞尔不同的是，萨特坚持了海德格尔在世的立场。在胡塞尔那里世界的构成依赖于身体的构成，世间对象的侧显是在身体的知觉中进行的，而在萨特这里，身体之所以给出是因为它在一个世界中，“我们把我们与世界的原始关系，就是说，我们没于存在的涌现本身作为身体揭示为身体的基础。身体对我们来说远非第一位的，并且

① 萨特：《存在与虚无》，第 417 页。

② 萨特：《存在与虚无》，第 429 页。

它远非为我们揭示事物，而且这些工具—事物在它们的原始显现中为我们指出我们的身体……只有在一个世界中才可能有一个身体。"①

因此，第一维的身体和自为的存在并不能简单地划等号，自为乃完全透明的、虚无化的主观之领地，而身体则是自为超越于世之际的"实际性"（中译本译为"散朴性"），是自为行动的"必要条件"。因为自为的超越乃是向世界的超越，"自为的存在就是超越世界并且在超越世界时使之存在"，但是超越世界并不是"轻掠过它"，更不是心想事成、随心所欲，世界于我乃一个"敌对率"（或译"敌对系数"）的世界，因此自为之超越世界即是要"介入到它之中以便从中浮现出来"，②对自为的超越有所限制的有限性恰恰是"自为的原始谋划的必要条件"，而我的根本的有限性、偶然性、实际性即是身体。"诞生、过去、偶然性，观点的必然性，对世界来说是任何可能的行动的条件。这就是身体，这样一个身体是为我的。因此它全然不是附加到我的心灵上的偶然的东西，而是相反，是我的存在的永久结构和作为对世界的意识及作为向我的将来超越的谋划的我的意识的可能性的永久条件。"③ 这段话就和胡塞尔的身体观拉开了距离。在胡塞尔那里，身体尽管有一特殊的地位，但无身的意识在原则上仍可设想的；而在萨特这里，身体乃是自为谋划的"永久条件"，实存的自为毕竟是一肉身化的自为。萨特与胡塞尔在身体观上的区别依然是先验现象学与

① 萨特：《存在与虚无》，第424页。
② 萨特：《存在与虚无》，第426页。
③ 萨特：《存在与虚无》，第427页。

实存现象学的区别。自为不是它自己的基础，自为要赢得存在就得超越于世中，就得“介入诸偶然存在间的偶然存在”，而“身体正好表露了我的偶然性”，在自为的每一谋划中，在每一感知中，都有身体在那里。

总之，自为的身体是不可把握的身体之维，在非反思的意识层面，绝对没有对身体的意识，身体属于对自我的“非正题意识的结构”。

二、“为他的身体”

为他的身体是我的身体向他人显现的方式，或者说是他人的身体向我显现的方式。

在萨特的体系中，他人对我表现为“**被超越的超越性**”。他人的身体如同我的身体一样也是被工具事物所指示。我坐在客厅里等待房子的主人，客体便以整体向我揭示了它的所有者的身体，椅子是主人坐过的椅子，书桌是主人伏身写作的书桌，窗户则是照亮主人所看见的对象的光线所通过的窗户。这里的描述与海德格尔在《存在与时间》中所描述的他人在场的思想并无本质的不同。总之，“作为肉体的他人的身体，直接地向我表现为一种处境的归属中心，这种处境是在他人的身体周围组织起来的，并且他人的身体是与这个处境不可分的；因此，不应问他人的身体如何能首先是为我的身体然后进入处境的。但是他人原本是作为处境中的身体向我表现出来”。[①] 在世是身体在场的本体条件。我与他人的关联首先不是一种“身体的关联”，而是一种“**在世的关联**”。正由于在世，身体

① 萨特：《存在与虚无》，第447页。

才得以显现。但这并不是意味着先有一个在世，有一个处境，然后再插进一个作为肉体他人的身体。他人的身体恰恰是“处境由之出发而存在的那个东西”，它是这样一个身体，“它所是的这团肉体是被它注视的桌子、被它坐的椅子、被它在上面行走的人行道等确定的。”① 因此，把握他人的身体、理解他人，就是使他自己通过世界显示他是什么。我看到他人捏紧拳头，捏紧拳头在其本身中一无所是，毫无意义，我们也从未感知到一个捏紧的拳头，我们感知到的是一个在某种处境下捏紧拳头的人，一个在表示无比愤怒的人，或者一个在表示自己坚强决心的人等。“身体是从处境出发显现有生命和行动的综合整体”,② 对身体的感知与对无生命对象的知觉乃根本不属于同一类型。求助于习惯或“类比的推理”来解释我们理解有表现力的行为是不合适的,③ 毕竟，“这些行为作为可领会的东西一开始就提供了感知”，对身体的感知“从一开始就属于另一种结构”。④

他人对我是被超越的超越性，与此相应，他人身体的意义便是“超越被凝固的运动”。被凝固即是被把握，被赋予了意义，被给予了一个观点。他人的身体与我的为我的身体的一个根本区别在于我对我的为我的身体不能有任何“观点”，因为

---

① 萨特：《存在与虚无》，第448页。

② 萨特：《存在与虚无》，第450页。

③ 萨特在此似在批评胡塞尔藉“类比的统觉”而对他人、他人之身体有一感通之理解这一思想。但这种批评对胡塞尔显然有欠公允，因为胡塞尔在《笛卡尔沉思》“第五沉思”中明确表示，类比的统觉不是一种推论，而是“被动的”联想。

④ 萨特：《存在与虚无》，第451页。

我就是我的“观点”本身，为我的身体是“我不能以别的工具为中介使用的工具”，是“我不能获得对它观点的观点”；[①]而他人的身体从一开始就对我显现为“我能在其上获得一种观点的观点，一种我能用别的工具来使用它的工具。”[②]

身体之被赋义仍然是由身体所在的处境决定的。满脸发红是表示羞愧之极还是表示异常激动，是表示极度兴奋还是表示极度愤怒、是醉酒所致还是生来如此，这一切只有联系到在某一处境中的满脸发红的人才能得以确定。没有处境的身体实际上已不是身体了而是尸体，尸体不再存在于任何处境中，它是纯粹自在的东西、外在的东西。解剖学即是属于此类感知，而从尸体出发重新综合构成生命则是“生理学”。“生理学从开始起就判决自己对生命一无所知，因为它只是把生命设想为死的一个特殊模式，因为它在那里看见了作为第一位的东西的尸体的无限可分性并且因为它不知道‘向……超越’的综合统一，为了这个超越，无限可分性是纯粹和简单的过去。甚至对生者的生命的研究，甚至活体解剖，甚至对原生质的生命的研

① 我站在高处，可以对低处有一个好“观点”（鸟瞰），我站在庐山外，可以识得它的真面目。但我不能站在我之外，对我自己有一个“观点”，纵然我能站在我之外（比如我分身有术），从而对我所是的身体有所“观点”，但这个被看到的身体恰恰已不是我的为我之身了。在萨特的观点中，我的为我之身是绝对不可对之有所观点的“绝对观点”或“零观点”。同样，我可以用手拿杯子，再用杯子盛啤酒，但用杯子盛啤酒之“用”与用手之“用”根本不同，因为任何工具之用恰恰由我的为我之手才得以用。我可以用手拿一切东西，但我绝不能用手拿手，纵然我可以用右手抓住左手，但被抓住的左手已不是我的为我的手了。所以说身体是我不能以别的工具为中介使用的工具。

② 萨特：《存在与虚无》，第442页。

究，甚至胚胎学或对卵的研究，都不能恢复生命，人们观察到的器官是活的，但是它没有融化在一个生命的综合统一中，它是从解剖出发，从死出发被理解的。”① 这是身体现象学对传统机械主义身体观的最严厉的批判。

三、“身体的本体论第三维”

身体存在的第一维是“**为我的身体**”（自为的身体），第二维是“**为他的身体**”，第三维则是“**为他的自为的身体**”（body for-itself-for-others）。身体的第三维是被他人注视所对象化的我的身体，这个身体成了“为他的自在”。①作为为我的身体，我不能对之有任何观点，但通过他人的注视，我的身体开始逃避我而“向外延伸”，于是我可以开始获得对之的观点了。它被确定为“在别处并通过他人把握的东西”，对他人来说我的身体就象这张桌子或这棵树一样是为我地存在着，它们是没于某个世界之中的，并在“我的世界向着他人的绝对流动中并且通过这种流动而存在”。②同样，作为我的自为之身是不能被任何工具所使用的工具，但在他人的源始相遇中，就他人超越了我的此在而走向他的可能性而言，“我所是的这种工具对我表明为是被投浸于工具的无穷系列之中的工具”，是“逃离我而走向混于诸工具中间的工具性存在”，走向“一个被感觉器官把握的感觉器官的存在”，与此相随的是“使我的流向他人的世界异化的毁灭，是这个世界的具体的崩溃，而且是他人在他的世界中重新把握的我的世界”。② 例如，当医生

① 萨特：《存在与虚无》，第452～453页。

② 萨特：《存在与虚无》，第458页。

给我听诊时，作为自为的我，我感知到他的耳朵。一个长着如此这般形状的听的器官，这个在用耳倾听的人正在从事医疗的诊断活动。但是，从我想到这个倾听的耳朵恰恰是在感知我的身体时起，我原来的体验便变成了“我的主观性之外”的东西，“没于不是我的世界的世界之中”。

因此，身体的第三维乃是异化之维，是“被异化的东西”。我因困窘难堪而感到“脸红”、感到“汗颜”时，尤其在他人指出我的脸红以挑明我内心的不安之时，尽管我本人看不到自己的脸是如何如何之红，但我会越发因自己的脸红而不安、难堪，这一切恰恰是在他人目光下给出的，我的身体成了为他的，他人给了它以意义：这个脸红的人是个害羞的人，或者这个脸红的人是做了见不得人的事的人等。我的身体异化成了我之外的东西、和我作对的东西，以致于我为有此身而感“无地自容”。极度害羞的人在害羞之际往往用手捂住自己的眼睛，捂住自己的眼睛并不能杜绝他人的目光，但至少遮住了自己对他人目光的直接接触。作为为我之身我是不可把握的绝对零点，而作为为他的自为之身，“他人为我们履行了我们无能履行然而又落到我们身上的职责：看见我们所是的……我们被迫用别人的眼看我们自己”。[1] 由此，萨特进一步落实了我—他冲突的模式：“他人的注视对我赤裸裸的身体进行加工，它使我的身体诞生、它雕琢我的身体、把我的身体制造为如其所是的东西，并且把它看作我将永远看不见的东西。他人掌握

① 萨特：《存在与虚无》，第459页。

了一个秘密：我所是的东西的秘密。”①

无可否认，萨特对三维之身的现象学描述是非常精彩的，但身体之维在萨特现象学的本体论建构中只有一附从的地位与作用。他在讨论完自在、自为之后，着手讨论“为他”环节，而身体的讨论只占了“为他”讨论的一极小部分。本来萨特进一步强化了胡塞尔意识优先地位的笛卡尔主义立场，为开出他人之维他理应像胡塞尔那样更注重“身体”才对，但是，由于萨特在其自为结构中引进了海德格尔“在世”这一关键的生存论环节，使得我和他人、和世界的关联首先不是一种身体的关联而是一种“在世的关联”，只有在一个世界中才可能有一个身体。这一在世的本体论使萨特与胡塞尔处于了两种不同的境地。胡塞尔藉身体的结对、类比同化而给出他人，萨特则明确对此加以拒斥：“他人的身体和我的身体的类比同化”，只有在为他的存在这一本体论环节上才得以可能，“正是在这个层次上他人的身体和我的身体的类比同化产生了。事实上，必然的是——为了使我能思考‘我的身体是为他的就象他人的身体是为我的一样’——我在他人的客观化了的主观性中遇见他人，然后把把他当作对象；为了使我能把他人的身体判断为类似于我的身体的对象，他人的身体应对我表现为对象，并且我的身体反过来应该是对我揭示了对象的一维。类似或相像绝

① 萨特：《存在与虚无》，第471页。在萨特现象学中，我的为我之身既不是赤裸裸的亦不是着衣服的。只在他人目光下，我之身体才成了赤裸之身或着衣之身，我才会因自己赤裸之身而羞耻，因自己衣冠不整而难堪。穿衣打扮、涂脂抹粉都是在他人目光下进行才有意义。即便并没有实际的他人在场，我独自一人在镜前搔首弄姿、孤芳自赏，这亦是从他人的目光下看我自己。

不可能首先构成他人的身体—对象和我的身体的客观性；而且相反，这两种客观性应该事先存在以便类比原则能够起作用”。① 身体之维在萨特的现象学体系中只充当自在—自为—为他本体论模式的一个“具体化”例证：

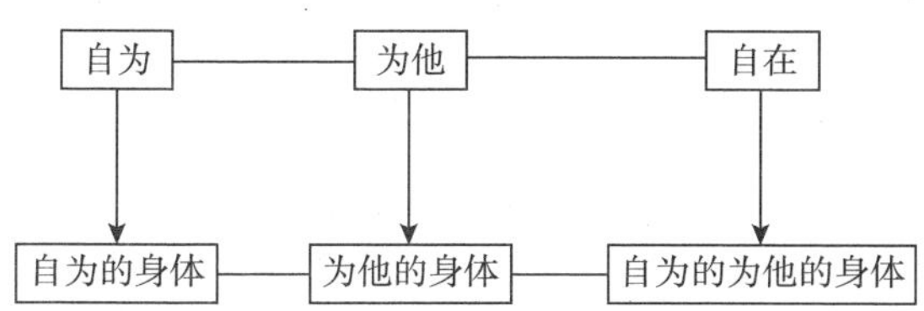

第六节　梅洛-庞蒂论身体

梅洛-庞蒂在其最早的一部著作《行为的结构》一书的导论中开头便说：“我们的目标就是理解意识与自然的关系。”这句话差不多定下了他一生哲学努力的基调，当然，这必须放到一个大的哲学传统中去理解。近代哲学中经验主义与唯理主义未尝不可以说也把这一关系视为自己的目标。经验主义将世界的意义试图还原至自然中（自然的经验），但确最终引向了休谟式的怀疑主义，而唯理主义则执意要从意识本身入手，但它开出的天赋观念却又与自然毫不相干。于是而有康德哲学之兴起，知识之确定性、悟性之范畴既然难以在外在自然中觅到，那它必在内在意识中，知识的具体内容（材料）既然难以在内在意识中觅到，那它必在“外在自然”中。看来，视康德哲学为经验主义与唯理主义的一个“合题”，并非只是一种黑格尔式的辩证法游戏，它的确切中

① 萨特：《存在与虚无》，第460页。

康德哲学中的某些“实事”。毫无疑问，康德哲学是对两偏取向之综合，但他并未彻底克服“内在”—“外在”的二分框架，现象与物自体的区分便是例证。和康德哲学关系甚密的胡塞尔现象学也同样在这种二分框架下运思，他经常发问的问题便是认识如何能超越自身而切中意识框架内无法找到的存在？他尝试用意识的意向性去突破这个框架，这种解决的途径未尝不可以说是朝向成功解决迈出的一大步，但纯粹意识（他所谓的绝对存在）与超越物（他所谓的相对存在）乃是两种根本不同的存在领域，两者之间的深渊何以可以跨越，并不是个容易得到解决的问题。梅洛-庞蒂的贡献在于，他既不去内在的先验意识那里寻求支持，亦不去外在自然界中寻得帮助，他在“内”与“外”之间架设了一座亦内亦外、非内非外的桥梁，这座桥梁就是人的“身体”，身体成了意识与自然、人与世界的交切口。身体是一种对世界的开放并与世界相关联的结构，是我们在世界上的“支撑点”“中介”。在现象学运动中从来没有一个哲学家象梅洛-庞蒂这样赋予身体如此至关重要的地位，他的《知觉现象学》用了差不多三分之一的篇幅去讨论身体现象，而在他未竟的著作《可见的与不可见的》中，他提出了“世界的肉”（la chair du monde）这一令人瞠目结舌的本体论概念。在评论梅洛-庞蒂与胡塞尔的关系时，施皮格伯格曾有适切的说法：“格梅—庞蒂所想要做的就是超越胡塞尔，他所用的方法就是将大部分是他所知道的胡塞尔尚未发表的著作中的某些方面有意识地加以外推，而贬低已发表的著作的其他一些方面。尽管如此，在他这样做时，他似乎认为自己是在执行胡塞尔大师的最后的最好的指示。"[①] 这段话用在评论梅洛－庞蒂身体现象学与胡塞尔身体现象学间的关系上，亦十分合适。有时候很难弄清楚哪一点是由胡塞尔而来的，哪一点是他超出胡塞尔的，毕竟他是以某种海德格尔式的"在世"语言去表达身体之维的体认的。不过，至少有一点区别是很清楚的，那就是胡塞尔一直是用一种意识构成的语言去描述身体，因而他的身体现象学是**意识本位的身体现象学**，而梅洛－庞蒂则尝试用"身体"语言去描述意向性现象本身，因而他的身体现象学是**身体本位的身体现象学**。

一、关于本己身体的空间性与自动力（motility）

我的本己身体的空间与一般的空间有着根本区别。一般空间的属性如高或低、远或近、左与右等等都是和本己身体的空间性相关的。比如，我们说"一个东西在桌子上"之时，在我心里我已将自己置于桌子上了，已将"理论上适合我身体与外在对象关系的范畴"运用于其上了。梅洛－庞蒂指出，没有这一"人类中心的联想"，"在……上"一词就与"在……下"或"在……侧"一道皆无由区别了，因此，我的身体不是空间中的一个"断片"，相反，"如果没有我的身体，空间就根本不存在"。[②] 至此，梅洛－庞蒂完全是在重复胡塞尔在《观念》第二卷中对作为"零点"的身体的描述。但接下来，他对经验主义与唯理主义的批判使他与胡塞尔的身体现象学拉开了距离。

① 施皮格伯格：《现象学运动》，第739页。

② Merleau-Ponty, *Phenomenology of Perception*, P102.

他举了施耐德尔（Schneider）的一个例子。当病人被要求指出自己鼻子的所在时，如果让他只准用手去指（而不准触摸）或用小木尺去指时，他根本无法做到，而当被允许用手抓住自己鼻子时，他却可以做到。“抓”或“触”与“指”（pointing）何以在病人身上会导致如此的差别？一个无法用手指出自己鼻子所在的病人何在在蚊子叮咬他鼻子的时候，可以准确无误地对准鼻子搔痒呢？经验主义者会从生理学、病理学的角度对此加以因果性的解释。不可排除这里有器官病变的因素在起作用，但何以这种病变在某些条件下会有表现，而在另外一些条件下却无表现呢？也不可排除身体活动是对外界事态的一个回应，但任何外在的刺激，只有在身体旨趣及其实践活动所及的范围内才有意义。经验主义的空间是纯粹的物理空间，而缺乏一个“实践的结构”。身体运动毕竟不是纯粹机械的位移，而是瞄向某个目标、有意义的有机体的活动，身体活动是在面临任务的“身体境况”中展开的。“我们活动的决不是我们客观的身体，而是我们的现象的身体（phenomenal body），这里并没有什么神秘可言，因为我们的身体，作为世界的这一部分或那一部分的潜在性，涌向有待把捉的目标并感知它们。”① 唯理主义者会认为“指”与“抓”“触”不同，它是“抽象的”动作，需要一种“范畴态度”才能做出，没有这种范畴态度，任何抽象的动作都无法做出。正常人之所以能做出“抽象的动作”即是因他的意向性对意义背景已有所筹划，他的活动空间被意识领会为有意义的结构化了的空间。而病人完全生活在当下具体的情景中，只能对具体的刺激做出

① ibid. P106.

反应，而对需要意向性领会的授义活动作基础的抽象活动，则无能胜任。唯理主义以范畴的态度、符号功能、表象功能去解释我们的活动并未错，但是，范畴的态度不是现成自足的东西，唯理主义之误在于它视意识为绝对透明的意向性，这种纯粹意识构成的空间只能是“同质的空间”而完全忽视了感知主体的需求与身体的自动力。而且，如果视意识为绝对透明的意向性而忽视意识的等级区分，那么当病人缺乏授义的行动能力即不再作为意识存在，那他就只能作为“物”而存在，只能堕回到对自身与世界茫然无察的“物的状态”，而实际上病人用手搔鼻的活动绝不是纯粹的机械位移，无论是抽象的活动还是具体的活动都包含有意向性这一意义环节，将某些动作归于“身体的机械作用”，将另一些动作归于“意识”显然是不妥的。

走出经验主义与唯理主义二难困境的出路在于“实存的分析”，在于对“自动力”（motility）这一“**基本的意向性**”的理解。“意识首先不是什么‘我思什么’而是‘我能’”①，“运动不是对运动的思，身体的空间亦不是被思及或被表象的空间”，身体的运动与其运动的背景、身体的能力及身体的目标在身体的自动力这一基本意向性中共同交织于一起。“意识是藉身体的中介而指向事物的存在”。自动力不是“意识的婢女”，不是“将身体运送到我们预先形成表象的空间点”，“为了我们能将身体趋向一个对象，这个对象首先是为它而存在了，我们的身体绝不应属于‘自在’的领域。对象也从来不

① ibid. P137.

为失用症的手而存在……”。① 因此说我们的身体在空间中或在时间中是欠妥的，“它乃居于（inhabits）空间与时间中”，我身体活动，比如伸手拿水杯的动作，并不是先要瞄着杯子，用心测一下其距离与方位，然后朝着那个方位在空间中一点一点地接近目标。每个身体的动作在被意识到之前已经是有所意向的活动了，这是一种真正为而不名甚至不可分解的意向活动。“就我拥有一个身体——藉此我在世界中有所行动——而言，空间和时间对我来说，不是毗邻点的集合，也不是由我的意识综合的无限大的关系——我将我的身体拉曳进其中，我不是在空间与时间中，我也不设想空间与时间；我属于它们，我的身体与之相结合并包容之”，总之，“我的运动的身体经验并不是一种特殊知识，它为我们提供了通达世界与对象的路子”，“我的身体拥有它的世界，或者说领会着它的世界，而无须利用我的‘符号的’或‘对象化的功能’”。② 这是对胡塞尔意向性理论的一个重要补充（甚至说是奠基），在身体的活动中已经拥有了“授义的力量”了。身体活动的空间已经是意义的空间了。经验主义之误在于它忽视了身体寓居的空间的实践性、意义性，而将之错误地视为物理空间，身体的活动亦相应地成了机械的位移而失去了意向性结构。而唯理主义将身体的有意义的活动视为范畴的态度，而完全忽视身体本身即是有着自己需求、领会与授义的结构。身体的活动能力与身体活动的习惯即在世界中存在的有所领会地与其目标和境况相谐和。身体的领会不是意识的构成，不是将“感觉材料”带入

① ibid. P139.

② ibid. PP 140 ~ 141.

"理念"或"形式"下，我抬起我的腿时，并不是将作为离我头部有两英尺半之遥的空间中的物体抬起它，而是作为一种向下延展着我的运动意向的位置力量运用它，身体意向性成了一种最源始的奠基性的意向性，在其上乃是一种动作意义的积淀（如跳舞、弹钢琴、打字），而其最上层便是身体动作无法达到的意义即文化世界。于是身体成了一切意义源始开显的场所。

二、本已身体的综合

身体综合是指我对自己各部分功能如触觉、视觉、动觉、听觉等等的综合为同一身体的现象。身体的综合与物的综合不同，物是在我们面前侧显地给出的，它们不断展现的显相被我们的意识在内时间中综合为同一之物。而"我并不是站在我身体面前的，我是在它之内的，或者毋宁说我就是它……我们并不是作为我们身体各个部分间的关系、可视与可触之身间相互关联的旁观者而有所看：我们本身就是这些胳膊与腿的一体者，是既看见它们又感触它们的那个人"。因此如果非要谈什么对本已身体感知的诠释不可的话，那也只能说是身体自己诠释自己："视觉材料"只有通过触感而在场，触觉材料则通过视觉而在场，"将'触感'（tactitle sensation）统一于手部并与同一手的可视感知及身体的其他区域的感知关联在一起，乃是充满我手部姿态的一种风格，也进而意味着手指活动的一种风格，并最终归于身体的某种属性。身体不可比作一件物体，而可比作是一种艺术品"。[①] 诗歌、小说、绘画、音乐作品都是

① ibid. P150.

个体，它们表现与被表现的东西是密不可分的，只有通过直接接触才能了解它们的意义，音乐作品的意义只有在听的时候才展现出来。同样，我们的身体也是一些活生生的意义之网络，在胳膊上部感受到的触觉体验意味着与同一胳膊一道的视觉方面的上胳膊的触觉体验，这并不是因为不同的触觉与视觉都牵涉同一胳膊，就像一个立方体的不同侧面都牵涉到同一立方体一样，而是因为“被视胳膊与被触的胳膊”一同“执行着同一动作”。我们的身体从根本上说不是我思的一个对象，而是一种致力自身平衡的诸种活生生意义的复合体。

三、作为表达和说话的身体

在这里，梅洛－庞蒂将胡塞尔身体的动作是充满灵性的动作进行了极端性的发挥，与胡塞尔在《观念》第二卷中将他人身体动作的理解比作是我们听到他人的话语相对照，他反过来将话语看作是身体的动作，“话语是一种真正的姿态（gesture），它包含着它的意义就象姿态包含自己的意义一样”。[①]我们也并不把愤怒或威胁视为藏匿在身体姿态后面的一个心理事实，这些姿态（如脸色发红、浑身发抖、怒发冲冠）并不让我们想到愤怒，它就是愤怒本身！因此身体姿态的意义与其姿态发生的场景是结合成浑然一体的。微笑、脸部放松的表情、手舞足蹈的姿态，都包含着“活动的节奏”与“在世界中存在的方式”，这些就是快乐。总之。“身体不是各个自在的微粒的集合，不是明确界定了的程序之网络——它不在它所在之处，也不是它所是之物——因为我们看见它在其自身中分

① ibid. P183.

泌着‘意义’，这个降临于它的意义不来自任何地方，它把这意义筹划到它的环境中，并把它传播给其他肉身化的主体”。[①]

四、“双重感觉”与“可逆性”

萨特在“为我的身体”与“为他的身体”间划上了一条不可逾越的鸿沟，我们还记得他在《存在与虚无》中对心理学的双重感觉的说法：作为在触的手（自为）永远不能在同时与被触的手（为他）相合，它们是互斥的，无法沟通的。对此，梅洛－庞蒂是不认同的，他认为“触”与“被触”尽管不能同时并存，但却并不是在本体论上绝然相斥的两个领域，毋宁说两者是**在“暧昧性”中“轮流交替”**。一会儿是在感觉右手在摸左手，一会又感觉是左手摸右手。这就像我看镜子中的眼睛的过程中我在看镜中的眼睛与镜中眼睛在看我发生的交替现象一样。在《可见的与不可见的》一书中，梅洛－庞蒂将这种现象称为**可逆性的交叉**，这种可逆性的交叉是“世界之肉”的一个本质特征。在《眼与心》中，他指出，在看与被看中不可避免地会出现可逆现象，有的画家在画风景时，觉得不是他本人在看风景，而是风景在看他，“谜在于我的身体同时既是能看的又是被看的……它看见自己在看，它触到自己在触……我的身体是可见的又是可动的，它是诸物中的一物……但因为它自己在活动、在看，所以它又让物环绕在它周围。物成了它自身的一个附件或延伸；它们镶嵌在它的肉中，它们是它丰满性的一部分；世界也是由和身体一样的材料的东西构成……在看与被看，触与被触间，在眼与眼之间，在手与

① ibid. P139.

手之间，发生某种混合，人的身体就存在这儿了”。[①] 于是世界、事物与身体都是由同一种料子构成即所谓的**“世界之肉”**。在此世界之肉中，“看者与可见者交互换位，我们不再清楚谁在看谁被看了”。[②]

① Merleau-Ponty, Eye and Mind, 载 *The Primacy of Perception*, PP162 ~ 163。

② Merleau-Ponty, *The Visible and the Invisible*, P139.

第五章　世　界

第一节　为什么现象学不是“世界观”

哲学通常被称为世界观，现象学是哲学，很显然现象学也是世界观。但现象学中最有影响的两位人物——胡塞尔与海德格尔——都极力反对把现象学与世界观画等号，两人在不同场合下都不遗余力地批判过世界观哲学。

在被称“现象学的宣言书”的《作为严密科学的哲学》一文中，胡塞尔对世界观哲学进行了严厉的批判。世界观哲学（Weltanschauung Philosophy）将一切具体的科学视为“客观真理的宝藏”，并“尽可能满足彻底的、统一的、囊括一切、渗透一切的知识”这一要求，于是而有哲学是对诸科学（自然科学、社会科学、心理学与思维科学）成果的总结与概括这一说法。世界观哲学以具体科学为基础，也正因它建立在具体科学的基础上，所以它本身也以“科学的哲学”自命。然而，胡塞尔一针见血地指出，一门学科的科学品格不仅在于其根基的科学性，而且也包括“目标规定问题及其方法”的科学性，还包括指导性问题与这些根基及方法之间的“逻辑和谐”。自命为科学的哲学的世界观哲学恰恰对此少语寡言。他们所言及的东西恰恰又是“低于科学水准的”。

在胡塞尔看来，将哲学界定为世界观，这一做法本身已注定它不可能成为真正的科学（“严密的科学”）。世界观哲学家自以为把各门具体科学的成果凑拢在一起，就可以保证其结果肯定也是科学的，然而殊不知这种凑拢的方式本身就不具备科学性，更要命的是，它赖以为根基的具体科学本身就是无根基的东西，“所有的自然科学就其出发点而言都是质朴的（naïve）”，① 所以世界观哲学注定是无根的，它只能沦为一种风派哲学，跟在具体科学的屁股后面转来转去，它是“历史怀疑论之子”，于是而有每个时代有每个时代的世界观这类说法。这也决定了世界观“在本质上不是科学”。真正的科学的“理念”不是跟着时代转，不是“受限于某个时代的精神”，而是“超时间的”“绝对的、无时间的价值”。纵然世界观哲学可以风行一时，可以满足时代的要求，但是“我们必须对我们对人性所负的责任保持清醒的认识”“我们切不可因时代之故而牺牲永恒”。真正的作为严密科学的哲学对世界观哲学观必须坚决地说一声“不”！它必须立于最确定的根基之上，“依照最严密的方法步步推进”，以达成“一门科学的批判及彻底的科

① Husserl, Philosophy as Rigorous Science, 载 *Phenomenology and the Crisis of Philosophy*, trans. Q · Lauer, Harper & Row, Publishers, New York, 1965, P85。

学”。为此，胡塞尔对世界观哲学发出了严厉的警告:“世界观哲学本身必须老老实实地放弃成为科学的要求，并同时停止迷惑人心和妨碍科学的哲学的发展。”①

16 年后，海德格尔在马堡大学的讲课中，再一次对世界观哲学进行了严厉的批判。他像胡塞尔一样将“科学的哲学”与“世界观哲学”进行了严格区分，并坚持科学的哲学应从反对作为世界观的哲学出发。他首先对世界观一词追根溯源，他认为世界观一词既不见于希腊语亦不见于拉丁语，而纯粹是德国哲学家的新创字。

康德在其《判断力批判》一书中最早使用了“世界直观”（world-intuition）一词，后来，歌德与洪堡都使用过该词。但在 19 世纪 30 年代由于受浪漫派尤其是受谢林的影响，这种用法逐渐销声匿迹了，代之而来的便是“世界观”一词。谢林在 1799 年的《自然哲学体系初稿导论》（*Einleitung zu dem Entwurf eines Systems der Naturphilosophie*）一书中说：“理智在双方面是生产性的，即或者是盲目地与无意识地或者是自由地与有意识地；在世界观（Weltanschauung）中，它是无意识地生产性的，而在理想世界的创造中，它有是意识的生产性的。”在其后，世界观一词得到了广泛使用，黑格尔在《精神现象学》中用过“道德的世界观”一词，兰克（Ranke）则说过“宗教的与基督教的世界观”，施莱尔马赫（Schleimermacher）说过：“只有我们的世界观才使我们对上帝的知识成为完全的”，比斯马克（Bismark）在给新娘的信中则感叹道：“在聪明人中，有多少种奇奇怪怪的世界观啊!”从这些各种各样的

① ibid. P143.

“世界观”用法中可以看出，世界观包括了对自然、历史、人生的看法，世界观与人生观是紧密联系在一起的。世界观是由民族、种族、阶级、文化发展阶段这些环境决定的，所以才有每个时代都有自己时代的世界观、甚至每个人都有自己的世界观一类说法。哲学的世界观号称“科学的世界观”，这意味着：①它应该采纳不同科学的成果并用来建构世界图景（the world-picture）诠释人的存在。②在形成世界观中应严格遵循科学思维的法则。无论如何，世界观在根本上是相关于每一个实际的 Dasein，每一个实际的具体历史时代，它是关于存在者的知识（自然这一存在者、社会这一存在者、历史这一存在者等），在本质上，“世界观是对存在者的一种设定的知识，是对存在者一种设定的态度”，而真正“科学的哲学”乃是“对存在、对存在的结构及其可能性”的研究。世界观是存在者状态的（ontical），而真正科学的哲学是存在论的（ontological）。因此，“世界观的形成乃是处在哲学的任务范围之外的，哲学在原则上与存在者无关。这不是因有所欠缺哲学才放弃了形成世界观的任务，而是因为明显的优先性：它处理的东西乃是每一种存在者的设定，即便是由世界观做出的设定，都必须在本质上以之为前提的东西”。[①] 把哲学说成是一种世界观恰恰违背了哲学的本质。于是，作为“世界观的哲学”与“作为科学的哲学”的区分便从根本上失去了合法性，世界观压根儿就不是哲学的，而哲学压根儿就是科学的。“哲学就是关于存在的科学”，即是“本体论”（或译存在论）。一旦明了了哲学的这一根本品格，世界观哲学之类的说法便成为荒唐的东西了。

---

① Heidegger, *The Basic Problem of Phenomenology*, PP11 ~ 12.

我们不难看出，胡塞尔与海德格尔对“世界观”的批评的理由大体上是一致的。他们都认为所谓的世界观哲学只不过是一种历史文化形态，是一种无根的东西，或者说它赖以为根的东西本身是一种无根的东西。世界观哲学之所以常会以“科学的世界观”自炫，无非是因为它是对自然科学、社会科学、思维科学之“总结”与“概括”。且不说这种自命的总结与概括在具体领域的科学家看来是如何不入流，问题的根本在于，具体科学不过是把现成存在者的区域“发掘出来”并“固定下来”（如历史、自然、生命、语言等），这些事情的区域基本结构本身恰恰是已经由“对存在领域的前科学的经验与解释”完成了。换言之，如果不对这些科学赖以产生的区域基本结构进行本体论的探讨，那么一切科学的概念都还只能是质朴的、无根的。① 胡塞尔曾说过自然科学没有解释任何东西，它的解释恰恰是有待解释的，② 海德格尔则说，在提供本体论的奠基方面，“科学上的优先地位并不是唯一的优先地位”，科学研究也不是 Dasein“唯一可能的存在方式”，也不是“最切近的可能的存在方式”。③ 因此世界观哲学对于两人来说都是一种无根思维。而真正科学的哲学是有根的思维，对于胡塞尔，根子在于先验意识的阐明，而对于海德格尔，根子在于存

---

① 胡塞尔区域本体论的设想即是与此有关的，海德格尔在《存在与时间》中第三节的探讨也是与此有关的（参看该书第 11 ~ 15 页）。

② Husserl，*Crisis*，P189。实际上，叔本华也说过类似的话：“一切狭义的科学……永远达不到一个终极的目的，或者说不能提供完全令人满意的解释……”（见叔本华：《作为意志与表象的世界》，第 59 ~ 60 页。及该书第 14 ~ 15 节）。另外，对胡塞尔关于自然科学的看法，可参阅拙文《胡塞尔科学批判观初论》（载《中山大学研究生学刊》1990 年第 1 期）

③ 海德格尔：《存在与时间》，第 15 页。

在的诠释。

现象学不是世界观。但这并不意味现象学对“世界”本身没有观法，问题在于**必须站在现象学的立场上去“观”世界，而不是站在“世界观”的立场上观世界**。立场的转变导致了问题的转变，现象学不再冒然去问世界是什么，而是要问世界如何是？世界如何给出？不过在踏上现象学的世界探险之路之前，让我们先考察一下尼采对现象学“世界”观的影响。

第二节 “生活世界”溯源

1931 年的最后一天，胡塞尔与他的学生汉斯·拉纳（Hans Reiner）及来自大洋彼岸的求学者凯恩斯一起谈论现象学的事情。拉纳谈起了原始人与文明人的“不同世界”的话题，胡塞尔回应道，“不同世界”这个字眼挺“危险”，因为严格讲来，谈论两个或更多现实世界的说法是荒谬的。众生拥有一个同一形式的本体论结构的同一世界。然后，他话锋一转，开始指责海德格尔，他说，海德格尔在谈论“自然的世界图景”（the natural world-picture）时，既不提阿芬那留斯（Richard Avenarius）又不提胡塞尔，就好像这个话题是常识而不是由他们两人提出的一样。胡塞尔承认，他本人在此问题上是受到了阿芬那留斯的影响。①

学术界对胡塞尔与海德格尔在“生活世界”问题上究竟

① Cairns, *Conversations with Husserl and Fink*, P63.

谁影响了谁一直存有争论，此处存而不论①。至于阿芬那留斯究竟如何影响了胡塞尔与海德格尔，我们也暂且将之搁置于一边。我想在此结合现代西方哲学的转向来考察一下胡塞尔生活世界理论的历史背景，我要指出的是，尼采对“真实世界”的解构至少为胡塞尔生活世界的提出准备好了“视域”。②

“真实世界”在尼采那里有其独特的所指，它是与所谓的“假象世界”“现象世界”“表面世界”相对立的形而上的世界。依尼采在《偶像的黄昏》中《“真实世界”如何终于变成了寓言》一节的交待，真实世界有三种表现形态：其一是“理念的最古老形式”，亦即柏拉图的理念世界，它是自在自为的，先于、独立于世间事物而存在，是万有永恒之原型，现

---

① 倪梁康先生在其《现象学及其效应》一书中以“胡塞尔与海德格尔在人类此在问题上的相互关系”为题对此问题有较详尽的介绍与研究，他认为胡塞尔影响海德格尔的可能性要大一些。（倪梁康：《现象学及其效应》，北京三联书店 1994 年版，第 215 ~ 220 页）另外，伽达默尔在其《现象学运动》（1963）一文中也指出，在生活世界问题上“谁是创始人，谁是追随者，是胡塞尔还是海德格尔，这个问题仍是悬而未决的”，但在注中他表明了自己的立场：“归根到底，这个问题是以一种完全错误的方式提出来的。海德格尔在《存在与时间》（蒂宾根，1963 年）第 38 页的注中声称可以‘自由’地查阅胡塞尔的手稿。如果胡塞尔在当时还没有发现，要清理出属于他本人的哲学财产，以及一般地说要区分他和海德格尔在交换意见中各自的贡献并不适当的话，这种自由查阅便无法想象了。”（伽达默尔著，夏镇平、宋建平译：《哲学解释学》，上海译文出版社 1994 年版，第 156 页。译文有改动）

② 当然，这里也不能不提叔本华的影响，我一直觉得叔本华对胡塞尔有相当大的影响，这倒不只是胡塞尔读的第一本哲学书就是叔本华的《作为意志与表象的世界》，叔本华对科学思维的看法、对两种身体的区分、对悟知性格与验知性格的区分等，在胡塞尔的现象学中都能找到某种回应。尤其是他的《作为意志与表象的世界》一书之第 14 ~ 15 节，把它视为胡塞尔《危机》一书的一个导言，亦非过分。

实世界只是此真实世界之分有，因而是不完善的、相对的、暂时的。其二是“基督徒的方式”，亦即宗教家的“神性世界”，如同理念世界与现实世界相对立一样，神性世界是与世俗世界相对立。其三是“康德的方式”，亦即“自由的世界”“物自体的世界”，它是与现象世界相对立的。

真实世界的三种表现形态有一共同的特点，即是在现实感性世界之外另立一彼岸世界，前者乃变动不居的、相对的、暂时的、有限的，而后者乃恒常不变的、绝对的、永恒的、无限的；前者乃无自性的、有欠缺的、低级的，后者乃实体性的、完满的、高级的；因而前者必须以后者为根据、为目的，只有后者才是真善美的所在，无论在知识论意义上还是在价值论意义上，后者都高于前者。从总体上，前者是虚幻不实的生成（Becoming），无本真而言，只有后者才是真实的存在（Being），故名之曰“真实世界”，而对此“存在”之探讨即是形而上学，故真实世界又可称为形而上学的世界。

真实世界的三种表现形态实际上也标志着西方哲学思想发展的三个阶段，尼采认为，在古希腊时期—中世纪—近代的逐步过渡中，真实世界受到了某种限制。在柏拉图为代表的古希腊真实世界那里，“真实世界是智者、虔信者、有德者可以到达的——他生活在其中，他就是它”；而在中世纪，“真实的世界是现在不可达到，但许诺给智者、虔信者、有德者”，理念由此变得更精巧、更难懂、更不可捉摸了；到了以康德为代表的近代，“真实的世界不可达到、不可证明、不可许诺，但被看作一个安慰、一个义务、一个命令”，理念变得“苍白”“北方味儿”，已被雾霭和怀疑论笼罩着了。

由此可见，真实世界的思想乃西方哲学的一大思想传统，在某种意义上可以说，它主宰了西方2000年来的形而上学及价值取向。它是西方哲学的一个大本营性的堡垒，任何颠覆或攻克它的尝试都面临着缺乏武器的困境，因为所有批判性的武器，所有价值观念都是由它所派生的，都是以它为依托的，于是批判性的尝试或者不着边际，或者被它所吸纳成自我批判而进一步加固了自己的防御基础。对此尼采有清醒的认识，为了摧毁这座堡垒，他既锻造了“最艰硬的锤子”①，又制造了威力无比的“炸药”②，他的口号是“重估一切价值”，这样建基在“真实世界”上的价值被拆卸一空，而一直蔽而不显的真实世界建基其上的价值系统也被亮了个底朝天，真实世界因其根基的崩溃而倾覆，“最久远的错误终结了”。

尼采的解构策略主要有二：一是揭示真实世界背后隐匿的心理机制；二是揭示真实世界得以建立的思维机制。

先看其一。

把这个世界当成是“表面世界”“此岸世界”，那个世界当成是“真实世界”“彼岸世界”，乃完全出自于“心理学的失误”“心理学的混淆”。这种“失误”与“混淆”首先出自于“遁世的诱惑”。这个表面的世界是已知的，因而也是无聊的、乏味的，而“另一个世界”则是未知的，因而也是有趣的；这个表面世界是偶然的，无序的，而“另一个世界”肯定与此不同，它是有着“最高等的必然性的”；这个表面世界乃是不真实的、骗人的、不正当的、无足轻重的，而另一个世

① 《偶像的黄昏》的副标题即是“怎样用锤子进行哲学阐述”。

② 在《不合时宜的思想》中，尼采称“我所理解的哲学家就是一堆可怕的炸药，它危及一切。”

界肯定是诚实不欺的、充满正义的。于是，我们便“带着我们的好奇心——仿佛更有趣味的一部分位于别的地方”“以我们的顺从——仿佛不顺从不行，仿佛这个世界没有最高等的必然性”“以我们的同情和敬意——似乎这个世界不值得同情和尊敬”，逃出了“这个”世界。①

当然，遁世的冲动乃是出自“厌世”的心理。这个“表面的世界”变幻不定、充满矛盾、虚妄不实，这里没有自性、没有永恒，“变幻和幸福是互相排斥的”，现象世界是无本真、无幸福可言的，“我们生活的世界是个错误”，我们这个世界不该存在，只有摆脱这个“生成”（Becoming）的世界而去与“存在”（Being）的世界合一，才能通向幸福之路。因此，厌弃“生成”、怀疑“变化”、蔑视现世的结果便是对“存在”的信仰、对真实世界的信仰。这种厌世的心理完全出自于那些非生产性的、受动的、对生活感到厌倦的种类，他们不想在这个世界中发现真实的意义，他们也不想创造一个应当存在的世界，“他们设定这样的世界已经有了”“他们虚构一个符合我们愿望的世界”。而比这种种类还要贫乏一等的人则是“虚无主义者，他们彻底否定了这个世界的意义，尼采的结论是：“凡不能把自己的意志植入事物的人，凡无意志和力量的人，也绝不会让事物具有意义，因为他不相信事物中有什么意义。”②

厌世必然招致“遁世”也同时招致“谤世”。对“另一个世界”的幻想乃是出自于“对一个制造痛苦世界的仇恨”，

① 尼采：《权力意志》，第469页。
② 尼采：《权力意志》，第271页。

谴责、诽谤、诬蔑这个“世界”，乃是出自一种本能，出自颓废者的怨恨心理：“‘上帝’的概念包含着一切有害的、有毒的、诽谤性的东西，它把生命的一切不共戴天的仇敌纳入一个可怕的统一体！‘彼岸’的概念，‘真实世界’的概念，是发明来诋毁这唯一存在的世界的……”① 真实世界的思想乃是用一种“彼岸更好的生活”向生命“复仇”，是对我们所在世界的“巨大置疑和贬值”，是迄今为止我们对生命的“最危险的谋杀”。

再看其二。

真实世界得以建立也有赖于某种思维机制的运作。

首先是理性对感性的“扼杀”。原初印象的世界乃是感性的世界，它显示出生成、流逝、变化，感官从不说谎。然而，为了“传达”，为了“交流”，事物必须变得可以精确地加以表述，为此就必须“按照一定范畴编排现象”，概念、类、形式、目的、法则等的都是“为我们准备一个使我们的生存成为可能的世界”，理性通过图式化的概念之网，试图捕捉住生成不已，变动不居的感性世界，“我们所意识到的一切都是东拼西凑的、简化的、模式化的、解释过的”②，感官从不说谎、从不欺骗我们，“只是在我们对它们的证据进行加工时，才在其中塞进了谎言，例如统一的谎言，物性、实体、持续的谎言……‘理性’是我们篡改感官证据的根源。”③

然而，哲学家们“混淆始末”，将虚构出来的存在世界说

---

① 尼采：《看哪这个人！——自述》，载《权力意志》，第 106 页。

② 尼采著，周国平译：《权力意志》，第 420 页。

③ 尼采著，周国平译：《偶像的黄昏》，光明日报出版社 1996 年版，第 21 页。

成是真实的世界，而将流动不居的感官世界说成是假象世界。殊不知任何理性的模式化理解，都只是分类和命名，都只是删繁就简，而根本未触及到事物本身。至于事物究竟是什么，“这只能由它们旁边的判断主体来确定”，① 一切所谓的理性认识都是根据判断主体所制定的“某个标准”进行度量的过程，没有一个标准，也就不会有什么认识，自然规律说穿了也只是一堆“拟人关系”。“我们只能认识我们亲手造就的世界。”②

因此根本就不存在什么“真实世界”，不存在什么自在真理，一切都是“隐喻”。语言所命名的只是事物与人的关系，为了表达这种关系就必须进行双重的隐喻化。首先是来自“事物自身神秘的 X”所产生的神经刺激转变成“视觉形象”，这是第一重隐喻，而“视觉形象”又在声音中被“摹写”，这是第二重隐喻，“每一次转变都是从一个世界毫无保留地跃置身于一个全新和不同的世界中”。③ 原来一切理性的范畴、概念、命题都早已是隐喻化了的，都是一些与原始实体相去十万八千里的隐喻，所谓真理也不过是“一群活动的隐喻、转喻和拟人法，也就是一大堆已经被诗意地和修辞地强化、转移和修饰的人类关系。它们在长时间使用后，对一个民族来说俨然已经成为固定的、信条化的和有约束力的。真理是我们已经忘掉其为幻想的幻想，是用旧了的耗尽了的感觉力量的隐喻……”④ 只有忘掉这一“原始隐喻世界”，人才能若无其事、不慌不忙地

① 尼采著，田立年译：《哲学与真理》，上海社会科学院出版社 1993 年版，第 56 页。

② 尼采：《权力意志》，第 117 页。

③ 尼采：《哲学与真理》，第 104 页。

④ 尼采：《哲学与真理》，第 106 页。

生活，并进而将原本是隐喻的隐喻当成“真实世界”本身。这个“真实世界”从此高跃于“原初印象世界”之上，因为它比当下知觉世界来得更稳定、更井然有秩、更人性化，因而也就成了一个“发号施令和必须服从的世界”。人们再很难认识到昆虫或鸟的知觉世界与人的知觉世界完全不同，而关于这些知觉世界中哪一个更正确的问题是“完全没有意义的”；人们再很难认识到，如果我们能与蚊虫“沟通”，我们就会看到，“它也带着同样的庄严飞过空中”，也同样觉得自己是“宇宙的飞行着的中心”；人们再很难认识到“在植物眼里，整个世界就是一株植物”。①

总之，在“真实世界”的建构的背后，既有遁世的心理学的诱惑，也有理性化、拟人化的思维的虚构，真实世界实无真实可言。“真实世界”既不是“另一个”，也不是“彼岸”，它的根子就在于一直受它贬抑的“假象世界”“表面世界”“现象世界”。究极而言，这一切最终都出自于权力意志的透视与投射，由于权力意志的透视与投射，而造成种种不同之外观，概言之有二，一是“理性的白昼”，此乃逻辑化、模式化了的科学世界，藉此我们占有、控制生生不已的大化世界以求得生存；一是艺术与道德的“光环”，此乃拟人化、目的化了的审美世界，藉此我们在方生方死、方死方生、浩翰无垠的生成中求得安全感、目的感、有意义感。“这是权力意志的世界——此外一切皆无！”② 因此，由“真实世界”追溯至“原初印象世界”，由“存在”追溯到“生成”，解构其背后隐匿

① 尼采：《哲学与真理》，第106页。

② 尼采：《权力意志》，第701页。

的心理与思维的投射机制，重估其底下蕴藏的价值类型，便成了尼采真实世界谱系学的一大任务。

尼采对真实世界的解构昭示了后来哲学的发展。

尼采对真实世界的心理学解构直接预示了弗洛伊德主义的出现。有了尼采的指引，弗洛伊德完全有理由对道德世界、宗教世界、科学与艺术世界采取自然主义的立场，这一切所谓文化世界的根子并不在于其自身，它的背后乃是本能世界，尼采对“真实世界”背后的怨恨心理、厌世本能的解构在弗洛伊德那里转化成对道德、“超我”背后攻击本能反向作用的解构，尼采对真实世界得以产生的遁世诱惑的揭示在弗洛伊德那里转化成对隐匿在科学、艺术活动底下的力比多的升华机制的分析……

尼采对真实世界的理性化的解构则预示了胡塞尔“生活世界”观的出现。胡塞尔现象学认为，科学建构的世界乃是基于对自然的数学化、理念化的处理，通过理念化方法将真实的前科学的直观世界套进了观念范畴之网络中，从而克服其主观性、相对性以获得客观性、普遍性之品格。因此，究其老底，科学世界无非是“套在当下直观与经验世界即生活世界身上的观念之衣”，因为“科学的每一成果都在这一当下经验及其相应世界中拥有其意义之根基并都指溯到它”，然而，“通过这一观念之衣，我们却将实际上是方法的东西当成了真实的存在(true Being)”[①]，并进而依照这件套在生活世界身上的观念之衣来解释我们的经验世界。科学主义的这种“混淆始末”把戏在尼采《偶像的黄昏》一书之《哲学中的“理性”》一节中

① Husserl，*EJ*，P45.

早已被戳穿过：哲学家的一个特性就是“混淆始末”，“他们把最后到来的东西设置为‘最高的概念’……最后的、最稀薄的、最空洞的东西设定为最初的东西……”①；尼采大力呼吁的“历史感”也不期而然地得到了胡塞尔的响应：由科学世界向原始的生活世界的回溯，不是简单地接受当下给出的经验世界，而是要对种种观念化建构的世界加以“解构”“拆卸”“剥脱”，“追溯早已贮藏于其中的历史性而直至其源头”，正是这一历史性中，所谓自在存在的可以加客观确定的世界的意义才在原始经验与直观的基础上得以自然增殖；至于尼采对“生成”世界与“存在”世界的颠倒也同样在胡塞尔所倡导的“知识型”（epistēmē）与“信念型”（doxa）的颠倒中见到踪影：科学与逻辑学的知识乃是精确的、客观的“知识型”，而生活世界之前谓词的经验（prepredicative experience）乃是非精确的，尚未得到物理数学化地观念化处理的“信念型”“意见型”，然而这一信念型、意见型之领域其地位绝不低于“知识型”“认识型”之领域，恰恰相反，“被动的信念（passive doxa）之领域、对存在的被动信仰之领域，不仅为每一个具体的认识活动，每一种认识取向以及所有实存者的判断提供了信念之根基，它也为每一个具体的价值判断、为加诸存在者之上的所有实践活动提供了信念之根基，因而，它是我们所谓的‘经验’及该术语具体意义上的‘拥有经验’的一切事物的根基”。② 就此而言，“意见型”“信念性”要比“知识型”“认识型”具有更原始的自我明证性，这又使我们再一次想到尼

① 尼采：《偶像的黄昏》，第22页。

② Husserl，*EJ*，P53.

采："凡是远离我们意识的因而变得晦暗的东西，可能恰恰是十分明晰的东西。"① 我们当然也有理由将胡塞尔的意义"解构"（detruction）与尼采的价值重估相提并论：在胡塞尔那里，意义的解构意味着从被奠基的经验向前谓词的经验的回溯，意味着使所有符号化失去作用，在尼采那里，价值重估意味着由种种缠绕在"真实世界"身上的价值观念回溯至"生成世界"的源头上。更令人回味的是，尼采意义的"谱系学"也不时出现在胡塞尔后期的文献中，他的《经验与判断》的副标题即是《逻辑的谱系学研究》。令人不解的是，在胡塞尔公开发表的文献中几乎见不到尼采的名字，他十分肯定地断言，生活世界一直被遗忘了，"没有人意识到这类根本问题"。这不免给人以轻率之感，唯一的解释是，尼采被胡塞尔遗忘了。

尼采对真实世界的理性化解构的现代效应也充分体现在海德格尔《存在与时间》一书的基本本体论中。海德格尔著名的"存在"与"存在者"的区分，其滥殇当溯至尼采"生成"与"存在"的区分。而在海德格尔以"于世之中的存在"（Being-in-the-world）打破传统主—客对立的认识论模式中。也多少可以窥出几分尼采的影子来：在世界之中存在，不是两件现成物事的空间关系比如手表在手表盒之中，Dasein 之在世中之"在"乃是居住、逗留、生产、探查、询问、规划、利用、放弃、消费、谈论……乃是"烦"于世中。世界之为世界恰恰是在 Dasein 烦于世中的筹划活动中得以呈现出来，世界中的物事亦在此筹划活动中被领会为诸如桌子、椅子、桥梁等用

① 尼采：《权力意志》，第 631 页。

具，在人们进行专题化的认知活动之前，就已有此前认识的筹划领会发生了。Dasein 只要存在就得有所筹划与领会，就有“真理”发生，Dasein 乃是“存在”的澄明。Dasein 的这种烦于世中的筹划活动在性质上与尼采权力意志的透视活动亦无本质的不同，在海德格尔那里，世界乃是在 Dasein 筹划活动中呈现出来的因缘总体，在尼采那里世界则是权力意志透视所造成的外观，前者是由领会、语言勾连起来的“为了……”结构整体，后者则是依价值加以整理、简化的外观世界……

另外，尼采对生成世界与存在世界的颠倒，也开了现代哲学由实体化思维方式向功能化思维方式（过程思维方式）转变的先河。在尼采之前，哲学家们总要习惯地发问人是什么、物是什么、世界是什么诸如此类的什么问题，然后便忙于用各种各样的范畴去界定这种种的“什么，这些范畴也就成了“什么”的本质。而在尼采之后，传统的发问方式被取代了，人们不再热衷于问人是什么、物是什么、世界是什么之类的“什么”问题了，代之而来的问法是人如何是、物如何是、世界如何是之类的“如何”问题。本质的“什么”被解构为过程、关系的“如何”，人是什么取决于如何生存，物是什么取决于物如何呈现在人的生活世界中。于是，“什么”没有什么本质了，或者说“什么”的本质就在于它们如何中，存在主义、实用主义以及其他种类的反本质主义都是沿着这条线路走下来的。

有了哲学，就有了建构“真实世界”的冲动；有了尼采，任何真实世界的建构都必须经受住尼采的解构。

第三节　胡塞尔：方法与世界

“生活世界”或许是现象学乃至整个哲学中最通俗化的一个概念了。谁不在或不曾“生活”？谁又不生活在一个“世界”之中。“去生活就是一直生活在世界的确定性之中”。① 但正像黑格尔所说的熟知非真知一样，通俗的东西也并非是清楚的东西。“生活世界”究竟指什么，在现象学界也有不少分歧。

《危机》一书的英译者 D · Carr 认为在《危机》之前，胡塞尔的“生活世界”主要是指受到文化与历史制约的主观的相对的世界，而在《危机》中，生活世界指的先于所有历史与文化的统一的纯粹的知觉世界。

Kern 也把胡塞尔的生活世界区分为作为文化—历史的世界与作为前理论的自然的知觉的世界，但他与 Carr 的观点正相反，他认为在 20 年代胡塞尔偏重于前理论的自然经验的世界。

而 Landgrerbe 及 Soffer，则视胡塞尔的生活世界是具体的生活世界，是一个历史文化的世界，是一个拥有语言、实践对象、人物、艺术作品等的世界。这个世界有着不同的对象化层次，如果将种种非感性的属性从这个世界中抽象出来，剩下的便是一个纯粹知觉的世界。②

倪梁康先生在其《现象学及其效应》一书中将胡塞尔的

---

① Husserl, *Crisis*, P142.

② 以上几种观点的介绍，皆出自 G · Soffer, *Husserl and the Question of Relativism*, Kluwer Academic Publishers, 1991, PP149 ~ 150。应该指出，D · Carr 对生活世界的看法几经变化，他在 *Interpreting Husserl*（Martinus Nijhoff Publishers, 1987, PP227 ~ 246）中有较详细的交待，可参看。

生活世界归纳为四方面的内容，即“非课题性的”“奠基性的”“直观的”“主观的”世界。这一概括基本上是将生活世界看作是前理论的知觉世界。生活世界中的历史性与文化性一面似未得到倪先生的重视。

莫汉蒂在《生活世界与胡塞尔思想中的先天性》一文中通过对胡塞尔文本中世界概念的考察，区分出四种世界的概念①科学对象的世界，即由科学活动所构成的世界（如数学世界、物理世界等）。②知觉对象的世界，即有如此这般形状、性质的东西的总体所组成的世界。③由特殊的前科学兴趣所确立的许多特殊的世界（如商人的世界、木工的世界、画家的世界，面对同一棵树，商人看到的可能是其价格，木工看到的可能是其材料，画家看到的可能是其外型等）。④严格意义上的生活世界。那么严格意义上的生活世界是什么呢？莫汉蒂指出有三种可能的含义：（i）生活世界是知觉的世界但与上述世界②不同，世界②指的是确定对象的总体，而生活世界所指的知觉世界则是指“知觉的前对象的世界”。（ii）生活世界是所有其他世界（世界①、世界②、世界③）之总体，不过莫汉蒂否定了这种可能，因为世界①、世界②、世界③并不是并置的关系，它们分属于不同的“逻辑空间”，将这些世界汇总成一个世界的观念是“非法的”。（iii）生活世界被视为所有其他世界得以构成与给出的视界。①

那么，生活世界究竟是指前对象的纯粹知觉世界还是文化

---

① Mohanty，“Life-world” and “a Priori” in Husserl's Later Thought，载 *Analecta Husserliana*，ed. Tymieniecka，Vol. Ⅲ，Reidel Publishing Company，1974，PP46 ~65。

历史的意义积淀的世界，抑或是一切视界之视界？我认为要回答这一问题，就必得与现象学方法联系起来进行考察，我想从以下两个方面对此问题加以探讨：①现象学悬搁与生活世界的提出；②现象学还原与生活世界的解构。

一、现象学悬搁与生活世界的提出

"生活世界"一词最早见于《观念》第二卷第六十二节的脚注及"增补十三"中。在六十二节的脚注中，胡塞尔明确指出在群体的周遭世界中，"我、我们及世界共属一体"，"我们经常地发现我们自身乃是作为生活在个人的世界、在生活世界中的人"；① 那么什么是生活世界呢？在"增补十三"中，胡塞尔第一次给出了简单明了的答案："生活世界就是自然的世界——在自然生活的态度下，我们是与其他 Functioning 主体的开放圈中一道的生存着的 functioning 主体。关于生活世界的所有客观的东西都是主观的所予，是我们的所得，我的，他人的，每个人的。"

胡塞尔明确地将生活世界与自然的（即非反省的）世界、自然态度的世界等同起来，使我们想到他在《观念》第一卷中对"自然态度的世界"的描述。该书第二十七至第三十节将自然态度的世界描述为我和我周遭的世界：这是一个知觉场的世界（在此，他提出了"视界"的概念），这个世界不仅只是个"单纯的事物的世界"，而且还是个"价值世界""善的世界""实践的世界"。在这个世界中"物质物作为被使用的对象（着重号系引者加）直接地在那儿"，如酒杯、花瓶、钢

① Husserl, *Ideas* Ⅱ, PP301 ~ 302.

琴等。在这个世界，还有人和动物在我身边存在，他们是我的“朋友”或“敌人”，我的“仆人”或“上级”，“陌生人”或“亲友”等。胡塞尔把自然态度世界描述为我身边的有用的对象与亲熟的人物，显然这与他后期将生活世界描绘为“家乡世界”（home-world）是一致的。而且他还明确地强调了这一自然的世界的普遍的先予性：“自然世界，在该词通常意义上的世界一直对我存在，只要我继续自然地生存着”，而其他世界如算术世界只有当我采取算术的态度时，它才存在。因此完全有理由说，生活世界的思想在《观念》时期的胡塞尔那里就早已出现了。Landgrebe 说胡塞尔的“生活世界”概念，不过是《观念》第一卷中“自然世界”概念的一个“新标签”，它并不是胡塞尔著作中的“新主题”，的确是有道理的。①R. Ingarden 也非常明确地指出：“生活世界不过是《观念》第一卷中的‘自然态度下的世界’。”②

《观念》第一卷中的自然态度下的世界在第二卷中得到更加详细的描述，如在第五十节“作为周遭世界的中心的人”中，胡塞尔说，我作为周遭世界的主体与世界乃“不可分割地相互共属的”，周遭世界不是纯粹的物理世界，不是自在之物的世界，而是每个人“实存的视界”，是“为我的世界”，是一个“生成过程”中的世界，是“手边”（on hand）的世界，在当下的经验直观中、在评价行为中、在实践行为中，世界和

---

① Landgrebe, *The Phenomenology of Edmund Husserl*, ed. D. Welton, Cornell University Press, 1981, P186.

② Ingarden, What is New in Husserl's Crisis, 载 *Analecta Husserliana*, ed. Tymieniecka, Vol. Ⅱ, Reidel Publishing Company, 1972, P30。

我相关联着。①

但是，如果我们认同《观念》第一卷中的自然态度下的世界就是生活世界这一看法，那么，当他声称要彻底将“自然设定”排除、“置入括号”，使“自然态度本质的总设定失去作用”时，这岂不意味着胡塞尔要有意悬搁“生活世界”？难道说现象学家与科学家的唯一区别在于后者是无意遗忘了生活世界而前者则有意排除了生活世界？要回答这个问题，就必须弄清楚生活世界理论与现象学悬搁的关系。

在自然的态度下，人们生活在质朴的世界确定性中。人们在与种种兴趣相关的对象打交道的过程乃是直接与当下的。当木工在投身于制造桌子的活动中时，桌子便成了他关注的对象，他的意识所及乃是种种木板及其如此这般的联结、拼合，至于他手边的工具如锤子、尺子、钉子、锯子、墨盒、刨子等都是在他忙于制造桌子的活动中作为“视界”而存在着，当他需用锤子钉钉子以连接木板时，他会信手从工具箱中拿出锤子。他根本用不着先思考一下锤子在哪儿（如在工具箱中），然后再思

① 初看起来，胡塞尔对周遭世界的描述与海德格尔在《存在与时间》中对周遭世界的描述并无多大差别。胡塞尔甚至也明确表示过周遭世界的对象是作为有用的对象而相关于我的。但根本的区别在于，胡塞尔一直坚持知觉（意识）的优先性（奠基地位），他坚持认为对象首先是在“直观”中、在“意识”中被构成，然后在此基础才被进一步构成有用的对象的。也就是说有用的对象、美的（或丑的）、令人愉快（或令人痛苦）的对象都是“被奠基的对象”（founded objects），都是在“被奠基的行为”中构成的，因而都必须以奠基的对象及其相关的奠基行为（原始给予的意识行为）为基础。在这种意义上，可以说，胡塞尔始终坚持了他的老师布伦塔诺表象是所有心理现象的基础这一思想。而海德格尔则反其道而行之，认为“直观”是远离“源头”的“衍生物”，生存论的有所烦忙的“视”才是源始的构成行为，对象首先是作为用具在场的，只有当用具不合用或缺失时，它才会被意识注意到。

考一下工具箱在哪儿，然后才从工具箱所在的那儿取出锤子。这一切周围的工具都在“日用而不察”中上手的。所以胡塞尔非常强调物的给出与世界给出的不同，“在我们意识到世界的方式与我们意识到物或对象的方式之间存在着根本差别”。① 每一个物都是在世界——视界（world-horizon）中给出的，物都是世界中的物。但是世界并不是一个物甚至也不是物的总体，它是物给出的“视界”“背景”。因此在某种意义上，我们可以说，我们注意到的物、对象，物的经验要先于世界的经验，但另一方面，“在单一物给出的同时，它的周遭的世界，或者说包涵它的世界，也总是必然与之一道早已给出了……只要有某个东西被把握到，它就是在世界中被把握的……单个物的把握必首先产生，但也必预先拥有了它的未被把握的但却早已给出的视界”。② 世界作为视界乃是物之开显的场景，但是在自然态度下的人因其兴趣所在乃是具体的物，因而这一作为视界的世界始终便处于为而不名的非专题状态中。我们为生计奔波、筹划，过去之事萦绕于怀，现今之事烦忙于手，将来之事计划于心。在这种种的出于生存之兴趣的算计、筹划中，恰恰有一个“世界”已一直预先地给出着，这个世界乃是我们正常的、未打断的连贯的生活视界（Life-horizon），世界是我们一切认识、一切活动、一切兴趣得以开展的“视界”，只不过在自然的态度下，我们一直不察而已。“自然的生活，无论是前科学地还是科学地、理论地还是实践地感兴趣的，都是在一个普遍的非专题的视界中的生活”。③ 自然

① Husserl, *Crisis*, P143.

② Husserl, *PP*, P72.

③ Husserl, *Crisis*, P145.

态度的这种直接当下的投入其所感兴趣的对象，使得它恰恰对其本身得以展开的“世界”蔽而不察了。

因此，只有通过现象学悬搁，从这种自然态度的质朴性中摆脱出来，生活世界才能作为专题成为理论研究的对象。自然态度中的人甚至是无法意识到自己是在自然的态度下，要对自然态度下的世界有所研究就必须首先搁置自然态度本身。因此对自然态度的悬搁绝不意味着对生活世界本身的搁置，恰恰相反，生活世界因此悬搁而得以成为“专题”，生活世界诸特征因此悬搁而得以彰现。

第一，生活世界是先予的。这有以下几层意思：①任何人的活动都是发生在生活世界的活动，人是注定生活在生活世界中的，因此，人之活动的方式、人之生存的旨趣都有其“视界”，而一切视界之视界即是生活世界。人类活动的领域已是意义开显的领域，他周围的对象是文化的对象，他使用的语言是先人传给他的语言，“我们人类的实存是在无数的传统中展开的。整个文化世界在其所有的形式中，都是通过传统实存着的”,[①] 而我们作为“语言共同体”的成员又隶属于“文明的视界”，在这一视界中，每一件东西都是有其“名称”，都是在语言上可表达的，都是有意义的。人生存于生活世界中，用梅洛－庞蒂的话说，人是被判定为有意义的。生活世界是一个意义积淀的文化与历史的世界，这个世界在每个人的认知、实践活动中都是预先给出的。在这种意义上，生活世界的先予性乃是一种历史时间上的及普遍意义上的先予性。它是任何人在任何时候都无法摆脱的。即便是科学家在投身于所烦忙的科学

---

① ibid. P354.

世界的时候，他同时也是生活世界中的。②生活世界不仅是人类的各种活动得以展开的“视界”，而且，它也为人类的建构活动（如科学创造活动）提供了终极的意义来源。一切科学的理论与概念都最终奠基于源始的直观体验基础上，在逻辑操作与对象化运思之先，尚有一未对象化的、下概念（subconceptual）的、前构成的、自我明证的领域。一切述谓的判断都起源于此前述谓的领域中。一切几何学的概念及奠基其上的自然科学的概念都不过“编织在当下直观与体验的世界即生活世界上的观念之衣（a garb of ideas）；科学的每一成果都在这一当下的体验及其相关的世界中有其意义之根基，并回溯至它。‘正是通过观念之衣，我们才将实际上是方法的东西认作是真实的存在’，并导致我们总是依照套在它身上的观念之衣的意义去解释我们的经验世界，就好像它是‘自在’的一样”。[①] ③生活世界的在先性是一种“被动的在先”。从意识的实显生活而言，我们注意到的是具体的对象，我们感兴趣的是各种各样的东西，然而恰恰在这种种的主动活动中，生活世界已经在被动性中给出了”。“我们，在清醒的世界意识中生存过程，总是在我们被动的拥有世界这一基础上是主动的。”[②]④生活世界乃一“绝对的基质”（absolute substrate），万事万物皆在其中，“世俗的一切东西，无论是实在的统一体还是实在的多元体，都在根本上是有所依赖的，唯世界是独立的，唯有它是严格绝对独立意义上的绝对基质”。[③]

---

① Husserl, *EJ*, PP44～45, cf. *Crisis*, P51.

② Husserl, *Crisis*, P108.

③ Husserl, *EJ*, P138.

第二，生活世界是主观相对的。生活世界中的每一物事都是主观的、相对的，当一个欧洲人突然处在陌生的社会中，如处在刚果的黑人中、处在中国农民中，“我们就会发现他们的真理，他们习以为常的被证实或可被证实的事实，决不会和我们的一致”。[①] 有各种各样的生活世界，不同的生活世界有不同的真理，米开朗基罗的“大卫”在欧洲的文明中是一件艺术品，但当它被置于班图（Bantu）人的世界中时，他们看到的、体验到的和一个欧洲人看到的、体验到的是不同的。我们可以在我们的世界中同他人争论对与错、是与非，但我们不能同班图人争论，因为，他们有另一个世界。[②]

二、先验还原与生活世界的解构

胡塞尔通过现象学悬搁，而让世界现象得以显现，但“回到生活世界”决不是现象学的终点站。因为在具体的生活世界中，有着种种的生活旨趣、意义积淀、逻辑运作，因此，即便在人们的日常生活中，即便人们对自然科学的成果毫无兴趣、毫无了解，但先予的东西已是受到传统、文化、科学浸染的东西了。因此，从一开始，我们对世界的体验就由观念化诠释着的了。因此，仅仅靠悬搁并不能使我们完全摆脱自然态度的影响，必须对种种自然态度下造成的意义积淀加以重重剥脱与解构，以真正回到**“源始的生活世界”**（the original life-world）。这是一个不断“回溯”的过程，在这个回溯过程中，在我们

---

① Husserl, *Crisis*, P139.

② Soffer 在 *Husserl and the Question of Relativism* 一书第五章中，对生活世界的相对性、多极性有详细的考察与分梳，可参照。

当下体验的世界中早已先存的意义积淀被剥脱，从而直逼其源头——先验主体性。因此，胡塞尔明确将现象学还原（回溯）分为两个阶段：第一个阶段是从先予的世界及其意义积淀回溯至源始的生活世界。第二个阶段是由生活世界回溯至它得以诞生的主观运作即源始的先验主体性的构成生活。

因此，对生活世界的把握必须联系到现象学的方法。生活世界的历史性与文化性特征是就生活世界的先予性而言的，这通过现象学悬搁便可由自然态度的对象极取向转向其相应的显现方式，由原本潜在的非专题视界而转向其专题的描述，而得突现出来。至于生活世界的前对象的知觉经验则是由先予的世界回溯至源始的体验而得以开显出来的。而由源始的生活世界回溯至先验主体性及其结构则是先验还原的最终结果。

只有还原至先验主体性上，诸生活世界的相对性才能找到一个通约的根基。因为，一切意义的积淀最终必溯回至先验主体性的明证体验的范围里，意义即产生于此源始的领域（the primordial sphere）。

当然这里有很多问题，是否有这样一个领域，这个领域是否可以如实描述（毕竟任何描述都带有一个描述的理论框架，那么对没有任何理论框架的源始领域的描述又何以可能呢?），现象学界持不同的看法。持相对主义立场的 Carr 及 Waldenfel 都否认在诸相对的生活世界下面有一通约的根基，而 Softer 与 Mohanty 则对相对主义的指责予以坚决的反驳。①

---

① Carr 的观点见 Carr, Phenomenology and the Problem of History, Northwestern University Press, 1974; Soffer 的反驳见 Soffer, *Husserl and the Question of Relativism*, PP171 ~ 191. Mohanty 的反驳见 Mohanty, *Transcendental Phenomenology*, 1989, PP127 ~ 130。

实际上，这里牵涉一个“文化感通”（Cultural Empathy）的问题，这个问题胡塞尔本人在《笛卡尔沉思》“第五沉思”中一笔带过，未得到深入的探讨。“文化感通”是否只是“个人感通”的一个放大，还是完全不同性质的东西，文化感通何以可能，等等，这些问题都是值得我们进一步去探究的。

第四节　海德格尔：世界之为世界

在第一节中，我们已接触过海德格尔在《现象学基本问题》中对世界观哲学的批判，但批判“世界观”并不意味着自此以后放弃观世界，相反，“阐释世界概念乃是哲学的最中心的任务之一。世界的概念或如是所指的现象，在哲学中尚未得到确认”。[①] 需要做的恰恰是面向真正的世界实事本身。因为“世界观”哲学充其量不过是把各个区域世界的科学家们的观点加以汇拢，其出发点本身已是面向了理论而非实事。真正地如实地观世界必然首先面向“世界现象”，让世界作为世界、让世界如其所是地显示自身，此即海德格尔所谓的“世界之为世界”（世界性）的探究。

在《存在与时间》及《现象学基本问题》中，世界被界定为Dasein构成的属性。Dasein在其日常生存中，总是要有所烦忙地与世内存在者打交道。这种烦忙于世的方式源始地就不是一种认识，而是操作着的、使用着的烦忙，世内存在者是作为被使用的东西、被制造的东西首先进入了有所烦忙生存之视中。烦忙所及的东西是种种的用具，如书写用具、缝纫用具、

① Heidegger, *The Basic Problem of Phenomenology*, P165.

工作用具、交通用具、测量用具，等等，而不是“纯粹之物”。而用具之为用具一向是用具整体中的用具，用具本质上是一种“为了作……的东西”（something-in-order-to…），它对其他用具具有“依俯关系”，锤子是用来钉钉子的，而钉子是用来连接木板以制成箱子的，箱子是用来盛某某东西的，而某某东西又是用来……用具的这种效用、合用、不利等特性，用具间的相互“指引”便构成着用具整体。海德格尔称之为“因缘整体”。这个用具整体乃是一个“何所用”的结构。但这个何所用最终会追溯至一个最终的何所用上，这个终极的何所用，不再“有缘”，不再指引向另外的何所用。“这个‘何所用’本身不是一种以世内上手者的方式存在的存在者；相反，这种存在者的存在被规定为‘在世界中的存在’，它的存在状况中就有世界之为世界本身”。[①] 显然，它指的是 Dasein，Dasein 是“一种本真的、唯一的‘为何之故’”。Dasein 之“为何之故”赋予某种“为了作”以意义，而“为了作”授予某种“所用”以含义；“所用”赋予结缘的“何所缘”以含义；而“何所缘”则赋予因缘的“何所因”以含义，“Dasein 就在这种赋予含义中使自己先行对自己的在世有所领会。它们作为这种赋予含义恰是如其所是的存在”，这种赋予含义的“关联整体”就叫“意蕴”，“它就是构成了世界的结构的东西”，它是 Dasein 的“存在属性”。世界中的存在者之空间性如远与近、上与下、左与右、前与后等一切距离现象、方位现象都是依 Dasein 有所烦忙的活动而展开的，因而是以 Dasein 在世之中的“在之中”为前提的。Dasein 的“在之中”即是烦忙着的在之中，

① 海德格尔：《存在与时间》，第 104 页。

这生存论上的烦忙着的“在之中”即是世界空间性得以展开的源始场所。

海德格尔《存在与时间》（及《现象学基本问题》）中的“世界”至少在两方面是与胡塞尔的“世界”相似的：

（1）世界是 Dasein/先验自我的，它不是存在物的大全，世界乃意蕴总体，而意蕴乃最终出自 Dasein/先验自我的筹划/构成，世间存在者之空间性（距离与方位）亦出自 Dasein/先验自我有所烦忙的筹划/有所取向的定位活动。

（2）在给出方式上，无论是对于胡塞尔还是对于海德格尔来说，世界给出与世间存在物的给出方式是截然不同的。世界作为一切视界之视界是先予的，我们并未专门将自己投身于它、把握它，“它是如此之自明，如此理所当然，以致我们完全忽略了它”。①

两人在“世界”观上的差别在于：

（1）胡塞尔始终坚持知觉行为是奠基行为，而海德格尔则赋予 Dasein 的烦忙于世以首要性。因此胡塞尔向生活世界的回溯最终成了向前对象化的纯粹知觉体验及其结构的回溯，而海德格尔的世界则是实存论意义上的、Dasein 的烦忙活动得以展开的场景。

（2）海德格尔通过对“世界”的现象学诠释而走向了对传统主体的批判。世界是 Dasein 的某种东西（something Dasein-ish），是不是意味着世界是一种“最极端的主观唯心论”的东西，“原则性的问题”在于主体的主体性是什么。说世界是 Dasein-ish 不是说有一个主体由内向外投射，更不是说世界

① Heidegger, *The Basic Problem of Phenomenology*, P165.

是我自身的一部分，而后将它“抛”出去。Dasein原本即是在世界中存在的。“在世界中存在”乃是标志着Dasein特有的存在方式，椅子、桌子便不具有这种存在方式，它们只是世界内现成者中的东西。海德格尔由对世界现象的阐释而抛弃了传统主体的概念，从而将Dasein与世界作为有机统一的存在论结构紧联在一起。而胡塞尔则是由意向性来标立出先验自我的独特性，这使他与笛卡尔的主体主义取向不谋而合，尽管对意向性的生成分析会使他“告别笛卡尔主义”（兰德格瑞伯语）而走向对传统主体性的重新阐释，但从总体上来说，胡塞尔从未将自我完全置于与世界这一环节有机相联的结构之中。

尽管胡塞尔也曾强调过前述谓的、前对象的领域乃是意义发生的源始之领域，但他并未像海德格尔那样直接地用“真理”来标识这一领域。而在海德格尔哲学中，“世界” = Dasein的实存 =“真理”，Dasein是在世界中生存的，Dasein即是生存于真理之中，或者准确地说，Dasein在世本身即是“真理”，真理即是“解蔽”，即是存在意义的源始敞开，于是“世界”便成了存在的澄明之境。Dasein之在世犹如上帝之光照，上帝说要有光便有了光，于是原本混沌的东西遂因此光照而变得有意义了，同样，由于Dasein之“在世”，存在遂由完全的遮蔽而“解蔽”“敞开”。

但是，Dasein在世之筹划，依《存在与时间》的交待，皆是将世内存在者作为工具、用具而筹划，存在者之在场源始地当是作为工具、用具的在场，而作为意蕴总体的世界说白了也是工具性的结构，于是Dasein之对世界的先行领会不过是对此工具性结构网络的领会而已，这种领会之所以可能实际上早已预设了Dasein的存在了。因为工具之为工具恰恰对于使用工具的人才有意义，只有对于使用工具的人而言，工具才具有为了……的相互指引的结构。于是一切存在者之所以在场，源始地即在于其有用性，这个有用性不是贴在存在者身上的标签，恰恰相反，有用性之为有用性乃是在 Dasein 的筹划中授予的。于是，Dasein 成了一切有用性的根据，成了“目的”本身。就此而言，Dasein 本身是“无用的”，一切“用”皆在此“无用”中有其根基。“无用”的 Dasein 便使整个世界为“用”（将世界预先领会为用的整体），甚至它还会把其他的 Dasein 当作“用具”，Dasein 沦为“常人”、沦为“异己”、沦为非本真的存在，便是被他人“用”或甘心被他人“用”的结果。这是一幅典型的尼采式的实用主义的世界图画。在美妙的存在意义的追寻这一目标上，海德格尔实际给予我们却是一种并不美妙的“世界地图”。

更让人困惑的是，海德格尔将对前认识、前专题的世界有所领会的能力赋予 Dasein，为 Dasein 所独有，唯 Dasein 才有一个世界。但是他对前认识、前专题的领会所进行的生存论描述，很难不让人产生如下的怀疑：难道动物不也具有与此类似的领会能力吗？当一只小猫机灵地绕过障碍物，轻轻地走近老鼠的时候，它难道不正对其活动的空间甚至对其自身的种种能力已有“领会”了吗？

另外，海德格尔非常强调 Dasein 之本真存在与非本真的区别，这一区别的根本在于本真存在是出自于 Dasein 本己的可能性之筹划，非本真存在是从世内的存在者那里而不是本己的可能那里领会自己。说白了，本真存在即是以自身为目的，从自身出发，而非本真存在则是将自己沦为手段，从身外出发。Dasein 原本是“无用的”（即目的），但在其实存中却沦为

"有用的"（即手段），原来"无用"之 Dasein 遂成为"有用"之 Dasein，是即海德格尔所谓的"异化"。那么，为什么偏偏人之存在有本真与非本真之区别，而物（包括人之外的其他动物）就没有本真与非本真之区别呢？为什么人之外的一切存在者的在场即是"被用"呢？

海德格尔立论的高点原是存在本身（Being），然而他现在（指《存在与时间》）为我们提供的一切却都是 Dasein 的存在；他当然也谈物的存在，但物的存在恰恰是 Dasein 筹划的结果。这样他虽以存在本身的追寻为己任，但他所给出的一切都是人的存在（实存），人们称他为存在主义者看来并不是空穴来风。在人的存在这一框架内，世界之为世界也自然是 Dasein-ish 了，他纵然强调世界不是一个对象，不是表象思维的对象，而是 Dasein 的前领会之意蕴总体，就此而言，世界确实不是传统哲学中的客体（或客体总体），甚至也可以说主－客体的对立之前早已有一个世界了，但这一切并不能使海德格尔真正彻底摆脱近代哲学的主体主义传统的影响。世界作为意蕴总体，毕竟是由 Dasein 筹划的，而且他将这种筹划刻画为烦忙而非传统哲学之纯粹认识，烦忙所及的是工具、效用，而纯粹认识所及的则是对象、命题。于是，如果非要说海德格尔克服了主客体对立的近代主体主义传统不可，那么，他也不过是以一种用者与被用者的对立（生存论）取代了认识者与被认识者的对立（认识论）而已。当然他不是这样做的第一人，实际上尼采早就做过这样的工作了，他明白无误地表示过，一切认识归根结蒂是"占有"，生存的"利益"、占有的"兴趣"决定了认识的内容与认识的方式，任何认识都是出自生存论上的透视与诠释。因此，尽管海德格尔也曾强调 Dasein 原本就是在世界中，或者说世界乃是Dasein实存的一个本质属性，但他还是毫不犹豫地表示过："到底有没有一个世界？这个世界的存在能不能证明？若由在世界之中的Dasein来提这个问题（此外还有谁会提这个问题呢?）这个问题就毫无意义了。"① 这里所透露出的东西而不正是他后来强烈批判的"无条件的求意志之意志的绝对主体性"的东西吗？他在《世界图像的时代》的演讲中所称的"世界解释愈来愈彻底地植根于人类学之中"，他的《存在与时间》中的"世界"观是否亦有此嫌疑呢？Dasein的烦忙不正是"一切尺度的尺度"吗？

在"转折的思"（das Denken der Kehre）发生以后，海德格尔"世界"的观念也相应地发生了"转折"。这主要表现在以下几个方面。

第一，在《诗人何为?》中，海德格尔将"世界"与"世界性的东西"（das Weltische）区别开来，世界指存在者整体，世界性乃指敞开者本身。这种区别，从字眼上看与《存在与时间》对流俗的世界概念与世界之为世界（世界性）的区别并无二致。但在具体阐释敞开者本身时，意义却发生了很大的变化。它不再被视意蕴之总体，更不再视为Dasein筹划的意蕴之总体。它的根本意义在于"允许进入"（Einlassen），植物和动物被允许进入敞开者之中,"在世界之中"，进入到"纯粹的牵引的牵连"之中，然而现代人却偏偏"冒险而行"，"冒险及其所冒险者，自然、存在者整体、世界"都在此冒险中，"为人而摆出来"，摆到哪儿去了呢？摆到了人的面前，人不是"在世界中"而是"在世界之面前"，"自然通过人的表象

① 海德格尔：《存在与时间》，第245页。

（Vorstellen）而被带到人的面前来。人把世界作为对象整体摆到自身面前并把自身摆到世界面前去；人把世界摆置到自己身上来并对自己制造自然。这种制造（Her-stellen），我们须得从其广大的和多样的本质上来思考。人在自然不足以应付人的表象之处，就订造（bestellen）自然。人在缺乏新事物之处，就制造新事物。人在事物搅乱他之处，就改造（umstellen）事物。人在事物使他偏离他的意图之处，就调整（verstellen）事物。人在要夸东西可供购买或利用之际，就把东西摆出来（ausstellen）。在要把自己的本事摆出来并为自己的行业作宣传之际，人就摆出来。在如此多样的制造中，世界便被带向站立并被带入站立位置中。敞开者变成对象，并因此转到人的本质中去了。人把世界当作对象，在世界的对面把自身摆出来，并把自身树立为有意来进行这一切制造的人"。[①] 于是，"人之人性与物之物性，都在贯彻意图的制造范围内分化为一个在市场上可计算出来的市场价值"，人本身及其事物面临着日益增长的危险，就是要"变成单纯的材料及变成对象化的功能"，在人把世界作为对象之际，在人用技术改造世界之际，人不仅处于"敞开者之外"，而更加远离了"纯粹牵引"。于是与《存在与时间》中存在者之在场即是被烦忙着的 Dasein 筹划为工具形成强烈对比的是，海德格尔开始大谈特谈"物的拯救"问题，这种拯救就是要把物"从单纯的对象性中拯救出来"，"让物能够在整体牵引的最宽广之轨道范围内居于自身之中，

① 海德格尔著，孙周兴主译：《诗人何为?》，载《海德格尔选集》，第 427～428 页。

也即能够无限制地居于相互之中。[①] 这种“美妙的世界实存”、这种“纯粹牵引的完好无损”在《存在与时间》中是见不到的，《存在与时间》中的“世界”在此“美妙的世界实存”面前恰恰是“不妙的”。“不妙”在于，存在者之存在除了被筹划为工具网络中的一个环节处，了无他意；“不妙”在于，Dasein之烦忙于世除了加工、制造之旨趣外，了无他意。

第二，《存在与时间》中周遭世界之空间性乃是在Dasein之烦忙活动中展开的。Dasein之Da乃是一切空间性之源始的公开场。存在者之距离与方位皆奠基于Dasein的生存活动的烦忙之中。而在“转折”后，海德格尔称空间是“源始现象”（urphänomenen）即“空间化”（Räumen），它是开放诸物位置（orten）”，“空间化为人的安家和栖居带来自由（das Freie）和敞开（das Oftene）之境”。于是空间化成了“栖居着人的命运回到家园之美妙中，或回归到无家可归的不妙之境中，甚至回归到对有家和无家的妙与不妙的冷漠状态中”。[②] 这段让我们想起了《存在与时间》中的描述，在那里，Dasein之在世首先是“混迹于烦忙所及的世界”，这显然是不妙的（因而也是Dasein非本真之存在状态），而当Dasein从常人的套子、从世内存在者中抽身而出，即在所谓的“畏”中，源始的在世本身得以启露。然而，在此展开的东西纵然是本真的东西，却也并不是“美妙的东西”，因为处在畏中所启示出的“世界”本身中，人们并没有有回到“家园”的感觉，恰恰相反，“在畏

① 海德格尔著，孙周兴主译：《诗人何为?》，第448页。
② 海德格尔：《艺术与空间》，载《海德格尔选集》第484页。

中人觉得'茫然失其所在'"①。由此可见,《存在与时间》中的"世界"不过是空间化开放出的诸位置的一种而且是不太美妙的一种而已。这种不太美妙不仅表现在人混迹于世的堕落、异化及面向在世本身"茫然失其所在",而且还表现在物的物性空间性之丧失,或者说物的空间被压缩成单一的空间即Dasein 烦忙所及的空间、工具性的网络空间。物失去了自身的空间,物自身也随之消失了。而在美妙的家园中,空间化开放出的位置乃是物的"聚集",即"那种使物入于其地带的开放着的庇护(Bergen)",这个地带是"自由的辽阔"(die freie Weite),"由这种自由的辽阔,敞开之境得以保持,让一切物涌现于其在本身中的居留"(着重号系引者加)。"我们必得学会识别,物本身就是诸位置,而且并不仅仅归属于某一位置"——海德格尔如是警示我们(当然这也是他的一种自我警示,毕竟,在《存在与时间》中,物的位置是由 Dasein 的筹划展开的)。

第三,在《存在与时间》中,Dasein 在世界之中存在之"在之中"的描述,将"言谈"作为本体论上的一个环节,并强调了"听"对言谈具有构成作用。但这种"倾听"与"领会"仍然是对世界现象、对在世现象的"倾听"与"领会",因而仍然是在世之中的 Dasein 的"倾听"与"领会",Dasein 之所以能"倾听""领会""言谈",正是因为 Dasein 是在"世界"之中存在的,世界作为意蕴总体是 Dasein 烦忙于世筹划而有的。而在"转折"之后,"语言言说""语言是存在的家""人以语言之家为家"的说法取代了 Dasein 的"倾听"与

① 海德格尔:《存在与时间》,第 228 页。

“言说”。Dasein 不再是“倾听”与“言说”的“主体”，相反，Dasein 只有受到“召唤”时才会“有所倾听与言说”。世界的显现（与诸神的出现）并不单单是语言之发生的一个结果，“它们与语言之发生是同时的”，而“唯当诸神本身与我们招呼并使我们置于它们的要求之下的时候，诸神才达乎词语。命名诸神的词语，始终是对这种要求的回答……由于诸神把我们的 Dasein 带向语言，我们才挪置入决断的领域去，去决断我们是否应答着诸神，或者我们是否拒弃着诸神”。[①] 因此，人之所以能倾听，乃是出白天命的“招呼”，之所以不能说人是语言的主体，根本的原因在于人是“被用于”倾听语言的，人是被用于倾听存在之大音的，人所言说的一切不过是将听到的大音传出去而已，因此，人至多是一个“信使”而已。而任何“传信”之所以可能，“必定要有某个东西自行发生，借此为传信开启并照亮道说之本质得以在其中闪烁的那个浩翰之境地”。[②]

第四，人与世界的关系因上述诸方面而发生了根本性的变化。在《存在与时间》中，Dasein 乃是有所烦忙地沉于世界之中，世界作为意蕴总体是由 Dasein 的筹划所勾连而成的。传统的主体观念被 Dasein 之自我与世界这一两极间关联所取代。而在“转折”之后，Dasein 成了“世界四重体”中的一员而已，世界乃是“天”“地”“人”“神”的统一的四重整体。《存在与时间》中的世界之筹划被“世界之游戏”（Weltspiel）所取

---

① 海德格尔：《荷尔德林和诗的本质》，载《海德格尔选集》，第 316 页。

② 海德格尔：《从一次关于语言的对话而来》，载《海德格尔选集》，第 1054 页。

代。在“世界游戏”中，天、地、人（终有一死者）、神“相互信赖”“相互依存”“相互亲近”。“这四方从自身而来统一起来，出于统一的四重整体的纯一性而共属一体。四方中的每一方都以它自己的方式映射着其余的三方的现身本质。同时每一方都以它自己的方式映射自身，进入它在四方的纯一性之内的本已之中”。[①] 于是面临在世本身不再是畏之“茫然失其所在”，在世界中亦不再是丧失本真，恰恰相反，在“天、地、神、人之纯一性的居有着的映射游戏”即“世界”中，人像是一个在家中游戏的儿童（而不再是劳累不已的烦忙与烦神的主体）恬然自适，宁静致远。人又像是一个受到存在大音召唤的诗人诗意地栖居于其所流连往返的地方。于是，世界不再属于 Dasein 的。“世界通过世界化而成其本质”，“世界之世界化（das Weten von Welt）既不能通过某个它者（毫无疑问也已包括 Dasein 自身——引者注）来说明，也不能根据它者来论证”。[②] 在世界中的“四方”，在“居有之圆舞”（der Reigen des Ereignens）中“依偎在一起”，“如此柔和地，它们顺从地世界化的嵌合世界”。“诗意地栖居”的基本特征就是“保护”（这与《存在与时间》中对“烦忙”的刻画形成对照），就是要“把四重整体保护在其本质之中”并“由此而栖居”，就是要“拯救大地”（而非利用大地、控制大地、征服大地、甚或耗尽大地），就是要“接受天空之为天空”（而非使黑夜变成白昼，使白昼变成忙乱的不安），就是要“期待着作为诸神的诸神”（而非为自己制造神祇，搞偶像崇拜），就是要“有能

① 海德格尔：《物》，载《海德格尔选集》，第 1179 ~ 1180 页。
② 海德格尔：《物》，载《海德格尔选集》，第 1180 页。

力承受作为死亡的死亡——护送到对这种能力的使用中。借以得一好死”（而非徒耗时光，而非盲目盯着终结而使栖居变得暗沉）。总之，“在拯救大地、接受天空、期待诸神和护送终有一死者的过程中，栖居发生为对四重整体的四重保护”。①人是存在的“牧羊人”，而不是“世界”的主人，甚至，人之所以能成为牧羊人、能起“保护”作用，亦恰恰“是把人打发到作为他的本质的此在的生存中去的那个存在本身”，他作为“看护者的尊严”就在于“被存在本身召唤新存在的真理的真处中去”。②

第五节　光·心之光·澄明之境：现象学与光态语言

一、传统中的光态语言

光既普照万物，使万物处于亮处，又惠赐热量，使万物生机盎然。阿恩海姆称光为人之感官所能得到的一种“最辉煌和最壮观的经验”③实恰如其分，光喻、光态语言成为传统哲学描述形上本体常见之手段实不足为奇。

《旧约·创世记》开章明义：“起初，上帝创造天地。地是空虚混沌，渊面黑暗，上帝的灵运行在水面上，上帝说：‘要

① 海德格尔：《筑·居·思》，载《海德格尔选集》，第1194页。

② 海德格尔：《关于人道主义的信》，载《海德格尔选集》，第381、385页。

③ 阿恩海姆著，滕守尧、朱疆源译：《艺术与视知觉》，四川人民出版社1998年版，第407页。

有光’，就有了光。”这里光的出现先于一切万物（包括一切发光的星体），此处之光不应与日光、月光等物理之光相混淆，这在《约伯记》及《以赛亚书》中是得到明确区分的：“在上帝面前，月亮也无光亮，星宿也不清洁”①；“日头不再作你白昼的光；月亮也不再发光照耀你。耶和华却要做你永远的光……”② 光与上帝划起了等号：“上帝就是光，在他毫无黑暗。”③ 因此，这光乃上帝之光、真正之光，它使一切被造之物得到光照、得到生命：

“他的光亮一发，谁不蒙照呢？”④ 在《福音书》中耶稣径称信奉上帝之人是“世上的光”（《马太福音》）、“生命的光”（《约翰福音》），此世上之光、生命之光无疑乃上帝“大光”之所赐，所以人应懂得珍惜与保护：“你的眼睛就是身上的灯。你的眼睛若瞭亮，全身就光明；眼睛若昏花，全身就黑暗。所以，你要省察，恐怕你里头的光或者黑暗了。”⑤“大光”“世上的光”“里头的光”等种种光喻奠定了西方哲学光态语言的基调。

在古希腊哲学中运用光态语言阐发哲学思想最得心应手者莫若柏拉图。柏氏哲学之关键概念 ιδεα，通行译法为“理念”，但依陈康先生之考，实应译为“形”或“相”。在我看来，形、相实乃传神之译，因为“形”（“相”）显然是视觉与光态语言中的词汇，这恰与光喻、“洞穴喻”有相互牵发之妙。正如眼睛可以看到具体事物一样，心灵之眼睛也可看到“形”（“相”）。

---

① 《约伯记》25：5，25：3。

② 《以赛亚书》60：19。

③ 《约翰一书》1：5。

④ 《约伯记》25：5，25：3。

⑤ 《马可福音》11：34－11：35。

然而虽然眼睛有视之能力，具有眼睛的人也一直在利用这一视的能力，虽然也有可视的东西存在，但如果没有一种特别的“第三种东西”存在，那么人就会什么东西也看不到。这“第三种东西”就是光。而光来自太阳，“太阳不仅使看见的对象能被看见，并且还使它们产生、成长和得到营养，虽然太阳本身不是产生”。太阳跟视觉与可见事物的关系正好像“可理知世界里善本身跟理智和可理知事物的关系一样”，“知识的对象不仅从善得到它们的可知性，而且从善得到自己的存在和实在，虽然善本身不是实在，而且在地位和能力上都高于实在的东西”。[①]

然而，人生来受感觉欲望之累而专注于感觉对象，对“形”（相）尤其对善之形（相）茫然无察。人就好比洞穴中的囚徒，他们从小就住在洞穴里，头颈腿脚皆被紧缚，无法转动，只能永远背向洞口看着洞穴后壁。他们背后远处高些的地方燃着一团火，在火光和被囚者之间有一条路，路边筑有一堵矮墙，有一些人拿着各种器物举过墙头走过。囚徒所见者完全是火光投射到对面洞壁上的阴影，而他们却视这些阴影为唯一的真实。设想其中一人被解放，转视反顾，看到火光，他自然会眼花潦乱，甚至经受不住火光之刺激而宁愿回到阴影中去。如若有人把他拉出洞外，他会觉得眼前金星乱蹦、金蛇乱串以致无法看清任何东西。当然，我们不妨先让他看一些阴影、水中倒影，然后转看实物本身、月光、星光，最终他会看见太阳。设想让他重新回到洞穴，由于骤然从亮处转到暗处，他的眼睛可能会一时昏花，洞穴中的同伴会笑他到上面走了一趟回来眼睛就坏了。

---

① 柏拉图著，郭斌和、张竹明译：《理想国》，商务印书馆 1994 年版，第 267 页。

洞穴之喻意味无穷，我们暂时感兴趣的有两点：①洞壁之影像实即人们的感觉对象，地面之事物乃高级认识对象即“形”(相)，而太阳则是最高价值者即善之形（相)。如此，感觉对象实在是虚幻不实的，只不过是“形”(相）的影子，而形（相）则是在善之形（相）光照下的真实无妄者，而善之形（相）本身则是万物存在的根据。②解放了的囚徒会发生两次眼睛的迷盲，一次是由暗处到亮处，另一次是由亮处到暗处。与此相应，灵魂之眼睛亦会因离开无知的黑暗进了光明世界或因离开较光明生活而进入不习惯之黑暗而失去视觉。由光明进入黑暗而致的迷盲，乃指形（相）的“遗忘”，故需“回忆”加以克服；由黑暗进入光明而致的迷盲则需“教育”“训练”而加以克服。

因此，哲学家的任务即是将囚徒从昏暗之洞穴带向穴外太阳朗照之地，让他面向真实的存在本身。

二、胡塞尔的“心之光”

由于胡塞尔在《逻辑研究》第一卷中对心理主义的严厉抨击及对本质的强调，使众多的批评者视胡塞尔为柏拉图主义者。然而该书第二卷中对意向性的描述，又使论者指责胡塞尔重新堕回了心理主义的立场。如果我们撇开这些枝节的争论，而从光态语言的解读角度去审视，或许我们会从一个更深的层面上发现两人之间的微妙关系。①

---

① 在由柏拉图的“光”向胡塞尔的“心之光”之间，奥古斯丁的“光照说”有承前启后的作用。奥古斯丁与柏拉图在此问题的关系，可参阅北京大学周伟驰博士的学位论文《奥古斯丁的记忆概念及其相关词》(1998)，该文对此问题进行了深入细致的探讨。

胡塞尔现象学的一个核心概念是意向性，他曾明确指出意向性乃现象学无所不包的主题。而对意向性的界定从一开始就是用一种光态的语言：意向行为是一种好似物理目光的“心理目光”（mental glance），“意识总是关于某物的意识”，知觉、想象、表象总是要知觉点什么、想像点什么、表象点什么，知觉、想象、表象以其“心之光线”（mental ray）指向其相关者。[①] 物之构成即是在此心之光照射下进行的，物之直呈（实显）的一面即我之目光直接指向的一面，其他未指向的侧面则潜在于背景中。当我将目光指向这先前未被注意的背景，那么，其中潜在的侧面就会被“挑”出来，进入到“前景”中，成为直呈的了，而原来直呈之面则相应地消退入背景之中了。此即胡塞尔所谓的“内视界”（inner horizon）之情形。“外视界”（outer horizon）的情形同样亦是用光态语言进行描述的：我之目光在实际的瞄向中，指向的是某一具体的对象，该对象乃我之注意的“焦点”，其周围的对象则作为背景而附呈着，这潜在于背景中的东西不时撩拨着我的“视线”，争相涌入我之“视野”中。我之注意之目光会依其“惹眼”的程度及我之“让步”的程度，而将其从背景中挑出来，原来注意的对象则相应地消退入背景了。无论是内视界还是外视界，背景与前景的这种转换是在意向行为这一“照明之光”（an illuminating light）下发生的，在此光照下，被照之对象则相应地在“或明或暗的光之锥面”（more or Less bright cone of Light）中展现着或退入“半阴影”（half-shadow）、退入“全黑暗”

① “心之光线”的说法早在《逻辑研究》中就有大量使用，如 *LI*，P623，PP622～623，PP632～633，PP639～640，等等。

（full-darkness）中。[①] 目光不仅可以指向外，亦可转向内，“返观内照”，于是而有内知觉对象、反省对象的构成。

光自然有其源头——“光源”，“先验自我”即是一切目光之源头，一切心的目光都是“自我射线”。自我乃“属于每一束来而复往的体验，它的‘目光’‘通过’每一现实的我思指向对象。这种视觉光线随每一我思而变化，它伴随每一新的我思的出现而重新射出，又随之一道而消失。但自我仍然是自身同一的”。[②] 既然一切给出的对象都是在光照下的对象，而一切光皆出于先验自我，先验自我便成了“可能意义之宇宙”[③]：“每一可以设想的意义，每一可以设想的存在，无论后者被称作是内在的抑或是超越的，都落入先验主体性之领域，是先验主体性构成着意义与存在。”[④] “一旦达到（先验）自我，人们就会意识到自己已立于自我明证性的领域中，这种明证性乃有如此之性质，任何去向其后的探究都是荒谬的。”[⑤]

先验自我成了一切明证性的源头，一切对象都最终在由此源头辐射出的心之光线中给出的：先验自我［光源］→我思［光线］→我思对象［被照者］。

---

① Husserl, *Ideas* Ⅰ, P269.

② ibid. P172.

③ Husserl, *The Paris Lectures*, P33.

④ Husserl, *CM*, P84.

⑤ Husserl, *Crisis*, P188。此处的胡塞尔如同挖到基岩的维特根斯坦：“如果我已穷尽了诸理由，我已达到了基岩（bedrock），我的铲子则翻了过来……”（维特根斯坦《哲学研究》P217，参见李步楼商务印书馆1996年中译本，第127页。顺便指出，汤潮、范光棣三联书店1992年中译本此条目翻译有误，见该译本第115页）。

不难看出，无论是柏拉图还是胡塞尔，现实世界诸事物的显现均以光照为先决条件，只不过在胡塞尔那里“光”乃是从先验自我那里辐射出来的，而在柏拉图那里光之源乃是善之形（相）。因此把胡塞尔的现象学称作是主观的观念论（Subjective Idealism），把柏拉图哲学称作是客观的观念论（Objective Idealism）大致也说得过去。不过如果我们更留心一下两者所谓的“光”之具体含义，就会发现两人思想的更多亲近之处。因为从先验自我辐射之光无非“意义”，此意义作为 noema 既非主观心理的东西，又非外界实在的某物，意识之指向对象乃意向的指向，此意向的指向性亦不是与实在物的实在关联，而是赋予意义的指向，对象在此意义中给了出来。意义乃“理念对象”（ideal objectivity），是每个人都可以不断诉诸、共同分享的东西。所以胡塞尔之《观念》第一卷第八十九节曾生动地指出：花园中的那棵花朵盛开的苹果树本身可以被烧光，可以被分解为不同的化学成分，但作为“noema”的苹果树的意义“即必然隶属于其本质的东西，则不能被烧掉，它没有什么化学成分，没有力，没有实在的属性”。① 而且任何世间对象的给出，都是在视界中给出的，视界作为前所予（pregivenness）领域在实质上亦是某种“意义类型”“超越的意义”。对象的给出从一开始就有一个“意义的开放视界”(《现象学的心理学》)、一个“意义库”（《经验与判断》），“没有此一同被意味的视界，知觉的超越对象就是不可设想的”。②

① Husserl, *Ideas* Ⅰ, PP260～261.

② Husserl, *PP*, P141.

意义视界从根本上规定了超越物显现的方式："任何一个'客观的'对象，任何一个对象（甚至是一个内在的对象）都指向一个在先验自我内受规则统辖的结构。"①

现象学的意义之维的开出表明意义乃世间诸存在物得以敞开、在场之场所，此"意义"与柏拉图之形（相）至少有五方面相通之处：①两者均是世间超越物得以显现的条件；②两者均非主观心理、非外在实在之客观之本质；③两者均以光态语言的形式得到表达（形相）；④两者均追溯至一超验存在的层面（善之形相/先验自我），后者乃一切实在得以被理解之终极的根源；⑤无论在柏拉图还是胡塞尔那里，"形相"与"意义"在世俗态度、自然态度下均处于被"遗忘"状态中。在柏拉图那里，由于灵魂受"昏沉与罪恶"之拖累而堕入尘世，与肉体结合而受到染污，遂遗忘了早先在天界与"形相"打交道之情景；在胡塞尔那里，由于人们生活于自然态度中，完全受制于所感兴趣的对象而沉溺于"对象极取向"中，对象本身显现的方式、对象本身显现的可能性条件被忽视了，即便科学建构世界的活动亦是在此被遗忘的基础上进行的。于是发现"形相""意义"便成了如何由"失忆"走向"回忆"、由"遗忘"走向"反省"的所谓方法论之问题。在柏拉图那里是"回忆法"，在胡塞尔处是"还原法"。"回忆"与"还原"无非都是要回到一度被遗忘的源头。

无论是柏拉图的"回忆"还是胡塞尔的"还原"，实质上都是一种"精神的看"(spiritual seeing)，这在柏拉图那里自不

① ibid. P53.

待言①，在胡塞尔，人们亦“必须首先学会以适当方式去看”②，这种对“普遍性的洞见”拥有一套特殊的方法论程序即“自由想像的变更”，通过此程序而达到“对先天的、纯粹的形相（eidos）的看”。比如为看到红色之本质，我们便自由想像一切红颜色的东西，红苹果、红脸蛋、红嘴唇、红旗、红灯笼……作为自由变换的这些红东西不过是纯粹可能的红本质的一个实例而已，在自由变更实例的过程中，有一条界限就会显示出来，越过这个界限，红东西即不成其为红。这个不可越过的界限即是红本质本身。

胡塞尔本质还原（直观）法至少有三方面与柏拉图的回忆法是共通的：

（1）两者均有本质取向。在胡塞尔，变更中的单个例子的现实性是无关紧要的，现实性只不过“作为别的诸可能性中的一个可能”而已；在柏拉图，本质主义取向的意味更加浓厚，现实的东西只不过是本质（形相）的一个“分有”“模写”而已。

（2）程序的相似性。在胡塞尔，本质直观以现实个例的自由变更为手段；而在柏拉图，如《会饮篇》对美自身（形相）的直观，柏拉图明确区分三个步骤，从爱一个美的形体，

① 犬儒派的第欧根尼对柏拉图的形相（理念）说颇不以为然，并质问柏拉图：“我的确看见一张桌子，一个杯子，但是我并没有看见‘桌子性’和‘杯子性’。”柏拉图妙答曰：“你说得不错。因为你的确具有人们用来看桌子和杯子的眼睛，但人们用来看桌子的本质和杯子本质的精神，你却没有。”（见黑格尔著，贺麟、王太庆译：《哲学史讲演录》第二卷，商务印书馆 1960 年版，第 178 页）由此轶闻足见柏拉图对精神之看的重视。

② Husserl, *PP*, P122.

扩展到其他美的形体，在此扩展中，美的形体之美“相”透过具体的差异而逐渐显示出来，美之形体无非是此美之相的个例，爱美者之眼光由此个例移开而摆脱个体性，而最终观照“美自身”。[①]

（3）共同的预设。在胡塞尔，自由想像变更中浮现出的界限实际上早已潜藏于意识中了，不然它又从何处呈现出来呢？但如果它早已潜藏于意识中，那么在想像之先，它不过只是处于非觉察的状态而已，通过个例的变更，它遂由“潜”态而至“显”态，由非觉察而至觉察。甚至在前构成、前述谓的领域里，亦有柏拉图式的“遗忘”现象发生：每个当下的体验在意向生活中都沉入相应的非源始样式中即持存之反响（retentional reverberation），并最终潜入完全空洞的死寂的过去，于是源始之体验遂被“遗忘”，但它并不因此而“消失得无影无踪，它只不过是变成潜在的”，因此完全可以由“主动的联想”而将之“唤醒”。[②] 在柏拉图，回忆之所以能成立，当然与灵魂曾与形/相有过交往有关，一度对形/相谙熟的灵魂因受肉体之染污而发生了遗忘，但此遗忘并非彻底干净之遗忘，不然回忆就根本无从忆起（这也是苏格拉底之著名的 Meno 问题），因此只能在回忆之先，形/相已潜存于回忆者的意识中，回忆亦只不过将形/相由潜态（遗忘态）带到显态（忆起态）而已。

当然，胡塞尔的本质直观与柏拉图的回忆法之间的相似性

---

① 柏拉图著，朱光潜译：《会饮篇》，载《柏拉图文艺对话录》，人民文学出版社 1963 年版，第 271 ~274 页。

② Husserl，*EJ*，P122.

是有限度的，毕竟胡塞尔的现象学悬搁已将任何形而上学的设定存而不论了，这自然也包括了柏拉图的形而上学。在《现象学的心理学》中，胡塞尔对此曾特别点出过："普遍的本质乃是形相（the eidos），是柏拉图意义上的'相'(idea)，但是，这一点应得到纯正的把握，应避免一切形而上学的诠释……"① 在胡塞尔的现象学中，本质只不过是对象呈现的先天性之根据。因而属于知识论的范畴；而在柏拉图哲学中，"相"既作为知识论的原则同时又作为存在的原则，作为存在的原则，它是个别事物追求的目标、目的，是创造的模型，万物只不过是对相的摹仿。② 在柏拉图的回忆法中，回忆之所以可能乃由于灵魂不灭，灵魂原本看遍过万有，灵魂之翼普遍游过相界，只是后来深陷尘世，而致遗忘的发生，因此只要摆脱肉体与尘世之染污，重新培养灵魂之翼，就完全可以重返相界；而在胡塞尔的本质直观中，本质乃植于先验主体之意识构成中，但究竟如何可能，胡塞尔似无可奉告，他对形而上学的神话建构不感兴趣。关键的分歧在于，"光"在柏拉图那里乃是超越者、形上之存在，而在胡塞尔处，此超越者、形上之存在被移至主体性之内而成为"心之光"，成为内在的超越者。于是，在柏拉图那里，面向"光"，即要超越此世而最终徜徉于彼岸"相"界，从"洞穴"走出的人，当然不会再回到洞穴中去安身立命，毕竟洞穴中无真实可言；而在胡塞尔处，从自然态度走出的人（现象学家），毕竟还得返回到生活世界

① Husserl，*PP*，P54.

② 陈康先生对"相"的两原则有一精到的分析。见陈康：《陈康：论希腊哲学》，商务印书馆 1990 年第 1 版，第 179 ~ 184 页。

中，悬搁只不过是现象学家的一种“职业态度”（vocational attitude），因而只在“职业时间”（vocational time）有效①，在悬搁中，“自然的世俗态度”得到了重新定向（reorientation），但是“我们可以从这一重新定向返回到自然的态度”。② 在此意义上，我们可以说胡塞尔乃生活世界中的人，而柏拉图乃“相”世界中的人。

在我看来，柏拉图的洞穴说从根本上是难以成立的，理由有两点：其一，如果洞穴人生来只能看到阴影，那么他们就根本不可能产生真实的观念，换言之，如果他们视阴影为唯一真实者，则必针对一相对立的虚假者的观念而言才有可能，但此处的情形恰恰不可能产生虚假者的观念，除非有阴影的阴影，但阴影的阴影显然是不存在的。其二，如果洞穴人一直被缚而只能看到阴影，但至少他要吃东西才能存活下去，而食物的阴影是无法充饥的。当然，每当进食时候，我们可以将洞穴人的眼睛给蒙住。注意在蒙住他眼睛过程中，千万不要让他看到蒙住他眼睛的手或东西，暂且勿计此项技术之高难。但是在食物被咀嚼过程所构成的味觉对象、触觉对象与平时视觉所构成的阴影对象是殊异的，阴影世界的唯一性由此而失去其合法性。

三、海德格尔的“澄明之境”

光态语言是最适宜表达海德格尔哲学的一种工作语言。“现象学”一词本身在《存在与时间》中就被海德格尔作了光态语言的诠释：“现象”一语源于希腊语“φαινόμευου”，其本

① Husserl, *Crisis*, P136.

② ibid. P258.

义即是“就其自身显示自身者”“公开者”，现象就是能够带入“光明”中的东西。而“现象学”之“学”即“逻各斯”（λόγos）原不是理性、判断、概念、定义、根据之类的知识论的东西，而是“让人看某种东西”。这样“现象学”的本义应是“让人从显现的东西那里，如它以其本身所显现的那样来看它”。[①]

当然，现象学的看与一般的看有着本质的区别。前者瞄着事情的“如何”，后者则对着事情的“什么”。因而前者领会的是存在者的存在，而后者把捉到的是存在者。与此相应，胡塞尔的现象学还原法得到了改造：在胡塞尔处，现象学还原是从世间的自然质朴态度转移到意识及其意向作用—意向相关（noetic-noematic）的先验态度，而海德格尔则极力强调现象学从根本上是一种探究“本体论的方法上的尝试”，是从“质朴地把捉的存在者返回或还原到存在”。[②] 正是在现象学的看中，存在者的存在得以展开。在《存在与时间》中，海德格尔用“烦”一词表示 Dasein 在世之中存在的基本生存能力：情绪－领会－言谈。而“烦”本身恰恰用光态语言如“烦忙寻视”“环顾寻视”“透视”等界定自身。“烦忙活动的寻视、烦神活动的顾视及在存在本身的视，这些都已标明为 Dasein 存在的基本方式。”[③] 如果说胡塞尔是用光态语言描述意识行为，那么可以说海德格尔是用光态语言描述 Dasein 在世的生存论行为。Dasein 的生存论之视不是传统认识论用肉眼去感知，而是“让那个它可以通达的存在者于其本身无所掩蔽地来照面”，这样

---

① 海德格尔：《存在与时间》，第 43 页。

② Heidegger, *The Basic Problem of Phenomenology*, P21.

③ 海德格尔：《存在与时间》，第 179 页。

胡塞尔所津津乐道的“本质直观”从根本上亦不过是在此生存论之视基础上展开的，是“远离源头的衍生物”。生存论的视乃是与 Dasein 的存在一道展开的，Dasein 触目所及的一切都是在生存论的视“界”中的，此生存论的视界亦即“世界”，亦即“澄明之境”，亦即“真理”。源始的真理就是“把存在者从晦蔽状态中取出来而让人在其无蔽状态（揭示状态）中来看”。[①] 这样，无论是 Dasein 的实存，还是它的展开状态（澄明之境、世界、真理）都是在光态语言下得到描述的。

达成此现象的识见之后，海德格尔又从光态语言的角度重新审视西方哲学的传统。从古希腊开始，“形态”(morphe)、“形相”（eidos/forma）一直被界定为物之物性的本质，物有如此这般的“形”“相”，便有如此这般的本质。而形/相是在“视”中显现的。在“视”中，我们看到了物之所是，因此“形”乃出自于“视”而不是相反。比如，陶工从泥胚中构造一个花瓶，花瓶之成形为花瓶之形，首先是出自于陶工的“心像”(image)、“模型”，或者说，在花瓶成形之前，花瓶之“形”就已被陶工“看”见了。花瓶之成形的过程无非就是陶工将此预先看到的“形”付诸现实材料而已。预先的“视”“定形”（shaping)、“成形”（forming)、“生产”(producing)即是将可通达者带到“这个地方”、带到“Da”这里来，“被带出状态就是在场者之在场，存在者之存在就是实现”。[②] 于是，存在者之存在都是在“先视”(fore-sighted）的基础上展开

① 海德格尔：《存在与时间》，第 264 页。

② 海德格尔：《阿那克西曼德的箴言》，载《海德格尔选集》，第 585 页。

的。“视不是生产行为的一个附属品，而是积极地隶属于它及其结构的，它引导着行动。”①“视”乃“生产活动之本体论构成”。巴门尼德“to gar auto noein estin te kai einai noein”“思想与存在是同一的”这一传统译法在海德格尔的光态语言中得到了重新诠译：“感知、直观与存在现实性是同一的。”② 亚里士多德哲学之“实现”（ευερrεcα）、柏拉图之“柏”（iδεα）、赫拉克里特之“逻各斯”（λóros）都一致标明存在者之存在即在于其在场、去蔽、公开、展开自身。正是在光亮中，存在者显示出外观、形相。亚里士多德《形而上学》开章明义的一句话“求知乃人类的本性”被海德格尔诠译为“视乃人类的本性”。“前视与透视承担着并指引着全部我们对在的领会”，③存在即在“视”中“处于澄明之中”，进入“无蔽境界”。

在对传统哲学进行光态语言的解读中，柏拉图的洞穴说自然成了海德格尔青睐的文本。在《现象学基本问题》中，海德格尔称柏拉图的洞穴说为“一个蕴意无限的明喻”（an exhaustible simile）。在柏拉图的明喻中，可见之物由眼睛所视，可思之物则由心灵之眼所视。正如肉眼之视需要某种物理光照一样，心灵之眼之视亦需要某种“特殊的光照”，此即柏拉图所谓“善之相”。由洞穴走出而直面太阳、由现象界走出而直面善之相，被海德格尔解读为由存在者走出而直面其存在、由对象的把捉走出而直面“存在的领会”。存在的领会是在某种照明的光中展开的，它“早已在一个视界中进行着了，这个视

① Heidegger，*The Basic Problem of phenomenology*，P109.

② ibid. P110.

③ 海德格尔著，熊伟译：《形而上学导论》，商务印书馆 1996 年版，第 118 页。

界乃是彻底得到光照了的，发着耀眼的光亮了的”。[1] Dasein 之举手投足都是处在光照下，也就是说 Dasein 生存本身即是“真理”、即是对存在有所领会。柏拉图善之相遂被诠释为“关于此在存在举足轻重的基本可能性的中心的和具体的问题的极端化”，是“真理、领会和存在之可能性的问题”，“善”乃“可能性之为可能性的源泉”。[2] 但是，在海德格尔看来，“善”作为“目的因”的“为之故”（das umwillen）与 Dasein 的关联在哲学史上并未大白于天下，在传统哲学中，“相”（理念）始终寓于一个“超凡的地方”，但同时又在“回忆说”中被把捉成“主体”的东西，以致于被看作是“比客体更客观”，同时又被看作是“比主体更主观”的东西。近代以降，笛卡尔、莱布尼兹的“天赋观念”、康德的先验范畴都可被视为对柏拉图“善”之相的承继与改造。但是无论是柏拉图的“相”还是先验传统中的“先验理想”都未与“原始的超越”问题直接挂上钩，因而都还是无根的。纵然是胡塞尔的先验主体性，尽管它已沿着主体性路子逼近了“超越”，但“主体之主体性的存在论阐释”却仍然缺失。要知道，任何所谓先验的意向活动发生于其中的领域，以及相应地那种使命题与事实的符合公开化的东西，必须“已经作为整体发生于无蔽之中了”。倘若不是存在者之无蔽已经把我们置入一种光亮领域——而一切存在者在这种光亮中站立起来，又从这种光亮中撤回自身——那么，我们凭我们所有正确的观念，就可能一事无成，我们甚至也不能先行假定，我们所指向的东西已经显而

① Heidegger, *The Basic Problem of Phenomenology*, P284.

② 海德格尔：《论根据的本质》，载《海德格尔选集》，第 194 页。

易见了。”[①] 胡塞尔将任何原本地给予的直观视为“一切原则的原则”，也被海德格尔打上了折扣：面向事实本身为什么必然意味着要面向直观、面向意识的意向性呢？必须要思的是“在‘面向事实本身’这个呼声中始终未曾思的东西是什么？”[②]

正是在这一根本性的“思”中，海德格尔既超越了柏拉图亦超越了胡塞尔。他超越了柏拉图，在柏拉图那里，没有光就没有外观，而海德格尔则更进一步：倘若没有澄明，就没有光亮；他也超越了胡塞尔，在胡塞尔那里，现象意味着在先验意识的光照中的展示，对象的在场乃是以此光照（前谓词的遭遇）为前提，而海德格尔则进一步指出，之所以有先验意识的光照乃取决于更源始的现象——原现象（Urphänomen），即澄明。唯有通过光亮，显现者才会显示，而“澄明”“敞开之境”并不是由主体（人）之先验意识之光照亮的，恰恰相反，人是首先被置入（抛入）这一“澄明”中，人是被存在的天命打发进这一“敞开之境”中的。“只有当存在的澄明还出现的时候，存在才转移到人身上”。[③] 人的意识之所以能对其他存在者（包括其自身）有所照亮，恰恰是因为人及其世界皆是已被照亮了的。

然而，人执着于对象化中，自以为自己是一切光的辐射源，是一切尺度的尺度，而正是在此妄自尊大中，真正的光源

---

① 海德格尔：《艺术作品的本源》，载《海德格尔选集》，第 273 页。

② 海德格尔著，陈小文、孙周兴译：《哲学的终结与思的任务》，载《面向思的事情》，商务印书馆 1996 年版，第 67 页。

③ 海德格尔：《关于人道主义的信》，载《海德格尔选集》，第 380 页。参较：“唯当澄明决定性地运作之际，才有在场性本身”。（《哲学的终结与思想的任务》）

一澄明却被遗忘了，澄明本身尚未被思及。为什么会有如此事情发生？是不是因人类思维的“某种疏忽粗糙的结果”？（在柏拉图与胡塞尔的哲学中，“光源”的遗忘应归咎于此），或者，它的发生是因为“自身遮蔽和遮蔽状态”？这一问更使海德格尔与柏拉图、胡塞尔拉开了距离。在他的澄明之境中，原本即有“自身遮蔽”和“遮蔽状态”，“Ληθη，本就属于无蔽（'Αληεια），并不是作为一个空洞的附加，也不是仿佛阴影属于光明，相反，遮蔽乃是作为无蔽的心脏而属于无蔽——是这样吗？而且，在在场性之澄明的这一自身遮蔽中，难道不是甚至还有一种庇护和保藏——由之而来，无蔽才能被允诺，从而在场着的在场者才能显现出来——在起着支配作用吗？”① 于是，澄明不只是在场性的单纯澄明，而成了“自身遮蔽着的在场性的澄明”，是“自身遮蔽着的庇护之澄明”。由此可见，澄明本身未被思及，并不只是（甚至主要不是）由于人遗忘，正如澄明中的在场亦不只是因为人的作为（构成、筹划）一样。人之所以会与存在为邻，人之所以会远离存在，皆因存在本身的自行解蔽与遮蔽。于是，仅仅依赖“现象学还原”或柏拉图式的“回忆”并不能担保我们回到“源头”，毕竟离开源头还是回到源头都不是由人随意决定的，人所能做的不过是从“流行的无思”中“跳跃”进“思”中，这个“思”不再算计地谋划，也不再咄咄逼人地追问与构思，这个思是谦逊的，“它满足于唤起人们对一种可能性的期待，而这里可能性

① 海德格尔：《哲学的终结和思的任务》，载《海德格尔选集》，第1259页。

的轮廓还是模糊不清的，它的到来还是不确定的”。[①] 这有所期待的思使我们想起保罗的“盼望”：“我们的得救在乎盼望（hope），只是所见的盼望不是盼望，谁还盼望他所见的呢？但我们若盼望那所不见的，就必忍耐等候。”[②] 在与《明镜》记者的谈话中，海德格尔以先知的口气告诉世人：“哲学将不能引起世界现状的任何直接变化。不仅哲学不能，而且所有一切只要是人的思索和图谋都不能做到。只还有一个上帝能救渡我们。留给我们的唯一可能是。在思想与诗歌中为上帝之出现准备或者为在没落中上帝之不出现作准备……”[③]

---

① 海德格尔：《哲学的终结和思的任务》，载《海德格尔选集》，第1247页。

② 《罗马书》8：24—8：25。

③ 海德格尔：《只还有一个上帝能救渡我们》，载《海德格尔选集》，第1306页。

结 语

现象学作为一种哲学运动，其时代已似乎过去了。它作为过去的东西与其他哲学流派一起仅仅被记录在历史中了。这是海德格尔在60年代写的一段话，不过，他认为“从现象学的最本己的方面来说，现象学并不是一个学派，它是不时地自我改变并因此而持存着的思的可能性，即能够符合有待于思的东西的召唤”。[①] 确实，不同的现象学家被不同的实事——现象召唤着，现象学家孜孜以求的便是“如实看”实事，如实看自然意味着相应的“悬搁”或“解构”。在胡塞尔那里是让先验意识的实事如其所是展现出来，所以他要极力悬搁障蔽这一实事的自然主义、客观主义；在海德格尔那里是让存在的实事自行显现，所以他要通过解构与诠释克服存在的遗忘；在萨特那里是让自由的根基（通体透明的意识）披露出来，所以他要将一切“不诚”（自欺）的托辞摒弃；在梅洛－庞蒂那里是

① 海德格尔：《给理查森的信》，载《海德格尔选集》，第1288页。

让知觉的实事如其所是地展开，所以他要超越经验主义与唯理主义的二元框架。于是，回到实事，都具有了某种溯源的性质，回到实事几乎成了回到源头的同义语。现象学的追根溯源不是要在物理时间上追到一个什么宇宙的起点（如大爆炸理论），甚至也不是要回到一个什么实体或本原（如水、气、火、物质、绝对者、上帝）。现象之为现象即在于显现，现象学家之追根溯源关注的乃是何以有显现，或者显现如何可能及如何显现。何以有显现，研究的是显现之可能性的条件，这是一种先验的探究的路子；如何显现，研究的是显现的方式，这是一种描述的路子。世界万物都是显现的，但科学研究之着眼点在于已显现出来的**万物本身**，至于它们何以会显现及如何显现，显然不是科学关心的问题。对何以会显现的探究就不属于任何物之探究的行列，现象学从根本上就不研究任何一个存在者也不研究存在者的总体，因此，现象学的追根溯源从不是要回到一个什么存在者身上，即便这个存在者是一个万能的上帝。现象学如果有什么本体论，也只能是意义本体论。现象学还原是回到意义的源头。现象学的实事不是存在者而是它的存在，胡塞尔曾明确说过，“我们现象学的唯心主义”并不否认“实在世界与自然的正面的存在”，它的“唯一任务与职责就是阐明这一世界的意义”。

那么，显现何以可能或者意义的开显何以可能？胡塞尔给出了先验意识之维，意义开显的先决条件是先验主体性的光之朗照，海德格尔则将“澄明之境”视为万物开显的前提，梅洛－庞蒂则始终不渝地坚持他的“知觉首要性”。乍看起来，每个现象学家都各自烦忙于各自“实事”的描述，但终极的实事本身引发着思的可能性的进展，不免留下一些共同的痕迹。我们在现象学运动的缤纷万呈的场景中，仍可依稀清理出几分头绪或线索出来。

在胡塞尔本人的思想发展进程中，还原已越来越少意味着“返回自我”，越来越多地意味着“从逻辑返回到前述谓”，返回到世界的“源始明证性”（利科语）。而在整个现象学运动过程中，我本学的色彩更是日趋淡化，“自我”不再是终极开显的担保，他人、身体、世界、历史与自我是相互贯通、融为一体的，Dasein 是在世界中的存在，心灵是肉身化的心灵，意识是世界与历史的意识。自我、他人、身体、世界不存在一个谁归属于谁的问题。而是相互共属的。不妨以图示之。

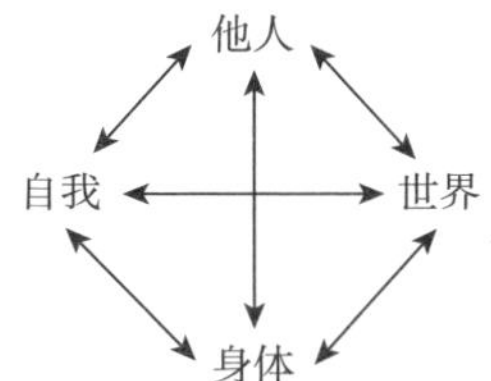

存在的意义乃是这多极一体的相互牵引中开显的。

海德格尔曾将思想被不适合于它的标准所判定比作是将鱼置于干燥的陆地上以测其生存能力一样，我们看肇始于笛卡尔“我思故我在”的近代哲学不也是把“我”置于身体、他人、世界之外去运思吗？海德格尔说“思想一直搁于陆地上”，“我思”不也一直搁于身体、他人、世界之外吗？不要小看这一搁，正是在这一“搁”中，自我彻底挺立为主体，而身体、他人、世界通通成了立于自我前的对象、客体，现代人的无家可归的焦虑在这一“搁”中便已注定了。从整体上讲，现象学运动可视为对这一“搁”的一种“搁”，即把自我重新搁置到它的“家”中，自我不再是中心，或者说自我的中心恰恰在外的、出窍的，也正是在与身体、他人、世界的相互牵引中，自我才能有所运思、有所作为。自我与世界不是对立的两极，而是一体的两面。

主要参考书目

1. 西文书目

Brentano, *Psychology from an Empirical Standpoint*, trans. Rancurello, Terrel & Mcalister, Routledge & Kegan Paul, 1973.

Cairns, *Conversations with Husserl and Fink*, Martinus Nijhoff, 1976.

——*Guide for Translating Husserl*, Martinus Nijhoff, 1973.

Carr, *Interpreting Husserl*, Martinus Nijhoff Publishers, 1987.

——*Phenomenology and the Problem of History*, Northwestern University Press, 1974.

Cumming, *Phenomenology and Deconstruction*, The University of Chicago Press, 1991 (Vol. Ⅰ), 1992 (Vol. Ⅱ).

Daniel and Embree (ed.), *Phenomenology of the Cultural Disciplines*, Kluwer Academic Publishers, 1994.

Derrida, *Edmund Hussed's Origin of Geometry*: *An Introduction*, trans. Leavey. Jr. Universify of Nebraska Press, 1989.

Dillon, *Merleau-Ponty's Ontology*, Indiana University Press, 1988.

Dreyfus, *Husserl, Intentionality and Cognitive Science*, Cambridge, 1982.

Hamrick (ed.), *Phenomenology in Practice and Theory*, Martinus Nijhoff Publishers, 1985.

K. Hartmann, *Studies in Founditional Philosophy*, Rodopi B. V., Amgterdam, 1988.

Heidegger, *Being and Time*, trans. Macquarrice & Robinson, Harper & Row, Publishers, 1962.

——*The Basic Problem of Phenomenology*, trans. Hofstadter, Revised Edition, Indiana University Press, 1982.

——*Discourse on Thinking*, Trans. Anderson and Freund, New York: Harper & Row, 1966.

——*Kant and the Problem of Metaphysics*, trans. Richard Taft, Indiana University Press, 1990.

——*Martin Heidegger Basic Writings*, ed. Krell, London, 1977.

——*Poetry, Language and Thought*, trans. Hofstadter, New York: Harper & Row, 1971.

——*The History of the Concept of Time*, trans. T · Kisiel, Indiana University Press, 1985.

Husserl, *Early Writings in the Philosophy of Logic and Mathematics*, Kluwer Academic Publishers, 1994.

——*Cartesian Meditations*, trans. Cairns, Martinus Nijhoff, 1977.

——*Experience and Judgment*, ed. Landgrebe, trans. Churchill and Ameriks, Routledge & Kegan Paul, 1973.

——*Ideas: General Introduction to Pure Phenomenology*, trans. Gibson, London & New York, 1931.

——*Ideas Pertaining to a Pure Phenomenology and to a Phenomenological Philosophy*, Second Book, trans. Rojcewicz and schuwer, Kluwer Academic Publishers, 1989.

——*Logical Investigation*, trans. Findlay, Rontleclge & Kegan Paul, 1970.

——*Phenomenological Psychology*, trans. Scanlon, Martinus Nijhoff, 1977.

——*Phenomenology and the Crisis of Philosophy*, trans. Lauer, Harper & Row, Publishers, New York, 1965.

——*The Paris Lectures*, trans. Koestendbaum, Martinus Nijhoff, 1975.

——*The Crisis of European Sciences and Transcendental Phenomenology*, trans. Carr, Northwestern University Press, 1990.

——*On the Phenomenology of the Consciousness of Internal Time*, trans. Brough, Kluwer Academic Publishers, 1991.

Ingarden, *On the Motives Which Led Husserl to Transcendental Idealism.* trans. Hannibalsson, Martinus Nijhoff, 1975.

Kersten, *Phenomenological Method: Theory and Practice*, Dordrecht: Kluwer, 1989.

Landgrebe, *The Phenomenology of Edmund Husserl*, Cornell University Press, 1981.

Macann (ed.), *Martin Heidegger: Critical Assessments*, Rontledge, 1992.

Madison, *The Phenomenology of Merleau-Ponty*, Ohio Uni versity Press, 1973.

W. Marx, *Heidegger and the Tradition*, trans. Kisiel and Groene, Northwestern University Press, 1971.

Mckenna, *Husserl's "Introductions to Phenomenology"*, Martinus Nijhoff, 1982.

Mckenna and Evans (ed.), *Derrida and Phenomenology*, Kluwer Academic Publishers, 1995.

Mckenna, Harlan and Winters (ed.), *Apriori and World*, Martinus Nijhoff Publishers, 1981.

Merleau-Ponty, *The Phenomenology of Perception*, trans. Smith, New York: Humanities Press, 1962.

——*Sense and Nonsense*, trans. H. Dreyfus and P" Dreyfus, Northwestern University Press, 1964.

——*The Primacy of Perception*, trans. Edie, Northwestern University Press, 1964.

——*The Visible and the Invisible*, trans. Lingis, Northwestern University Press, 1968.

Mohanty, *Transcendental Phenomenology*, Basil Blackwell, 1989.

Nichdson, *Body and Soul*, Westview Press, 1997.

Paci, *The Function of the Sciences and the Meaning of Man*, trans. Piccone & Hansen, Northwestern University Press, 1972.

Ricoeur, *Husserl: An Analysis of His Phenomenology*, Northwestern University Press 1967.

Sartre, *Being and Nothingness*, trans. Barnes, New York: Philosophical Library, 1956.

——*The Transcendence of the Ego*, trans. Wiffiams and Kirkpantrick, Noonday Press, 1957.

Schmidt, *Maurice Merleau-Ponty: Between Phenomenology and Structuralism*, Mckmillan Publishers, 1985.

Schpiro and Sica (ed.), *Hermeneutics: Questions and Prospects*, The University of Massachusetts Press, 1984.

Schutz, *The Phenomenology of the Social World*, trans. Walsh and Lehnert, Northwestern University Press, 1967.

Searle, *Expression and Meaning*, Cambridge University Press, 1979.

——*The Construction of Social Reality*, The Free Press, 1995.

Simth and McIntyre, *Husserl and Intentionality*, D. Reidel, 1982.

Soffer, *Husserl and the Question of Relativism*, Kluwer Academic Publishers, 1991.

Sokolwski, *The Formation of Husserl Concept of Constitution*, Martinus Nijhoff, 1964.

Spiegelberg, T*he Phenomenological Movement*, Martinus Nijhoff, 1960.

——*The Context of the Phenomenological Movement*, Martinus Nijhoff, 1981.

Tran Duc Thao, *Phenomenology and Dialectical Materialism*, trans. Herman and Morano, Dordrecht: Reidel, 1986.

Wittgenstein, *On Certainty*, trans. Paul and Anscombe, Harper & Row, Publishers, 1969.

2. 中文参考书目:

柏拉图:《理想国》,郭斌和、张竹明译,商务印书馆,1986年。

——《柏拉图文艺对话》,朱光潜译,人民文学出版社,1963年。

陈嘉映:《海德格尔哲学概论》,三联书店,1995年。

陈康:《陈康:论希腊哲学》,汪子嵩、王太庆编,商务印书馆,1990年。

德布尔:《胡塞尔思想的发展》,李河译,三联书店,1995年。

高新民:《现代西方心灵哲学》,武汉出版社,1996年。

格罗伊:《近代自我意识的基本结构》,载《哲学与人》,张世英、朱正琳编,商务印书馆,1993年。

海德格尔:《存在与时间》,陈嘉映、王庆节译,三联书店,1987年。

——《海德格尔选集》,孙周兴选编,三联书店,1996年。

——《在通向语言的途中》,孙周兴译,商务印书馆,1997年。

——《形而上学导论》,熊伟、王庆节译,商务印书馆,1996年。

胡塞尔:《逻辑研究》第一卷,倪梁康译,上海译文出版社,1994年。

——《纯粹现象学通论》,李幼蒸译,商务印书馆,1995年。

——《欧洲科学的危机与超验现象学》，张庆熊译，上海译文出版社，1988 年。

——《现象学的观念》，倪梁康译，上海译文出版社。1986 年。

——《现象学与哲学的危机》，吕祥译，国际文化出版公司，1988 年。

——《现象学的方法》黑尔德编，倪梁康译，上海译文出版社，1994 年。

——《胡塞尔选集》，倪梁康选编，三联书店，1998 年。

伽达默尔：《真理与方法》（上）洪汉鼎译，上海译文出版社，1992 年。

——《哲学解释学》，夏镇平、宋建平译，上海译文出版社，1994 年。

靳希平：《海德格尔早期思想研究》，上海人民出版社，1995 年。

科克尔曼斯：海德格尔的《存在与时间》，陈小文、李超杰、刘宗坤译，商务印书馆，1996 年。

利维纳斯：《生存及生存者》，顾建光、张乐天译，浙江人民出版社，1987 年。

刘小枫：《个体信仰与文化理论》，四川人民出版社，1997 年。

洛克：《人类理解论》，关文运译，商务印书馆，1959 年。

罗克汀：《现象学理论体系剖析》，广州文化出版社，1990 年。

——《从现象学到存在主义》，广州文化出版社，1990 年。

梅洛－庞蒂：《眼与心》，刘韵涵译，中国社会科学出版社，1992 年。

尼采：《权力意志》，张念东、凌素心译，商务印书馆，1991 年。

——《偶像的黄昏》，周国平译，光明日报出版社，1996 年。

——《哲学与真理》，田立年译，上海社会科学院出版社，1993 年。

倪梁康：《现象学及其效应》，三联书店，1994 年。

祁雅理：《二十世纪法国思潮》，吴永泉、陈京璇、尹大贻译，商务印书馆，1987 年。

让松：《存在与自由》，刘甲桂译，北京大学出版社，1997。

萨特：《存在与虚无》，陈宣良译，三联书店，1987 年。

——《萨特哲学论文集》，潘培庆、汤永宽、魏金声等译，安徽文艺出版社，1998 年。

绍伊博尔德：《海德格尔分析新时代的科技》，宋祖良译，中国社会科学出版社，1993 年。

施皮格伯格：《现象学运动》，王炳文、张金言译，商务印书馆，1995 年。

施太格缪勒：《当代哲学主流》（上），王炳文、燕宏远、张金言等译，商务印书馆，1986 年。

宋祖良：《拯救地球与人类未来》，中国社会科学出版，1993 年。

孙周兴：《说不可说之神秘》，上海三联书店，1994 年。

叔本华：《作为意志与表象的世界》，石冲白译，商务印书馆，1986 年。

久呢？原来，第二天会有一架风琴运到学校来，而他，兴奋之余，却又惶恐，因为他一直都是吹口琴教学生唱歌，并不会按风琴，他曾来回走一百多里去县城，在那里的新华书店里，买到一本教授风琴演奏法的书，书已经几乎被他翻烂，但毕竟还要在实物上实践，才能真的演奏成功啊！那天午前，山下一阵“嘿咗嘿咗”的号子声，我停下水彩写生，忙去观察，只见那老师和队里的几位壮汉，正把用麻袋片裹妥的一架风琴，顺着弯成几折的石梯坎，往上面小学校抬来，那矮黑精壮的老师，满头满身全被汗水打湿，但是一双眼睛里，抑制不住快乐的光芒。不仅是孩子，凡当时在村里的男女，全都迎上去，那架风琴的到来，形成了山村的一次节日！第二天早晨，我随小学校师生，以及围观的村民，在那老师的风琴奏起的国歌旋律中，看学生干部将一面国旗，升起在毛竹制成的旗竿上，那老师的演奏还不怎么达标，但其声响却十分庄严。下午我离开的时候，教室里传来老师按着风琴带领学生齐唱《大海啊故乡》，节奏不那么准确，每一句师生耐心地唱过重来，当我走出很远，还能听见他们那质朴的歌声。

1987 年，那时候还没有出道的杨阳来找我，说要把我的一个短篇小说《非重点》改编拍摄成电视剧，那年头，单本电视剧是常规的存在，像我的长篇小说《钟鼓楼》改编拍摄成八集的连续剧，就认为是很长的篇幅了。《非重点》的故事讲的是一位家长千辛万苦把自己的儿子转到了重点学校，结果却发现那非重点学校的班主任老师非常优秀，儿子跟那老师难舍难分令他惊诧之余内心震动。杨阳那时候在我眼中还是个小姑娘，她的处女作杀青以后请领导审查，坐在后排的她不禁有些紧张，她后来告诉我，当播放到四分之三时，她发现审查者摘下眼镜，掏出手帕揩眼角，于是她心里一块石头落了地。那以后杨阳的作品接踵推出，斩获许多奖项，现在已经是资深的影视名导了。上个月我们约着见面，聊起来，我就说现在还记得她在那剧里有一段，是老师踏着风琴引领孩子们唱歌。她说正是在那个节点上，当年的审片者眼睛潮湿，她是刻意用风琴伴奏的稚气童声来烘托师德之美。但是杨阳告诉我，现在如果剧里要出现那样的风琴，得让剧务去找专门的道具公司租借了，那种公司出租几乎一切当下已经淘汰掉的旧日物品，包括第一代电视机、第一批被称作“大哥大”的手机、第一拨台式电脑，等等。是呀，现在小学校的音乐教室里，钢琴已经取代风琴多年了。

我从 2005 年到 2010 年，应邀到央视《百家讲坛》录制播出了《刘心武揭秘〈红楼梦〉》系列讲座共 61 集，到现在其视频和音频不仅可以方便地从电脑上获得，也可以通过手机收看收听，影响还是蛮大的，坦率地说，还是挺有成就感的。但是，就在前些天，我在微博上看到这样一条：“听刘老说，绛珠仙草追随神瑛侍者下凡，只修得一个驴体，哇，吓了我一跳！”想说的是“女体”却让人听成“驴体”，什么发音啊，见此条微博立即脸热。其实我在讲座里，in 、ing 不分，l、n 不分的地方还有不少，但以此处的错音最为搞笑！蓦地就忆起了英先生，她当年是何等苦口婆心地教诲我啊，我现在能以“毕竟乡音最难改”为自己辩护吗？英先生如果健在，该往百岁去了，岁月会流逝，生命会衰老，立式风琴会式微，远去的风琴声难以复制，但那以真善美熏陶人心灵的师德，却是永恒的光亮。

2015 年教师节前　绿叶居

吹笛不必到天明

电子邮箱里忽有古尧邮件。别后一年我对他已淡忘于江湖。他不称我老师也不书我名字，就是直截了当地奉上一首改字《临江仙》，是从宋代词人陈与义那里化来的：

忆伯爵厅①厅中饮，坐中师生豪英。长沟流月去无声。杏花疏影里，吹笛到天明。

四十余年如一梦，此身虽在堪惊。闲登小阁看新晴。古今多少事，渔唱起三更。

阅后，轻易不再感动的我，不禁愣神良久。

其实四十年前我在中学任教时，古尧并不是我班上的学生，只是偶然的机缘，我们对上了话。后来我结婚搬到一个小杂院居住，他来聊天方便，成为常客。据他后来说，我跟他的闲聊，形同宝贵的授课，先不说什么灵性开发，仅举小小一例：我告诉他美国西海岸的旧金山，其实按音译是圣弗朗西斯科，为什么许多中国人又称

① 伯爵厅，兰特伯爵西餐厅，厅中饮虽是一年前，师生之分已有四十余年。

它三藩市呢？因为早期被运到那边修铁路的华工，多是广东人，粤语将圣弗朗西斯科快读，缩音即如三藩，至于为什么又称旧金山，新金山又在哪里，我也有一番说辞。在当时那种封闭禁锢的社会环境里，古尧那样的学生听了我诸如此类课堂上绝无的杂言碎语，竟如聆梵音。古尧那时常感叹：“什么时候，我能到美国看看呢？”

三十年前，古尧的向往竟化为了现实。1978 年至 1988 年，是我，古尧，以及许许多多中国人时来运转的黄金十年。古尧那在他九岁时死去的父亲得到彻底平反。他的母亲先官复原职，后来更升任为正职。古尧上完大学，获得美国方面的奖学金，可以去读硕士。父亲的平反虽然大快家人之心，却并无经济补偿，母亲虽然正局级，那时候薪金应付一家日常开销不成问题，但积蓄还很微薄。古尧来找我。那时候我是北京市文联专业作家，已经住进挺不错的单元房。古尧说去美国留学，万事俱备，只欠东风，东风就是一张飞往美东的单程机票。我和妻子一同招待他。听他这么说，忙问他那机票需要多少钱，他说支援他 2000 元人民币就行。我和妻子不禁对望一眼，都绽出了微笑。妻子就去另屋取来一个信封，递到他手中，我说：“刚领到的，长篇小说《钟鼓楼》获茅盾文学奖的奖金，正好这个数。”古尧接过去，也不道谢，只是笑：“巧巧巧！”如今茅奖奖金已经是五十万了，但我不以当年的 2000 元为少，因为那笔奖金促成了一个有为青年及时赴美。

古尧飞去美国以后，我们联系很少。他攻读一个很冷僻的学科，叫什么分析物理，和 20 世纪 80 年代，他们那一茬（多是五〇年后出生的）改革开放初期的留学生一样，勤工俭学，洗盘子、送外卖、摘苹果、搞搬运……吃尽苦头，终于尝到甜头。他先后获得硕士、博士学位，并谋到一份高端研究的工作。其间他回国几次，一次是和对象成婚并将她接到美国，一次是他母亲去世回来奔丧，都蜻蜓点水般到我住处来小坐。第一次回国时他就将当年的机票钱还给了我，我说正好作为他结婚的礼包，他坚拒。我们重聚的时间虽然短暂，却依旧谈笑风生，他没大没小开玩笑，我没心没肺侃大山。

2006年我应华美协会和哥伦比亚大学之邀赴美讲《红楼梦》，和定居在休斯敦的古尧取得联系，他热情邀我到得州一游。我从纽约飞到休斯敦，刚走出活动通道，就见他站在通道口迎候我，见面第一句话是："我父母双亡，你来，就是家长的待遇。"他开车接我到他家，他妻子、女儿都热情接待。他住的是典型的美国中产阶级家庭那种两层独栋小楼，后院是游泳池。畅叙种种，泳池嬉戏，又一起到姚明开的餐馆品尝"姚妈红烧肉"。古尧驾车，带我去得克萨斯州首府奥斯汀，我对奥斯汀那酷似华盛顿国会的州府大楼不感兴趣，我热衷的是短篇小说圣手欧·亨利那栋小小的故居，流连多时，浮想联翩。后来我们又去了因肯尼迪被刺而闻名的达拉斯和有条河流贯穿全城的圣安东尼奥，我们乘游览船欣赏了两岸旖旎的景色。我们游得非常开心。但是美国那时经济下滑，古尧陪我参观宇航中心，他脖颈上挂有工牌，可以免费，因为他所参与的研究项目，属于宇航中心管辖，但就在他兴致勃勃地给我讲解时，接听到电话，让他立即上交工牌，他匆匆离去，再回来的时候，已经是购票进入了。见我忐忑不安，他安慰我："我们那个项目被撤销了。谁让经济不景气呢。其实一个月前已经通知了，我没跟你说。没想到恰在这个时候收我工牌。"接着他有句"京骂"，但脸上仍笑嘻嘻的。

送我返纽约，古尧跟我说："你别惦记我。等我一个'伊妹儿'吧。"

他的那个"伊妹儿"，一等就是七年。美国经济复苏很慢。

古尧到处求职，不断碰壁。妻子难免抱怨。女儿送读名牌大学，需费不菲。尽管宇航局方面赔偿的遣散费不少，毕竟不能坐吃山空。天无绝人之路。终于古尧一个简短的“伊妹儿”告知我：“获得大学物理教授教职。假期将到北京。”于是有2014年冬他来京的相聚。他住我家。老伴已逝，我是鳏夫。他是孤儿。鳏夫孤儿，并不落寞。随意挥洒，言谈无忌。约了当年他同班并一起到农村插队的同窗，也是当年就跟我交往的，在一家以慕尼黑啤酒和德式香肠为招徕的西餐厅欢宴。几位同窗都对我执弟子礼甚谨，独古尧仍没大没小，跟我逗贫嘴。那晚我喝得也不少。好在餐厅离我居处不远，我和古尧醉中相扶而归。

古尧和我谈到过几年退休的事。我不知不觉也就跟他谈及衰老死亡等事。我们谈及后来的留学生，20世纪90年代出去的，大体还是他们80年代出去的那个路数，但是这个世纪去留学的，多有家长陪同，或数家人委派一人陪同，有的刚入学就买好了房，更开上了新车，只有叫外卖的哪有送外卖的，融入那边社会快，失却民族传统也快，我和古尧谨慎置评，却也一同感叹岁月流逝中的人事变迁。

古尧近日发来的电邮（我还是宁愿称电子邮件而不称“伊妹儿”，细微处可见我们毕竟是两代人置身两种社会环境），改宋词咏叹，我觉得未免过于悲凉。我原来把伤感当作提升心灵的助力，现在却很怕伤感。“杏花疏影里，吹笛到天明”，这意境不大能接受：笛声虽好，哪耐持续到天明？月光里有阵笛音，然后就消停，就“长沟流月去无声”，更能稳固我内心的平静。让我们常葆人性中的良善。经历过太多，期望就免奢。

2015年11月6日　绿叶居

共享繁华

《金瓶梅》书中几次酣畅淋漓地描写了清河县中的灯节盛况，那种世俗生活的“共享繁华”，显示出一种超越个人悲欢恩怨的人间乐趣，不管作者本人是否有那样的寓意，善思的读者也许从中可以悟出，不管人世间有多么多的苦难、阴谋、残暴、荒淫、堕落、沉沦，毕竟冥冥中还存在着某种推进人世发展的“规律之手”，因而人世中的“阶段性文明”即便不可避免地含有不公正乃至污垢阴秽，个体生命仍应保持对生命的珍视，这珍视里包括对俗世生活琐屑乐趣的主动享有。

灯节，指春节后元月十五的元宵节，那一天“过年”的热闹达到高潮，潮退后，“过年”的活动也就结束了。书里几次浓墨重彩地写灯节，值得读者玩味。

第十五回第一次大写灯节。那一年灯节，李瓶儿还没有嫁到西门府，但她的生日恰好在灯节，而且那以前早和西门府的妇女们来往。那一天吴月娘留下孙雪娥看家，同李娇儿、孟玉楼、潘金莲四顶轿子，往李瓶儿狮子街的宅子去。李瓶儿原住西门府隔壁，后因故迁到了狮子街，狮子街的宅子虽然比较小，但临街是楼，是灯节最佳赏灯处。李瓶儿招待吴月娘等登楼看灯玩耍。她们搭伏定楼窗观看，只见那灯市中人烟凑集，十分热闹，当街搭数十座灯架，四下围列诸般买卖，玩灯男女，花红柳绿，车马轰雷。然后书里在“但见”后，有一大篇弹词般的文字，将各色花灯细细形容一番，所开列的花灯名色有：金屏灯、玉楼灯、荷花灯、芙蓉灯、绣球灯、雪花灯、秀才灯、媳妇灯、和尚灯、判官灯、师婆灯、刘海灯、骆驼灯、青狮灯、猿猴灯、白象灯、螃蟹灯、鲇鱼灯……转灯儿一来一往，吊灯儿或仰或垂，观灯的有王孙、仕女，有站高坡打谈的，有游脚僧演说三藏，卖元宵的高堆果馅，粘梅花的齐插枯枝，“虽然览不尽鳌山景，也应登丰快活年”。

潘金莲和孟玉楼只顾搭伏楼窗往下看，口中嗑瓜子儿，把瓜子皮都吐落在人身上，她们在楼上看挨肩擦背的人，楼下有的人就仰观她们，大发议论。灯市，使县城里平时不相干的人，互相观望了。

第二十四回又写灯节，府里盛宴过后，但见银河清浅，珠斗斑斓，一轮团圆皎月从东而出，潘金莲就发起了到街上“走百媚”，又称“走百病”的活动。这是流传颇久的一种民俗，在灯节，平时难得，甚至不允许上街的妇女，可以迈出大门结队而行，时兴有桥过桥，遇城门摸门钉，这其实是一种健身祛病的活动，通过行走，可以去百病，自然也就可以使自己更加千娇百媚。那晚吴月娘、李娇儿、孙雪娥、西门大姐不去，潘金莲就和孟玉楼、李瓶儿，后来又带上宋惠莲、春梅、玉箫、小玉、兰香、迎春，组成颇为浩荡的队伍，来安、画童两个小厮，打着一对纱吊灯跟随，陈经济骑着马，一路上放烟火花炮给众妇人瞧，所放的品种有慢吐莲、金丝菊、一丈兰、赛明月等，转回府门，又在门外放了两个一丈菊和一筒大烟兰、一个金盏银台儿。那大街上，香尘不断，游人如蚁，花炮轰雷，灯光杂彩，箫鼓声喧，十分热闹。

这支纱灯引道的“走百病”队伍，引起围观。她们穿过灯市，到访狮子街，再转回西门府，一路欢声笑语，兴奋不已，平日的矛盾，都暂搁一旁。

那么，灯节的这种市民共享的繁华，是怎么营造出来的呢？不是依靠官方出资组织，更不可能是市民公摊费用，这里面，那些在市场经济中捞到好处的富商，他们起了最核心的作用，在他们来说，通过灯节在花灯、烟火方面的投资，可以炫耀自己的财富，凸显自己那超越科举金榜题名的新型成功路径，而普通的市民，虽然平日被这些富商通过各种方式敲骨吸髓，受到盘剥，对他们不可能有什么好感，甚至在贫富悬殊的刺激下有对抗的意识和行为，但在灯节期间，他们也乐得欣赏富商所提供的灿烂喧嚣景观，免费享受一番人间梦幻。第四十二回再写灯节，回目就是“逞豪华门前放烟火　赏元宵楼上醉花灯”，写西门庆出资，在自家府门前和狮子街大放烟火，与街上人们同乐。他自己虽然是在狮子街玩耍，但对府门前的烟火效果，非常关心，吴月娘派小厮棋童和排军往狮子街送装满美味糖食、细巧果品的攒盒，西门庆就问棋童，府门口的烟火除了家里人看，街上人看不看？棋童就禀报：“挤围着满街人看。”西门庆得意地说：“我吩咐留下四名青衣排军，拿杆栏拦人伺候，休放闲杂人挨挤。”棋童就回答照办了。西门庆在狮子街和朋友们酒足饭饱后，命小厮将楼下打开两间，吊挂上帘子，楼檐下一边一盏羊角玲灯，小厮们听命把烟火架抬出去，西门庆和朋友们在楼上观看，小厮们将烟火安放在街心里，须臾，点着，那两边围看的，挨肩擦膀，不知其数，都说西门大官人在此放烟火，谁人不来观看！然后又用弹词形式长篇形容，那烟火分层次绽放，最高处一只仙鹤，口衔丹书闪寒光，正当中一个西瓜炮迸开，四下里人物皆活，八仙捧寿，楼台殿阁，火树银花，灿烂辉煌，欢闹之声，直上云霄，变幻出无限花样，赏心悦目，如临仙境。这种形式的高级烟火，叫鳌山，宋元时盛行，明朝延续，整体如巨鳌背上起楼，形成一座烟火之山，制作费用极其昂贵，制作工艺极其复杂，点燃后的视听效果当然也就极其震撼。但是，“总然费却万般心，只落得火灭烟消成煨烬”。繁华落尽，共享只在瞬间，这之后，人们又恢复到平日的生活状态，富者自富，贫者自贫，死者自死，活者自活，于是，有的人就渴望下一个元宵灯节的到来。

第四十六回再写元宵节，这回西门庆采取了将对众伙计的慰劳宴公开化的做法，大门首用一架围屏安放两张桌席，悬挂两盏羊角灯，摆放酒宴，堆集许多春菜果盒，各样肴馔；大门首两边，一边十二盏金莲灯，还有一座小烟火，六个乐工，抬铜锣铜鼓在大门首吹打，吹打一回，又让清吹细乐上来，再让两个小优筝琶伴奏弹唱灯词，引得街上的人来往围看，两个小厮一递一筒放花儿，两名排军执揽杆拦挡闲人，不许向前拥挤。不一时，碧天云静，一轮皓月东升之时，街上游人十分热闹。这种共享繁华形式，又与前几年元宵节不同，可谓别开生面，一石数鸟——笼络了伙计，炫耀了实力，免费给予穷人观赏的福利，也大大地满足了西门庆自己。

共享繁华的呈现，前提是社会矛盾虽然存在，甚至逐渐尖锐化，但是社会对官吏的腐败和奸商的暴利还大体能够承受，官僚集团能够实行一些对民众的让步政策，商品经济在发展中能够形成一些契约意识和新的公序良俗，仕、农、工、商的社会平行四边形虽然四角扯动频繁激烈，但没有撕裂，于是社会各阶层在灯节等时间节点上，暂时休战，混杂行乐，这种共享繁华，实际上是社会的润滑剂，有缓解社会戾气的作用。但是，如果社会内部的腐败严重到使社会终于撕裂塌陷，或者外部势力大举入侵，那么，共享繁华必定烟消云散，就如第一百回所写的那样，“烟荒四野，日蔽黄沙，封豕长蛇，互相吞噬，龙争虎斗，各自争强”，哪里还有繁华可言？不但一般生灵涂炭，而且，“得多少宫人红袖泣，王子白衣行”。

《金瓶梅》里所写的社会各阶层人士共享人间繁华，是书中的亮色。不管怎么说，人活着，总要有点乐趣，富人出钱，穷人分享，哪怕短暂，富人满足了虚荣心，穷人饱了眼福耳福，开心就好。这种共享繁华，延续到近当代社会，就是庙会、花会、马路巡游、狂欢节、奥林匹克运动会、世界杯，等等，有这些，总比没有好吧。

六瓣梅

他热爱文学，但从事的是最不需要文学想象力的一种偏僻的技术工作。他很忙，没有时间阅读任何文学作品。但他会在难得的休闲时间里，同妻女侃文学。也不是对文学进行评论，而是对小说进行复述。他复述的小说，都是几十年前出版的。他的复述极有可听性，甚至可以说具有特殊的魅力。他不单是复述那些小说的情节，他会把细节、对话，乃至某些描写上的精致处，全复述出来。

他承认，他复述的某些小说，自己并没有读过。是当年他的老师复述给他的。

他在南方一处穷乡僻壤度过从少年往青年蜕变的生命时段。他所上的那所镇上的中学根本没有成型的图书馆。但是有位曾老师，是从北京去的，曾老师的宿舍里也见不到多少书，但是曾老师肚子里有个图书馆，会把一些书的内容复述给学生。除了在课堂上有所复述，曾老师还常给他“开小灶”，复述一些小说给他听。

他长大了，要去省城上高中。他伯伯在省城工作，可以给予他经济上的资助和生活上的照顾。他还会考大学，争取考进曾老师就读过的那所大学。跟曾老师告别时并不伤感。那是在曾老师宿舍外的葫芦棚下。结出的葫芦形状很奇特，曾老师说叫作“鹤首”，仔细观赏，从下面膨胀部分往上面细长的部分去联想，确实像是鹤头和鹤喙。曾老师说要送他一件礼物。他本以为是要摘一个“鹤首”给他。没想到却是另外的礼物，什么礼物呢？复述一篇他从未听到过的翻译小说。师生二人对坐在葫芦棚下的小竹椅上，他听了终生最难忘的一篇小说。

他貌不出众，却娶了一位美丽的妻子。妻子后来跟长大的女儿承认：他追求自己的最大俘获力，就是他对小说的复述。女儿也就坦言：爱爸爸，最爱的是复述小说时的爸爸。

他的妻子从事会计工作，并不阅读文学杂志和文学书籍。他的女儿和他一样，选择了一种无需文学想象力的科技行业。那么多年过去，他所能复述的小说早已讲尽。但是重温熟悉的小说仍是他们生活中的一大乐趣。有时候面对电视机，把几十个频道全搜索过，还是觉得无一可观，于是他们就关闭电视机，往往是女儿求爸爸再复述某篇精彩的小说，爸爸复述起来，当中被女儿打断：“不是这样的，那只跑过草地的狐狸是跛脚的……”爸爸就微笑：“跛脚的吗？对，跛脚狐狸它就……”虽然听过很多遍，女儿还是觉得跟才绽放的鲜花一样芬芳，而妈妈也在一旁边织毛衣边惬意地颔首……

女儿交了个男朋友。那小伙子不仅喜欢读小说，自己也写小说，写了就搁到网络上任人点击阅读。小伙子希望女朋友从网上在线阅读，女朋友却总让他复述，他试着复述，效果很糟，女朋友说：“你讲出来都不精彩，读起来能有味吗？”小伙子就说：“讲和写，看和听，是不能互相取代，也无法类比的。”

他女儿从网上下载了小伙子的小说，读过以后复述给爸妈听，爸妈很满意。“其实他写得很糗！”女儿说。“真的吗？”妈妈不信。

有一天小伙子跟他女儿说：“你爸给你们讲的，有的是经典，有的算得精品，有的只不过是他个人偏爱。”他听女朋友把从未来岳父那里听来的几篇小说复述给他以后，到网上去搜，没搜出来，就跑到图书馆去借，借到了一篇，印在一本很久没有再版的老书里，那本相当厚的书当年定价居然是 0. 68 元。小伙子把那本书呈现在女朋友面前，拍着封面说：“你自己看吧！人家写的跟你爸和你的复述不对榫啊！”

他女儿翻书细读，读完发愣。后来想办法借到不少旧书，书里的小说，跟爸爸的复述，差别都不少。简单来说，是他的复述，似乎更精彩，所增添的，所省略的，所夸张的，所渲染的，所回避的，所凸显的，似乎都是写那小说的作家——有的是人们公认的文学大师——该那么写而竟没那么写的。

女儿把这个发现告诉妈妈，谁知妈妈早就晓得：“梅花只有五个花瓣，你爸开的是六瓣梅。他不过是给亲人讲讲，算不得问题。不仅不是问题，实对你说吧，我当年相中他，这么多年喜欢他，能开六瓣梅，是个关键哩！”

不久前曾老师故去了，曾老师儿子根据父亲生前的嘱咐，给他寄来了一个“鹤首”葫芦，上头刻着这样的句子：“不必去当优秀的作家，却一定要当优秀的读者。”

芍药盈筐满市香

难忘那些美好的日子。杂院里有位大姐在小厨房里操持晚饭，不断地吟唱着当时极为流行的《乡恋》，隔院不知哪家在用四个喇叭的录音机放送着《潜海姑娘》，那电子琴的蛙音随风飘来，我在自己的小屋里收拾东西，心想就要迁往的新楼单元，该不会再一家之音大家皆听、一家烧鱼各家皆闻吧。忽然窗外有人唤我，是住在不远的什刹海湖畔的张叔，忙迎出去。他听说我就要搬离北边杂院，往南边去住单元楼了，特来送行。他手里提了个藤筐，筐里是满满的芍药花。我见了大吃一惊："这不是把您那屋前花池里的花儿，全剪给我了吗?"他笑："可不是！早告诉过你，当年有人去糟害我那池芍药，手拔脚踹，还拿开水泼根！可是也怪，那宿根竟然不死，隔年又冒嫩芽，也不敢让它长起来呀，十来年里，总是悄悄拿土给封上，以为它再也开不出花来了，没想到，这两年它冒出来，也没怎么施肥拾掇，嘿，它就猛开大花！这不，今年又这么灿烂!"我接过满筐芍药，感动得不行："真是的，您把芍药全给了我，难道不心疼吗?"他笑："今年的花剪了，明年开得更旺呀!"又说："咱们爷俩，七八年的交情了，前六年，还不敢大摇大摆地来往，这两年，不才能在什刹海边大说大笑的吗?你搞文学的，你该懂得白居易那诗吧?'离离原上草'，吟的是什么？今儿个我给你个别解吧，离草，说的就是这芍药，我给你送芍药，就是跟你来惜别呀！”我还真觉得新鲜：“白居易那诗，吟的不是野草，竟是芍药？”他笑解：“可不是！芍药在几千年前，就出现在中华大地上了，有特别栽种的，也有自然野生的，它是宿根植物，可不是‘一岁一枯荣’嘛，当然‘野火烧不尽，春风吹又生’，而且繁殖起来，势不可当。为什么说‘远芳侵古道’？一般野草有什么芳香？只有大片的芍药才会香满古道城郭嘛！那诗怎么收尾的？‘又送王孙去，萋萋满别情’，离草嘛，送别的时候引出诗情的植物，就是芍药嘛！”他说的时候，一直望着我的眼睛，最后问：“你这一去，还会常回这边来吗？”我别过头，望着那搁在小桌上的满筐芍药，一瞬间，觉得包括那邻里间声音气息的强制性共享，竟也难舍难分。

迁走以后，其实遇上原来邻里的机会还是不少。那一阵社会生活刚开始多样化，热点还是很集中，比如到王府井新华书店去，排队购买恢复出版发行的西方古典文学名著，就会遇到原来胡同里的邻居，他排在前头，很幸运地买到了《欧也妮·葛朗台》，到我买时巴尔扎克的几种傅雷译本都售罄，但我买到了《大卫·科波菲尔》等五种书，也非常高兴。跟邻居分手道别，一问，他是要去中国美术馆看展览，特别是要看那幅硕大的油画《父亲》，而我则是看完那巨幅头像才来的新华书店。又一晚，去首都剧场，在前厅与张叔不期而遇，我们都是去观看北京人民艺术剧院复排的话剧《茶馆》，演员还是原来的阵容，看完我们在剧场外路灯下聊了一阵，都痛感“野火烧不尽，春风吹又生”乃人间正道。我说：“您那对白居易《赋得古原草送别》的另解，我现在越来越膺服啦。开水泼不死真善美！我现在年年春天要供满屋的芍药花！我现在住的那地方，离丰台很近，丰台又恢复芍药花的种植啦！”

我迁往的那栋楼里，住进若干富于艺术气息的家庭，跟其中石大爷石大妈一家，有了来往。他们的儿子儿媳妇，跟我大体是同龄人，都是京剧演员，恢复传统剧目以后，儿子忙于《大闹天宫》，儿媳忙于《虹桥赠珠》，我跟他们接触的机会并不多。石大爷寡言，我去串门，主要是跟石大妈聊天。石大妈的祖父富察敦崇，著有《燕京岁时记》，1983 年我第一次去法国，在巴黎塞纳河畔的书摊上，看到过很早就翻译成法文的版本，因为书上有中国原版书影，所以知道是什么书。石大妈深受书香门第熏陶，对北京风俗掌故，随口道来，都令我觉得口齿噙香。说到芍药花，石大妈能背诵出不少相关的竹枝词，比如："燕京五月好风光，芍药盈筐满市香；试解杖头分数朵，宣窑瓶插砚池旁。""天坛游去板车牵，岳庙归来草帽偏；买得丰台红芍药，铜瓶留供小堂前。"她告诉我，以往"四月清和芍药开，千红万紫簇丰台"，更有"万顷平田芍药红"之说。虽然那时候听说丰台正努力恢复花乡的地位，但满北京城还是很难找到花店，更难在春四五月得到芍药。我在出版社当编辑的时候，一位同事黎大姐知道我想年年有芍药插瓶，便笑道："我过两年退休，就开个花店，年年春天为你进芍药，你来优惠！"后来她果然开了花店。在能到花店购花、订花以前，每到仲春，我总是骑车去丰台找花农，从他们那里得到可插瓶的芍药，记得有一春返回时遇到潇潇春雨，虽然带了雨披，还是挨了淋，骑回我们那栋楼，先去石大妈家分她一些芍药，她忙递我干毛巾擦拭，又去沏糖姜水给我喝，我发现她家门扇旁挂着个纸剪的人形，她递我热腾腾的糖姜水，告诉我："那是我刚剪的扫晴娘。挂上她，祈愿别老阴天下雨。"她赞我用藤筐盛芍药是雅人雅事，我就想起《红楼梦》里的史湘云，是用鲛帕裹起许多的花瓣，构成了一个芍药裀，那才真是雅入云端啊！其实，用藤筐盛花，本是什刹海畔的张叔的做派啊！回到自己单元，一边用几个质地大小不同的花瓶花钵分插购来的芍药，一边责备自己：怎么就很久没有去看望张叔了呢？

那些年的生活真是“芝麻开花节节高”，各家相继安上了座机电话，虽然没有手机，但是出门带个传呼机，北京人俗称“蛐蛐机”，“蛐蛐”一叫，显示出来电方号码，找部座机回应，也觉得挺有派的。我家是安装座机比较早的，听到自己单元里有电话铃声响，不但不烦，还挺得意。那时接到的电话，多是喜讯。谁谁复出啦。谁谁改正啦。工人体育馆的诗歌朗诵会去不去？美国电影《金色池塘》电影票要不要？但是有天接到个令我悲痛的电话，是张叔家属打来的，告知我张叔仙去。我去吊唁，提去满篮的芍药花，放在他的遗照前。我没有哭，因为我知道，他晚年赶上了好日子，本属于他私产的那个小院子，又回归到他家名下，院里那池开水泼不死的芍药花，每年仲春繁花似锦。

后来我又搬了几次家。不管迁往何处，春四五月购来大筐芍药，分插在瓶钵之中，摆放在客厅茶几上、书房电脑旁、床头柜一侧、飘窗正中……当年的芍药开放后，会逐渐变成形态优美的干花，依然会氤氲出香气，有的冬日来访者，对芍药干花也发出赞美。今年初春，我照例向花店预订了 100 枝芍药。进入仲春，花店按约将芍药送来，分插摆放那些芍药，用去我半天的时间，我忆念告诉我芍药别名离草的张叔，还有也已仙去的剪出扫晴娘的石大妈……我想起许多美好的人美好的事，现在盛绽的芍药在电脑旁，以它的芳香鼓励我在键盘上敲出这篇文章。

2016 年 4 月 30 日　温榆斋

铁木后传

亲友们不理解，我怎么会大冬天的，跑到远方一处萧条的农家院，一住就是十天半月的。按说，应该春暖花开以后去，要么，就在果园下果子的时候去，那两个时间段，那一带的农家院生意都会兴隆，特别是我熟悉的这家，它的柴锅豆腐焖肉，吸引着许多的回头客。

我最初也是春天去看大片的果树花，夏末去采摘鲜果，偏又好一口豆腐焖肉，选中这个农家院的，后来连冬天也去，却是因为跟院主成为谈伴。院主小徐，在 20 世纪 80 年代，也曾卷进文学热，希望自己能跻身文坛，写得勤快，投稿多次，但始终未有斩获。虽然后来他尝试过多种营生，基本上放弃了写作，但对文学的热爱，却仍保持热度。我跟他的头次欢谈，是他告诉我，有次收拾客人离去后的房间，发现遗留下一本薄薄的小说，是孙犁的《铁木前传》，从登记本上查到客人留下的手机号码，打过去，希望提供地址好寄还，对方表示不必，送给他留下看。小徐就读了。他告诉我，他惊呆了。他的文学启蒙书，是《艳阳天》，当时觉得文学就该那个样子，读了比《艳阳天》早出多年的《铁木前传》，才懂得，文学固然要写时代，甚至不可避免要写政治、写经济，但到头来，只有写到人的私密情感，挖掘到人性深处，才算抵达文学的本性。他拿出那本意外获得的天津百花文艺出版社印的《铁木前传》给我看，书页发黄，里面的油画插图却还鲜亮，他说因为实在喜欢这本小书，所以他后来用牙刷细细地清除了封面封底上的污垢，修补了书脊上的破损，但他不愿意包上书皮，因为他连那封面装帧也珍惜。恰好我自己也保存有一本同版的书，而且孙犁是我挚爱的前辈作家之一。小徐让我推荐些类似的如今已经不热门或一直遇冷的好书，我给他开列出书目，其中有李劼人的《死水微澜》、叶永蓁的《小小十年》、穗青的《脱缰的马》、端木蕻良的《鹭鹭湖的忧郁》、柳杞的《长城烟尘》、林斤澜的《矮凳桥风情》……慢慢搜寻吧！

今冬我带了四大本改革开放初期重印的傅雷翻译的，法国作家罗曼·罗兰的《约翰·克利斯朵夫》，到小徐那里重温少年时代的阅读乐趣。侃山时涉及中外古今诸多文学作品，免不了又议论到《铁木前传》，孙犁笔下那木匠的儿子六儿、铁匠的女儿九儿，以及那个独特的女子小满儿，是多么生猛鲜活的人物形象啊！可惜后来孙犁那种柔曼的笔触渐渐不被容纳，他计划中的《铁木后传》，也就始终未能面世。叹息后，小徐就说："刘叔，其实，我这后院的两家租户，他们的故事，就可以写成《铁木后传》哩！"

小徐他们那一带，方圆数十里全是果园，最多的是苹果树。苹果熟了，少量销给采摘客路边客，绝大多数，果农是暂存到冷库，有批量采购的，再到冷库去发货，因此，在那边经营冷库的，很是赚钱，冷库又带动了相关的生意，比如装苹果的大果筐，前些年，这些果筐全是木条钉成的，里面有专门的厂家生产的塑料袋，来兜住苹果，底部都留有空隙，好用叉车将果筐叠起来存库。就有老远的外省的人士，来这边在镇里租借场地，采购来木料，制作冷库用的果筐，每增加一座冷库，就会需要几千个果筐，生意一度非常火爆。有两户外地人家，作坊设在镇上，住家则租的小徐那幽静的后院，一家就是专门制作木果筐的，显得非常富裕，另一家呢，则是专门处理铁条的，生意一般，吃穿用方面就显得比较节俭，也是木家有个男孩，铁家有个女孩，他们在同一所小学上学，年龄相差不多……那么，到去年，不但木料的来源渐渐枯竭，冷库设备升级换代，淘汰掉木果筐，大量购买铁条果筐，男孩那家的家长想转型，却发现附近钢铁厂产能过剩，早把大批量的铁料以很低廉的价格都卖给女孩那家了，那家接到冷库的大订单，大张旗鼓地生产起铁条果筐，顿时经济情况两家换位！小徐告诉我，今年春节前，男孩那家决定从这里撤走，回家乡那边，据说是想开发兜苹果的塑料袋，再批发到这边冷库来，于是，他看到非常值得写入小说的一幕：那男孩子随父母撤离前，把自己家种出的一个最漂亮的葫芦给了那女孩，而那女孩，则拔下头上的一个蜻蜓造型的铁发夹，给了那男孩……

一粒麦子若是嚼掉，就什么也没有了，若是落到田地里，则会长成一株麦子，结出一串麦粒。获得过孙犁《铁木前传》滋养的我和小徐，谁能写出一篇《铁木后传》来呢？

2017 年惊蛰前

叶君健与韩素音

20 世纪 80 年代初，有天我去北京恭俭胡同叶君健先生的三合院去拜望他，院内花木扶疏，正房客厅宽敞明亮，我与叶先生正交谈，忽听门铃响，一定是院门外有人按门铃键。大概是住厢房的儿子或儿媳去开了门，迎进了客人，和《红楼梦》里王熙凤出场一样，尚未见人，先闻其声，风风火火迈进屋，见了叶先生，又连声呼唤，我只听那女士“马耳”“马耳”的，叶夫人苑茵从里屋出来，她抢步过去抱住，英语问好，再中文问好，放过叶夫人，又转身面对叶先生，这回她唤的是“君健”，满面亲热的笑容，浑身故人重逢的激动……

待来客坐定，叶先生把我和她互相介绍，听到我的名字，来客笑着点头：“啊，班主任嘛!”我听到她的名字韩素音，只觉如雷贯耳，一时竟说不出话来。

我知道韩素音，是从《人民日报》发布的消息，最早大概是 1968 年，某天的《人民日报》上忽然有条跳眼的消息，标题大概是英籍作家韩素音在京会见中国作家，消息里出现了一串包括冰心在内的名单，“啊，冰心他们解放了!”以这样的形式，摘掉一些“牛鬼蛇神”的帽子，确实很别致。再后来，就发现韩素音的名字会出现在《人民日报》头版，而且往往还配上照片，是党和国家领导人接见她，毛泽东、周恩来、邓小平……呀，真了不起！但此人何以英籍，有何著述，为什么被领导人如此重视，则全然不知。

改革开放以后，有在外事部门工作的朋友告诉我，韩素音原来姓周，韩素音是笔名，谐“汉属英”的音，表明她后来虽然取得了英国籍，却不忘华汉的根。开始我颇不以为然，因为“音”与“英”在现代汉语里是不同的发声，若要谐出“英国”来，不愿直露地用“英”字，也还可以用“樱”“莺”嘛，但朋友再细讲她的情况，说她祖籍四川，在重庆长住过，四川人对汉语拼音里的 in、ing 分不清，她认为“音”“英”同声，笔名含“我乃华汉人加入英籍”之意，这就不奇怪了。但她出生地是河南信阳。父亲是中国人，母亲是比利时贵族后裔。她虽英国籍，中年后却定居瑞士。她结过三次婚，最后一任夫君陆文星是印度人。她用英语写作，但那位介绍她的朋友告诉我，那时候她的一本新书，却是在阿根廷首发。我这才知道，有这么一种“国际文化人”的存在。我 1983 年第一次去法国，在法中友好协会的人士家里作客，主人和来客都是些普通的法国人，职业为小学教师、邮局职员、超市收银员等，我能说出许多法国作家的名字，他们却连鲁迅也不知道，让他们仔细想想，他们也确实愿意说出个中国作家名字让我高兴，但到头来，其中有两位想出来的中国作家，就是韩素音。韩素音因为能以英语写出与中国有关的文字，而且她的书又由英语转译为其他西方语言，中国改革开放以前，对于西方人来说，她是极少数能传递出当代中国信息的作家，而且她有中国血统，西方一般读者把她视为中国作家，就像更早的美国赛珍珠因为写《大地》等中国题材小说，而被混沌地视为中国作家一样，也就不必奇怪了。

那天韩素音飘然而至后，我告辞，叶先生和韩女士都对我说不必，无妨大家一起聊聊。我就又告座。叶先生和夫人苑茵跟韩素音又叙旧又议新，欢声笑语，我一旁听来，才悟出叶、韩是极熟稔的老朋友，互相知根知底。那时不少中国人都知道，韩素音是一位被党和国家领导人看重的外国作家，而叶先生，那时在一般中国人眼中，似乎只是一位儿童文学作家和《安徒生童话》的翻译者罢了。我听出来，叶先生和韩素音，应该是在抗日战争后期，在英国伦敦相熟的。他们忆及若干当时在伦敦交往的人士，“访旧半为鬼，惊呼热中肠”，忽然又提到他们共同经历过的某些生活片断，畅怀大笑。那年叶先生已经临近七十大寿，韩素音也早过花甲，两人脸上的皱纹清晰可见，可那神情，却仿佛青春犹在，皱纹抖开如春花绽放。那天他们的谈笑，后来我听叶先生讲到更多事情以后，在自己家里反刍，才懂得，叶先生虽然只比韩素音大三岁，但在韩素音还只能算个文学女青年，只是向往能成为一个作家的时候，叶先生却早以世界语和英语写作的小说而蜚声西方了，他署名马耳的世界语小说集出版于1937年，英语写成的长篇小说《山村》在1946年推出后赢得广泛好评，那天韩素音就笑说：“你要一直留在英国，你早就是英国的大作家啦!”韩素音是直到1954年才以《瑰宝》这部自传性的小说出道，后经美国好莱坞改编拍摄为电影《生死恋》，方名声大噪的。把韩素音看得很重要固然不错，把叶君健看轻，可就大谬了。

因为跟叶先生有了交往，我就不再只把他视为一个儿童文学作家，一个翻译安徒生童话的翻译家，或者只是一个发起及编辑英语《中国文学》的“外宣人士”，其实他首先是个杰出的小说家啊！他在不能公开发表作品的困境中，完成了百万字的三部曲史诗长篇小说《土地三部曲》（《火花》《自由》《曙光》），我在北京出版社参与创办《十月》的时候，他拿给我看，我被他那叙事的调式惊呆了。我写比如说《班主任》《醒来吧，弟弟》那类“伤痕文学”小说的时候，醉心于振臂疾呼或苦口呼唤的调式，那绝非叙事的善策啊！叶先生的长篇小说，写的是中国底层农民如何在大时代的狂飙中走出山野，投入革命，乃至远赴重洋，寻找真理，历经劫难，初心依旧，那是多么惊心动魄的故事啊，但是，他却不动声色，冷静叙事，重白描而拒雕饰，求质朴而抑抒情。我从三部曲中选出《自由》，建议《十月》刊登，虽然刊发后响动不大，却也有若干作家读后表示大受启发，“冷静叙述，不动声色”的叙事策略，成为某些作家的文本亮点，有位以这种格调写出的长篇小说，获得了诺贝尔文学奖。我自己从《我爱每一片绿叶》开始，也告别了“激情澎湃”的叙事方式，开始追求“冷中出热”的美学效果。

叶先生出生在湖北红安，那个县不仅出了董必武、李先念等政治名人，竟先后有两百位成了将军，叶先生跟我说，有的将军是家乡的“发小”，那么多年过去，见面还能叫出对方的小名，回忆出一起放牛遇雨的情形，那样的童年玩伴知道他写小说，鼓励他“把我们走过的路写出来”，这也成为他后来将《山村》再续上《旷野》《远程》，构成《寂静的群山》三部曲的动力。

那天韩素音怕冷落了我不好，虽然跟叶先生还有说不完的话，也特意问我有什么新的作品，我就告诉她前些时发表了一个中篇小说《如意》，写一个中学里扫地的校工，和一个清代贵族小姐格格隐秘的暮年恋的故事，《如意》就发表在《十月》上，每期《十月》编辑部都赠叶先生，叶先生就对韩素音说：“写得很不错。比以前他那些短篇节制。”我就表示会寄赠给韩素音，她说：“没必要。寄是很贵的。我能自己找到。”她那爽快甚至可以说是有些泼辣的性格，在叶家展示得淋漓尽致。她环顾叶家客厅保留下来的那些红木家具，喜欢得不得了，笑道："君健，你让我都带走好吧！"当然，那只是玩笑话。

过了几年，我在家里忽然接到韩素音打来的电话，她说是叶君健把我家的电话号码告诉她的，她说住在北京饭店，问我能不能去饭店聊聊。我很高兴地去了。她请我在北京饭店里的谭家菜吃饭。她先随便跟我聊。告诉我抗战时期在重庆的时候，有一天在路上遇到邓颖超，她还记得那一刻周遭的景象，乃至从小餐馆飘来的麻辣烫气息，她原来只是在某些社交场合见到过周恩来和邓颖超，并不怎么熟，但是那天遇上邓，邓蔼然可亲地跟她讲话，建议她把自己的故事写出来，令她非常感动。1949 年以后，她在燕京大学的同学龚澎给她写信，约她到北京一晤，她到了北京，龚引她见到了周和邓，她觉得他们很开明，虽然她在写作上并不一定要为中国作报道，但她愿起到一些中国和西方沟通的作用。她在 20 世纪 60 年代末才出版了《伤残的树》《凋谢的花朵》《无鸟的夏天》自传三部曲。吃完饭我们又去咖啡吧喝咖啡。这时候她才说到约我见面的正题。她说读了我的《如意》，比她想象的好很多，打动了她。她说产生了把《如意》翻译成英语的冲动。问我是否已经有了英译本。我颇吃惊。因为像她那样的作家，是不揽中译英这种"瓷器活"的。我说："您哪儿抽得出时间呢?"她一脸认真："我想做的事情，总能抽出工夫来的。"我听叶先生说过，她的英语小说被认为是文笔优美且有个人风格的，《如意》若真由她翻译，西方读者的接受度肯定是高的。我就告诉她非常感谢。聊天中她环顾饭店内景，说这北京饭店她在几个时代都进入过，现在的格局乃至某些细节依然如故，令她无限感慨。我就建议她以北京饭店的变迁为线索写部长篇，她笑："那等于给这家饭店做广告了，他们会付我广告费吗?”

叶君健是改革开放以后，最早出国访问的作家之一。先是世界语方面的文化机构邀请他去开会，他们没有忘记他是以世界语写小说的大师，那回主要是去几个东欧国家。韩素音请叶君健顺便到她在瑞士洛桑的住地一聚。叶先生后来告诉我，韩素音请他到一家高档餐厅吃海鲜，回到韩家，叶听见韩的夫君在厨房看着账单跟韩素音嘟囔，用的是瑞士味的法语，以为叶听不懂，意思是你怎么点那么贵的东西啊！韩就十分爽气地回应：“马耳是我难得一见的老朋友，多贵我也要请他！怎么，你吃醋啦?”那陆文星反倒扑哧笑了。陆文星不清楚，叶君健不仅精通英语、世界语、丹麦语，也通法语、意大利语。1988 年，丹麦女王玛格丽特二世授予叶君健“丹麦国旗勋章”，表彰他把安徒生的全部童话介绍给有十多亿人口的中国人民。有意思的是，安徒生在世时，也曾因童话创作而获得过“丹麦国旗勋章”。1999 年叶先生与世长辞。他在文学审美方面给予我的熏陶启迪，是我没齿难忘的。

我最后一次见到韩素音，是 1989 年在前驻美大使章文晋家里。章大使夫人张颖——她最后的职务是中国文联书记处书记——亲自动手烹制出海鲜火锅，大家围坐品尝。2012 年底传来韩素音在瑞士溘然长逝的消息，她寿数高过叶君健十一年。她虽然到头来并没有翻译我的《如意》，但她对我作品的真诚赞赏，仍是我继续写作的托举力之一。

2017 年 5 月 2 日　温榆斋中

谈对自己影响至深的十位中外作家

很高兴这么多人来听我讲，其实今天我跟大家分享的只是一些个人阅读和体会的经验，是很个人化的。我所讲到的十位作家，每位我会举一部作品为例，都只是一家之言，文学界怎么评价，评论界怎么评价，其他作家怎么评价，在座的朋友们怎么评价，是另一回事，我就讲我个人的一些体会。

阅读和写作过程当中，有十位作家对我有非常深的影响。其实对我影响深的作家当然不止十位，我今天只讲十位，五位中国的，五位外国的。

先讲一位外国的作家。我上初中的时候，特别迷恋读翻译小说，外国古典名著。有一回读到一本书，这本书的故事后来不断地被拍成电影，改编成电视连续剧，在座的朋友可能看过。这是一个英国故事，一开头，在英国某处田野上，走着两个人，一个是打草的工人，这是一个很下层的劳动者，旁边是他的妻子，抱着一个婴儿，是他们出生不久的小女儿。困顿当中的人生往往以沉默体现。他们两个就不言不语地往前走，走着走着，就到了一个集市。他们买不起贵一点的食品，所以就找了一个粥棚，有一个妇女在那儿卖粥。他们到粥棚喝粥。打草的这个工人一进去，他就闻见一股味，他跟卖粥的那个女人互换眼色，什么意思啊？那个妇人她卖粥卖不出钱来，她还卖私酿的烈酒，这在英国当时是一种非法的行为，但是为了谋生，她卖私酒。打草的这个工人是一个酒鬼，鼻子很敏感，他一下就意识到这里还卖酒。他不但给粥钱，还给更多的酒钱。这个妇女就往粥里面倒酒，他就喝粥酒。喝着喝着喝醉了，喝醉了就胡言乱语。他妻子很尴尬，就劝他，说你少喝点，咱们走吧。可是这个打草的工人性格很倔，你越劝他，他越来劲了，事态就发展成了高声叫唤，说现在大家听清楚了，我卖我老婆，你们出价，谁出价最高我就把她卖给谁，而且买一送一，因为他妻子抱着他的小女儿。当然这是玩笑，可是周围一些穷苦的喝粥人就起哄，我买，我买，我出多少钱，我出多少钱，叫起来了。这个妇女实在没法承受，不但尴尬，还很痛苦。她就告诉他，你要再这么胡闹的话，你真卖我，真有买的话，我就真跟他走。他就把他老婆一推，我卖定了，谁买？有些人胡乱出价，然后就走过来一个海员，一个男子汉，就说你是不是真卖？我卖啊！这个人就给了更高的价，把钱拍在桌子上。这时候妻子再次警告他，说你别犯糊涂，你可想清楚了。他把钱一抓，卖了。这妻子就毫不犹豫扭转身，那个海员就挽着他妻子的胳膊，妻子还抱着幼小的女儿，就走出这个粥棚了。

当时我看这本书，看这个小说，我就看故事。我一初中生一开始阅读，就觉得这个故事很精彩，能抓住我。后来根据它改编的电影、电视剧拍法都是一样的。十八年后，电影里的表现还是那片原野，没有变化，还是走来两个人。猛一看两个人影好像也没变化，再仔细一看，这两个人不是一男一女了，是两个女子。一个是母亲，一个是女儿。这是十八年后。一个女孩子长到十八岁，她母亲当然年龄更大了。两个人就在原野继续走。社会生活居然没有很大的变化，还有那么一个集市，还有那粥棚，只是那个卖粥老太婆变得更老了。这个母亲带着女儿到粥棚去喝粥。然后趁着人不多，这个妇女就问那个卖粥的妇女，你记不记得很多年前有这么一件事儿，有一个男子在你这个粥棚里面把他妻子卖掉了。这个卖粥的女人就仔细打量问话的女人，脸上显出一种很古怪的笑容，说当然记得，我在这儿卖粥这么多年，这种事情只发生过一次，我忘不了。然后女子问她，说你能不能告诉我，那个卖掉妻子的男人后来到哪里去了。这个卖粥女人还不愿意告诉她，她就递给卖粥女人一枚钱币。于是卖粥的女人告诉她说在卡斯特桥。后来这个妇女就带着她十八岁的女儿去卡斯特桥了。这本小说就叫作《卡斯特桥市长》，作者是托马斯·哈代，英国作家。这个作家是19世纪的，当然他一直活到20世纪初。托马斯·哈代的作品非常出色，《卡斯特桥市长》并不是他最出色的长篇小说。他的其他长篇小说，有的你一定知道，比如说《德伯家的苔丝》，这部小说被多次拍成电影，大家可能印象深刻的是80年代的那部，由金斯基主演的。他还有《无名的裘德》《还乡》等长篇小说。

那个时候我读这部《卡斯特桥市长》，就入迷了，我就把他其他长篇小说全读了。开始我只是读故事，后来我就开始琢磨，因为我那时候也是一个狂妄的文学少年，自己想写作，也想试试写小说。小说就要讲故事，故事应该怎么讲呢？《卡斯特桥市长》就接着讲这个故事，这对母女很晚了才走到那个市。其实英国国家比我国小很多，它那所谓的市在咱们中国就是一个小镇，没多少人。这个市的市中心有一个小楼房，两层楼，就算是市里最高的建筑了，就是市政厅。母女两个人走到里面广场的时候，天已经黑了。但是市政厅二楼灯火通明，市长在那儿宴请宾客。于是

秋收后的田野，你的收获空间在哪里?

母女两人挤到人群当中往上看。这个女儿很幼稚，她觉得很累，说妈妈我们可以找地方住下了。她妈妈却一直在仔细地观察。她在看什么？她看到古怪的现象。因为外国人宴请跟咱们中国不一样，咱中国是八仙桌、大圆桌，外国是长条桌。她就看见坐在头上那个人，应该是市长，有那个身份才能坐那里的，很严肃。其他人都在那里狂欢、滥饮，市长却不怎么举杯。而且听旁边有人说，你看市长亨查尔，他只喝水，不喝酒的。这个人来这里以后从来没喝过酒。这个妇女听见了，再仔细观察。后来这个市长又走到落地窗前面透气，她就看清楚了这个人不是别人，就是她的丈夫。她心里有数了。然后带着她女儿去住店。住店以后，她就偷偷写了一封信，趁她女儿睡熟了，送到市政厅。市政厅看门的人就接收了。

过了两天，这个卡斯特桥市发生了一件轰动全市的事情，这个市长，人们都知道他是个独身的男子，而且这个人好像宣布他不结婚的，也不饮酒。可是呢，在那天早上他却到一个很破烂的小旅馆，去拜访一个寡妇，一个外地来的寡妇。我读小说到这里就明白，那就是他原来的妻子，他把她卖了。这个妻子就告诉他说，海员待我很好，但是前些时候，出海的时候，船翻了，所有出海的海员都没有归来，他也葬身海底了。现在女儿长大了，伊丽莎白长大了，我没有办法。我仔细想我没有人可投靠，所以我就冒险往回找，找到这儿来了。亨查尔就说，你找得太对了。我一直很后悔。那天从粥棚出来以后，我往外走就下雨了，我被雨给浇清醒了，我才刻骨铭心地意识到我把自己的妻子、女儿居然抛弃了。我就跑进一个教堂，对着十字架起誓，今后我绝对不再喝酒，而且今后我一定要想办法找回我的妻子和女儿。他说，真是上帝保佑，你们果然就来了。于是卡斯特桥的人就发现这个市长变化很大，很奇怪。外地来了一个穷寡妇，而且还带着一个——中国话叫拖油瓶——女儿。他向这个寡妇求婚，寡妇就答应了他。他们结婚了。

这个亨查尔戒酒并到这个市住下以后就非常勤奋，他做粮食生意，越做越成功，因为他不喝酒，他宣布不结婚，一心扑在他的事业上，而且非常守信用。后来选举市长的时候就把他推选出来，选他为市长，成了所谓的当地的资本家兼市长。于是故事里出现另外一个人，一个年轻人，这个人只是路过卡斯特桥，并不想在卡斯特桥定居。这个年轻人发现这个市长经营并不合理，好多地方用的是很陈旧的管理方式和很落伍的经营方法。他就跟这个市长提了建议，说你这些做法不对，应该改良。这个市长一听很有道理。他说，年轻人你别走了，留下来跟我一块干吧。年轻人不愿意，他就死拉硬拽把这个年轻人留下来。两人开始合作。

这个时候他就开始过幸福生活了，他有妻子，有女儿，有合作伙伴。而这个年轻人在管理方式和经营方式上，已经有很多先进的东西。所以生意就非常好了。他也非常高兴。但是他的妻子多年来受了太多的苦，太多的摧残，就发病了，治不好后就死了。

读到这个地方我就觉得有点枯燥，因为还能怎么样呢？然后有一场戏，在电影电视里面都会重点表现，在文本阅读当中给我留下了深刻的印象，就是妻子死了，他隆重地埋葬了妻子，这个时候，他发现他的女儿跟那个经理，两人已经眉来眼去，已经相爱了。他不是很高兴，因为他后来和这个年轻经理发生冲突，他有些自己的管理方式不愿意改变。他用的是一种粗暴的宗主关系的管理方式，有人服这个，有人不服。年轻人就说这样不行，但他听不进去。还有就是关于种子改良等方面，新的科学观念他接受不了。所以他已经不喜欢这个年轻人了。对于伊丽莎白去爱这个年轻人，他是不乐意的。妻子死了，也安葬完了，这天晚上他就把女儿伊丽莎白——他住在二楼——叫到楼上来。说伊丽莎白有件事我始终没有告诉你，你现在应该知道，你妈妈不是跟我没关系的一个外来人，我不是忽然爱上她了。你妈妈原来就是我的妻子，你就是我的亲生女儿。他不愿意说他卖了妻子和女儿的事情，他说当时由于一些非常复杂的特殊情况，我跟你们失散了。所以你不要老叫亨查尔先生，你要叫我爸爸。我就是你亲生父亲。伊丽莎白一听大吃一惊，她到这个卡斯特桥市已经十八岁了，完全是一个成熟的女性了，所以她妈改嫁她也不反对。但她一直以为爸爸明明是那海员。从故事开头往后捋，我想，她一个小女婴，抱到海员那里时根本就不懂事，长大才懂事，懂事后，她的爸爸当然就是那个海员，养了她十八年。怎么会又冒出这么一个亲生父亲来？但是妈妈去世了，亨查尔跟她这么说，她想也应该是真实的。她心情复杂，半信半疑。结果看她父亲那么真诚，也就觉得应该是真的，她就叫亨查尔爸爸，亨查尔感动得不得了。

底下就是写小说必要的技巧了，我就从那儿学到了。亨查尔是个急性子，把女儿说服以后，他心里也很舒服，妻子去世了，女儿跟自己相认了。他就开始整理妻子的遗物，他妻子也没什么遗物，就是一个梳妆台，有些装饰品。他忽然发现妻子给他留下了一封信。这封信是封着的，信封上写着，这封信你一定要在伊丽莎白结婚那天才能打开。他那个性格，哪憋得住？当时就撕开看了。信上是这样写的，说亨查尔我现在必须告诉你，伊丽莎白不是你和我的女儿，我们那个女儿在海员把我带回他家以后，不久就得病死掉了。伊丽莎白是我和海员的女儿，我必须把这个真相告诉你。今天伊丽莎白出嫁了，她有依靠，我就放心了，希望你接受这个事实。你不要埋怨我为什么活着的时候没有告诉你。

她说，你想想，你亏欠我多不多，你欠我太多了。我亏欠你的就是这么一条，就是你第二次娶我以后，我没有告诉你这个事实。我们在上帝面前，都应该忏悔，你应该原谅我。亨查尔一下子惊呆了，作为读者我也惊呆了。这可怎么办呢？是吧？这就叫作小说，叫作讲故事，叫作会不会讲故事。

伊丽莎白想了一夜，我老爸是谁呢，明明是那海员，怎么又是这亨查尔呢。亨查尔说他是，那我妈怎么不早告诉我呢。想来想去，觉得亨查尔这个人不会说瞎话的。虽然昨天晚上叫了一声爸爸，但是叫一声还不够。第二天天亮她就欢快地跑上楼去，高声叫爸爸。伊丽莎白却发现亨查尔对她非常冷淡。你说这小说写得好不好，写得非常好。

所以托马斯·哈代是一个教会我讲故事的人。后来当然就很悲惨了。那个经理跟亨查尔闹翻了，就自己独立开公司了。而且他坚持要娶伊丽莎白，她也坚决要嫁给他，亨查尔阻拦也阻拦不了了。伊丽莎白嫁给那个年轻人了。而在经营过程当中，亨查尔因为管理方式老旧，又遭到很多人的反对，他生意越来越差。后来他有一个情妇在另外的一个镇子，他跟情妇两个人私通的事情又被曝光了。这还不要紧，又引出卖粥老太婆，在这个关键时刻又曝光说这个人曾经卖过他自己的妻子和女儿。大家一联想，怪不得后来他跟一个寡妇求婚，那寡妇还带着一个闺女。他名誉扫地了，彻底破产了。而这个时候一个也很苍老的男人到了卡斯特桥，到处打听伊丽莎白，他就是那个海员。海船虽然沉没了，他并没有死，他后来活过来了，他来打听他的妻子和女儿在哪里，特别是他亲生女儿，伊丽莎白是他亲生的。他终于找到了，伊丽莎白和她的生父就团圆了。伊丽莎白这才明白，亨查尔可能也没有骗她，而这个生父找到这儿，也不会撒谎。大悲剧啊。她想原谅她的继父，但亨查尔彻底破产以后，又背起他最开始打草的工具，在夜里离开卡斯特桥市，消失在黑夜中。多好的一个故事啊。所以托马斯·哈代和他的《卡斯特桥市长》是我少年时代对我影响最大的一位外国作家和一部小说。当然，很多年过去了，我对这部小说的回忆性复述，可能与小说本身有些小的不符，但应该不影响我对它的介绍，你如果听了感兴趣，可以找来一读。我下面讲的，也都可能与原著有些小的不符，我不想捧着书引用原文，我这样讲，也算是一种风格吧。

我先说这么一位外国作家的这么一本小说。后来我读的书就越来越多。我现在就告诉你，对我影响最大的五位中国作家是谁，然后再补充另外四位外国作家。

影响我最大的第一位中国作家就是曹雪芹，他的《红楼梦》，这个我讲太多了，今天在这儿就不多说了。我上小学时，从我父亲的枕头底下发现了《红楼梦》。我就瞒着我父亲，在他下班回来之前偷偷地读，读完以后再塞回他枕头底下。最后就被发现了。被发现以后，我的父母并没有责备我。后来我就开始在家长的鼓励下、指导下来阅读。影响我一生最重要的一位作家就是曹雪芹，最重要的一部作品就是《红楼梦》。当然现在我这么一说，底下可能有人皱眉头，说最近在网上看见了，《红楼梦》作者不是曹雪芹啊。《红楼梦》作者究竟是谁是有争议的。比如说现在有多种说法，直到最近这几年还有多种说法，比如有人说是明末清初的一个戏剧家洪昇，洪昇我们知道他写过剧本《长生殿》，现在在舞台上还有演出。有人说他是《红楼梦》书稿的原作者。还有人说是明末清初的吴梅村。还有其他种种说法。但是我个人认同这样一个判断：《红楼梦》作者就是曹雪芹。这个是百年来红学界多数人的一个共识，包括派别不同的红学家，在这点上有共识的还是多数。我在红学研究的派别上属于周汝昌这一派，就是考据派，考据派的鼻祖是胡适先生，周汝昌可以说是他的一个得意门生。我们有很多证据可以证明，《红楼梦》这本书的原创者、原作者就是曹雪芹。我多次跟大家说过，最重要一个证据就是在大家现在所看到的120回《红楼梦》没有出现之前，有一位叫富察明义的贵族人士，留下二十首《题红楼梦》的诗，前面的小序第一句是“曹子雪芹出所撰《红楼梦》一部”。他的诗里透露出120回《红楼梦》没有的内容。现在我们常见的120回《红楼梦》，前80回是曹雪芹的，后40回是一个书商叫程伟元，一个书生叫高鹗，他们两个联合起来续做的。他们续这个后40回的时候，曹雪芹已经死去差不多30年了。他们跟曹雪芹无来往。他们有续书的权利，而且续上以后，因为用活字排印的方式印刷出版，流传很广，一直流传到今天，它本身也是一部古书。所以你阅读120回《红楼梦》也没有错，是值得阅读的。

但是曹雪芹写的《红楼梦》不是120回，是108回，都说曹雪芹的《红楼梦》现在留下来80回，有人就误以为曹雪芹只写了80回，不是的。曹雪芹写完了《红楼梦》，曹雪芹的《红楼梦》是108回，在80回后还有28回。前80回现在基本上留下来，后28回的内容可以通过红学当中一个分支叫探佚学，把它的基本内容探佚出来。周汝昌先生一生就致力于这件事情，而且指导我，鼓励我，去进行后28回内容的探佚。我前年写了一个续《红楼梦》，我不是觉得自己有曹雪芹那个水平，我要独立创作一个了不起的文本。我只不过通过续作的方式把曹雪芹的80回后的28回是一个什么内容，通过这个续书形式作了一个展示。现在告诉大家一个消息，译林出版社即将推出108回《红楼梦》，前80回是周汝昌先生，他用流传到今天的十几个古本，就是手抄的《红楼梦》，加以比对，选出其中最符合曹雪芹原笔原义的字句，再加以连缀。这项工程，他们家是两代三人用了半个多世纪完成的，构成了一个 80 回的精校本，一个善本，再加上我的 28 回的探佚，我之所以敢于附在周先生这个精校本的后面，因为我的探佚工作是在周先生指导下完成的，是得到他鼓励的。很多人也知道，古本《红楼梦》、手抄本《红楼梦》，它除了原文以外，会有很多脂砚斋批语。好多人就不懂得读脂砚斋批语，还有人就觉得刘老师说这个批语很重要，哪里去找批语呢。现在译林出版社在今年之内即将推出的这个 108 回《红楼梦》，前 80 回不但有周先生精校出来的正文，而且有全部脂砚斋的批语。还有周先生自己的一些评点。然后再附上我的 28 回，展现曹雪芹写完的《红楼梦》的全部内容，即肯定有的前 80 回的内容和很可能有的后 28 回的内容。这个本子现在正在制作中。出版以后，希望大家能够来读。

也有人会提出来，比如说刘老师你老说《红楼梦》，其实据我知道《红楼梦》应该叫《石头记》呀。你的这个说法是对的，早期的古本《红楼梦》，它的书名的题写都是《石头记》，少数是《红楼梦》，多数都是《石头记》。到了 120 回《红楼梦》出现的时候，它才成为了《红楼梦》。因为我原来关于《红楼梦》讲得太多了，所以今天讲曹雪芹《红楼梦》就只说这么多。

影响我最大的另一位中国作家是谁？上一次在这儿搞活动，我已经提出来了。今天好多人可能还是不知道，我说的就是李劼人。这是一位四川籍的作家，上个世纪已经去世了。李劼人曾经在法国留学，也翻译过法国的小说。他回中国以后，就用咱们母语中文写小说。他的长篇小说主要有三部，第一部叫作《死水微澜》，第二部叫作《暴风雨前》，第三部叫作《大波》。最好的是《死水微澜》，如果现在年纪稍微大一点的会想起来，就是前些年，在20世纪八九十年代是搬上过荧屏的，也搬上过银幕，有它相关的电影和电视连续剧，也有相关的戏曲演出，比如有川剧。《死水微澜》写得非常好，好在哪里？我也是一个四川人，虽然我后来长期在北京生活，我具有四川出生、常居北京这样的双重特点。像《钟鼓楼》，我是用北京话来写北京的生活。但是对李劼人用四川话来写四川的生活，我非常感兴趣。那么他写的是哪段故事呢？历史背景是辛亥革命前夕。辛亥革命前夕四川是个什么情况呢？当时四川是一个很闭塞的地方，一潭死水。但是为什么又微澜呢？死水里面又起了微微的波澜。因为那个时候，四川虽然在内地，是一个盆地，一个闭塞的地方，但是各种各样的信息也传递过去，各种各样新的事物也渗透进去。首先有原有的事物，四川原来民间有一种人身份叫袍哥，就是一种准黑社会性质组织里的人物，讲义气，有时候还敢于跟政府对抗，但是意识上并不是很先进，离孙中山那些革命的要推翻清朝统治的先进人物的先进思想还有点距离，但是他们往往也和反清的革命者互相呼应。四川有很多袍哥，当然都是男性。

当时西方的势力已经渗透到中国，教会开始渗透到中国，有些中国人开始信教，他们被叫作教民。教民往往会被一些有义和团思想和行为的人攻击辱骂。教民当时的生存状况也是很苦，一句话说不清的。一方面他们投靠了教会，因为一度清朝政府也是害怕洋人的，虽然经过一次义和团运动，很快义和团运动就失败了，慈禧太后带着光绪皇帝从北京紫禁城绕道逃跑到西安去了，后来就讲和了，丧权辱国了。慈禧太后回到北京以后，就跟洋人和好了，甚至请德国画家到颐和园去给她画油画的画像，而且在中国还举办宫廷活动，招待外国大使的夫人，朝廷对洋人的态度在这之后有所变化。所以一些教民就觉得自己得到了一定的庇护。可是像袍哥这样一些人，往往会有一些义和团的思维，对教民是鄙视、排斥的，双方就会有冲突。在四川，辛亥革命爆发之前，这些力量就在激荡，而当时商品经济虽然在很困难的情况下，发展起来比较困难，但是也在逐步地发展，出现一些土财主。这是说一个大的背景，但你读书会发现一句政治性的话都没有，一点这种背景解释都没有，一片生活。写人，写人的性格，写人生的这种诡谲，难以琢磨。它的主角是一个四川女子，叫邓幺姑，缠小脚的。这个邓幺姑，作为一个那种时代和地域的女人，她不可能自主掌握自己的命运，所以她就必须要嫁人，就嫁给了一个杂货铺的老板，人称蔡傻子，人是好人，可是傻乎乎的。她就嫁给这个蔡傻子，和他生了一个孩子。这个过程当中，蔡傻子有一个亲戚叫罗歪嘴，就是一个袍哥，罗歪嘴并不是说嘴真长得歪，他老爱歪嘴，作为一个特殊表情，所以人称罗歪嘴，这个人充满阳刚之气，是很侠义的一个人物，一来二往的话，邓幺姑就跟这个罗歪嘴私通了。蔡傻子后来也发现了，发现以后就屈服了。因为蔡傻子是一个完全没有办法改变自己固有生活方式的人。

这些都在点题叫死水，它里面没有直露的点题，但是你仔细想就是死水。邓幺姑她到了一定年龄必须要出嫁，不出嫁也得出嫁。嫁鸡随鸡，嫁狗随狗，嫁傻子随傻子，对不对。这个傻子发现他老婆不守规矩，给他戴绿帽子，最后也就认头。但是邓幺姑确实在那个时代，那个社会，那种情况下比较出格，她后来开始尝试自己把握自己的命运，她跟罗歪嘴是真有爱情，他们之间的爱情逐渐公开，不但蔡傻子知道了，三邻四坊都知道了。最后大家都习以为常了。而这个罗歪嘴和一个妓女刘三金，还继续来往。

这很正常，袍哥跟妓女从来都是公开来往的。在这个过程当中，就出现另外一个人物叫顾天成，是一个土财主。小说写得很有意思，什么叫土财主？他发了财，但是他的手指甲里面都嵌着污泥，这是土财主一个很细致的标志。顾天成后来为在生意场求得保护，就入教了，成了教民。这样后来顾天成和袍哥之间就发生了冲突，就和罗歪嘴之间发生了冲突，冲突的地点就是在成都青羊宫，青羊宫是成都到现在还有的一个道观。李劼人写青羊宫当年的风俗，写得生动极了。现在青羊宫已经没有当年那种风情了，但是还残留一些。它的吃是什么样，喝是什么样，那些民俗的玩具怎么样，民俗的那些讲究怎么样。就在那个场合，顾天成最后和这个袍哥之间爆发冲突，北京话叫茬架，打起来了。

这个故事还很曲折，当时官府经过义和团运动和庚子国变，也就是1900年的八国联军进北京打跑皇太后和皇帝，结束这个事儿以后，朝廷后来就帮着洋人一起来杀义和团，镇压义和团。朝廷开始考虑君主立宪，派自己的皇族和一些大臣去西方考察。这种情况下，顾天成这种人就觉得我有洋人做靠山，我有官府做靠山，就把罗歪嘴给告了，说他和革命党有联系。这样官兵就冲到蔡傻子这个杂货铺，砸了这个杂货铺，来抓罗歪嘴，罗歪嘴当然早就逃走了，抓不着罗歪嘴，就把蔡傻子打得满头是血给抓走了。邓幺姑狼狈地滚到街上，缠小脚那个缠脚布散开了，拖了一丈长，也给打伤了。

最有趣的是小说结尾，邓幺姑经过这一次命运跌宕以后，最后嫁给了谁呢？嫁给了顾天成，很有宿命感。所以我刚才先讲时代背景，再讲故事，你就听明白了。如果你不知道时代背景，光看故事也很精彩。那个时代各种社会力量的激荡，非常巧妙地融汇在他的故事当中，人物关系当中，人物命运当中，细节当中。

而他对成都的风土人情的描绘非常出色。所以李劼人是对我影响很大的一位作家，他的《死水微澜》是对我影响很大的一部作品。后来虽然《钟鼓楼》我是写北京，而且用北京话来写，跟他不是一回事，但是里面应该说是参考他写时代怎么写，写地域怎么出风情的。这是我说的第二位中国作家。

第三位对我影响大的中国作家就是萧红，她的作品也不少，最重要的作品一定要读，一生不读萧红是极大的遗憾。你如果没读过《呼兰河传》，你等于没有读过中国文学的作品。都说张爱玲好，张爱玲固然好，张爱玲出道比萧红晚很多，萧红死了以后，她才出道。萧红只活了三十多岁，但是她的《呼兰河传》是世界级的经典作品，她那个文本，你读她那个文句，就是天然去雕饰，就从她心中像泉水一样汩汩流出，非常自然，非常顺畅。她写她故乡的《呼兰河传》，一个很小的地方，说是市，其实也就等于一个大村子一样，散文式地写。里面比如写到这个地方，地上有一个大坑，坑里灌满了渍泥，一下雨后就成为一个泥浆塘，马车翻进去，人掉进去就会死人。冬天干燥了，这地方会变得软一点，有人就故意从上面走过去。几代人就这么在那个地方生活，没有任何人提议，也没有任何人出力去把这个坑改造掉，填掉，人就这么活着，就这么死去。然后她写了很多种生态，让人撕心裂肺，这种社会，就是生者自生，死者自死。邻居有一个小媳妇儿，婆婆老觉得她给家里带来了背运，要驱她身上的那个魔，就想了好多怪招，最后就用开水烫，在大缸里面灌满开水，把她扔进去，往里摁，皮立刻脱下来。没有人劝阻。小媳妇在缸里面，刚进去的时候还在笑，她也觉得把身上的魔去了之后，婆婆就能够容下她。悲哀啊。我读这本书的感受，人啊，人们为什么要这样生活？

我不要这么活着！作者她却并不直接发出这种呼唤。她的文笔很平静。这是我阅读当中自己从心里发出的一个呼唤，也是很多外国读者内心产生出的共鸣。比如我认识的一个美国汉学家，叫葛浩文，他就说他读了萧红的《呼兰河传》以后，激动得不得了。他跟我说，只有女神才能写出来这种作品。小说里面写了最卑微的生命，给人推磨的，那个磨工和被人最看不起的丫头产生恋情，他们就在一起，就生孩子，就养不了，连那个做襁褓的布都没有，拿草纸裹着婴儿，但是这些草芥般的生命却非常顽强地生存着。

萧红就以这样的笔触写出这样的人生，读萧红的《呼兰河传》对我的心灵是一次洗礼。我懂得了什么叫作悲悯。一个作家如果没有悲悯之心不要下笔。大悲悯就懂得生命的卑微、渺小，生活的艰难不易，人性的复杂、深奥，世道的古怪和它的居然难以变化，以及我们对它希望往好变化的一种呼唤。这种情怀是萧红赋予我的。

改革开放以后，我一度是北京市文联的专业作家，那个时候我们北京市文联作家队伍开个名单的话，会吓你一跳。老少几辈，比如说老革命，从延安那边来的，有雷加、阮章竞，从解放区来的，比如管桦这些老作家。还有一些是从旧社会叫作“国统区”过来的。其中有三位作家很重要，他们是萧军、端木蕻良、骆宾基。前些时有部电影叫作《黄金时代》，看没看？里面有没有这三个人？这三个人我都见过，因为我们当时在80年代初，都是北京市文联的专业作家，都交往过。这三个人跟萧红都是生死相恋。我去过萧军他们家，老早他就娶了一个媳妇儿，儿女同堂，可他们家到处是萧红的照片，他妻子完全无所谓，他儿女更无所谓。我又到过骆宾基家，家里也供着萧红的照片。据骆宾基讲，日本进攻香港，当时萧红动了手术，情况非常危急，电影里面表现了，医院都被日军占领了，就只好到一个中学，将教室作为临时病室，萧红就死在那儿了。据骆宾基自己说，端木蕻良在关键时刻把萧红给抛弃了，所以萧红当时身边就没有人了，只有他骆宾基。所以当时萧红拉着骆宾基的手说，骆宾基你是我唯一可以信赖的人，骆宾基说我要娶你为妻子，萧红说我已经要死了，骆宾基说你死了我也要娶你。据骆宾基他个人的独家版本，当时是这么一个情况。电影没照此来拍，因为很多人不信。电影里也表现了端木和萧红是正式结过婚的。开头萧红跟萧军他们俩是一对，两个人后来从东北跑到上海找鲁迅，两个人把自己的习作给鲁迅看，鲁迅大为赞赏，介绍出版。萧军那部叫作《八月的乡村》，鲁迅作了序。萧红那部叫作《生死场》，鲁迅也作了序。

萧军虽然救过萧红，爱萧红，但是他在家里有家暴，电影里也表现了。所以萧红就经常一大早跑到鲁迅家去，一待就是一天，说老实话，许广平是烦透了。萧红的《回忆鲁迅》写得非常好，无数人回忆鲁迅，唯独萧红的文本最好。有人读了这个文本以后，就生出一个解释，说实际上萧红爱鲁迅。鲁迅爱不爱萧红呢？很有趣的悬案。后来萧军和萧红之间完全闹掰了。据说在西北的时候，当时他们在一个什么地方，进行最后的人生抉择。那个时候萧军决定要去延安。先去西安，最后奔赴延安，要去为民族解放事业奉献自己的一生。端木蕻良是一介书生，他当时决定去重庆，重庆也是抗日的，蒋介石政府当时也是抗日的。骆宾基就说，我看萧红的，萧红去哪儿，我就去哪儿。骆宾基比他们小，当时等于是一个小青年。据说有这么一个情况，电影里没有表现。我要认识那个导演的话，我跟她讲讲，这场戏应该放进去。就是萧军一度自己出去，寻找革命的方向去了，离开了。离开以后，萧红当时就很寂寞，一大群男子追求萧红。萧红为什么这么大魅力，现在是个谜，真是一个谜。现在有她照片，那照片有多漂亮？没多漂亮，怎么那么多男子爱她，像电影里演的聂绀弩，也是她的追求者。当然萧红也很得意，那么多男子追求她。她说，现在我把一个拐杖藏起来，谁能找着，我就跟谁好。这些男子跟没头苍蝇一样，找拐杖！最后谁找着了，端木蕻良找着了。电影里面你注意没有，端木蕻良的道具是两个，有一个法兰西帽，他老戴着；另一个是他的拐杖，拐杖是他的一个标志。端木蕻良是被那些男子最看不起的，觉得他最没有男子汉气概，文弱书生，端木却找着拐杖，萧红居然跟他好。那些男子就奇怪了，就觉得萧红你怎么回事？我们都挺棒的，帅哥，或者很阳刚，男子汉，你不爱，你非去喜欢那么一个文弱书生，你干吗呢你？喜欢小白脸！后来很多人就直接堵着端木蕻良问，你怎么回事你，你凭什么能找着？端木蕻良被逼急了，说我告诉你吧，萧红偷偷告诉我的。而这个时候，萧红已经有孕了，是萧军的。萧军从外面回来了，什么也约束不了他，野马似的人。回来以后，一进院子门，骆宾基就在那儿守着，萧军进来，骆宾基就告诉他：你走了以后，萧红她跟端木蕻良在一块，他们俩好了。萧军觉得不可能。怎么不可能？现在他们俩在一块呢。萧军就把骆宾基一推，就往屋里冲。当时西北那个炕，一看俩人在炕上，肩膀靠肩膀，萧红正小鸟依人呢。这萧军一见，怒火冲天。你跟谁好也罢，怎么偏跟这么一个人好啊！萧军随身带着匕首，拔出匕首来，大叫，就立刻要杀这个端木蕻良。电影拍出来该多精彩！萧军大叫以后，他自己就晕过去了。这个时候端木蕻良什么表现呢？立刻去掐他人中，拍他背，立刻去救他。生死冤家，三个男人爱一个女人，就是这种爱。骆宾基最伤心了。萧军回来宣布跟萧红分手，端木蕻良就向萧红求婚，萧红就答应正式嫁给端木蕻良，怀着萧军的孩子。后来端木蕻良和萧红在武汉举行了正式的婚礼，两个人一起到了重庆。蒋介石抗战，越战越不行，大溃败。最后两个人就流落到香港。没有想到日本把香港也占了。

那个情况下，据端木蕻良跟我说——因为我跟他有交流，说当时萧红病得不行了，那手术不该动，动坏了，手术创口那儿老出血，他还老给她吸痰，吸血痰，这个电影里表现了。端木蕻良对她是很好的。但是当时已经没有钱了，不管怎么样，你得有钱，对不对？治病，没钱怎么治？他说我去找钱去了。他去找钱，他不是把萧红抛弃了。但这个时候，另外一个东北流亡的男子，就是骆宾基，他到了萧红的榻前，据他说，萧红跟他说，端木抛弃她，自己一个人脚底抹油溜了。骆宾基就握着萧红的手说，我爱你。萧红就答应嫁给他。那么骆宾基的这个话为什么有人不信，但是又不能完全驳倒呢？因为后来确实拿出一张纸，纸上写的是萧红宣布今后她的《呼兰河传》这本书，如果再印的话，全部版税都归骆宾基。所以到解放以后，这本书出版，以及改革开放以后这本书再版，所有的版税确实都是骆宾基跟出版社要的。萧红亲笔写的委托书，端木没话说，虽然他是萧红正式举行过婚礼的丈夫。

端木后来有一个太太，叫钟耀群，两人很相爱。怪了，端木家那个茶几玻璃板底下，好大的萧红照片，她也无所谓。当时北京市文联专业作家开会分两组，得把骆宾基和端木他们俩分开，俩人不能够在一个组开会的。我跟骆宾基分在一组，他老发言，学了什么文件，什么精神。发言当中老是突然有一句，端木是个坏人，当时也拿个拐棍戳那地板。全组人目瞪口呆，大家伙劝他，也不好说什么。有一次我是讨好他，休息的时候，我说骆老，中国女作家里——我当时就忘了萧红了——排座次的话，冰心排第一位（因为我刚拜访过冰心）。一下子他满脸溅朱，我就害怕了，这要一下心梗的话可坏了！骆宾基憋了半天，才戳着地板反驳我说：那萧红呢？原来在他心目中，冰心不能排第一，别的谁都不能排第一。我赶紧说对对对，萧红，萧红，是萧红。

一个女作家，她在生活当中能得到那么多男子的喜爱，而且三个男子最后成了死对头。萧军还潇洒点，对他们两个无所谓，另外那两个人是不能见面的。散会以后，比如说两个人在走廊里头，端木一见骆宾基出来了，赶紧上厕所，躲洗手间去。端木是一个懦弱书生，挺有意思的。但是呢，三个人都留下了好作品，而他们的作品都比不过萧红，比不过《呼兰河传》。这是第三位对我有很大影响的中国作家，萧红。

第四位中国作家就是孙犁，我不知道在座的是不是知道这位作家。这位作家他有些文章被选进中学课本，有些人可能是通过中学课本知道的。其实那不是他最好的作品，他最好的作品是一部篇幅很短的中篇小说《铁木前传》，你一定要找来看，发表在1956年。那个时候作家们都要写歌颂农业合作化的作品，孙犁这个作品也是这个题材，这不稀奇。孙犁不是一个不问政治的作家，更不是异见人士，绝对不是，他本身就是从革命老根据地过来的作家，他的作品里是有政治的，他的长篇小说《风云初记》写抗日战争，《铁木前传》涉及农业合作化，这是很自然的。后来浩然不就以歌颂农业合作化的《艳阳天》《金光大道》走红的吗？浩然的文本是高度政治化的。孙犁写农业合作化背景下的农村和人物，却把政治稀释了，他写得非常别致，他绝不直奔主题，他娓娓道来，淡淡抒情，仿佛水中莲花在月光下缓缓绽放。

《铁木前传》写了一个铁匠跟一个木匠两家的故事。铁匠有个女儿叫九儿，木匠有好多个儿子，第六个叫作六儿。他写木匠所在村子的情况，合作化了。合作化初期，大家要准备农具，光有木匠不行，得木铁结合才能够打造出适用的农具，所以这个铁匠就带着九儿到那个村子安营扎寨，打铁。这个六儿和九儿，父亲是朋友，两人就两小无猜。一来二去难免就有一些青梅竹马那个情绪出来，他写得很优美。

但是这个小说里面忽然出现一个1949年以后的文学画廊当中空前绝后的一个人物形象，叫小满儿，她是村里面一个美丽的妇女，很风流，作者用中性笔触来写这个小满儿，不是把她当作一个荡妇来写，而是写出一种生命的神秘。他也写到当时有下乡来指导这个合作化的干部住在农民家里，小满儿忽然飘然而入，身上散发着一种当地很难闻到的那种雪花膏的气息，而且就跟干部有很奇特的诉苦，意思就是说难道我这样的人就不能让人懂吗？干部当时觉得，不知道怎么解释这样一个生命。这些笔触写得非常好。然后他很微妙地写出来六儿就在小满儿及其亲属一伙的诱导下，离社会的主流越来越远，越来越游手好闲。而九儿跟她父亲打铁，始终希望六儿也能够跟他们一样，融入这个社会的主流当中。写得非常好。

孙犁教会我在这个体制下怎么写作。拿我小时候来说的话，我是红旗下长大的，受的是革命教育，戴红领巾，别过共青团的团徽，唱过很多革命歌曲。我能接受的我接受，不能接受的我沉默。但是呢，我还是要和这个社会亲和，和现实讲和。我要写作，我怎么写？孙犁就是一个标杆。孙犁还有一个短篇精彩极了，叫《秋千》。表面上写农村几个姑娘荡秋千，农村有时候在树上，设置很简陋的秋千，小姑娘就荡来荡去，有个小姑娘每天和其他的姑娘一起荡，忽然有一天她就不太敢去荡了。为什么呀？因为土改以后正在定成分。成分这个概念不知道在座的人懂不懂。年轻的不懂，什么叫成分？老爸填表说是出身贫农，一度有的小孩就急眼了，怎么贫农呀？同学该看不起我了，咱们家怎么也得是个富农吧？以贫为耻，以富为荣。要在改革开放之前就糟了，那时候“以阶级斗争为纲”，工人、贫农、下中农，属于革命阶级，地主、富农、反革命、坏分子、右派分子，属于敌对阶级，叫作“黑五类”，你父亲要是富农，那就要天天挨斗了。所以那时候成分很要紧，贫下中农出身光荣，地主富农出身狼狈。

《秋千》这篇小说其实是写土改时划成分的故事，你要划了中农还好，你要划了富农的话，就是专政对象，就糟糕了。孙犁他经历了土改运动，他也拥护和支持土改运动。因为土改运动在当时来说起到解放生产力的作用。为什么解放战争打得国民党部队落花流水？很多农民觉得我分到土地也是共产党给的，我把我自己的孩子送去前线打蒋匪，保住这分到的土地，大多是这么想的。那个时候，很多作家就正面写农村的阶级斗争，写土改，写划阶级成分，他们是激昂的写法。孙犁却是另类的，非常独特的写法。他写一个小姑娘，他们家有可能划成富农，也有可能划成中农。后来又细分上中农、下中农，开始不那么细。这个小姑娘他们家的情况，骑在可划为富农也可划为中农的分界线上，如果划成富农，她就是一个敌人的孩子。如果划成中农，她就还是一个人民队伍中的后代。所以你看小说的题目叫“秋千”，人在这个社会当中，在社会运动的流变当中，人的命运有时候取决于很多外在的力量。左右左右，秋千在摆荡。我们家究竟是富农，还是中农？后来小说是一个喜剧结尾，她们家没有划成富农，她就又欢快地跳上秋千，和其他那些划成贫农和中农的孩子一起荡秋千了。写得多好！在那个时代，那种情况下，他能这样写，他也没有发出反对划成分的声音，实际上他要表达出什么呢？人性、人情、人道。你细琢磨嘛！所以他对我影响很大。当然后来他这种写法不能坚持下去了。

孙犁《铁木前传》写完以后就没有《铁木后传》了。他那《风云初记》，后来也没续上《风云后记》。因为以他这种柔软的心肠、柔曼的笔调写革命，在当时那种人文环境下，他再往下写很难了，写出来以后发表的可能性也不大。改革开放以后，他可以随心所欲地写了，却年迈体衰了，只能写短小的散文、小小说。可惜！孙犁是影响我至深的第四位中国作家。

第五位，是我在这儿搞过一次专题活动讲到的，就是林斤澜，林大哥。他前些年去世。林斤澜是后来我交往最深的一个老大哥的作家，他是一个被埋没的作家，好多人不清楚，不知道他的名字，不读他的作品，或者不知道他作品的好处。他对我的影响非常大。比如在 1956 年，他有过一篇短篇叫作《一瓢水》，我在这儿讲过。我再稍微地重复一下。他写两个司机，一个老师傅带一个学徒。在很艰苦的西南山路上盘旋，车坏了需要修车。新司机看老司机趴在车底下修车，不言不语的。他就很气愤，说这个老司机思想不开放，不活跃。还有一个细节，发现这个老司机有一团揉皱的信，这个老司机的妻子提出要跟老司机离婚。他写出人心深处最沉重的东西，这个老司机是一个老模范，但谁知道他有他个人的生活，有他个人隐私，有他个人隐痛，有他不可告人的秘密。老司机坚持来修这个车，继续他们的行程。但老司机后来就病了，发高烧，病得很重。他们的车就到了一个叫“一瓢水”的地方停下来。车虽然修好了，老司机病不好，也开不走。写一个夜晚去找一个道士，道士带他们找了一个能治病的中医，写得非常奇怪，那样写法的人，1949 年以后很少见。他就告诉我们，新旧社会交替当中，有一些旧事物，还一点变化都没有，比如说道士，比如说那种迷信的想法，比如说乡间那种完全依靠经验来治病的医生等。通过一个小青年的眼光，老觉得这个不对头，可生活真相就是如此。在这样一番经历以后，这个老司机病居然就治好了。后来老司机就继续开车，年轻人坐在副驾驶座上，他向往自己今后能够取代老司机，成为一个好的驾驶员，车就开向远方。

他表面上写一个歌颂性题材，歌颂一个老司机，在那么艰苦的条件下，坚持完成运输任务，甚至自己家里还有窝心的事儿，却不对人说，坚持在那样的盘旋山上不出事故。写这个新的司机向往着怎么能够很快成长，成为一个能独立驾驶的驾驶员，为国出力。表面是一个歌颂性的小说，实际上写出了人心深处的问题，写出了人心深处的一些奥秘，也写出了时代交替中社会角落那些未开化的区域。他的小说在布局上、氛围上非常独特，给我很大的启发。

以上说了五位影响我最大的中国作家和他们的作品。再说外国作家。刚才说了一个托马斯 · 哈代，是英国的。再说一个法国的作家，古典作家影响我最大的是哪位啊？巴尔扎克吗？雨果？莫泊桑？梅里美？或者后来才进入中国读者视野的普鲁斯特？哪位呀？这些对我都有影响，但是我的少年时代对我影响最大的恰恰是另外一位，叫作罗曼 · 罗兰。罗曼 · 罗兰是 19 世纪到 20 世纪之间的一个作家，他在第一次世界大战之前就有一个作品，篇幅很长，叫作《约翰 · 克利斯朵夫》。我当时看是四大本，现在好像有上下册两本就把它全印了。这部长篇对我影响特别大。他写了一个德国音乐家的一生，其实影射的是贝多芬。我看的是傅雷翻译的，傅雷是我们那个时代翻译法国小说翻译得最多，也翻译得最好的一位，非常了不起的翻译家。他翻译的第一部，小说第一句四个字：江声浩荡。马上就让我觉得这个小说不得了。然后就写到一间屋子，屋子外面，屋子下面，就是大江了，一个生命诞生了。然后他就写约翰·克利斯朵夫的成长过程。第一次有了同性的朋友，建立起了亲密的友谊。第一次有了性觉醒，有了女朋友。他第一次进入社交场合，了解到社会复杂。后来进入艺术界，了解到艺术界内部的驳杂。后来到了巴黎，巴黎是艺术之都。他就发现他所向往的巴黎不过是一个集场。就是一个类似过节的那种集市，净是搞杂耍的，他觉得太庸俗，虚伪。于是他完善自己的独立人格，个人奋斗，最后成了一个大音乐家。这么一部书。当中有很多复杂的情感生活的描述。这部书对我影响特别大，而且后来罗曼·罗兰有一句话，这句话不在这本书里，在他另外一部作品里面，影响了我一生。他那句话是这样的：累累的创伤便是生命给予我们的最好的东西，因为在每个创伤上面都标志着前进的一步。就是说人不要怕挫折，不要怕在生命历程当中受到伤害，受到伤害以后，勇敢地再继续前行，养好你的伤。如果留下了伤痕，那么这是你的勋章，你不要后悔所经历的苦难，留下的创伤其实记载了我们前进的历程。这话给我很大的激励。因为我后来一生也有很多的坎坷，很多的失利，很多的预想不到，很多的让家长大失所望，让同龄人看不起、鄙视，让人翻白眼，这种经历我都有。罗曼·罗兰的《约翰·克利斯朵夫》，成为我的精神宝库。刚才引用的那句话，支撑我克服了很多人生的困难，迈过了很多人生的坎儿。所以我感谢罗曼·罗兰，感谢他的这部小说。虽然现在他已经不是时髦的作家，《约翰·克利斯朵夫》

也不是热门读物了，但是对我来说，我要说他是影响我最大的一位法国作家，《约翰·克利斯朵夫》是对我有启蒙意义的一部作品。

第三位是丹麦的安徒生。有人说安徒生很熟悉，咱俩聊聊，你是要聊哪一篇？《海的女儿》？《丑小鸭》？最该聊的是小学课本里的《卖火柴的小女孩》，对不对？我还不跟你聊这些。我觉得他最打动我的一篇，有一天让我一下午发愣的一篇，不知道你读过没有，读过以后记得不记得，叫作《柳树下的梦》。其实不是一个童话，没有任何幻想成分，是很写实的一个短篇小说。他写丹麦农村的两家人，一家相对富裕，一家相对贫穷，但当时差距还不是特别大，一家有个男孩，一家有个女孩。小男孩小女孩两人在一起玩，快活极了。后来小女孩一家搬到丹麦首都哥本哈根了。小男孩这家却比原来更穷了，小男孩最后成了一个鞋匠，跟一个老师傅学修鞋。这个小女孩到了哥本哈根后怎么样？发展得很好，他们家比原来更富裕了，把她送进了皇家音乐学院，学声乐，成了一个女歌唱家，在歌剧院成了台柱，唱主角。后来两个人就都长大了，长大以后懂得情爱，这个小男孩就不断思念这个小女孩，而且他也不断得到信息，因为有的邻居还是来往于他们村庄和哥本哈根之间，带来信息。他就想去找这个小女孩。他自己成为一个小伙子，小女孩肯定成为一个少女了。他怀着憧憬，背着修鞋的箱子，一路走着给人修鞋，这样从他的家乡走到了哥本哈根。他打听到女孩子一家的住址，就去敲门。那是一栋美丽的小楼，门开了，是这家人的一个女仆，就问他是谁，他说你告诉他们我是谁。他们原来跟我一个村的，我叫什么。那个女仆进去以后，没想到全家欢呼，家乡来人了。女孩子的父母和女孩子本人对他都特别欢迎，高兴极了。他们那个小楼里，卧房很多，立刻安排给他一间单独的房间，请他吃很丰盛的晚餐，要他说说家乡情况。他就目不转睛地看，那个女孩子长得已经非常成熟了，非常美丽。女孩子说，哥哥，我是学唱歌的，我现在唱给你听。唱了以后屋子里的杯子都发生共鸣，因为她接受专业的训练，是大台柱。后来女孩子说，在这儿唱，你听不过瘾，另外换一个地方听我唱吧。给他一张票，让他去听她的演唱，他就去了。他才知道原来世界这么大。原来哥本哈根这么漂亮。才懂得在乡村以外，还有一个地方叫作城市。城市里面有一种地方叫街道，街道两边很多房子叫楼房，楼房中有个最大的叫剧场，金碧辉煌。他拿着票进去了，是一个非常好的座位。音乐响起，幕拉开了，他从来没有看过这么华美的场面，觉得像仙境一样。他惊讶地发现，出现了一个女子，就是他所爱的姑娘，这个女子受难了，经历苦难了，他想冲上台去解救。不用他去救，台上就有人救。结果这个女子一些苦难都渡过了，后来嫁给了白马王子。辉煌得不得了。最后幕就关了，就听见人们叫好。幕又拉开了，很多人往上扔花束，那个女主角谢幕无数次，还有人给她献花。后来听到很多人说，咱到后门等着，一会儿她会从后门出来。他就跟着这些人到后门去了。全是人。等着这个剧场后门打开，卸妆的女孩子出现，他回忆起当年在村里面，在小溪边玩，一块看花，一块捉迷藏，一块听小鸟歌唱，他觉得这个女孩子是属于他的。但是人们等啊等啊，后门终于打开了，先出来的是一位绅士，一位年轻的绅士和舞台上的白马王子差不多，一个帅哥。这个帅哥出来以后，有一个人搭着他的手出来，就是那个女孩子，就是那个女主角。一辆豪华马车在那儿等着。这位绅士就把女孩子扶进那辆马车了，人们开始欢呼，叫那个女孩子的名字。这个时候那小伙子突然意识到，这个女孩子不属于他，竟然不属于他。人生多么悲苦，竟然不属于他。马车走了，车轮滚滚。人们散去了。小伙子猛地意识到眼前的都不属于他。这座剧院不属于他，这个街道不属于他，这个路灯不属于他，这些楼房不属于他，哥本哈根不属于他。他走回那个女孩子家里面，家里人说抱歉，她因为唱歌很累，已经睡了。问他歌剧好不好看呢？他沉默不语。他说，我要回去了。你怎么现在就要走，你多住几天，你才来哥本哈根。他说我要回去，我要回去。他背起他修鞋的箱子，从哥本哈根往回走，要离开不属于他的地方。他回忆起他到她家，见到那个女孩子，女孩子从他眼睛里看出他的意思，女孩子在家里面，她唱歌之前，握着他的手说，你永远是我哥哥，我永远欢迎你来。我的家里永远有你一间房间，有你一张床。我知道你想什么，但是我真做不到，真对不起，我真做不到。他想想女孩子的话，就往家乡走，往属于他自己的那个地方走，很远，这个时候已经深秋了，树叶飘落，在鞋边打转。半路上有一棵大柳树，他累了，就坐在柳树下，靠着柳树休息，在柳树下他梦见了很多美好的情景。后来下雪了。第二天过路人发现有一个修鞋匠靠在柳树下已经冻僵了，就是他。

读了这个《柳树下的梦》以后，我当时年龄还不大，我流眼泪了。这个小说里没有坏人，过去我看一个故事，总判断：谁是好人，谁是坏人。好人悲惨因为坏人害他，对不对？这里面有坏人吗？那家人对他好不好啊？那个女孩子对他好不好啊？都非常好，对不对？没有坏人。我才懂得什么是无奈的人生，人生有时候真是很无奈的，贫富的差距，事业成功者和底层劳动者的差距，是吧，属于你的空间和不属于你空间之间的间隔，那天我读这个作品以后，我觉得一下子我的成熟度就增加了。我再看别的人，再看生活，再看这个社会，我觉得我能理解得更多了。所以感谢安徒生，感谢《柳树下的梦》。为了纪念我自己的阅读及我对安徒生和《柳树下的梦》的感激，后来我把我的一本散文集就叫作《在柳树的臂弯里》，柳树好像也是一个生命，伸出它的胳膊，安慰一个失意的人。我就觉得我要学会这种情怀。这是又一位影响我的作家，安徒生。你读过他很多的童话，我告诉你，他有几个极好的童话你可能没有读过，比如说《柳树下的梦》。

还有一个外国作家是俄罗斯的。俄罗斯在19世纪末、20世纪初，是全球人类文学艺术的巅峰。它的文学，它的音乐，它的绘画，它的芭蕾舞，它的电影，各个艺术门类的成就，都是值得骄傲的。作家很多了，对你影响最大的俄罗斯古典作家是哪一位？列夫·托尔斯泰？陀思妥耶夫斯基？还是高尔基？还有谁啊？刚才下面有一个人说出来了，跟我的想法一样，对我影响最大的，叫安东·契诃夫。他的剧本，根据他的剧本的舞台演出，这个我先不说。小说而言，他有一篇小说非常好，哪篇？你也许知道《套中人》，中学课文里有过，我先不说这篇。《一个小公务员之死》课文里也有，我也不说这篇。哪篇呢？我告诉你，他的小说对我影响最大的一篇叫作《没意思的故事》。其实很有意思。他以第一人称写一个功成名就的老人，他已经成为院士，获得极大的荣誉，生活也很富裕，该有的都有了。刚才我讲安徒生那个《柳树下的梦》，那个鞋匠，他想有的全都没有。契诃夫这个小说里面的主人公相反，他已经是一个老头儿了，什么他都有，功成名就了。但是他忽然发现生活没有意思，一切他原来认为很有意义的事物和人物都虚无缥缈。比如什么是妻子？妻子就是把我的拖鞋叫作我们的拖鞋的那个女人。这很深刻。一切他都悟透了。仅仅这样的话，小说也不稀奇。但是写了一个小姑娘，一个年轻的女性闯入他的生活。这个姑娘很懒散，老丢三落四的，也不好好学习，也没什么成就。但他忽然就从这样一个生命上，像一面镜子，照出了他作为一个生命应该去追求的一种意义。写得太好了。

我现在年龄越来越大了，我当然不如小说里面那个主人公，我虽然也算有点名，也有点钱，但实际上还是有很多不足的。从社会评价来说不算很高明的一个人，不像小说里写的那个院士那么不得了。但是我与小说里那个老头有共鸣。现在再重读的话，就感触更深了。安东·契诃夫的小说最后都归结到一点上让你深思，就是生命的意义究竟在哪里。如果说托尔斯泰他很痛苦地去反对恶，不以暴力抗恶，以一种柔和的方式去抗恶的话，那么安东·契诃夫的小说他连恶都不去专门描写。他告诉你往往吞噬我们生命的是什么，是庸俗。他全部作品的主题是反庸俗。他有一篇作品叫作《醋栗》，小说里面有一个人，这个人没什么追求，他在自己的庭院里面种了一种浆果，类似樱桃这一类的浆果，叫醋栗。你种浆果也是挺好的事儿，并不反对你种浆果。但这个人他全部的幸福感只寄托在他所种植的醋栗上。来了客人就请人吃。其实很酸，很涩，很不好吃。但那个人每次吃自己种的醋栗，总是满脸幸福感，自己赞叹：多好吃呀！契诃夫就批判这种庸俗。就是说你对生命价值的追求应该比这个层次要高一点。再比如说他有一个剧叫作《三姐妹》，他写外省的三个姐妹总向往到莫斯科去，她们嫂子却安于现状，是一个很庸俗的人。有一句台词很简单，嫂子也很爱打扮自己，经常浓妆。她们就跟嫂子提一个小意见，说你那个腰带不应该是绿的。因为服装的颜色搭配是很要紧的，是吧？不是说绿腰带完全不可以用，绿腰带应该专配一些特殊的颜色或者是其他样式的服装。这个嫂子在审美上是很俗气的，不能够雅致地打扮自己。这个嫂子的反应是什么呢？她说，是吗，这不吉利吗？她根本不懂得审美，她以为提醒她是因为绿腰带不吉利，很小的台词就反映了契诃夫他的用心。听明白了吗？是吧。人家提醒你，你要建立高明的审美观，她听不懂，只关心吉利不吉利。

我现在有点背靠背批评一个人不太厚道，但是我想也能说明问题。我有一个小时工，每天来给我打扫卫生，她工作很好的，我这里先表扬她，感谢她对我的帮助。但她每次把我这个台面上打扫完了以后，我老得自己整理一遍，她有时候就以为我对她有意见，说难道我打扫得不干净吗？不好吗？我就没法跟她细说，我就说你挺好的，这是我自己的臭毛病。她完全没有审美观念。比如说我屋里的摆设，有的地方我要求对称放置，她不懂什么是对称。有些地方我不要对称，北京话叫花插着，就是要错落有致，她不懂怎么花插着。有些地方比如我摆家里的照片，我有一定的角度，你擦完钢琴以后，你得摆回，她老是弄得乱七八糟。她擦那个灰擦得很好，但不懂得那些照片摆放时要角度优美。她清扫过以后，所有地方的东西她都摆不对头，我都得重新弄一遍，我很愿意弄一遍。因为我一个退休老头儿，我没事。她没有审美训练，这不能怪她。我有时候想给她开一个课，告诉她什么叫平行，什么叫对称，什么叫花插，什么叫高低得宜，什么叫作颜色搭配……她很积极，她工作很好。比如说她把我们钢琴上一个脏了的盖布拿去洗。我家里的东西她随便动。她拿另外一块原来洗过的盖布盖上。但这和我这一轮，这个季节，我的钢琴盖布上摆放的物品的颜色是不搭配的，不能用这块盖布。我就要换下来。她非常不理解，恨不得跟我吵架，我怎么不对了？我就没有办法。我觉得要从 ABC 说起。钢琴什么颜色，盖布什么颜色，我上面摆设什么颜色，什么叫暖色，什么叫冷色，什么叫中间过渡色……这没法马上说清楚。有一次我试图跟她说这个，她说不行，我还有下一家呢。我说你那么辛苦干吗？她说你不知道，我在老家买房，我还还着房贷，没有空听你说这个。这位小时工不能从俗气进入高雅，当然不算什么问题。但是有的人并没有她那样的艰辛生活，甚至既有钱又有闲，却俗不可耐，就有问题了。

契诃夫教会我做人。他有一句名言，人的一切都该是美丽的：心灵、思想、面貌、衣裳。这话看来很普通，其实它很深刻，我们要么对心灵重视而轻视衣裳，要么只顾衣裳而罔顾心灵，契诃夫却希望我们全面高尚、优雅，教会我们远离庸俗。不得了的一个作家。他对我的影响也很大。我有的作品里面也以反庸俗为内核。

那么还有一位对我影响至深的外国作家，就是海明威，美国作家。在座的马上就可以脱口而出：《老人与海》！《老人与海》非常好，后来也因为这部作品，他得了诺贝尔文学奖。但是他对我启发最大的小说是他早期的第一部长篇小说《永别了，武器》。下面有位女士跟我一起说出了这个书名。那么《永别了，武器》结尾的那些文字你记得吗？记不太清楚了？我们一起来回忆吧。

《永别了，武器》以第一次世界大战为背景，写一对年轻人的故事。最后男主人公的爱人在医院里面难产，好不容易生出一个孩子，脐带绕脖子，窒息而死。他很痛苦。他怎么跟他的难产死去的爱人告别，怎么走出医院，这段文字，我曾经拿着翻译的书来回读了很多遍。我那时候也开始写作了。我就懂得写作当中很重要的一条是驾驭文字，你能够写得花里胡哨不算功夫，你能够懂得克制，懂得冷静，懂得简约，你才不得了。海明威就是这样一位小说作家，从他的第一部长篇《永别了，武器》开始，他就有这个特点。最后那一段，就是短句子，一句一句的，他不展开描写，不浪费词汇。这是第一人称小说，我也背不下来，但是记忆深刻。大概是：我走进房间，护士说你别进来。我说，你出去。她出去了。我走到床前……最后，我走出了房间，走出了医院，下着雨，我在雨中走。

如此克制，如此简洁，毫不煽情，却令人感动不已。

那个时候我开始写小说，我就懂得写成这样不容易，要我的话，起码得两三千字，细致地去组织那些文字。后来发现他的每部小说都是这么厉害，到了《老人与海》更炉火纯青。海明威教我学会了驾驭文字。

总结起来说，这十位中外作家和他们的主要作品对我的影响，一个是他们滋润了我的心灵，同时教会了我写作。我就懂得了写作起码有以下几点是我必须要随时注意的。

第一，就是一定要有对社会生活的熟悉度，要会观察。所有这些作品多数都是写实的，就是作家本身有生活积累，你作为有心人和一般人看生活就不一样。一般人你逛一个商场，你直奔主题，你要买什么，你去挑选就罢了。但一个写作者，你可能就不太一样。忽然发现有一个女子背对着别人、脸朝着墙，好像在那儿微微抽泣。当然你不要惊动她，不要去问她。那么你就意识到有故事了。立刻就有很多情绪产生。人的生存真不容易，她一定遇到难处了。她怎么会在这儿？她跟谁一块来的？她家在哪儿？你一定会有很多种联想派生出去。观察、积累，加上想象、虚构，灵感就会产生了。写作者首先对社会要有观察，要懂得世道，看透人生，懂得人性。

还有一个要点，当然有的小说不讲故事了，现在这种小说也是一派。我却还是比较喜欢讲故事的小说。你要会讲故事。你像刚才讲到的托马斯·哈代，他就会讲故事。那故事如果换一个讲法就索然无味，对不对？你看他，哪一个地方该事先让你明白，哪些地方作者隐蔽起来，他知道你不知道，先不让你知道。比如说一开头我们都觉得一个母亲带着十八岁的女儿回来，当然就是十八年前怀抱中的那个女婴了，对吧？但是到后面出现那样一个情节，居然海员才是她亲爹，意料之外，情理之中。他会讲故事，会编排故事。所以会讲述，用文字来叙述，你会编排，这很要紧，这对写作非常要紧。

还有一个要点，就是写作还需要驾驭文字的功力。像海明威，刚才我特别讲他的语言简洁利落。

最后就是我前面多次提到，你写作，你如果具有大悲悯情怀，你的段数一定高。凡是中外古今的优秀作家，凡是称为经典的作品，都一定有大悲悯情怀。没有大悲悯情怀就只是好玩，有趣，只能够红极一时，不可能长久流传。

最后我要说明一点，就是我在这里所讲，全凭记忆，因此所讲到的作品内容，很可能会和你看到的有出入，理解上我们之间也可能有差异。20 世纪德国有位文学理论家叫汉斯·罗伯特·尧斯，他提出了“接受美学”的理论，他认为一部作品，只有在读者阅读的时候，才活起来，才称得上是成品，而读者阅读的过程，其实也是在参与创作，不同的读者会在阅读中产生不尽相同的感想，读完会留下不尽相同的记忆，有的会把作品的这部分因素放大，有的会把作品的那部分因素淡化，尤其是在转述时，省略增添发挥都在所难免，转述的过程其实是一种再创作的过程。我写过一篇《六瓣梅》，表达了这样的意思，可供大家参考。

（此文根据 2017 年 4 月 29 日在刘心武书屋系列活动第九期讲演记录，于 2019 年 3 月 6 日修订而成）

涂成林：《现象学的使命》，广东人民出版社，1994 年。

维特根斯坦：《哲学研究》，汤潮、范光棣译，三联书店，1992 年；李步楼译，商务印书馆，1996 年。

休谟：《人性论》，关文运译，商务印书馆，1980 年。

叶秀山：《思 · 史 · 诗》，人民出版社，1988 年。

张祥龙：《海德格尔思想与中国天道》，三联书店，1996 年。

张庆熊：《熊十力的新唯识论与胡塞尔的现象学》，上海人民出版社，1995 年。

张志扬、陈家琪：《形而上学的巴比伦塔》，华中理工大学出版社，1994 年。

周伟驰：《奥古斯丁的记忆概念及其相关词》，北京大学博士论文，北京，1998 年。

再版后记

《自我与世界：以问题为中心的现象学运动研究》初版于近二十年前，这次再版只改动了个别打印的错误，删掉了原来的几个附录，其他则一仍其旧。占小卫编辑为本书的再版做了许多具体细致的工作，在此谨致衷心的谢意！

作者

二〇一七年七月十一日

后　记

我从一九八八年开始潜心研读现象学的著作，至今已十年有余了。十年磨一剑，我是十年才磨出这么一本略嫌单薄的小册子。慢工出细活本是可用来作为自己“高投入、低产出”的托辞，但扪心自问，现在交出的“活”仍然不免粗糙，一些概念的耙梳、一些问题的处理仍欠一定的火候。写时尚觉透彻的东西，完后难免仍有“不彻”之感。朱子六十岁曾云“假如去年死，便不知有今年境界”，到了六十五岁时又云“到底有一层不透”。学问功夫的体验当与此相类。

真正说来，本书是从九八年初开始动笔的，此后我的导师冯达文先生不时过问写作的进度。但我一直无法改变自己蜗牛式的行文速度，再加上经常发生的思路“卡壳”现象，使得本书的“怀胎”时间越拖越长，如果不是冯先生的一再督促，以及余小华女士“追债式”的催讨，说不定会成为“跨世纪”的婴儿了。

很是羡慕古人那种两耳不闻窗外事，一心只读圣贤书的福分，在这个时代、这个都市、这个学校求学，圣贤书固然不难觅到，但“一心”读之的愿望却难以实现。纵有“悬搁”的功夫也难抵窗外事的干扰，毕竟周遭的喧嚣往往会超过两耳不闻的“阈限”，于是得常常面对不闻也得闻的不幸。不过，幸运的是我的一些师友给我营造了一种现象学意义上的“情感空间”，在这里总算有所安顿。我很珍惜也很感激地生存于这片空间中。借此机会，我想表达一下自己的谢意。感谢我已故的导师罗克汀先生，是他让我迷上了现象学。感谢陈少明、李兰芬夫妇对我师长般的爱护。感谢余小华女士对我一如既往的支持。感谢张永义、张建如、夏英林、冯焕珍诸友给我的帮助。至于我的导师冯达文先生，他在“为人”与“为学”两方面对我耳提面命的教诲，让我受益良多，实非感谢两字可以言表，但我还要衷心地说一句：“谢谢您”。最后，我还得对我的妻子黄绮敏女士说一声“谢谢”。

作者

一九九九年春

推荐作者得新书！

博瑞森征稿启事

亲爱的读者朋友：

感谢您选择了博瑞森图书！希望您手中的这本书能给您带来实实在在的帮助！

博瑞森一直致力于发掘好作者、好内容，希望能把您最需要的思想、方法，一字一句地交到您手中，成为管理知识与管理实践的桥梁。

但是我们也知道，有很多深入企业一线、经验丰富、乐于分享的优秀专家，或者忙于实战没时间，或者缺少专业的写作指导和便捷的出版途径，只能茫然以待……

还有很多在竞争大潮中坚守的企业，有着异常宝贵的实践经验和独特的洞察，但缺少专业的记录和整理者，无法让企业的经验和故事被更多的人了解、学习……

对读者而言，这些都太遗憾了！

博瑞森非常希望能将这些埋藏的"宝藏"发掘出来，贡献给广大读者，让更多的人从中受益。

所以，我们真心地邀请您，我们的老读者，帮我们搜寻：

推荐作者

可以是您自己或您的朋友，只要对本土管理有实践、有思考；可以是您通过网络、杂志、书籍或其他途径了解的某位专家，不管名气大小，只要他的思想和方法曾让您深受启发。

可以是管理类作品，也可以超出管理，各类优秀的社科作品或学术作品。

推荐企业

可以是您自己所在的企业，或者是您熟悉的某家企业，其创业过程、运营经历、产品研发、机制创新，等等。无论企业大小，只要乐于分享、有值得借鉴书写之处。

总之，好内容就是一切！

博瑞森绝非"自费出书"，出版费用完全由我们承担。您推荐的作者或企业案例一经采用，我们会立刻向您赠送书币 1000 元，可直接换取任何博瑞森图书的纸书或电子书。

感谢您对本土管理原创、博瑞森图书的支持！

推荐投稿邮箱：bookgood@126.com　　推荐手机：13611149991

1120 本土管理实践与创新论坛

这是由100多位本土管理专家联合创立的企业管理实践学术交流组织，旨在孵化本土管理思想、促进企业管理实践、加强专家间交流与协作。

论坛每年集中力量办好两件大事：第一，“**出一本书**”，汇聚一年的思考和实践，把最原创、最前沿、最实战的内容集结成册，贡献给读者；第二，“**办一次会**”，每年11月20日本土管理专家们汇聚一堂，碰撞思想、研讨案例、交流切磋、回馈社会。

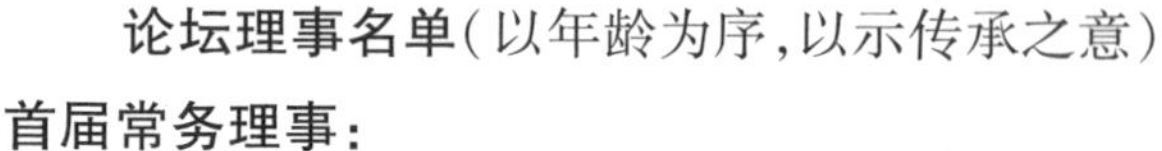

论坛理事名单（以年龄为序，以示传承之意）

首届常务理事：

彭志雄　曾　伟　施　炜　杨　涛　张学军
郭　晓　程绍珊　胡八一　王祥伍　李志华
陈立云　杨永华

理　　事：

卢根鑫　王铁仁　周荣辉　曾令同　陆和平　宋杼宸　张国祥
刘承元　曹子祥　宋新宇　吴越舟　吴　坚　戴欣明　仲昭川
刘春雄　刘祖轲　段继东　何　慕　秦国伟　贺兵一　张小虎
郭　剑　余晓雷　黄中强　朱玉童　沈　坤　阎立忠　张　进
丁兴良　朱仁健　薛宝峰　史贤龙　卢　强　史幼波　叶敦明
王明胤　陈　明　岑立聪　方　刚　何足奇　周　俊　杨　奕
孙行健　孙嘉晖　张东利　郭富才　叶　宁　何　屹　沈　奎
王　超　马宝琳　谭长春　夏惊鸣　张　博　李洪道　胡浪球
孙　波　唐江华　程　翔　刘红明　杨鸿贵　伯建新　高可为
李　蓓　王春强　孔祥云　贾同领　罗宏文　史立臣　李政权
余　盛　陈小龙　尚　锋　邢　雷　余伟辉　李小勇　全怀周

初勇钢	陈　锐	高继中	聂志新	黄　屹	沈　拓	徐伟泽
谭洪华	崔自三	王玉荣	蒋　军	侯军伟	黄润霖	金国华
吴　之	葛新红	周　剑	崔海鹏	柏　龑	唐道明	朱志明
曲宗恺	杜　忠	远　鸣	范月明	刘文新	赵晓萌	张　伟
韩　旭	韩友诚	熊亚柱	孙彩军	刘　雷	王庆云	李少星
俞士耀	丁　昀	黄　磊	罗晓慧	伏泓霖	梁小平	鄢圣安

企业案例·老板传记			
	书名．作者	内容/特色	读者价值
企业案例·老板传记	**你不知道的加多宝：原市场部高管讲述** 曲宗恺　牛玮娜　著	前加多宝高管解读加多宝	全景式解读，原汁原味
	借力咨询：德邦成长背后的秘密 官同良　王祥伍　著	讲述德邦是如何借助咨询公司的力量进行自身与发展的	来自德邦内部的第一线资料，真实、珍贵，令人受益匪浅
	收购后怎样有效整合：一个重工业收购整合实录（待出版） 李少星　著	讲述企业并购后的事	语言轻松活泼，对并购后的企业有借鉴作用
	娃哈哈区域标杆：豫北市场营销实录 罗宏文　赵晓萌　等著	本书从区域的角度来写娃哈哈河南分公司豫北市场是怎么进行区域市场营销，成为娃哈哈全国第一大市场、全国增量第一高市场的一些操作方法	参考性、指导性，一线真实资料
	六个核桃凭什么：从0过100亿 张学军　著	首部全面揭秘养元六个核桃裂变式成长的巨著	学习优秀企业的成长路径，了解其背后的理论体系
	像六个核桃一样：打造畅销品的36个简明法则 王　超　范　萍　著	本书分上下两篇：包括"六个核桃"的营销战略历程和36条畅销法则	知名企业的战略历程极具参考价值，36条法则提供操作方法
	解决方案营销实战案例 刘祖轲　著	用10个真案例讲明白什么是工业品的解决方案式营销，实战、实用	有干货、真正操作过的才能写得出来
	招招见销量的营销常识 刘文新　著	如何让每一个营销动作都直指销量	适合中小企业，看了就能用
	我们的营销真案例 联纵智达研究院　著	五芳斋粽子从区域到全国/诺贝尔瓷砖门店销量提升/利豪家具出口转内销/汤臣倍健的营销模式	选择的案例都很有代表性，实在、实操！
	中国营销战实录：令人拍案叫绝的营销真案例 联纵智达　著	51个案例，42家企业，38万字，18年，累计2000余人次参与……	最真实的营销案例，全是一线记录，开阔眼界
	双剑破局：沈坤营销策划案例集 沈　坤　著	双剑公司多年来的精选案例解析集，阐述了项目策划中每一个营销策略的诞生过程，策划角度和方法	一线真实案例，与众不同的策划角度令人拍案叫绝、受益匪浅
	宗：一位制造业企业家的思考 杨　涛　著	1993年创业，引领企业平稳发展20多年，分享独到的心得体会	难得的一本老板分享经验的书
	简单思考：AMT咨询创始人自述 孔祥云　著	著名咨询公司（AMT）的CEO创业历程中点点滴滴的经验与思考	每一位咨询人，每一位创业者和管理经营者，都值得一读
	边干边学做老板 黄中强　著	创业20多年的老板，有经验、能写、又愿意分享，这样的书很少	处处共鸣，帮助中小企业老板少走弯路
	三四线城市超市如何快速成长：解密甘雨亭 IBMG国际商业管理集团　著	国内外标杆企业的经验+本土实践量化数据+操作步骤、方法	通俗易懂，行业经验丰富，宝贵的行业量化数据，关键思路和步骤
	中国首家未来超市：解密安徽乐城 IBMG国际商业管理集团　著	本书深入挖掘了安徽乐城超市的试验案例，为零售企业未来的发展提供了一条可借鉴之路	通俗易懂，行业经验丰富，宝贵的行业量化数据，关键思路和步骤

续表

互联网 +			
书名．作者		内容/特色	读者价值
互联网 +	**互联网时代的银行转型** 韩友诚　著	以大量案例形式为读者全面展示和分析了银行的互联网金融转型应对之道	结合本土银行转型发展案例的书籍
	正在发生的转型升级·实践 本土管理实践与创新论坛　著	企业在快速变革期所展现出的管理变革新成果、新方法、新案例	重点突出对于未来企业管理相关领域的趋势研判
	触发需求:互联网新营销样本·水产 何足奇　著	传统产业都在苦闷中挣扎前行,本书通过鲜活的案例告诉你如何以需求链整合供应链,从而把大家熟知的传统行业打碎了重构、重做一遍	全是干货,值得细读学习,并且作者的理论已经经过了他亲自操刀的实践检验,效果惊人,就在书中全景展示
	移动互联新玩法:未来商业的格局和趋势 史贤龙　著	传统商业、电商、移动互联,三个世界并存,这种新格局的玩法一定要懂	看清热点的本质,把握行业先机,一本书搞定移动互联网
	微商生意经:真实再现33个成功案例操作全程 伏泓霖　罗晓慧　著	本书为33个真实案例,分享案例主人公在做微商过程中的经验教训	案例真实,有借鉴意义
	阿里巴巴实战运营——14招玩转诚信通 聂志新　著	本书主要介绍阿里巴巴诚信通的十四个基本推广操作,从而帮助使用诚信通的用户及企业更好地提升业绩	基本操作,很多可以边学边用,简单易学
	今后这样做品牌:移动互联时代的品牌营销策略 蒋　军　著	与移动互联紧密结合,告诉你老方法还能不能用,新方法怎么用	今后这样做品牌就对了
	互联网+"变"与"不变":本土管理实践与创新论坛集萃．2016 本土管理实践与创新论坛　著	本土管理领域正在产生自己独特的理论和模式,尤其在移动互联时代,有很多新课题需要本土专家们一起研究	帮助读者拓宽眼界、突破思维
	创造增量市场:传统企业互联网转型之道 刘红明　著	传统企业需要用互联网思维去创造增量,而不是用电子商务去转移传统业务的存量	教你怎么在"互联网+"的海洋中创造实实在在的增量
	重生战略:移动互联网和大数据时代的转型法则 沈　拓　著	在移动互联网和大数据时代,传统企业转型如同生命体打算与再造,称之为"重生战略"	帮助企业认清移动互联网环境下的变化和应对之道
	画出公司的互联网进化路线图:用互联网思维重塑产品、客户和价值 李　蓓　著	18个问题帮助企业一步步梳理出互联网转型思路	思路清晰、案例丰富,非常有启发性
	7个转变,让公司3年胜出 李　蓓　著	消费者主权时代,企业该怎么办	这就是互联网思维,老板有能这样想,肯定倒不了
	跳出同质思维,从跟随到领先 郭　剑　著	66个精彩案例剖析,帮助老板突破行业长期思维惯性	做企业竟然有这么多玩法,开眼界

续表

行业类：零售、白酒、食品/快消品、农业、医药、建材家居等			
	书名．作者	内容/特色	读者价值
零售·超市·餐饮·服装	**1. 总部有多强大，门店就能走多远** **2. 超市卖场定价策略与品类管理** **3. 连锁零售企业招聘与培训破解之道** **4. 中国首家未来超市：解密安徽乐城** **5. 三四线城市超市如何快速成长：解密甘雨亭** IBMG国际商业管理集团　著	国内外标杆企业的经验+本土实践量化数据+操作步骤、方法	通俗易懂，行业经验丰富，宝贵的行业量化数据，关键思路和步骤
	涨价也能卖到翻 村松达夫　【日】	提升客单价的15种实用、有效的方法	日本企业在这方面非常值得学习和借鉴
	移动互联下的超市升级 联商网专栏频道　著	深度解析超市转型升级重点	帮助零售企业把握全局、看清方向
	手把手教你做专业督导：专卖店、连锁店 熊亚柱　著	从督导的职能、作用，在工作中需要的专业技能、方法，都提供了详细的解读和训练办法，同时附有大量的表单工具	无论是店铺需要统一培训，还是个人想成为优秀的督导，有这一本就够了
	百货零售全渠道营销策略 陈继展　著	没有照本宣科、说教式的絮叨，只有笔者对行业的认知与理解，庖丁解牛式的逐项解析、展开	通俗易懂，花极少的时间快速掌握该领域的知识及趋势
	零售：把客流变成购买力 丁　昀　著	如何通过不断升级产品和体验式服务来经营客流	如何进行体验营销，国外的好经营，这方面有启发
	餐饮企业经营策略第一书 吴　坚　著	分别从产品、顾客、市场、盈利模式等几个方面，对现阶段餐饮企业的发展提出策略和思路	第一本专业的、高端的餐饮企业经营指导书
	电影院的下一个黄金十年：开发·差异化·案例 李保煜　著	对目前电影院市场存大的问题及如何解决进行了探讨与解读	多角度了解电影院运营方式及代表性案例
	赚不赚钱靠店长：从懂管理到会经营 孙彩军　著	通过生动的案例来进行剖析，注重门店管理细节方面的能力提升	帮助终端门店店长在管理门店的过程中实现经营思路的拓展与突破
耐消品	**汽车配件这样卖：汽车后市场销售秘诀100条** 俞士耀　著	汽配销售业务员必读，手把手教授最实用的方法，轻松得来好业绩	快速上岗，专业实效，业绩无忧
	跟行业老手学经销商开发与管理：家电、耐消品、建材家居 黄润霖　著	全部来源于经销商管理的一线问题，作者用丰富的经验将每一个问题落实到最便捷快速的操作方法上去	书中每一个问题都是普通营销人亲口提出的，这些问题你也会遇到，作者进行的解答则精彩实用
白酒	**白酒到底如何卖** 赵海永　著	以市场实战为主，多层次、全方位、多角度地阐释了白酒一线市场操作的最新模式和方法，接地气	实操性强，37个方法、6大案例帮你成功卖酒
	变局下的白酒企业重构 杨永华　著	帮助白酒企业从产业视角看清趋势，找准位置，实现弯道超车的书	行业内企业要减少90%，自己在什么位置，怎么做，都清楚了

续表

白酒	**1. 白酒营销的第一本书(升级版)** **2. 白酒经销商的第一本书** 唐江华 著	华泽集团湖南开口笑公司品牌部长,擅长酒类新品推广、新市场拓展	扎根一线,实战
	区域型白酒企业营销必胜法则 朱志明 著	为区域型白酒企业提供35条必胜法则,在竞争中赢销的葵花宝典	丰富的一线经验和深厚积累,实操实用
	10步成功运作白酒区域市场 朱志明 著	白酒区域操盘者必备,掌握区域市场运作的战略、战术、兵法	在区域市场的攻伐防守中运筹帷幄,立于不败之地
	酒业转型大时代:微酒精选2014–2015 微酒 主编	本书分为五个部分:当年大事件、那些酒业营销工具、微酒独立策划、业内大调查和十大经典案例	了解行业新动态、新观点,学习营销方法
快消品·食品	**5小时读懂快消品营销:中国快消品案例观察** 陈海超 著	多年营销经验的一线老手把案例掰开了、揉碎了,从中得出的各种手段和方法给读者以帮助和启发	营销那些事儿的个中秘辛,求人还不一定告诉你,这本书里就有
	快消品招商的第一本书:从入门到精通 刘 雷 著	深入浅出,不说废话,有工具方法,通俗易懂	让零基础的招商新人快速学习书中最实用的招商技能,成长为骨干人才
	乳业营销第一书 侯军伟 著	对区域乳品企业生存发展关键性问题的梳理	唯一的区域乳业营销书,区域乳品企业一定要看
	食用油营销第一书 余 盛 著	10多年油脂企业工作经验,从行业到具体实操	食用油行业第一书,当之无愧
	中国茶叶营销第一书 柏 龑 著	如何跳出茶行业"大文化小产业"的困境,作者给出了自己的观察和思考	不是传统做茶的思路,而是现在商业做茶的思路
	调味品营销第一书 陈小龙 著	国内唯一一本调味品营销的书	唯一的调味品营销的书,调味品的从业者一定要看
	快消品营销人的第一本书:从入门到精通 刘 雷 伯建新 著	快消行业必读书,从入门到专业	深入细致,易学易懂
	变局下的快消品营销实战策略 杨永华 著	通胀了,成本增加,如何从被动应战变成主动的"系统战"	作者对快消品行业非常熟悉、非常实战
	快消品经销商如何快速做大 杨永华 著	本书完全从实战的角度,评述现象,解析误区,揭示原理,传授方法	为转型期的经销商提供了解决思路,指出了发展方向
	一位销售经理的工作心得 蒋 军 著	一线营销管理人员想提升业绩却无从下手时,可以看看这本书	一线的真实感悟
	快消品营销:一位销售经理的工作心得2 蒋 军 著	快消品、食品饮料营销的经验之谈,重点图书	来源与实战的精华总结
	快消品营销与渠道管理 谭长春 著	将快消品标杆企业渠道管理的经验和方法分享出来	可口可乐、华润的一些具体的渠道管理经验,实战
	成为优秀的快消品区域经理(升级版) 伯建新 著	用"怎么办"分析区域经理的工作关键点,增加30%全新内容,更贴近环境变化	可以作为区域经理的"速成催化器"
	销售轨迹:一位快消品营销总监的拼搏之路 秦国伟 著	本书讲述了一个普通销售员打拼成为跨国企业营销总监的真实奋斗历程	激励人心,给广大销售员以力量和鼓舞

续表

快消品·食品	**快消老手都在这样做：区域经理操盘锦囊** 方刚　著	非常接地气，全是多年沉淀下来的干货，丰富的一线经验和实操方法不可多得	在市场摸爬滚打的“老油条”，那些独家绝招妙招一般你问都是问不来的
	动销四维：全程辅导与新品上市 高继中　著	从产品、渠道、促销和新品上市详细讲解提高动销的具体方法，总结作者18年的快消品行业经验，方法实操	内容全面系统，方法实操
农业	**新农资如何换道超车** 刘祖轲　等著	从农业产业化、互联网转型、行业营销与经营突破四个方面阐述如何让农资企业占领先机、提前布局	南方略专家告诉你如何应对资源浪费、生产效率低下、产能严重过剩、价格与价值严重扭曲等
	中国牧场管理实战：畜牧业、乳业必读 黄剑黎　著	本书不仅提供了来自一线的实际经验，还收入了丰富的工具文档与表单	填补空白的行业必读作品
	中小农业企业品牌战法 韩　旭　著	将中小农业企业品牌建设的方法，从理论讲到实践，具有指导性	全面把握品牌规划，传播推广，落地执行的具体措施
	农资营销实战全指导 张　博　著	农资如何向“深度营销”转型，从理论到实践进行系统剖析，经验资深	朴实、使用！不可多得的农资营销实战指导
	农产品营销第一书 胡浪球　著	从农业企业战略到市场开拓、营销、品牌、模式等	来源于实践中的思考，有启发
	变局下的农牧企业9大成长策略 彭志雄　著	食品安全、纵向延伸、横向联合、品牌建设……	唯一的农牧企业经营实操的书，农牧企业一定要看
医药	**在中国，医药营销这样做：时代方略精选文集** 段继东　主编	专注于医药营销咨询15年，将医药营销方法的精华文章合编，深入全面	可谓医药营销领域的顶尖著作，医药界读者的必读书
	医药新营销：制药企业、医药商业企业营销模式转型 史立臣　著	医药生产企业和商业企业在新环境下如何做营销？老方法还有没有用？如何寻找新方法？新方法怎么用？本书给你答案	内容非常现实接地气，踏实谈问题说方法
	医药企业转型升级战略 史立臣　著	药企转型升级有5大途径，并给出落地步骤及风险控制方法	实操性强，有作者个人经验总结及分析
	新医改下的医药营销与团队管理 史立臣　著	探讨新医改对医药行业的系列影响和医药团队管理	帮助理清思路，有一个框架
	医药营销与处方药学术推广 马宝琳　著	如何用医学策划把“平民产品”变成“明星产品”	有真货、讲真话的作者，堪称处方药营销的经典！
	新医改了，药店就要这样开 尚　锋　著	药店经营、管理、营销全攻略	有很强的实战性和可操作性
	电商来了，实体药店如何突围 尚　锋　著	电商崛起，药店该如何突围？本书从促销、会员服务、专业性、客单价等多重角度给出了指导方向	实战攻略，拿来就能用
	OTC医药代表药店销售36计 鄢圣安　著	以《三十六计》为线，写OTC医药代表向药店销售的一些技巧与策略	案例丰富，生动真实，实操性强

续表

医药	**OTC医药代表药店开发与维护** 鄢圣安　著	要做到一名专业的医药代表，需要做什么、准备什么、知识储备、操作技巧等	医药代表药店拜访的指导手册，手把手教你快速上手
	引爆药店成交率1：店员导购实战 范月明　著	一本书解决药店导购所有难题	情景化、真实化、实战化
	引爆药店成交率2：经营落地实战 范月明　著	最接地气的经营方法全指导	揭示了药店经营的几类关键问题
	引爆药店成交率：专业化销售解决方案（待出版） 范月明　著	药品搭配分析与关联销售	为药店人专业化助力
建材家居	**建材家居营销：除了促销还能做什么** 孙嘉晖　著	一线老手的深度思考，告诉你在建材家居营销模式基本停滞的今天，除了促销，营销还能怎么做	给你的想法一场革命
	建材家居营销实务 程绍珊　杨鸿贵　主编	价值营销运用到建材家居，每一步都让客户增值	有自己的系统、实战
	建材家居门店销量提升 贾同领　著	店面选址、广告投放、推广助销、空间布局、生动展示、店面运营等	门店销量提升是一个系统工程，非常系统、实战
	10步成为最棒的建材家居门店店长 徐伟泽　著	实际方法易学易用，让员工能够迅速成长，成为独当一面的好店长	只要坚持这样干，一定能成为好店长
	手把手帮建材家居导购业绩倍增：成为顶尖的门店店员 熊亚柱　著	生动的表现形式，让普通人也能成为优秀的导购员，让门店业绩长红	读着有趣，用着简单，一本在手、业绩无忧
	建材家居经销商实战42章经 王庆云　著	告诉经销商：老板怎么当、团队怎么带、生意怎么做	忠言逆耳，看着不舒服就对了，实战总结，用一招半式就值了
工业品	**销售是门专业活：B2B、工业品** 陆和平　著	销售流程就应该跟着客户的采购流程和关注点的变化向前推进，将一个完整的销售过程分成十个阶段，提供具体方法	销售不是请客吃饭拉关系，是个专业的活计！方法在手，走遍天下不愁
	解决方案营销实战案例 刘祖轲　著	用10个真案例讲明白什么是工业品的解决方案式营销，实战、实用	有干货、真正操作过的才能写得出来
	变局下的工业品企业7大机遇 叶敦明　著	产业链条的整合机会、盈利模式的复制机会、营销红利的机会、工业服务商转型机会……	工业品企业还可以这样做，思维大突破
	工业品市场部实战全指导 杜　忠　著	工业品市场部经理工作内容全指导	系统、全面、有理论、有方法，帮助工业品市场部经理更快提升专业能力
	工业品营销管理实务 李洪道　著	中国特色工业品营销体系的全面深化、工业品营销管理体系优化升级	工具更实战，案例更鲜活，内容更深化
	工业品企业如何做品牌 张东利　著	为工业品企业提供最全面的品牌建设思路	有策略、有方法、有思路、有工具
	丁兴良讲工业4.0 丁兴良　著	没有枯燥的理论和说教，用朴实直白的语言告诉你工业4.0的全貌	工业4.0是什么？本书告诉你答案

续表

工业品	**资深大客户经理：策略准，执行狠** 叶敦明　著	从业务开发、发起攻势、关系培育、职业成长四个方面，详述了大客户营销的精髓	满满的全是干货
	一切为了订单：订单驱动下的工业品营销实战 唐道明　著	其实，所有的企业都在围绕着两个字在开展全部的经营和管理工作，那就是“订单”	开发订单、满足订单、扩大订单。本书全是实操方法，字字珠玑、句句干货，教你获得营销的胜利
金融	**交易心理分析** (美)马克·道格拉斯　著 刘真如　译	作者一语道破赢家的思考方式，并提供了具体的训练方法	不愧是投资心理的第一书，绝对经典
	精品银行管理之道 崔海鹏　何　屹　主编	中小银行转型的实战经验总结	中小银行的教材很多，实战类的书很少，可以看看
	支付战争 Eric M. Jackson　著 徐　彬　王　晓　译	PayPal 创业期营销官，亲身讲述 PayPal 从诞生到壮大到成功出售的整个历史	激烈、有趣的内幕商战故事！了解美国支付市场的风云巨变
	互联网时代的银行转型 韩友诚　著	以大量案例形式为读者全面展示和分析了银行的互联网金融转型应对之道	结合本土银行转型发展案例的书籍
房地产	**产业园区/产业地产规划、招商、运营实战** 阎立忠　著	目前中国第一本系统解读产业园区和产业地产建设运营的实战宝典	从认知、策划、招商到运营全面了解地产策划
	人文商业地产策划 戴欣明　著	城市与商业地产战略定位的关键是不可复制性，要发现独一无二的“味道”	突破千城一面的策划困局
	电影院的下一个黄金十年：开发·差异化·案例 李保煜　著	对目前电影院市场存大的问题及如何解决进行了探讨与解读	多角度了解电影院运营方式及代表性案例

经营类：企业如何赚钱，如何抓机会，如何突破，如何“开源”

	书名．作者	内容/特色	读者价值
抓方向	**让经营回归简单．升级版** 宋新宇　著	化繁为简抓住经营本质：战略、客户、产品、员工、成长	经典，做企业就这几个关键点！
	混沌与秩序Ⅰ：变革时代企业领先之道 **混沌与秩序Ⅱ：变革时代管理新思维** 彭剑锋　尚艳玲　主编	汇集华夏基石专家团队 10 年来研究成果，集中选择了其中的精华文章编纂成册	作者都是既有深厚理论积淀又有实践经验的重磅专家，为中国企业和企业家的未来提出了高屋建瓴的观点
	活系统：跟任正非学当老板 孙行健　尹　贤　著	以任正非的独到视角，教企业老板如何经营公司	看透公司经营本质，激活企业活力
	公司由小到大要过哪些坎 卢　强　著	老板手里的一张“企业成长路线图”	现在我在哪儿，未来还要走哪些路，都清楚了
	企业二次创业成功路线图 夏惊鸣　著	企业曾经抓住机会成功了，但下一步该怎么办？	企业怎样获得第二次成功，心里有个大框架了
	老板经理人双赢之道 陈　明　著	经理人怎养选平台、怎么开局，老板怎样选/育/用/留	老板生闷气，经理人牢骚大，这次知道该怎么办了
	简单思考：AMT 咨询创始人自述 孔祥云　著	著名咨询公司（AMT）的 CEO 创业历程中点点滴滴的经验与思考	每一位咨询人，每一位创业者和管理经营者，都值得一读
	企业文化的逻辑 王祥伍　黄健江　著	为什么企业绩效如此不同，解开绩效背后的文化密码	少有的深刻，有品质，读起来很流畅
	使命驱动企业成长 高可为　著	钱能让一个人今天努力，使命能让一群人长期努力	对于想做事业的人，‘使命’是绕不过去的

续表

思维突破	**移动互联新玩法:未来商业的格局和趋势** 史贤龙　著	传统商业、电商、移动互联,三个世界并存,这种新格局的玩法一定要懂	看清热点的本质,把握行业先机,一本书搞定移动互联网
	画出公司的互联网进化路线图:用互联网思维重塑产品、客户和价值 李　蓓　著	18 个问题帮助企业一步步梳理出互联网转型思路	思路清晰、案例丰富,非常有启发性
	重生战略:移动互联网和大数据时代的转型法则 沈　拓　著	在移动互联网和大数据时代,传统企业转型如同生命体打算与再造,称之为"重生战略"	帮助企业认清移动互联网环境下的变化和应对之道
	创造增量市场:传统企业互联网转型之道 刘红明　著	传统企业需要用互联网思维去创造增量,而不是用电子商务去转移传统业务的存量	教你怎么在"互联网+"的海洋中创造实实在在的增量
	7 个转变,让公司 3 年胜出 李　蓓　著	消费者主权时代,企业该怎么办	这就是互联网思维,老板有能这样想,肯定倒不了
	跳出同质思维,从跟随到领先 郭　剑　著	66 个精彩案例剖析,帮助老板突破行业长期思维惯性	做企业竟然有这么多玩法,开眼界
	麻烦就是需求　难题就是商机 卢根鑫　著	如何借助客户的眼睛发现商机	什么是真商机,怎么判断、怎么抓,有借鉴
	互联网+"变"与"不变":本土管理实践与创新论坛集萃·2016 本土管理实践与创新论坛　著	加速本土管理思想的孕育诞生,促进本土管理创新成果更好地服务企业、贡献社会	各个作者本年度最新思想,帮助读者拓宽眼界、突破思维
财务	**写给企业家的公司与家庭财务规划——从创业成功到富足退休** 周荣辉　著	本书以企业的发展周期为主线,写各阶段企业与企业主家庭的财务规划	为读者处理人生各阶段企业与家庭的财务问题提供建议及方法,让家庭成员真正享受财富带来的益处
	互联网时代的成本观 程　翔　著	本书结合互联网时代提出了成本的多维观,揭示了多维组合成本的互联网精神和大数据特征,论述了其产生背景、实现思路和应用价值	在传统成本观下为盈利的业务,在新环境下也许就成为亏损业务。帮助管理者从新的角度来看待成本,进一步做好精益管理

管理类:效率如何提升,如何实现经营目标,如何"节流"

	书名.作者	内容/特色	读者价值
通用管理	**1. 让管理回归简单.升级版** **2. 让经营回归简单.升级版** **3. 让用人回归简单** 宋新宇　著	宋博士的"简单"三部曲,影响 20 万读者,非常经典	被读者热情地称作"中小企业的管理圣经"
	管理:以规则驾驭人性 王春强　著	详细解读企业规则的制定方法	从人与人博弈角度提升管理的有效性
	员工心理学超级漫画版 邢　雷　著	以漫画的形式深度剖析员工心理	帮助管理者更了解员工,从而更轻松地管理员工

续表

通用管理	**分股合心:股权激励这样做** 段磊　周剑　著	通过丰富的案例,详细介绍了股权激励的知识和实行方法	内容丰富全面、易读易懂,了解股权激励,有这一本就够了
	边干边学做老板 黄中强　著	创业20多年的老板,有经验、能写、又愿意分享,这样的书很少	处处共鸣,帮助中小企业老板少走弯路
	中国式阿米巴落地实践之从交付到交易 胡八一　著	本书主要讲述阿米巴经营会计,"从交付到交易",这是成功实施了阿米巴的标志	阿米巴经营会计的工作是有逻辑关联的,一本书就能搞定
	中国式阿米巴落地实践之激活组织 胡八一　著	重点讲解如何科学划分阿米巴单元,阐述划分的实操要领、思路、方法、技术与工具	最大限度减少"推行风险"和"摸索成本",利于公司成功搭建适合自身的个性化阿米巴经营体系
	集团化企业阿米巴实战案例 初勇钢　著	一家集团化企业阿米巴实施案例	指导集团化企业系统实施阿米巴
	阿米巴经营的中国模式 李志华　著	让员工从"要我干"到"我要干",价值量化出来	阿米巴在企业如何落地,明白思路了
	欧博心法:好管理靠修行 曾　伟　著	用佛家的智慧,深刻剖析管理问题,见解独到	如果真的有'中国式管理',曾老师是其中标志性人物
流程管理	**1. 用流程解放管理者** **2. 用流程解放管理者2** 张国祥　著	中小企业阅读的流程管理、企业规范化的书	通俗易懂,理论和实践的结合恰到好处
	跟我们学建流程体系 陈立云　著	畅销书《跟我们学做流程管理》系列,更实操,更细致,更深入	更多地分享实践,分享感悟,从实践总结出来的方法论
质量管理	**IATF16949质量管理体系详解与案例文件汇编:TS16949转版IATF16949:2016** 谭洪华　著	针对IATF的新标准做了详细的解说,同时指出了一些推行中容易犯的错误,提供了大量的表单、案例	案例、表单丰富,拿来就用
	五大质量工具详解及运用案例:APQP/FMEA/PPAP/MSA/SPC 谭洪华　著	对制造业必备的五大质量工具中每个文件的制作要求、注意事项、制作流程、成功案例等进行了解读	通俗易懂、简便易行,能真正实现学以致用
	1. ISO9001:2015新版质量管理体系详解与案例文件汇编 **2. ISO14001:2015新版环境管理体系详解与案例文件汇编** 谭洪华　著	紧密围绕2015新版,逐条详细解读,工具也可以直接套用,易学易上手	企业认证、内审必备
战略落地	**重生——中国企业的战略转型** 施　炜　著	从前瞻和适用的角度,对中国企业战略转型的方向、路径及策略性举措提出了一些概要性的建议和意见	对企业有战略指导意义
	公司大了怎么管:从靠英雄到靠组织 AMT金国华　著	第一次详尽阐释中国快速成长型企业的特点、问题及解决之道	帮助快速成长型企业领导及管理团队理清思路,突破瓶颈
	低效会议怎么改:每年节省一半会议成本的秘密 AMT王玉荣　著	教你如何系统规划公司的各级会议,一本工具书	教会你科学管理会议的办法
	年初订计划,年尾有结果:战略落地七步成诗 AMT郭晓　著	7个步骤教会你怎么让公司制定的战略转变为行动	系统规划,有效指导计划实现

续表

人力资源	**HRBP是这样炼成的之“菜鸟起飞”** 新　海　著	以小说的形式，具体解析HRBP的职责，应该如何操作，如何为业务服务	实践者的经验分享，内容实务具体，形式有趣
	HRBP是这样炼成的之中级修炼 新　海　著	本书以案例故事的方式，介绍了HRBP在实际工作中碰到的问题和挑战	书中的HR解决方案讲究因时因地制宜、简单有效的原则，重在启发读者思路，可供各类企业HRBP借鉴
	回归本源看绩效 孙　波　著	让绩效回顾“改进工具”的本源，真正为企业所用	确实是来源于实践的思考，有共鸣
	世界500强资深培训经理人教你做培训管理 陈　锐　著	从7大角度具体细致地讲解了培训管理的核心内容	专业、实用、接地气
	曹子祥教你做激励性薪酬设计 曹子祥　著	以激励性为指导，系统性地介绍了薪酬体系及关键岗位的薪酬设计模式	深入浅出，一本书学会薪酬设计
	曹子祥教你做绩效管理 曹子祥　著	复杂的理论通俗化，专业的知识简单化，企业绩效管理共性问题的解决方案	轻松掌握绩效管理
	把招聘做到极致 远　鸣　著	作为世界500强高级招聘经理，作者数十年招聘经验的总结分享	带来职场思考境界的提升和具体招聘方法的学习
	人才评价中心．超级漫画版 邢　雷　著	专业的主题，漫画的形式，只此一本	没想到一本专业的书，能写成这效果
	走出薪酬管理误区 全怀周　著	剖析薪酬管理的8大误区，真正发挥好枢纽作用	值得企业深读的实用教案
	集团化人力资源管理实践 李小勇　著	对搭建集团化的企业很有帮助，务实，实用	最大的亮点不是理论，而是结合实际的深入剖析
	我的人力资源咨询笔记 张　伟　著	管理咨询师的视角，思考企业的HR管理	通过咨询师的眼睛对比很多企业，有启发
	本土化人力资源管理8大思维 周　剑　著	成熟HR理论，在本土中小企业实践中的探索和思考	对企业的现实困境有真切体会，有启发
企业文化	**36个拿来就用的企业文化建设工具** 海融心胜　主编	数十个工具，为了方便拿来就用，每一个工具都严格按照工具属性、操作方法、案例解读划分，实用、好用	企业文化工作者的案头必备书，方法都在里面，简单易操作
	华夏基石方法：企业文化落地本土实践 王祥伍　谭俊峰　著	十年积累、原创方法、一线资料，和盘托出	在文化落地方面真正有洞察，有实操价值的书
	企业文化的逻辑 王祥伍　著	为什么企业之间如此不同，解开绩效背后的文化密码	少有的深刻，有品质，读起来很流畅
	企业文化激活沟通 宋杼宸　安　琪　著	透过新任HR总经理的眼睛，揭示出沟通与企业文化的关系	有实际指导作用的文化落地读本
	在组织中绽放自我：从专业化到职业化 朱仁健　王祥伍　著	个人如何融入组织，组织如何助力个人成长	帮助企业员工快速认同并投入到组织中去，为企业发展贡献力量
	企业文化定位·落地一本通 王明胤　著	把高深枯燥的专业理论创建成一套系统化、实操化、简单化的企业文化缔造方法	对企业文化不了解，不会做？有这一本从概念到实操，就够了

续表

生产管理	**精益思维:中国精益如何落地** 刘承元　著	笔者二十余年企业经营和咨询管理的经验总结	中国企业需要灵活运用精益思维,推动经营要素与管理机制的有机结合,推动企业管理向前发展
	300 张现场图看懂精益 5S 管理 乐　涛　编著	5S 现场实操详解	案例图解,易懂易学
	高员工流失率下的精益生产 余伟辉　著	中国的精益生产必须面对和解决高员工流失率问题	确实来源于本土的工厂车间,很务实
	车间人员管理那些事儿 岑立聪　著	车间人员管理中处理各种"疑难杂症"的经验和方法	基层车间管理者最闹心、头疼的事,'打包'解决
	1. 欧博心法:好管理靠修行 **2. 欧博心法:好工厂这样管** 曾　伟　著	他是本土最大的制造业管理咨询机构创始人,他从 400 多个项目、上万家企业实践中锤炼出的欧博心法	中小制造型企业,一定会有很强的共鸣
	欧博工厂案例 1:生产计划管控对话录 **欧博工厂案例 2:品质技术改善对话录** **欧博工厂案例 3:员工执行力提升对话录** 曾　伟　著	最典型的问题、最详尽的解析,工厂管理 9 大问题 27 个经典案例	没想到说得这么细,超出想象,案例很典型,照搬都可以了
	工厂管理实战工具 欧博企管　编著	以传统文化为核心的管理工具	适合中国工厂
	苦中得乐:管理者的第一堂必修课 曾　伟　编著	曾伟与师傅大愿法师的对话,佛学与管理实践的碰撞,管理禅的修行之道	用佛学最高智慧看透管理
	比日本工厂更高效 1:管理提升无极限 刘承元　著	指出制造型企业管理的六大积弊;颠覆流行的错误认知;掌握精益管理的精髓	每一个企业都有自己不同的问题,管理没有一剑封喉的秘笈,要从现场、现物、现实出发
	比日本工厂更高效 2:超强经营力 刘承元　著	企业要获得持续盈利,就要开源和节流,即实现销售最大化,费用最小化	掌握提升工厂效率的全新方法
	比日本工厂更高效 3:精益改善力的成功实践 刘承元　著	工厂全面改善系统有其独特的目的取向特征,着眼于企业经营体质(持续竞争力)的建设与提升	用持续改善力来飞速提升工厂的效率,高效率能够带来意想不到的高效益
	3A 顾问精益实践 1:IE 与效率提升 党新民　苏迎斌　蓝旭日　著	系统的阐述了 IE 技术的来龙去脉以及操作方法	使员工与企业持续获利
	3A 顾问精益实践 2:JIT 与精益改善 肖志军　党新民　著	只在需要的时候,按需要的量,生产所需的产品	提升工厂效率
员工素质提升	TTT 培训师精进三部曲(上):深度改善现场培训效果 TTT 培训师精进三部曲(中):构建最有价值的课程内容 TTT 培训师精进三部曲(下):职业功力沉淀与修为提升 **廖信琳　著**	**从内到外全方位指导企业内训师从专业到卓越**	成为优秀企业内训师/培训师的案头必备书籍

续表

员工素质提升	**手把手教你做专业督导：专卖店、连锁店** 熊亚柱 著	从督导的职能、作用，在工作中需要的专业技能、方法，都提供了详细的解读和训练办法，同时附有大量的表单工具	无论是店铺需要统一培训，还是个人想成为优秀的督导，有这一本就够了
	跟老板“偷师”学创业 吴江萍 余晓雷 著	边学边干，边观察边成长，你也可以当老板	不同于其他类型的创业书，让你在工作中积累创业经验，一举成功
	销售轨迹：一位快消品营销总监的拼搏之路 秦国伟 著	本书讲述了一个普通销售员打拼成为跨国企业营销总监的真实奋斗历程	激励人心，给广大销售员以力量和鼓舞
	在组织中绽放自我：从专业化到职业化 朱仁健 王祥伍 著	个人如何融入组织，组织如何助力个人成长	帮助企业员工快速认同并投入到组织中去，为企业发展贡献力量
	企业员工弟子规：用心做小事，成就大事业 贾同领 著	从传统文化《弟子规》中学习企业中为人处事的办法，从自身做起	点滴小事，修养自身，从自身的改善得到事业的提升
	手把手教你做顶尖企业内训师：TTT 培训师宝典 熊亚柱 著	从课程研发到现场把控、个人提升都有涉及，易读易懂，内容丰富全面	想要做企业内训师的员工有福了，本书教你如何抓住关键，从入门到精通
营销类：把客户需求融入企业各环节，提供“客户认为”有价值的东西			
	书名．作者	**内容/特色**	读者价值
营销模式	**精品营销战略** 杜建君 著	以精品理念为核心的精益战略和营销策略	用精品思维赢得高端市场
	变局下的营销模式升级 程绍珊 叶 宁 著	客户驱动模式、技术驱动模式、资源驱动模式	很多行业的营销模式被颠覆，调整的思路有了！
	卖轮子 科克斯【美】	小说版的营销学！营销理念巧妙贯穿其中，贵在既有趣，又有深度	经典、有趣！一个故事读懂营销精髓
	动销操盘：节奏掌控与社群时代新战法 朱志明 著	在社群时代把握好产品生产销售的节奏，解析动销的症结，寻找动销的规律与方法	都是易读易懂的干货！对动销方法的全面解析和操盘
	弱势品牌如何做营销 李政权 著	中小企业虽有品牌但没名气，营销照样能做的有声有色	没有丰富的实操经验，写不出这么具体、详实的案例和步骤，很有启发
	老板如何管营销 史贤龙 著	高段位营销 16 招，好学好用	老板能看，营销人也能看
	洞察人性的营销战术：沈坤教你 28 式 沈 坤 著	28 个匪夷所思的营销怪招令人拍案叫绝，涉及商业竞争的方方面面，大部分战术可以直接应用到企业营销中	各种谋略得益于作者的横向思维方式，将其操作过的案例结合其中，提供的战术对读者有参考价值
	动销：产品是如何畅销起来的 吴江萍 余晓雷 著	真真切切告诉你，产品究竟怎么才能卖出去	击中痛点，提供方法，你值得拥有
销售	**资深大客户经理：策略准，执行狠** 叶敦明 著	从业务开发、发起攻势、关系培育、职业成长四个方面，详述了大客户营销的精髓	满满的全是干货

续表

销售	**成为资深的销售经理:B2B、工业品** 陆和平　著	围绕"销售管理的六个关键控制点"一一展开,提供销售管理的专业、高效方法	方法和技术接地气,拿来就用,从销售员成长为经理不再犯难
	销售是门专业活:B2B、工业品 陆和平　著	销售流程就应该跟着客户的采购流程和关注点的变化向前推进,将一个完整的销售过程分成十个阶段,提供具体方法	销售不是请客吃饭拉关系,是个专业的活计! 方法在手,走遍天下不愁
	向高层销售:与决策者有效打交道 贺兵一　著	一套完整有效的销售策略	有工具,有方法,有案例,通俗易懂
	卖轮子 科克斯　【美】	小说版的营销学! 营销理念巧妙贯穿其中,贵在既有趣,又有深度	经典、有趣! 一个故事读懂营销精髓
	学话术　卖产品 张小虎　著	分析常见的顾客异议,将优秀的话术模块化	让普通导购员也能成为销售精英
组织和团队	**升级你的营销组织** 程绍珊　吴越舟　著	用"有机性"的营销组织替代"营销能人",营销团队变成"铁营盘"	营销队伍最难管,程老师不愧是营销第1操盘手,步骤方法都很成熟
	用数字解放营销人 黄润霖　著	通过量化帮助营销人员提高工作效率	作者很用心,很好的常备工具书
	成为优秀的快消品区域经理(升级版) 伯建新　著	用"怎么办"分析区域经理的工作关键点,增加30%全新内容,更贴近环境变化	可以作为区域经理的"速成催化器"
	成为资深的销售经理:B2B、工业品 陆和平　著	围绕"销售管理的六个关键控制点"一一展开,提供销售管理的专业、高效方法	方法和技术接地气,拿来就用,从销售员成长为经理不再犯难
	一位销售经理的工作心得 蒋　军　著	一线营销管理人员想提升业绩却无从下手时,可以看看这本书	一线的真实感悟
	快消品营销:一位销售经理的工作心得2 蒋　军　著	快消品、食品饮料营销的经验之谈,重点突出	来源于实战的精华总结
	销售轨迹:一位快消品营销总监的拼搏之路 秦国伟　著	本书讲述了一个普通销售员打拼成为跨国企业营销总监的真实奋斗历程	激励人心,给广大销售员以力量和鼓舞
	用营销计划锁定胜局:用数字解放营销人2 黄润霖　著	全方位教你怎么做好营销计划,好学好用真简单	照搬套用就行,做营销计划再也不头痛
	快消品营销人的第一本书:从入门到精通 刘　雷　伯建新　著	快消行业必读书,从入门到专业	深入细致,易学易懂
产品	**新产品开发管理,就用IPD** 郭富才　著	10年IPD研发管理咨询总结,国内首部IPD专业著作	一本书掌握IPD管理精髓
	资深项目经理这样做新产品开发管理 秦海林　著	以IPD为思想,系统讲解新产品开管理的细节	提供管理思路和实用工具
	产品炼金术Ⅰ:如何打造畅销产品 史贤龙　著	满足不同阶段、不同体量、不同行业企业对产品的完整需求	必须具备的思维和方法,避免在产品问题上走弯路
	产品炼金术Ⅱ:如何用产品驱动企业成长 史贤龙　著	做好产品、关注产品的品质,就是企业成功的第一步	必须具备的思维和方法,避免在产品问题上走弯路

续表

品牌	**中小企业如何建品牌** 梁小平　著	中小企业建品牌的入门读本,通俗、易懂	对建品牌有了一个整体框架
	采纳方法:破解本土营销8大难题 朱玉童　编著	全面、系统、案例丰富、图文并茂	希望在品牌营销方面有所突破的人,应该看看
	中国品牌营销十三战法 朱玉童　编著	采纳20年来的品牌策划方法,同时配有大量的案例	众包方式写作,丰富案例给人启发,极具价值
	今后这样做品牌:移动互联时代的品牌营销策略 蒋军　著	与移动互联紧密结合,告诉你老方法还能不能用,新方法怎么用	今后这样做品牌就对了
	中小企业如何打造区域强势品牌 吴之　著	帮助区域的中小企业打造自身品牌,如何在强壮自身的基础上往外拓展	梳理误区,系统思考品牌问题,切实符合中小区域品牌的自身特点进行阐述
渠道通路	**快消品营销与渠道管理** 谭长春　著	将快消品标杆企业渠道管理的经验和方法分享出来	可口可乐、华润的一些具体的渠道管理经验,实战
	传统行业如何用网络拿订单 张　进　著	给老板看的第一本网络营销书	适合不懂网络技术的经营决策者看
	采纳方法:化解渠道冲突 朱玉童　编著	系统剖析渠道冲突,21个渠道冲突案例、情景式讲解,37篇讲义	系统、全面
	学话术　卖产品 张小虎　著	分析常见的顾客异议,将优秀的话术模块化	让普通导购员也能成为销售精英
	向高层销售:与决策者有效打交道 贺兵一　著	一套完整有效的销售策略	有工具,有方法,有案例,通俗易懂
	通路精耕操作全解:快消品20年实战精华 周　俊　陈小龙　著	通路精耕的详细全解,每一步的具体操作方法和表单全部无保留提供	康师傅二十年的经验和精华,实践证明的最有效方法,教你如何主宰通路

管理者读的文史哲·生活

	书名.作者	内容/特色	读者价值
思想·文化	**德鲁克管理思想解读** 罗　珉　著	用独特视角和研究方法,对德鲁克的管理理论进行了深度解读与剖析	不仅是摘引和粗浅分析,还是作者多年深入研究的成果,非常可贵
	德鲁克与他的论敌们:马斯洛、戴明、彼得斯 罗　珉　著	几位大师之间的论战和思想碰撞令人受益匪浅	对大师们的观点和著作进行了大量的理论加工,去伪存真、去粗存精,同时有自己独特的体系深度
	德鲁克管理学 张远凤　著	本书以德鲁克管理思想的发展为线索,从一个侧面展示了20世纪管理学的发展历程	通俗易懂,脉络清晰
	自我与世界:以问题为中心的现象学运动研究 陈立胜　著	以问题为中心,对现象学运动中的“意向性”“自我”“他人”“身体”及“世界”各核心议题之思想史背景与内在发展理路进行深入细致的分析	深入了解现象学中的几个主要问题

续表

思想·文化	作为身体哲学的中国古代哲学 张再林　著	上篇为中国古代身体哲学理论体系奠基性部分，下篇对由“上篇”所开出的中国身体哲学理论体系的进一步的阐发和拓展	了解什么是真正原生态意义上的中国哲学，把中国传统哲学与西方传统哲学加以严格区别
	中西哲学的歧异与会通 张再林　著	本书以一种现代解释学的方法，对中国传统哲学内在本质尝试一种全新的和全方位的解读	发掘出掩埋在古老传统形式下的现代特质和活的生命，在此基础上揭示中西哲学“你中有我，我中有你”之旨
	治论：中国古代管理思想 张再林　著	本书主要从儒、法墨三家阐述中国古代管理思想	看人本主义的管理理论如何不留斧痕地克服似乎无法调解的存在于人类社会行为与社会组织中的种种两难和对立
	中国古代政治制度（修订版）上：皇帝制度与中央政府（待出版） 刘文瑞　著	全面论证了古代皇帝制度的形成和演变的历程	有助于读者从政治制度角度了解中国国情的历史渊源
	中国古代政治制度（修订版）下：地方体制与官僚制度（待出版） 刘文瑞　著	全面论证了古代地方政府的发展演变过程	有助于读者从政治制度角度了解中国国情的历史渊源
	通天彻地，九大法则：《尚书·洪范》讲记 史幼波　著	精析“洪范九畴”这一中华传统政治哲学的理论基础	寓渊深义理于通俗口语之中，使现代人也能一睹中华文化原典之精湛奥义
	史幼波大学讲记 史幼波　著	用儒释道的观点阐释大学的深刻思想	一本书读懂传统文化经典
	史幼波《周子通书》《太极图说》讲记 史幼波　著	把形而上的宇宙、天地，与形而下的社会、人生、经济、文化等融合在一起	将儒家的一整套学修系统融合起来
	史幼波中庸讲记（上下册） 史幼波　著	全面、深入浅出地揭示儒家中庸文化的真谛	儒释道三家思想融会贯通
	中国思想文化十八讲（修订版）（待出版） 张茂泽　著	中国古代的宗教思想文化，如对祖先崇拜、儒家天命观、中国古代关于“神”的讨论等	宗教文化和人生信仰或信念紧密相联，在文化转型时期学习和研究中国宗教文化就有特别的现实意义
	每个中国人身上的春秋基因 史贤龙　著	春秋368年（公元前770－公元前403年），每一个中国人都可以在这段时期的历史中找到自己的祖先，看到真实发生的事件，同时也看到自己	长情商、识人心
	内功太极拳训练教程 王铁仁　编著	杨式（内功）太极拳（俗称老六路）的详细介绍及具体修炼方法，身心的一次升华	书中含有大量图解并有相关视频供读者同步学习
	中医治心脏病 马宝琳　著	引用众多真实案例，客观真实地讲述了中西医对于心脏病的认识及治疗方法	看完这本书，能为您节约10万元医药费